执着追求并从中得到最大快乐的人，才是成功者。

——梭罗

2020年全国经济专业技术资格考试

中级经济师财政税收专业知识与实务

应试指南

中华会计网校 编

感恩20年相伴 助你梦想成真

北京理工大学出版社
BEIJING INSTITUTE OF TECHNOLOGY PRESS

版权专有　侵权必究

图书在版编目（CIP）数据

中级经济师财政税收专业知识与实务应试指南 / 中华会计网校编 . —北京：北京理工大学出版社，2020.7

全国经济专业技术资格考试

ISBN 978-7-5682-8452-3

Ⅰ.①中… Ⅱ.①中… Ⅲ.①财政管理—资格考试—自学参考资料②税收管理—资格考试—自学参考资料　Ⅳ.①F81

中国版本图书馆 CIP 数据核字（2020）第 080633 号

出版发行 / 北京理工大学出版社有限责任公司	
社　　址 / 北京市海淀区中关村南大街 5 号	
邮　　编 / 100081	
电　　话 / (010)68914775（总编室）	
(010)82562903（教材售后服务热线）	
(010)68948351（其他图书服务热线）	
网　　址 / http://www.bitpress.com.cn	
经　　销 / 全国各地新华书店	
印　　刷 / 三河市中晟雅豪印务有限公司	
开　　本 / 787 毫米 × 1092 毫米　1/16	
印　　张 / 25.5	责任编辑 / 多海鹏
字　　数 / 626 千字	文案编辑 / 多海鹏
版　　次 / 2020 年 7 月第 1 版　2020 年 7 月第 1 次印刷	责任校对 / 周瑞红
定　　价 / 70.00 元	责任印刷 / 李志强

图书出现印装质量问题，请拨打售后服务热线，本社负责调换

前　言

正保远程教育

- **发展**：2000—2020年：感恩20年相伴，助你梦想成真
- **理念**：学员利益至上，一切为学员服务
- **成果**：18个不同类型的品牌网站，涵盖13个行业
- **奋斗目标**：构建完善的"终身教育体系"和"完全教育体系"

中华会计网校

- **发展**：正保远程教育旗下的第一品牌网站
- **理念**：精耕细作，锲而不舍
- **成果**：每年为我国财经领域培养数百万名专业人才
- **奋斗目标**：成为所有会计人的"网上家园"

"梦想成真"书系

- **发展**：正保远程教育主打的品牌系列辅导丛书
- **理念**：你的梦想由我们来保驾护航
- **成果**：图书品类涵盖会计职称、注册会计师、税务师、经济师、资产评估师、审计师、财税、实务等多个专业领域
- **奋斗目标**：成为所有会计人实现梦想路上的启明灯

图书特色

① 应试指导及同步训练

考情分析
本章主要讲述激励理论及其应用。本章的重点是动机的分类，需要层次理论、双因素理论、ERG理论、三重需要理论、公平理论、期望理论、目标管理、参与管理。从近三年的考题来看，单项选择题、多项选择题和案例分析题都有涉及。

— 深入解读本章考点及考试变化内容

重点、难点讲解及典型例题

▶ 考点一 需要、动机、激励（见表1-1）

表1-1 需要、动机、激励的概念与分类

项目	含义	内容
需要	指当缺乏或期待某种结果而产生的心理状态	对物质的需要，比如：空气、水、食物等；以及对社会需要，比如：归属、爱等

— 全方位透析考试，钻研考点

历年考题解析

一、单项选择题

1.（2019年）关于有效推行参与管理的条件的说法，错误的是（ ）。
A. 组织文化必须支持员工参与
B. 参与不应使员工和管理者的地位和权力受到威胁
B. 坚持的水平
C. 努力的水平
D. 行为的特点

解析 本题考查动机。动机的三个要素包括：决定人行为的方向、努力的水平、坚持的水平。 **答案** D

— 了解命题方向和动态

同步系统训练

一、单项选择题

1. 下列关于需要、动机与激励的说法，错误的是（ ）。
A. 需要是指当缺乏或期待某种结果时产生的心理状态
B. 动机有三个因素，即决定人行为的方
B. 外源性动机是指做出某种行为是为了获得物质或社会报酬
C. 追求较高的社会地位属于内源性动机
D. 谋多拿奖金属于外源性动机
5. 外源性动机强的员工看重的是（ ）。
C. 工作的挑战性

— 夯实基础，快速掌握答题技巧

本章思维导图

- 特质理论 — 吉伯、斯道格迪尔的观点
- 交易型和变革型领导理论 — 交易型领导和变革型领导的特点
- 魅力型领导理论 — 魅力型领导者的特点
- 魅力型领导者的道德特征和非道德特征

— 本章知识体系全呈现

② 全真模拟试题及答案解析

名师精心预测，模拟演练，助力通关

模拟试题（一）

一、单项选择题（共60题，每题1分。每题的备选项中，只有1个最符合题意）

1. 根据赫兹伯格的双因素理论，激励因素的缺失会导致员工（ ）。
A. 满意   B. 没有满意
C. 不满   D. 没有不满

模拟试题（二）

一、单项选择题（共60题，每题1分。每题的备选项中，只有1个最符合题意）

1. 根据马斯洛的需要层次理论，下列需要层次中，主要靠内在因素满足的是（ ）。
A. 生理需要   B. 安全需要
C. 归属需要   D. 尊重需要

A. 战略地图
B. 数字仪表盘
C. 工作设计
D. 人力资源管理计分卡

8. 由于人力资本是获取竞争优势的主要资源，所以最高管理层在研究制定战略时必须认真考虑的因素是（ ）。
A. 培训   B. 人
C. 资源   D. 管理

9. "为了实现组织的整体战略目标需要完成

6. 按照美国学者桑南菲尔德的组织文化分类，（ ）组织非常重视适应、忠诚度和承诺。
A. 学院型   B. 俱乐部型
C. 棒球队型   D. 堡垒型

7. （ ）主要回答到哪里去竞争的问题，即作出组织应该选择经营何种业务以及进入何种行业或领域的决策。
A. 组织战略   B. 管理战略
C. 竞争战略   D. 人力资源战略

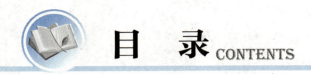

第1部分 应试指导及同步训练

第1章 公共财政与财政职能　003
- 考情分析　//003
- 重点、难点讲解及典型例题　//003
- 历年考题解析　//008
- 同步系统训练　//009
- 同步系统训练参考答案及解析　//011
- 本章思维导图　//013

第2章 财政支出理论与内容　014
- 考情分析　//014
- 重点、难点讲解及典型例题　//014
- 历年考题解析　//031
- 同步系统训练　//035
- 同步系统训练参考答案及解析　//039
- 本章思维导图　//042

第3章 税收理论　043
- 考情分析　//043
- 重点、难点讲解及典型例题　//043
- 历年考题解析　//053
- 同步系统训练　//056
- 同步系统训练参考答案及解析　//060
- 本章思维导图　//064

第4章 货物和劳务税制度　066
- 考情分析　//066
- 重点、难点讲解及典型例题　//066
- 历年考题解析　//102

同步系统训练 //110

同步系统训练参考答案及解析 //119

本章思维导图 //124

第 5 章　所得税制度　　126

考情分析 //126

重点、难点讲解及典型例题 //127

历年考题解析 //152

同步系统训练 //157

同步系统训练参考答案及解析 //165

本章思维导图 //172

第 6 章　其他税收制度　　174

考情分析 //174

重点、难点讲解及典型例题 //174

历年考题解析 //197

同步系统训练 //202

同步系统训练参考答案及解析 //208

本章思维导图 //212

第 7 章　税务管理　　214

考情分析 //214

重点、难点讲解及典型例题 //214

历年考题解析 //226

同步系统训练 //230

同步系统训练参考答案及解析 //233

本章思维导图 //237

第 8 章　纳税检查　　239

考情分析 //239

重点、难点讲解及典型例题 //239

历年考题解析 //253

同步系统训练 //260

同步系统训练参考答案及解析 //266

本章思维导图 //270

第 9 章　公债　　272

　　考情分析　//272

　　重点、难点讲解及典型例题　//272

　　历年考题解析　//276

　　同步系统训练　//277

　　同步系统训练参考答案及解析　//279

　　本章思维导图　//281

第 10 章　政府预算理论与管理制度　　282

　　考情分析　//282

　　重点、难点讲解及典型例题　//282

　　历年考题解析　//295

　　同步系统训练　//298

　　同步系统训练参考答案及解析　//302

　　本章思维导图　//305

第 11 章　政府间财政关系　　306

　　考情分析　//306

　　重点、难点讲解及典型例题　//306

　　历年考题解析　//316

　　同步系统训练　//318

　　同步系统训练参考答案及解析　//320

　　本章思维导图　//322

第 12 章　国有资产管理　　324

　　考情分析　//324

　　重点、难点讲解及典型例题　//324

　　历年考题解析　//335

　　同步系统训练　//336

　　同步系统训练参考答案及解析　//339

　　本章思维导图　//341

第 13 章　财政平衡与财政政策　　342

　　考情分析　//342

　　重点、难点讲解及典型例题　//342

　　历年考题解析　//352

同步系统训练 //355

同步系统训练参考答案及解析 //358

本章思维导图 //361

第 2 部分　全真模拟试题及答案解析

2020 年财政税收专业知识与实务（中级）模拟试题及答案解析　365

模拟试题（一）　//365

模拟试题（一）参考答案及解析　//375

模拟试题（二）　//383

模拟试题（二）参考答案及解析　//392

正保文化官微

关注正保文化官方微信公众号，回复"勘误表"，获取本书勘误内容。

第 1 部分

应试指导及同步训练

智慧启航

世界上最快乐的事，莫过于为理想而奋斗。

——苏格拉底

第1章 公共财政与财政职能

考情分析

本章主要讲解公共物品与公共财政理论、财政的三大职能等内容，本章需要重点关注公共物品的特征、市场失灵和财政的三大职能。从历年考题来看，本章题型以单项选择题、多项选择题为主，平均分值在4~5分左右。

近年本章考点分布

考点	主要考查题型	考频指数	考查角度
公共物品	选择题	★★	公共物品的概念、特征
市场失灵与公共财政	选择题	★★★★	市场失灵的表现、解决方法
政府干预与干预失效	选择题	★★★	政府干预的渠道和手段、政府干预失效的原因和表现
财政的资源配置职能	选择题	★★	资源配置职能的含义、范围、主要内容
财政的收入分配职能	选择题	★★	收入分配职能的含义、社会公平的准则、收入分配职能的实现
财政的经济稳定职能	选择题	★★	经济稳定的含义、经济稳定职能的主要内容

重点、难点讲解及典型例题

▶ 考点一 公共物品的概念与特征

1. 公共财政的理论基础：（1）公共物品理论；（2）市场失灵理论。
2. 萨缪尔森对纯公共物品的定义：每个人对这种物品的消费，不会导致他人对这种物品的消费减少。
3. 公共物品的特征（见表1-1）

表1-1 公共物品的特征

特征	内容	举例
效用的不可分割性	（1）公共物品向整个社会提供，具有的特点为共同受益与消费，公共物品的效用为整个社会成员共同享有，是不能分割的； （2）根据受益范围大小，可分为全国性和地区性的公共物品	国防
受益的非排他性	某一个人或某一个集团对这种公共物品的消费，不影响或妨碍其他个人或其他集团同时消费该公共物品的数量和质量	航海中的灯塔
取得方式的非竞争性	某一个人或某一个集团对这种公共物品的使用，不排斥或妨碍其他个人或其他集团同时使用，消费者的增加不会使生产成本增加（增加一个消费者使用的边际成本为零）	国防
提供目的的非营利性	提供公共物品不以营利为目的，而是追求社会效益和社会福利的最大化	—

【注意】
(1)公共物品的核心特征——受益的非排他性、取得方式的非竞争性。
(2)区分公共物品与私人物品的依据——该物品的不同特征,而不是物品的所有制性质。
(3)公共物品内涵丰富——物质产品+非物质产品。

【例1·多选题】公共物品的特征包括(　　)。
A. 效用的不可分割性
B. 取得方式的竞争性
C. 受益的排他性
D. 提供主体的市场性
E. 提供目的的非营利性

解析　本题考查公共物品的特征。公共物品的特征包括：效用的不可分割性；受益的非排他性；取得方式的非竞争性；提供目的的非营利性。
答案　AE

考点二　市场失灵与公共财政

(1)在市场经济体制中，社会资源配置的主体是市场。财政存在的前提是市场失灵，市场失灵决定财政的职能范围。
(2)市场失灵的表现。
五大表现：公共物品缺失、外部效应、不完全竞争、收入分配不公、经济波动与失衡。
【注意】外部效应：私人收益与社会收益之间或私人费用与社会费用之间的不一致性，某个人或某个经济组织的行为活动影响到了其他个人或其他经济组织，却没有获得收益(正的外部效应)或没有承担成本(负的外部效应)。
(3)市场失灵问题需要政府为主体的财政采用非市场方式解决。

【例2·多选题】市场失灵主要表现在(　　)等方面。
A. 公共物品缺失
B. 外部效应
C. 完全竞争
D. 收入分配不公
E. 经济波动与失衡

解析　本题考查市场失灵与公共财政。市场失灵的表现：公共物品缺失；外部效应；不完全竞争；收入分配不公；经济波动与失衡。
答案　ABDE

考点三　政府干预与干预失效

有关政府干预与干预失效的具体内容见表1-2。

表1-2　政府干预与干预失效

概述	(1)市场失灵为政府干预提供了必要性、合理性。市场在资源配置中起决定性作用。政府的作用是弥补市场失灵，不能替代市场配置资源； (2)政府可以干预市场的根本原因：政治权力可以支配财富
政府干预的渠道、手段	(1)政府的宏观调控。主要手段：财政政策、货币政策以及二者的配合； (2)立法和行政手段。制定市场法规、制定发展战略与规划、制定经济政策、规定垄断产品和公共物品价格； (3)组织公共生产和提供公共物品。目的是调节市场供求和保持经济稳定； (4)财政手段。通过征税和收费为政府组织公共生产和提供公共物品筹集经费和资金
政府干预失效的原因和表现	(1)政府决策失误。发展战略、经济政策失误，投资项目选择失误、准公共物品提供方式不当； (2)寻租行为。因滥用权力而发生

政府干预失效的原因和表现	(3)政府提供信息不及时甚至失真。视为政府干预失效； (4)政府职能"越位"和"缺位"； "越位"的表现：政府代替市场职能，热衷于竞争性生产领域投资； "缺位"的表现：公共设施、义务教育、公共卫生、环境保护投入不足

【例3·单选题】市场失灵为政府干预提供了必要性和合理性。政府干预的渠道和手段不包括（　　）。

A. 宏观调控　　　　　　　　　　B. 财政手段
C. 强制手段　　　　　　　　　　D. 立法和行政手段

解析 ▶ 本题考查政府干预。政府干预的渠道和手段主要包括：(1)政府的宏观调控。(2)立法和行政手段。(3)组织公共生产和提供公共物品。(4)财政手段。　　答案 ▶ C

▶ **考点四　资源配置职能**

财政的三大职能：**资源配置、收入分配、经济稳定**职能。
(一)财政资源配置概述(见表1-3)

表1-3　财政资源配置概述

含义	政府为主体的财政通过合理调配目前所拥有的人力、物力、财力等社会经济资源，实现资源结构合理化，使各种资源得到最有效地使用，获得最大的经济效益和社会效益
主体	政府
原因	(1)很多社会公共需要和公共物品不能通过市场来提供和满足人们需要； (2)市场资源配置有一定的盲目性
方式	(1)含义：政府提供公共物品的决定方式和资金供应方式； (2)实际上是一种政治程序，是财政运行机制
决定原则	效率(效率取决于政治程序的制度安排，由资源配置效率和生产效率组成)

(二)公共物品效率供给的难点

提高公共物品的供给效率，涉及政治体制的民主化、科学化和法治化的问题。
(1)公共物品需求表达的困难。
(2)公共物品生产效率供给的困难。
(三)解决公共物品效率供给问题的基本途径(见表1-4)

表1-4　解决公共物品效率供给问题的基本途径

公共物品效率供给	基本途径
实现资源配置效率	完善民主、科学的财政决策体制
实现生产效率	完善公共部门的组织制度和激励约束制度

(四)资源配置职能的范围(见表1-5)

表1-5　资源配置职能的范围

范围	具体内容
公共物品	如国防、法律设施、环境保护、行政管理服务、基础科学研究
准公共物品	如教育、医疗，生产准公共物品是政府职能的延伸

范围	具体内容
天然垄断行业的物品	天然垄断行业的物品的资源配置采用何种方式，要以效率优先的原则视具体情况而定

(五) 资源配置职能的主要内容(见表1-6)

表1-6 资源配置职能的主要内容

主要内容	相关知识
调节资源在政府部门和非政府部门之间的配置	体现在财政收入占国内生产总值比重的高低上
调节资源在不同地区之间的配置	主要手段：通过税收、投资、财政补贴和财政体制中的转移支付等手段和政策来实现
调节资源在国民经济各部门之间的配置	调整产业结构的途径： (1) 调整投资结构：调整国家预算支出中的直接投资；利用税收、财政补贴和投资政策引导企业的投资方向； (2) 调整资产的存量结构：通过企业兼并和资产重组来进行

【例4·多选题】在市场经济条件下，财政具有(   )等职能。

A. 资源配置   B. 经济稳定
C. 监督   D. 汇率稳定
E. 收入分配

解析 ▶ 本题考查财政的职能。在市场经济条件下，财政职能包括：资源配置职能、收入分配职能、经济稳定职能。   答案 ▶ ABE

【例5·单选题】实现公共物品资源配置效率的基本途径是(   )。

A. 完善公共部门的组织制度
B. 完善民主、科学的财政决策机制
C. 完善所得税制度
D. 完善事业单位拨款制度

解析 ▶ 本题考查财政的资源配置职能。完善民主、科学的财政决策机制是实现公共物品资源配置效率的基本途径。   答案 ▶ B

▶ 考点五　收入分配职能

(一) 收入分配职能概述

1. 含义：为了实现社会公平的目标，对市场经济形成的收入分配结构进行调整的职能。
2. 收入分配的目标：实现公平分配。
3. 在市场经济条件下，公平包括：
(1) 经济公平：要素投入和要素收入相对等，在平等竞争的条件下由等价交换来实现。
(2) 社会公平：收入差距维持在现阶段各阶层居民所能接受的范围内。

(二) 社会公平的准则

保证生存权准则，效率与公平兼顾准则，共同富裕准则。

(三) 收入分配职能的实现

有关财政的收入分配范围与方式的具体内容见表1-7。

表 1-7 财政的收入分配范围与方式

财政的收入分配	具体知识
范围	即社会公平的实施范围，包括： (1)在效率的基础上改善初始条件不公平； (2)完善市场机制，创造公平竞争环境； (3)在个人偏好方面进行适当的干预：社会保障形式
方式	社会公平建立在效率市场的基础上，实施社会公平主要的方面： (1)在组织财政收入时要考虑社会公平(税收是实现社会公平的重要方式)； (2)在安排财政支出时要考虑社会公平； (3)要实行社会保障制度，以利于社会公平的切实实现

（四）收入分配职能的主要内容（见表 1-8）

表 1-8 收入分配职能的主要内容

主要内容	手段	具体手段
调节企业的利润水平	税收	(1)剔除价格的影响：消费税； (2)调节级差收入：资源税、房产税、土地使用税； (3)调节土地增值收益的影响：土地增值税
	财政补贴	—
调节居民的个人收入水平	税收	(1)缩小个人收入差距：个人所得税、社会保障税； (2)调节个人财产分布：财产税、遗产税、赠与税
	转移支付	维持最低生活水平和福利水平：社会保障支出、财政补贴支出等

【例6·单选题】为剔除或减少价格对企业利润的影响，应采取的财政政策是( )。
A．征收增值税　　　　　　　　　　B．征收消费税
C．征收企业所得税　　　　　　　　D．征收资源税

解析 ▶ 本题考查财政的收入分配职能。财政调节企业的利润水平时，通过征收消费税剔除或减少价格对企业利润水平的影响。
答案 ▶ B

▶ 考点六　经济稳定职能

（一）经济稳定的含义（见表 1-9）

表 1-9 经济稳定的含义

经济稳定的含义	具体内容
充分就业	(1)有工作能力且愿意工作的劳动者能够找到工作； (2)"充分"就业不等于就业人口 100% 就业
物价稳定	物价总水平基本稳定，即物价上涨幅度在社会可容忍的范围内
国际收支平衡	经常项目和资本项目的收支合计大体保持平衡

【注意】
(1)经济稳定是动态稳定，不是静态稳定。
(2)增长≠发展：增长=数量增长，通常用 GNP 或 GDP 及其人均水平来衡量；发展=量的增长+质的提高。

(二)经济稳定职能的主要内容

1. 通过财政预算收支进行调节(见表 1-10)

表 1-10 通过财政预算收支进行调节

情形	调节方法
社会总需求>社会总供给	结余政策：国家预算收入>支出 (紧缩性的财政政策，压缩需求)
社会总需求<社会总供给	赤字政策：国家预算支出>收入 (扩张性的财政政策，刺激需求)
社会总供求平衡	收支平衡的中性政策

2. 通过制度性安排，发挥财政"内在稳定器"的作用

有关财政"内在稳定器"调节的具体内容见表 1-11。

表 1-11 财政"内在稳定器"调节

最大特点	不需要借助于外力即可直接产生调控效果
主要表现	(1)收入方面：实行累进所得税制； (2)支出方面：体现在转移性支出的安排上，如社会保障、财政补贴、税收支出等

3. 通过财政政策和其他政策配合进行调节

财政政策与货币政策、产业政策、投资政策、国际收支政策等配合，进行调节。在宏观调控中，财政政策处于基础地位。

【例7·多选题】以下属于财政上的经济稳定范畴的有( )。
A. 财政收支平衡　　　　　　　　B. 借贷收支平衡
C. 充分就业　　　　　　　　　　D. 物价基本稳定
E. 国际收支平衡

解析 ▶ 本题考查财政的经济稳定职能。经济稳定通常是指充分就业、物价稳定、国际收支平衡。

答案 ▶ CDE

历年考题解析*

一、单项选择题

1. 调节资源在政府部门与非政府部门之间的配置，通常采取的手段是( )。
   A. 调整投资结构
   B. 调整资本存量结构
   C. 调整中央对地方转移支付的规模
   D. 调整财政收入占国内生产总值的比重

   解析 ▶ 本题考查财政的资源配置职能。调节资源在政府部门和非政府部门之间的配置，体现在财政收入占国内生产总值比重的高低。

   答案 ▶ D

2. 当社会总供给大于社会总需求时，应采取的财政政策是( )。
   A. 结余政策　　　　B. 赤字政策
   C. 平衡政策　　　　D. 增税政策

   解析 ▶ 本题考查财政的经济稳定职能。当社会总需求大于社会总供给时，可以通过实行国家预算收入大于支出的结余政策进行调节；而当社会总供给大于社会总需求时，可以通过实行国家预算支出大于收入

---

* 本书中所有真题均按照最新版大纲要求进行修改。

的赤字政策进行调节；当社会供求总量平衡时，国家预算应通过实行收支平衡的中性政策与之相对应。　　**答案** B

3. 解决市场失灵问题，采取的方式是(　　)。
   A. 企业采取自我约束方式
   B. 政府采取非市场方式
   C. 个人采取自我约束方式
   D. 政府采取市场方式

   解析 本题考查市场失灵与公共财政。市场失灵问题，个人和经济组织是无能为力的，需要以政府为主体的财政介入，用非市场方式解决市场失灵问题。　**答案** B

4. 财政执行收入分配职能的内容是(　　)。
   A. 实现社会财富在地区之间的合理分配
   B. 实现社会财富在居民之间的公平分配
   C. 实现资源在不同用途之间的合理分配
   D. 实现资源在政府部门与非政府部门之间的合理分配

   解析 本题考查财政的收入分配职能。财政收入分配职能主要是通过调节企业的利润水平和居民的个人收入水平来实现的。
   　　答案 B

5. 个人或经济组织活动的行为活动影响了其他个人或经济组织，却没有为之承担应有的成本或没有获得应有的收益，这种现象称为(　　)。
   A. 成本收益转移　　B. 极差成本收益
   C. 外部效应　　　　D. 收益成本效应

   解析 本题考查市场失灵与公共财政。外部效应是指私人费用与社会费用之间或私人收益与社会收益之间的非一致性，其关键是指某个人或经济组织的行为活动影响了其他个人或经济组织，却没有为之承担应有的成本或没有获得应有的收益。
   　　答案 C

6. 关于市场配置资源与市场失灵的说法，错误的是(　　)。
   A. 市场在提供纯公共物品方面无能为力
   B. 不完全竞争导致垄断
   C. 市场经济条件下的分配是很公平的
   D. 市场经济不可能自动平稳地发展

   解析 本题考查市场失灵与公共财政。选项C错误，在市场经济条件下，收入分配是由每个人提供的生产要素的数量及其市场价格决定的，由于人们所拥有的生产要素的数量及其质量的差异，分配往往是很不公平的。　　**答案** C

二、多项选择题

关于公共物品的说法，正确的有(　　)。
A. 公共物品具有共同受益与消费的特点
B. 公共物品受益具有非排他性的特征
C. 对公共物品的享用，增加一个消费者，其边际成本等于零
D. 政府提供公共物品着眼于经济效益最大化
E. 公共物品的效用是不能分割的

解析 本题考查公共物品的特征。选项D错误，政府提供公共物品不以营利为目的，而是追求社会效益和社会福利的最大化。　　**答案** ABCE

同步系统训练

一、单项选择题

1. 航海中的灯塔可以为夜间航行的所有船只提供航向，并不影响其他船只使用灯塔航行，这主要说明公共物品的(　　)特征。
   A. 效用的不可分割性
   B. 取得方式的非竞争性
   C. 受益的非排他性
   D. 提供目的的非营利性

2. 关于公共物品的说法，正确的是(　　)。
   A. 公共财政的理论基础是"公共物品"和"市场失灵"理论
   B. 居民不付费便不能享用公共物品
   C. 随着消费者数量的增加，公共物品的边际成本逐渐下降

D. 政府提供公共物品应以不亏本为前提
3. 在现代市场经济中,决定财政职能范围的是( )。
   A. 政府意志　　　B. 价值观念
   C. 市场失灵　　　D. 经济状况
4. 私人费用与社会费用之间或私人收益与社会收益之间的非一致性指的是( )。
   A. 成本收益不协调
   B. 不完全竞争
   C. 外部效应
   D. 经济失衡
5. 财政资源配置采用的程序是( )。
   A. 政治程序　　　B. 审计程序
   C. 经济程序　　　D. 社会程序
6. 实现公共物品生产效率的基本途径是( )。
   A. 完善公共部门的组织制度和激励约束制度
   B. 完善民主、科学的财政决策机制
   C. 完善所得税制度
   D. 完善事业单位拨款制度
7. 市场经济需要政府干预,但是政府干预有时候会失效。下列选项中,不属于政府干预失效的原因的是( )。
   A. 政府决策失误　　B. 政府财政赤字
   C. 寻租行为　　　　D. 政府职能"越位"
8. 财政在调整投资结构时发挥的财政职能是( )。
   A. 收入分配职能　　B. 资源配置职能
   C. 经济稳定职能　　D. 经济发展职能
9. 关于财政资源配置职能的说法,错误的是( )。
   A. 完善公共部门的组织制度和激励约束制度可以实现公共物品的生产效率
   B. 财政调整资产存量结构所发挥的是资源配置职能
   C. 财政资源配置就是政府资源配置
   D. 财政无法配置天然垄断行业的物品
10. 履行财政收入分配职能的目标是( )。
    A. 实现收入分配效率
    B. 实现收入分配公平

C. 实现资源合理配置
D. 实现公平竞争
11. 征收遗产税所执行的财政职能是( )。
    A. 资源配置职能　　B. 收入分配职能
    C. 经济稳定职能　　D. 经济发展职能
12. 关于财政收入分配职能的说法,错误的是( )。
    A. 财政要对市场经济形成的收入分配结构进行调整,以实现社会公平
    B. 市场经济条件下,公平包括经济公平和社会公平两个层次
    C. 对市场经济体制国家来说,社会不公平首先来自市场经济初始条件的不公平
    D. 财政的收入分配范围大于社会公平的实施范围
13. 经济学中的"充分就业"是指( )。
    A. 全体社会成员都有工作
    B. 全体社会成员都有固定的工作
    C. 有工作能力且愿意工作的人能够找到工作
    D. 在国家兴办的企事业单位中就业的比例达到较高水平
14. 当社会总供给大致等于社会总需求时,财政预算应采取的政策是( )。
    A. 结余政策　　　B. 平衡政策
    C. 赤字政策　　　D. 紧缩政策
15. 在收入方面,财政内在稳定器指的是( )的调节。
    A. 减免税　　　　B. 国债发行量
    C. 累进所得税制　D. 国债偿还方式
16. 下列财政支出中,无法起到内在稳定器调节作用的是( )。
    A. 社会保障支出　B. 国防费支出
    C. 财政补贴支出　D. 税收支出

二、多项选择题
1. 公共物品的核心特征有( )。
   A. 效用的不可分割性
   B. 受益的非排他性
   C. 取得方式的非竞争性
   D. 提供目的的非营利性

E. 公有制性质

2. 关于财政资源配置职能的说法，正确的有( )。

A. 可以采用不等价交换方式解决市场失灵问题

B. 通过政治程序提供资金

C. 提高公共物品的供给效率，实质上涉及政治体制的民主化、科学化和法治化问题

D. 教育、医疗属于财政资源配置职能范围中的纯公共物品

E. 财政通过税收、投资、财政补贴和政府转移支付等手段和政策来调节资源在不同地区之间的配置

3. 以下属纯公共物品的有( )。

A. 国防　　　　B. 法律设施
C. 环境保护　　D. 高等教育
E. 医疗

4. 财政在执行资源配置职能中，调整产业结构的途径有( )。

A. 调整投资结构
B. 调整筹资结构
C. 调整资产存量结构
D. 调整资产流量结构
E. 调整产业结构

5. 财政调节居民个人收入水平的手段有( )。

A. 征收消费税　　B. 征收个人所得税
C. 征收遗产税　　D. 社会保障支出
E. 财政补贴

6. 关于财政收入分配职能的说法，正确的有( )。

A. 征收资源税、房产税、土地使用税等可剔除或减少由于资源、房产、土地状况的不同而形成的级差收入的影响

B. 征收土地增值税可调节土地增值收益对企业利润水平的影响

C. 征收财产税、遗产税、赠与税，可缩小个人收入间的差距

D. 征收个人所得税、社会保障税，可调节个人财产分布

E. 社会保障支出、财政补贴支出等转移支付，可以维持居民最低生活水平和福利水平

7. 下列各项财政措施中，能够缩小个人收入差距的有( )。

A. 征收财产税　　B. 征收遗产税
C. 征收个人所得税　D. 征收社会保障税
E. 增加社会保障支出

8. 财政"内在稳定器"的政策工具有( )。

A. 规范的增值税　B. 累进所得税制
C. 社会救济支出　D. 财政补贴支出
E. 社会福利支出

同步系统训练参考答案及解析

一、单项选择题

1. C 【解析】本题考查公共物品的特征。公共物品受益的非排他性是指某个人或集团对公共物品的消费，并不影响或妨碍其他个人或集团同时消费该公共物品，也不会影响其他个人或集团消费该公共物品的数量和质量。如航海中的灯塔。

2. A 【解析】本题考查公共物品的特征。选项 B 错误，消费者获得公共物品无须通过市场采用出价竞争的方式。选项 C 错误，增加一个消费者，公共物品的边际成本等于零。选项 D 错误，提供公共物品追求社会效益和社会福利的最大化。

3. C 【解析】本题考查市场失灵与公共物品。在现代市场经济中，市场失灵是财政存在的前提，从而也决定了财政的职能范围。

4. C 【解析】本题考查市场失灵与公共财政。外部效应是指私人费用与社会费用之间或私人收益与社会收益之间的非一致性，其关键是指某个人或经济组织的行为活动影响了其他个人或经济组织，却没有为之承担应有的成本或没有获得应有的收益。

5. A 【解析】本题考查财政的资源配置职

能。财政资源配置的方式实际上是一种政治程序。

6. A 【解析】本题考查财政的资源配置职能。实现公共物品生产效率的基本途径是完善公共部门的组织制度和激励约束制度。

7. B 【解析】本题考查政府干预失效。政府干预失效的原因和表现主要有：(1)政府决策失误。(2)寻租行为。(3)政府提供信息不及时甚至失真。(4)政府职能"越位"和"缺位"。

8. B 【解析】本题考查财政的资源配置职能。调整产业结构是财政资源配置职能的主要内容之一，其途径有两个：一是调整投资结构；二是调整资产存量结构，进行资产重组。

9. D 【解析】本题考查财政的资源配置职能。选项 D 错误，财政资源配置职能的范围包括公共物品、准公共物品、天然垄断行业的物品等。

10. B 【解析】本题考查财政的收入分配职能。财政收入分配职能的履行主要是实现收入分配的公平。

11. B 【解析】本题考查财政的收入分配职能。财政调节居民个人收入水平的手段有：(1)税收，如征收个人所得税、社会保障税、财产税、遗产税、赠与税；(2)转移支付，如社会保障支出、财政补贴支出等。

12. D 【解析】本题考查财政的收入分配职能。选项 D 错误，财政收入分配职能的履行主要是实现收入分配的公平，因此，财政的收入分配范围也就是社会公平的实施范围。

13. C 【解析】本题考查财政的经济稳定职能。充分就业是指有工作能力且愿意工作的劳动者能够找到工作。

14. B 【解析】本题考查财政的经济稳定职能。当社会总供给与社会总需求平衡时，可以通过实行国家预算的平衡政策进行调节。

15. C 【解析】本题考查财政的经济稳定职能。财政的内在稳定器作用，在财政收入方面，主要是实行累进所得税制。

16. B 【解析】本题考查财政的经济稳定职能。财政的内在稳定器作用，在支出方面，主要体现在转移性支出(社会保障支出、财政补贴支出、税收支出)的安排上。

二、多项选择题

1. BC 【解析】本题考查公共物品的特征。公共物品的核心特征是受益的非排他性和取得方式的非竞争性。

2. ABCE 【解析】本题考查财政的资源配置职能。选项 D 错误，教育、医疗是准公共物品。

3. ABC 【解析】本题考查财政的资源配置职能。选项 A、B、C 属于纯公共物品。选项 D、E 属于准公共物品。

4. AC 【解析】本题考查财政资源配置职能。财政调整产业结构有两条途径：(1)调整投资结构；(2)调整资产存量结构。

5. BCDE 【解析】本题考查财政的收入分配职能。财政调节居民个人收入水平的措施：(1)税收，如征收个人所得税、社会保障税、财产税、遗产税、赠与税；(2)转移支付，如社会保障支出、财政补贴支出。

6. ABE 【解析】本题考查财政的收入分配职能。选项 C 错误，财政通过征收个人所得税、社会保障税而缩小个人收入间的差距。选项 D 错误，财政通过征收财产税、遗产税、赠与税而调节个人财产分布。

7. CD 【解析】本题考查财政收入分配职能。财政收入分配职能：通过征收个人所得税、社会保障税而缩小个人收入之间的差距，通过征收财产税、遗产税、赠与税而调节个人财产分布等。

8. BCDE 【解析】本题考查财政经济稳定职能。财政内在稳定器调节主要表现在财政收入和财政支出两方面的制度。在财政收入方面，主要是实行累进所得税制；在财政支出方面，主要体现在转移性支出(社会保障支出、财政补贴支出、税收支出等)的安排上。

本章思维导图

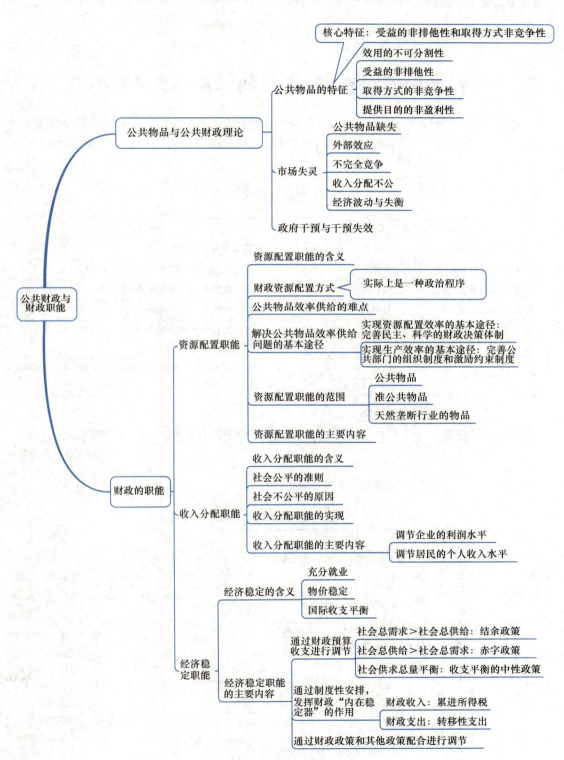

第 2 章 财政支出理论与内容

考情分析

本章主要讲解财政支出分类、财政支出规模、财政支出效益、购买性支出和转移性支出等内容。从历年考题来看，本章题型以单项选择题、多项选择题为主，平均分值在 10~15 分左右。

近年本章考点分布

考点	主要考查题型	考频指数	考查角度
财政支出的分类	选择题	★★	财政支出的具体分类
财政支出的经济影响	选择题	★★	购买性支出、转移性支出对经济的影响
财政支出的规模	选择题	★★★	财政支出规模的衡量指标、增长趋势
财政支出的效益分析	选择题	★★★★	财政支出效益分析的特点、方法
购买性支出	选择题	★★★★	行政管理费与国防支出、文教科学卫生事业费支出、财政投资性支出
转移性支出	选择题	★★★★★	社会保障的内容、社会保障制度的类型、财政补贴支出、税收支出的形式

重点、难点讲解及典型例题

▶ **考点一 财政支出的分类**（见表 2-1）

表 2-1 财政支出的分类

分类依据	类型	概念	范围	分类意义
财政支出的经济性质	购买性支出	(1) 政府购买货物或劳务的活动；(2) 等价交换	行政管理费支出、各项事业的经费支出、政府各部门的投资拨款	有较强的经济分析意义
	转移性支出	资金无偿的、单方面的转移	财政补贴、债务利息、社会保障等	
财政支出在社会再生产中的作用	补偿性支出	用于补偿生产过程中消耗掉的生产资料方面的支出	项目大大削减	便于了解国家财政分配与国民经济发展之间的关系，考察财政分配在促进经济发展方面的作用
	消费性支出	用于社会共同消费方面的支出	文教科学卫生事业费、抚恤和社会福利救济费、行政管理费、国防费等	
	积累性支出	直接增加社会物质财富及国家物资储备的支出	基本建设支出、国家物资储备支出、生产性支农支出等	

续表

分类依据	类型	概念	范围	分类意义
财政支出的目的性	预防性支出	用于维持社会秩序和保卫国家安全，免受国内外敌对力量的破坏和侵犯，以保障人民生命财产安全与生活稳定的支出	国防、司法、公安与政府行政部门的支出	可以揭示财政支出的去向及其在经济生活中的作用
	创造性支出	用于改善人民生活，使社会秩序更为良好，经济更为发达的支出	基本建设投资、文教、卫生和社会福利等	
政府对财政支出的控制能力	不可控制性支出	根据现行法律、法规所必须进行的支出，刚性很强的支出	(1)最低收入保障和社会保障：失业救济、养老金、职工生活补贴；(2)债务利息支出、对地方政府的补贴等	可以表明政府对其支出项目的可控制能力
	可控制性支出	不受法律和契约的约束，可由政府部门根据每个预算年度的需要分别决定或加以增减的支出，即弹性较大的支出	—	
财政支出的受益范围	一般利益支出	全体社会成员均可享受其所提供的利益的支出	国防支出、行政管理费支出等	可以说明财政支出所体现的分配关系，进而分析不同阶层或不同利益集团在对待财政支出决策过程中所可能采取的态度
	特殊利益支出	对社会中某些特定居民或企业给予特殊利益的支出	教育支出、卫生支出、企业补贴支出、债务利息支出等	

【注意1】
我国财政支出的结构遵循马克思设想的原理来安排。

【注意2】（了解）
(1)债务利息支出：转移性支出、不可控制性支出、特殊利益支出。
(2)基本建设支出：购买性支出、积累性支出、创造性支出、可控制性支出。
(3)国防支出：购买性支出、消费性支出、预防性支出、一般利益支出、可控制性支出。
(4)行政管理费支出：购买性支出、消费性支出、预防性支出、一般利益支出、可控制性支出。
(5)财政补贴支出：转移性支出、消费性支出、创造性支出、不可控制性支出、特殊利益支出。
(6)文教卫生支出：购买性支出、消费性支出、创造性支出、特殊利益支出、可控制性支出。
(7)社会保障支出：转移性支出、消费性支出、创造性支出、不可控制性支出。

【例1·多选题】 下列支出中，属于特殊利益支出的有（ ）。
A. 国防支出
B. 教育支出
C. 司法支出
D. 医疗卫生支出

E. 行政支出

解析 本题考查财政支出的分类。特殊利益支出是对社会中某些特定居民或企业给予特殊利益的支出，如教育支出、卫生支出、企业补贴支出、债务利息支出等。选项A、C、E属于一般利益支出。

答案 BD

▶ 考点二 财政支出的经济影响

有关财政支出的经济影响的具体内容见表2-2。

表2-2 财政支出的经济影响

影响的方面	购买性支出	转移性支出
对社会生产和就业的影响不同	(1)政府的资金与微观经济主体的货物和劳务相交换，政府以购买者身份出现在市场上； (2)对社会生产和就业有<u>直接影响</u>	(1)个人与微观经济组织获得资金以后的用途脱离了政府的控制； (2)对生产和就业有<u>间接影响</u>
对国民收入分配的影响不同	对国民收入分配有<u>间接影响</u>	(1)政府的资金转移到接受者手中，是资金使用权的转移； (2)对国民收入分配有<u>直接影响</u>
对政府的效益约束不同	(1)政府须遵循等价交换原则； (2)对政府的效益约束<u>较强</u>	(1)政府没有需遵循的原则，支出规模与结构根据政府与企业、中央政府与地方政府的协商而定； (2)对政府的效益约束<u>较弱</u>
对微观经济主体的预算约束不同	(1)微观经济主体须遵循等价交换的原则； (2)企业收益的大小取决于其销售收入同生产成本的对比关系； (3)提供劳务的人收入高低取决于市场上劳务供求状况和全社会劳务收入水平； (4)对微观经济主体的预算约束是<u>硬性</u>的	(1)无交换发生，微观经济主体收入的高低，不取决于其能力与主观努力的结果，而取决于其经济状况及同政府讨价还价的能力； (2)对微观经济主体的预算约束是<u>软性</u>的
执行财政职能的侧重点不同	购买性支出在财政总支出中占较大比重，<u>执行资源配置的职能较强</u>	转移性支出在财政总支出中占较大比重，<u>执行国民收入分配的职能较强</u>

【例2·单选题】 关于购买性支出和转移性支出对经济影响的说法，正确的是( )。

A. 购买性支出直接影响国民收入分配
B. 转移性支出执行资源配置的职能较强
C. 转移性支出对微观经济主体的预算约束是硬的
D. 购买性支出对政府形成较强的效益约束

解析 本题考查财政支出的经济影响。购买性支出间接影响国民收入分配。转移性支出执行收入分配的职能较强。转移性支出对微观经济主体的预算约束是软的。

答案 D

▶ 考点三 财政支出规模的衡量指标及我国财政支出规模的分析

(一)反映财政活动规模的指标

(1)反映财政活动规模的指标：①财政收入及其占国内生产总值的比重；②财政支出及其占国内生产总值的比重。

(2)出现财政赤字的原因：公债收入不计入经常性收入，但债务收入的使用形成了财政支出，因此会出现支大于收。

(3)财政收入占国内生产总值的比重常被看作是财政集中程度的指标,论及财政集中程度,财政支出占国内生产总值的比重更符合实际。

(二)财政支出规模的衡量指标

相对量指标:财政支出占国内生产总值GDP(或国民生产总值GNP)的比重。

(三)反映财政支出规模变化的指标(见表2-3)

表2-3 反映财政支出规模变化的指标

名称	公式	解释
财政支出增长率	$\Delta G(\%)=\dfrac{\Delta G}{G_{n-1}}=\dfrac{G_n-G_{n-1}}{G_{n-1}}$	当年财政支出较上年同期财政支出增长的百分比(同比增长率)
财政支出增长弹性系数	$E_g=\dfrac{\Delta G(\%)}{\Delta GDP(\%)}$	(1)支出增长率与GDP增长率之比; (2)$E_g>1$,财政支出增长率快于GDP增长率
财政支出增长边际倾向	$MGP=\dfrac{\Delta G}{\Delta GDP}$	GDP每增加一个单位时财政支出增加多少,或财政支出增长额占GDP增长额的比例

(四)我国财政支出规模的分析(见图2-1)

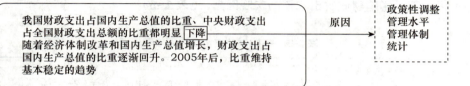

图2-1 我国财政支出规模的分析

▶ **考点四 财政支出规模的增长趋势**

从绝对量和相对量上看,世界各国的财政支出都呈现出增长的趋势。

有关财政支出规模增长的理论解释的具体内容见表2-4。

表2-4 财政支出规模增长的理论解释

理论	提出者	主要观点	结论
政府活动扩张法则	瓦格纳	(1)现代工业的发展一般会引起社会进步,社会的进步将必然导致国家活动的增多,因为"政府职能不断扩大并且政府活动持续增加"将会导致公共支出不断增长; (2)把导致政府支出增长的因素分为政治因素和经济因素	政府活动不断扩张带来公共支出不断增长,是社会经济发展的客观规律
公共收入增长导致论	皮考克、魏斯曼	公共支出的增长只是因为公共收入的增长造成的,导致公共支出增长的因素为: (1)内在因素:经济发展、国民收入增加; 【注意】公民所能够容忍的税收水平决定公共收入水平,形成政府扩大公共支出的约束条件 (2)外在因素:战争、自然灾害	公共支出和公共收入总是同步增加

续表

理论	提出者	主要观点	结论
经济发展阶段论	马斯格雷夫、罗斯托	(1)经济发展早期阶段：政府投资在社会总投资中所占比重较高； (2)经济发展中期阶段：政府投资对私人投资起到补充的作用； (3)经济发展成熟阶段：公共支出逐步转向以教育、保健和社会福利为主的支出结构，公共支出增长速度加快	(1)早期阶段：社会基础设施； (2)中期阶段：加强对经济的干预； (3)成熟阶段：教育、保健和社会福利支出

【例3·多选题】经济学家关于财政支出增长的解释中，提出"经济发展阶段论"的有( )。

A. 瓦格纳
B. 皮考克
C. 马斯格雷夫
D. 魏斯曼
E. 罗斯托

解析 本题考查财政支出规模的增长趋势。马斯格雷夫和罗斯托提出的关于财政支出规模的增长趋势的理论是"经济发展阶段论"。

答案 CE

▶ 考点五 影响财政支出规模的宏观因素（见表2-5）

表2-5 影响财政支出规模的宏观因素

经济性因素	(1)主要是经济发展水平、经济体制、中长期发展战略、当前的经济政策； (2)经济性因素始终是影响财政支出规模的主要因素，甚至是决定性因素
政治性因素	主要体现在：政局是否稳定、政体结构和行政效率、政府干预政策
社会性因素	如人口、就业、医疗卫生、社会救济、社会保障以及城镇化建设等

▶ 考点六 财政支出效益分析的特点

有关政府财政支出效益分析与微观经济组织生产经营支出效益分析的比较的具体内容见表2-6。

表2-6 政府财政支出效益分析与微观经济组织生产经营支出效益分析的比较

区别	政府财政支出效益分析	微观经济组织生产经营支出效益分析
计算所费与所得的范围不同	计算范围较宽，不仅计算直接的、有形的，还分析间接的、无形的	只计算自身的费用和自身的实际所得，范围较窄
衡量效益的标准不同	必须确定经济效益与社会效益并重的效益标准	单纯地以经济效益为衡量标准
择优的标准不同	追求使整个社会效益最大的方案	自身直接所费最少、所得最多的支出方案为最优方案

【例4·多选题】与企业生产效益比较，财政支出效益的特点有( )。

A. 计算的所费范围更宽
B. 计算的所得范围更宽
C. 不采用货币指标考核效益
D. 政府可安排支出用于对政府财政无经济效益可言的项目
E. 对于赔钱的项目，政府不得安排用于该类项目的支出

解析 本题考查财政支出效益分析的特点。选项 C 错误,分析财政支出效益时应确定经济效益和社会效益并重的效益标准。选项 E 错误,政府分配追求整个社会的最大效益,某些关系整个国民经济发展、社会总体效益很大,而对政府财政却无经济效益可言、甚至赔钱的支出项目,也是政府安排支出的选择目标。

答案 ABD

▶ 考点七 财政支出效益分析的方法

(一)财政支出效益分析的方法(见表2-7)

表2-7 财政支出效益分析方法

方法	相关知识	适用范围
"成本—效益"分析法	需考虑: (1)实际成本、效益和金融成本、效益; (2)直接成本、效益和间接成本、效益; (3)有形成本、效益和无形成本、效益; (4)内部成本、效益和外部成本、效益; (5)中间成本、效益和最终成本、效益	有直接经济效益的支出项目(如基本建设投资支出),特别适用于财政支出中有关投资性支出项目的分析,如发电厂
最低费用选择法	在对备选财政支出方案进行经济分析时,只需要计算每个备选方案的有形成本,不需要用货币计算其支出的社会效益,最后以成本最低为最优标准	只有社会效益,且其产品不能进入市场的支出项目,如军事、行政、文化、卫生等支出项目
"公共劳务"收费法①	通过采取制定和调整"公共劳务"价格或收费标准的方法,从而改进"公共劳务"使用状况,以便达到提高财政支出效益的目的	既有社会效益、又有经济效益,但经济效益难以直接衡量,而其产品可以全部或部分进入市场的支出项目(如交通、教育支出)
公共定价法	(1)纯公共定价:政府直接制定自然垄断行业的价格; (2)管制定价:政府规定涉及国计民生而又带有竞争性行业的价格	—

注:①"公共劳务"收费法与"成本-效益"分析法和最低费用选择法的区别:通过制定合理的价格与收费标准,来达到对"公共劳务"有效的、节约的使用,而不是对财政支出备选方案的选择。

(二)"公共劳务"的定价策略(见表2-8)

表2-8 "公共劳务"定价策略

定价策略	适用范围	举例
免费政策	从全局和社会利益出发,全国普遍使用,但居民未完全觉悟	强制进行义务教育、注射疫苗
低价政策		
平价政策	从全社会的利益来看,不鼓励使用 也不限制使用	公路、公园、铁路、医疗
高价政策	从全社会利益来看,必须限制使用	繁华地段的机动车停车收费

(三)公共定价法的类型(见表2-9)

表2-9 公共定价法的类型

类型	内容	适用范围
平均成本定价法	在提供公共物品的单位对外收支平衡的情况下,采取使经济福利最大化的定价方式	成本递减行业

续表

类型	内容	适用范围
二部定价法	(1)定价体系的构成要素：①与使用量无关的按月或按年支付的"基本费"；②按使用量支付的"从量费"； (2)属于定额定价和从量定价相结合的定价体系； (3)性质：以收支平衡为条件，实现经济福利最大化	现在几乎所有受价格管制的行业（如电力、燃气、电信等自然垄断行业）
负荷定价法	按不同时间段或不同时期的需求，分别制定不同的价格	如电力、燃气、电信等行业

【例5·单选题】 对那些既有社会效益，又有经济效益，但其经济效益难以直接衡量，而其产品可以全部或部分进入市场的财政支出项目的效益时，应采取的分析方法是( )。

A. 成本—效益分析法　　　　　　　　　B. 投入—产出评价法

C. 最低费用选择法　　　　　　　　　　D. "公共劳务"收费法

解析 本题考查财政支出效益分析的方法。对既有社会效益、又有经济效益，但其经济效益难以直接衡量，而其产品可以全部或部分进入市场的支出项目（如交通、教育支出），采用"公共劳务"收费法来衡量和提高财政支出的效益。

答案 D

▶ 考点八　购买性支出概述（见图2-2）

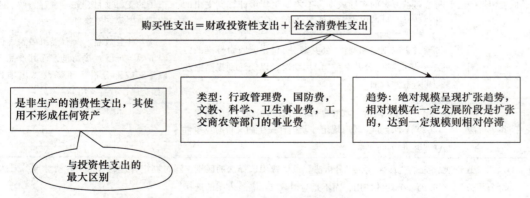

图2-2　购买性支出概述

▶ 考点九　行政管理费与国防支出

（一）行政管理费支出（见表2-10）

表2-10　行政管理费支出

含义	财政用于国家权力机关、行政管理机关和外事机构行使其职能所需要的费用	
内容	行政支出、公安支出、国家安全支出、司法检察支出、外交支出	
分类①	人员经费	工资、福利费、离退休人员费用
	公用经费	公务费、修缮费、设备购置费、业务费
发展趋势	绝对数：增长	
	相对数：它在财政支出总额所占的比重是下降趋势	

注：①分类依据是费用要素。

(二)国防支出

内容：国防费、民兵建设费、国防科研事业费、防空经费。

管理：全部纳入国家预算安排；国防费预、决算由全国人大审批，由国家和军队的审计机构实施审计和监督。

【例6·多选题】 下列费用项目中，属于行政管理费的有（ ）。

A. 公安业务费　　　　　　　　B. 安全机关经费
C. 民兵建设费　　　　　　　　D. 司法检察业务费
E. 驻外机构经费

解析 本题考查行政管理费支出。行政管理费支出是财政用于国家各级权力机关、行政管理机关和外事机构行使其职能所需的费用，包括行政支出、公安支出、国家安全支出、司法检察支出和外交支出。民兵建设费属于国防费。　　　　　　　　　**答案** ABDE

▶考点十　文教、科学、卫生事业费支出

(一)教育支出

(1)义务教育：属于纯公共物品，由政府提供。

(2)高层次教育：包括高等教育、职业教育、成人教育，属于混合公共物品；可向受教育者收费，也可由私人举办。

(二)科学研究支出

1. 承担主体

(1)基础科学经费：外部效应强，应由**政府**承担。

(2)应用型研究经费：可通过市场交换来弥补成本，由**微观主体**承担。

2. 我国科学研究支出的现状

(1)科学研究支出及其占财政支出和 GDP 的比重逐年提高。

(2)通过科技三项费用、税收优惠和财政补贴，鼓励、带动民间科技投入。

(3)加大技术革新力度，推动产业升级。

(三)卫生支出

有关政府提供公共卫生的原因的具体内容见表 2-11。

表 2-11　政府提供公共卫生的原因

一般原因	世界银行提出的理由
(1)公共卫生、卫生信息是公共物品，外部效应强，具有非排他性； (2)公平收入分配	(1)最直接的理论基础——减少贫困； (2)许多与医疗卫生有关的服务是公共物品，具有外部性； (3)疾病风险的不确定性和保险市场的缺陷

(四)加强管理，提高文教科卫支出的效益

1. 规范财政资金供应范围。

2. 改革和完善文教科卫事业单位的财务制度。

财务制度包括：事业单位财务规则(最基本、最高层次的法规)、行业事业单位财务管理制度、事业单位内部财务管理具体规定。

3. 改革事业单位管理形式。

新形式："核定收支、定额或者定项补助、超支不补、结转和结余按规定使用"。

4. 推选定额管理，改进资金分配方法。
在定额管理的基础上，实行"零基预算法"。
5. 多形式发展事业，多渠道筹集资金，收支统一管理。

【例7·单选题】 下列关于文教、科学、卫生事业费支出的表述中，正确的是( )。
A. 教育属于公共产品，其支出应全部由政府财政承担
B. 公共卫生支出应由政府财政承担
C. 应用科学研究的经费应由政府财政提供
D. 目前我国对事业单位的财政管理方法为全额管理

解析 本题考查文教、科学、卫生事业费支出。选项A错误，义务教育是纯公共物品，由政府提供；高等教育属于混合物品，不完全由政府免费提供，可以向受教育者收费，也可以由私人举办。选项C错误，基础科学研究的经费应由政府财政提供。选项D错误，目前事业单位财政管理的形式为"核定收支、定额或者定项补助、超支不补、结余留用"办法。 **答案** B

▶考点十一 政府财政投资的特点、范围和决策标准

(一)政府财政投资的特点
1. 政府投资与非政府投资的比较(见表2-12)

表2-12 政府投资与非政府投资的比较

比较项目	政府投资	非政府投资
投资主体	政府	具有独立法人资格的企业或个人
资金来源	政府，资金来源多半无偿	自身积累利润、社会筹资
是否考虑社会效益	考虑	不考虑

【注意】 政府投资＝生产性投资＋非生产性投资
(1)可以不盈利或微盈利，但可极大提高国民经济整体效益；
(2)可投资于大型项目和长期项目。

2. 政府投资与非政府投资占社会总投资的比重(见表2-13)

表2-13 政府投资与非政府投资占社会总投资的比重

项目		政府投资	非政府投资
经济体制差异	市场经济国家	小	大
	计划经济国家	大	小
经济发展阶段差异	发达国家	小	大
	欠发达、中等发达	大	小

【注意】 我国政府投资在社会总投资中的比重是下降的。

(二)政府财政投资的决策标准(见表2-14)

表2-14 政府财政投资的决策标准

标准	含义	备注
资本—产出比率最小化（稀缺要素标准）	应当选择单位资本投入产出比最优的投资项目	资源的稀缺性

续表

标准	含义	备注
资本—劳动力最大化	应选择使边际人均投资额最大化的投资项目	(1)比率高,资本技术构成高,劳动生产率高,经济增长快； (2)投资于资本密集型项目
就业创造标准	单位投资额能够动员最大数量劳动力	扩大财政投资规模,优先选择劳动力密集型的项目

【例8·单选题】关于财政投资的说法,正确的是( )。

A. 财政投资中包括生产性投资

B. 财政投资必须注重经济效益

C. 财政投资的资金来源全部都是无偿的

D. 财政投资只能投资于周转快的短期性项目

解析 ▶ 本题考查政府财政投资的特点。选项B错误,财政投资可以不盈利或微盈利,可以从事社会效益好而经济效益一般的投资。选项C、D错误,政府财力雄厚,而且资金来源多半是无偿的,可以投资于大型项目和长期项目。

答案 ▶ A

▶ 考点十二 基础设施投资

(一)基础设施投资的性质

基础设施具有公共物品的一般特征,属于混合公共物品,属于资本密集型行业,决定了大型基础设施很难由个别企业的独立投资来完成。

(二)基础设施投资的提供方式(见表2-15)

表2-15 基础设施投资的提供方式

方式	适用情形	举例
政府筹资建设,或免费提供,或收取使用费	关系国计民生的重大项目	长江三峡工程、青藏铁路、南水北调工程
	维护国家安全	宇航事业、核电站、战备公路
	反垄断	(1)公共定价,严加管理； (2)政府直接投资
	具有明显的非排他性或很高的排他成本,单项投资不大,数量众多,可视为纯公共物品的项目	市区道路,上下水管道,过街天桥
私人出资、定期收费补偿成本并适当盈利,或地方主管部门筹资、定期收费补偿成本	—	地方性公路、桥梁；"贷款修路,收费还贷"
政府与民间共同投资	(1)具有外部效应、盈利率较低或风险较大的项目； (2)政府投资参股、优惠贷款、提供借款担保、低价提供土地使用权、部分补贴、减免税收； (3)政府发挥资金诱导和政策支持作用	高速公路、集装箱码头、高新技术产业

方式	适用情形	举例
政府投资,法人团体经营运作	优点:(1)政府有最终决策权,可从经营活动中解脱出来; (2)法人团体有经营自主权,责任明确,可提高成本效益的透明度,提高服务质量	道路、港口、中小型机场
PPP 模式 (政府与社会资本合作)	(1)BOT(建设-经营-转让)模式也属于 PPP 模式; (2)狭义 PPP 模式的特点:①政府对项目中后期参与更深,企业对项目前期参与更深;②政府和企业都是全程参与,合作时间长,信息对称	主要集中在纯公共领域、准公共领域

【例9·多选题】基础设施建设的特点有( )。
A. 初始投资大　　　　　　　　B. 建设周期长
C. 全部由政府投资　　　　　　D. 投资回收慢
E. 由财政无偿拨款

解析▶ 本题考查基础设施投资的性质。选项C、E错误,从经济性质来看,基础设施可以归类为混合物品,可以由政府提供,也可以由市场提供,也可以采取混合提供方式。　答案▶ ABD

▶ 考点十三　财政投融资制度

有关财政投融资的基本特征的具体内容见表2-16。

表2-16　财政投融资的基本特征

特征	内容
政府投入资本金的政策性融资	商业性投融资渠道之外的新型投融资渠道,将加快专业银行商业化的发展方向
目的性强,范围有严格限制	融资范围:(1)需要政府扶持或保护的产品;(2)直接由政府控制定价的基础性产业融资
计划性与市场机制相结合	以市场参数作为配置资金的重要依据,对市场的配置起补充调整作用
由专门机构(政策性金融机构)负责统筹管理和经营	执行长期性投融资政策的机构,是政府投资的代理人
其预算管理比较灵活	其预算在一定范围内的追加,无须主管部门的审批

【注意】(了解)
(1)政策性银行的资本金来源:①政府预算;②发行长期性建设公债、集中邮政储蓄和部分保险性质的基金;③直接对商业银行和其他非银行金融机构发行金融债券。
(2)财政投融资通过国家信用方式筹集资金。
(3)财政投资并不意味着完全地无偿拨款。

【例10·单选题】关于财政投融资制度的说法,正确的是( )。
A. 财政投融资是一种商业性投融资,不同于无偿拨款
B. 构建政策性投融资机制在一定程度上会阻碍专业银行商业化的发展方向
C. 政府给予扶持或保护的产品可以由财政投融资提供

D. 政策性银行是制定和执行有关长期性投融资政策的机构

解析 ▶ 本题考查财政投融资制度。选项 A 错误，财政投融资是一种政策性融资，不同于无偿拨款，也不同于商业性投融资。选项 B 错误，构建政策性投融资机制只会加快而不会阻碍专业银行商业化的发展方向。选项 D 错误，政策性金融机构从性质上看，既不是商业银行，也不是制定政策的机关，而是执行有关长期性投融资政策的机构，是政府投资的代理人。

答案 ▶ C

▶考点十四　财政"三农"支出

（1）农业投资主要来自农业农村部门和农户的积累，国家投资只起到辅助作用。

（2）投资范围：主要投资以水利为核心的农业基础设施建设、农业科技推广、农村教育和培训等。

▶考点十五　社会保障支出

（一）社会保障的概念与内容

1. 社会保障制度由德国的俾斯麦政府首创。
2. 我国社会保障的内容（见表2-17）。

表 2-17　我国社会保障的内容

	现代社会保障的核心内容			
社会保险	内容	养老保险	现收现付式	
			基金式	完全基金式
				部分基金式
		失业保险	征收额度较少	
		医疗保险	患病职工（包括退休职工）及其直系亲属	
		生育保险	（1）专门保护妇女劳动者； （2）对象为已婚妇女劳动者	
		工伤保险	保险对象	从事经济活动的劳动者
			受益人	劳动者本人及其家人
社会救助	含义	国家财政拨款，保障生活确有困难的贫困者最低限度的生活需要		
	特点	（1）费用由政府财政资金负担，接受者不缴纳费用； （2）受保人享受该救助需要接受经济状况调查		
社会福利	对象	盲聋哑、鳏寡孤独的社会成员		
	资金来源	国家预算拨款		
	举例	社会福利院（孤儿院、敬老院）		
社会优抚	对象	革命军人及其家属		
	内容	对退役军人的安置，对现役军人及其家属的优抚，对烈属和残废军人的抚恤，对军人退休后的保障		

有关三种养老保险筹资模式的具体内容见表 2-18。

表 2-18 三种养老保险筹资模式

模式	养老方式		内容
现收现付式①	后代养老	含义	完全靠当前的收入满足当前的支出,不为以后年度的保险支出作资金储备
		特点	初期保险费率低,随后经常调整
完全基金式	自我养老	含义	为社会保险设立一种基金,在数量上能满足今后向投保人支付保险津贴的需要
		特点	(1)投保人的缴费水平在相当长的时间内保持不变,避免缴费水平随保险支出增加而不断调整; (2)初期缴费率高,以建立基金
部分基金式	自我养老+后代养老	含义	缴纳水平在满足一定阶段支出需要的前提下,留有一定储备
		特点	(1)根据分阶段平衡的原则调整缴费率,缴费率在初期较低,分阶段提高,呈阶梯式上升; (2)解决现收现付式下缴费率频繁调整问题; (3)解决完全基金式下缴费率负担过重问题

注:①目前我国养老保险筹备模式为社会统筹和个人账户相结合的筹资模式,基本属于现收现付式。

(二)市场经济条件下社会保障制度的意义

1. 弥补市场经济的缺陷。
2. 具有内在稳定器的作用。
3. 与税收共同调节社会成员的收入水平。
4. 弥补商业保险的局限。

商业保险的局限性包括:(1)存在逆向选择和道德风险,导致其市场失灵;(2)无法解决个人储蓄不足及"免费搭车"问题;(3)难以抵御系统性风险;(4)无法进行有目的的收入再分配。

(三)社会保障制度的类型(见表2-19)

表 2-19 社会保障制度的类型

类型	特点	代表国家
社会保险型	(1)风险分担,互助互济; (2)受保人和雇主缴纳保费	—
社会救济型	(1)受保人不缴纳费用,由政府从预算中筹资; (2)受保人需要经过家庭收入及财产调查,符合条件的才有资格	澳大利亚、加拿大的公共养老金计划
普遍津贴型	(1)人人有份; (2)完全由政府从预算中筹资	(1)经济发达国家才有条件实行; (2)新西兰的公共养老金计划,2001年以前加拿大的养老保障计划
节俭基金型	(1)按个人账户方式举办; (2)雇主、雇员按职工工资的一定比例缴费; (3)受保人之间不能进行收入再分配,不具有互助互济保险功能; (4)具有强制储蓄功能,是政府的一种强制储蓄计划	(1)适用国民储蓄率较低并期望通过居民储蓄提高国民储蓄率的国家; (2)马来西亚、印度等发展中国家的公共养老金计划

(四)我国的社会养老保险制度(见表2-20)

表2-20 我国的社会养老保险制度

城镇企业职工基本养老保险	缴费	单位缴费：一般不得超过企业工资总额的20% 个人缴费：个人缴费工资的8%
	领取条件	(1)达到法定退休年龄并办理退休手续； (2)所在单位和个人参加基本养老保险并缴费； (3)个人累计缴费满15年
	享受的待遇	(1)按月领取的基本养老金，直至死亡； (2)享受基本养老金的正常调整待遇； (3)对企业退休人员实行社会化管理服务
城乡居民基本养老保险	基金筹集	个人缴费、集体补助、政府补贴
	建立个人账户	—
	待遇及调整	(1)基础养老金(中央确定最低标准及其调整机制)； (2)个人账户养老金(月计发标准目前为个人账户全部储存额除以139)
	领取条件	年满60周岁、累计缴费满15年，且未领取国家规定的基本养老保障待遇的
机关事业单位工作人员养老保险	改革的目标	坚持全覆盖、保基本、多层次、可持续方针，以增强公平性、适应流动性、保证可持续性为重点，改革机关事业单位工作人员退休保障制度，逐步建立独立于机关事业单位之外、资金来源多渠道、保障方式多层次、管理服务社会化的养老保险体系
	改革的主要原则	改革前与改革后待遇水平相衔接，立足增量改革，实现平稳过渡
	改革的范围	适用于按照公务员法管理的单位、参照公务员法管理的机关(单位)、事业单位及其编制内的工作人员
	改革的基本思路	一个统一、五个同步

【例11·单选题】关于社会保障制度的说法，错误的是( )。
A. 可以弥补市场经济的缺陷   B. 是"相机抉择"的调控手段
C. 与税收共同调节社会成员的收入水平   D. 可以弥补商业保险的局限

解析 ▶本题考查社会保障制度的意义。选项B错误，社会保障制度具有"内在稳定器"的作用。
答案 ▶ B

▶ 考点十六 财政补贴支出概述

(一)财政补贴的主体、对象、性质
主体是国家；对象是企业和居民；性质是通过财政资金的无偿补助而进行的社会财富的再分配。
(二)财政补贴与社会保障支出的异同点(见表2-21)

表2-21 财政补贴与社会保障支出的异同点

项目	财政补贴	社会保障支出
相同点	(1)转移性支出； (2)政府：无偿支付； (3)补贴领取者：经济状况有所改善	

续表

项目	财政补贴	社会保障支出
不同点	与相对价格变动联系在一起,又被称为价格补贴或财政价格补贴	与价格不发生直接联系
	可改变资源配置结构、供给结构、需求结构	对资源配置结构、供给结构、需求结构很少有影响

(三)财政补贴的分类

1. 按财政补贴的项目和形式分类

(1)内容:价格补贴、企业亏损补贴、外贸补贴、房租补贴、职工生活补贴、财政贴息、减免税收等。

(2)价格补贴与企业亏损补贴的比较(见表2-22)。

表2-22 价格补贴与企业亏损补贴的比较

比较项目	价格补贴	企业亏损补贴
关联方	与市场零售商品有关	与工业生产资料有关
直接受益人	居民	企业
补贴环节	流通环节	生产环节
对象	商品	企业
处理方式	在财政支出中列支	冲减收入

【注意】

(1)价格补贴与企业亏损补贴:都与产品价格相关。

(2)我国财政补贴以价格补贴和企业亏损补贴为主要项目,且每年反映在国家预算上仅有这两项。

2. 按财政补贴的环节分类(见表2-23)

财政补贴在各个环节上的选择,取决于补贴要解决的矛盾,以及如何有利于发挥补贴的功能。

表2-23 按财政补贴的环节分类

生产环节	农业生产资料、工矿产品价格补贴、生产企业的政策性亏损补贴
流通环节	农副产品价格补贴、商业和外贸企业的政策性亏损补贴
分配环节	财政贴息、税收支出
消费环节	职工副食品补贴

3. 按财政补贴的经济性质分类(见表2-24)

表2-24 按财政补贴的经济性质分类

生产补贴	某类产品是经济发展所必需的,但其价格偏低又难以提高,因而需要给生产单位以财政补贴
	农业生产资料价格补贴,财政贴息
生活补贴	国家为实行低工资政策,在生活必需品的价格提高后,为保证职工实际生活不降低,给予职工的财政补贴
	职工副食品补贴,农副产品价格补贴

4. 按财政补贴的内容分类(见表 2-25)

表 2-25 按财政补贴的内容分类

现金补贴	实物补贴
明补	暗补
接受主体获得超额收入	接受主体未真正获益
不发生补贴利益转移	补贴利益发生转移
获得货币购买力	实际获益者同补贴接受者进行商品买卖时才能发生
—	补贴附着在具体的产品之上
影响各种商品的供求	影响某些具体的商品供求关系
职工副食品补贴	农副产品价格补贴、农业生产资料价格补贴

5. 世界贸易组织根据可能对国际贸易造成的危害程度分类

按此方法可以分为禁止性补贴、可诉补贴和不可诉补贴三类。具体内容见表 2-26。

表 2-26 财政补贴的类型

禁止性补贴	包括出口补贴、进口替代补贴	
可诉补贴	使用可诉补贴不能造成以下任何情况发生	(1)取代或阻碍另一成员方的产品进口; (2)取代或阻碍另一成员方对第三成员方的出口; (3)补贴造成大幅度削价、压价或者销售量减少; (4)实施补贴后的商品在国际市场上的份额增加
	取消可诉补贴的条件	(1)该种补贴必须具有专向性—企业专向性、产业专向性和地区专向性; (2)该种补贴必须被某个成员方起诉; (3)该种补贴必须被证明对成员方造成了实质损害或实质损害威胁
不可诉补贴	主要包括不具有专向性的补贴、给予基础研究的援助性补贴、给予贫困地区的补贴、为帮助个人和企业适应新环境而实施的补贴,以及用于鼓励农业研究与开发、鼓励农民退休等方面的补贴	

【例 12 · 多选题】下列财政补贴中,属于流通环节补贴的有( )。
A. 农副产品价格补贴　　　　　　B. 工矿产品价格补贴
C. 职工副食品补贴　　　　　　　D. 商业企业的政策性亏损补贴
E. 财政贴息

解析　本题考查财政补贴的分类。选项 B 属于生产环节补贴。选项 C 属于消费环节补贴。选项 E 属于分配环节补贴。

答案　AD

▶考点十七　财政补贴的经济影响及经济效应

1. 财政补贴的经济影响

改变需求结构、改变供给结构、将外部效应内在化。

2. 财政补贴的实际经济效应

(1)有效贯彻国家的经济政策。
(2)以少量的财政资金带动社会资金,扩充财政资金。
(3)加大技术改造力度,推动产业升级。
(4)消除"排挤效应"。

(5)稳定社会经济。

3. 财政补贴的消极作用

(1)补贴项目多、规模大，加重财政负担，是长期存在财政赤字的重要原因之一，削弱国家财政的宏观调控能力。

(2)使受补单位产生依赖，影响经济效率和资源配置效率，加剧企业不公平竞争。

(3)扩大经济体系中的政府行为，缩小市场活动覆盖范围，财政补贴成为受补单位既得利益，变为经济体制改革的阻碍。

(4)不当补贴扭曲了价格体系和消费结构，加大宏观调控难度。

▶ 考点十八　我国财政补贴的调整和改革

调整和改革财政补贴的基本思路是：

1. 取消不符合WTO规则的补贴

(1)取消针对出口的补贴。

(2)取消采用税收手段支持本国产品替代进口的补贴。

(3)取消农产品出口补贴。

(4)调整效率低的补贴。

2. 合理利用可诉补贴

3. 用足用好不可诉补贴

一是增加对落后地区的补贴。二是运用补贴加强环境保护。三是运用补贴促进中小企业的发展。

▶ 考点十九　税收支出（见表2-27）

表2-27　税收支出

目的	为实现特定目标，制定税收优惠措施，放弃一些税收，而非取得收入
性质	间接性支出，**财政补贴性支出**
分类	(1)**照顾性税收支出**：扶持国家发展的亏损或微利企业、外贸企业，使国民经济各部门的发展基本保持平衡； (2)**刺激性税收支出**：引导产业结构、产品结构、进出口结构、市场供求，促使纳税人开发新产品、新技术，积极安排就业
形式	(1)税收豁免：对纳税人的某些所得项目或所得来源不予征税，或对某些活动不列入征税范围，以减轻税收负担； 类型：免除关税与货物税；免除所得税； (2)纳税扣除：允许企业把符合规定的支出，以一定比例或全部从应税所得中扣除，以减轻税负；在累进税制下，纳税人的所得额越高，扣除的实际价值越大，扣除额越多； (3)税收抵免：允许纳税人从符合奖励规定的支出中，以一定比率从应纳税额中扣除，以减轻其税负； 【注意】税收抵免是在计算出应纳税额后，从中减去一定数额；纳税扣除是从应税收入中减去一定金额 (4)优惠税率：对符合规定的纳税人采用低于一般税率的税率征税； (5)延期纳税：税收支出的特殊形式； 评价：对于纳税人，获得无息贷款，解除财务困难；对于政府，负担轻微，损失一点利息； (6)盈亏相抵：以企业发生亏损为前提，对具有高度冒险性的投资有效，对从未发生过亏损但利润很小的企业无效。只适用于所得税

形式	(7) 加速折旧：税收支出的特殊形式，在固定资产使用年限的初期提列较多的折旧； 评价：对于企业，总税负未变，但税负前轻后重，税收递延缴纳，政府给予一笔无息贷款；对于政府，总税收收入不变，收入前少后多，收入迟滞，政府损失一部分收入的时间价值； (8) 退税：出口退税(退还进口税，已纳国内销售税、消费税、增值税等)、再投资退税
控制方法	(1) 非制度化的临时监督与控制； (2) 建立统一的税收支出账户； (3) 临时性与制度化相结合

【例13·单选题】以下属于税收支出特殊形式的是（　　）。
A. 税收豁免　　　　　　B. 纳税扣除
C. 税收抵免　　　　　　D. 加速折旧

解析 本题考查税收支出的形式。税收支出的形式有税收豁免、纳税扣除、税收抵免、优惠税率、延期纳税、盈亏相抵、加速折旧、退税等。加速折旧与延期纳税是税收支出的特殊形式。　　**答案** D

历年考题解析

一、单项选择题

1. 下列财政支出中，属于一般利益支出的是（　　）。
   A. 教育支出　　　　B. 卫生支出
   C. 行政管理支出　　D. 企业补贴支出
   解析 本题考查财政支出的分类。一般利益支出指的是全体社会成员均可享受其所提供的利益的支出，如国防支出、行政管理费支出等。　**答案** C

2. 能够比较准确反映不同国家间财政支出规模差异的指标是（　　）。
   A. 财政支出增长额
   B. 财政支出的数额
   C. 财政支出占国民收入的比重
   D. 财政支出占国内生产总值的比重
   解析 本题考查财政支出规模的衡量指标。我们把财政支出占国民生产总值或国内生产总值的比重用于衡量财政分配的规模，就其分母来看，我们曾选用的是国民收入，而现代市场经济国家大都选用国民生产总值或国内生产总值。　**答案** D

3. 对于财政投资性支出项目，宜采取的效益分析方法是（　　）。
   A. 成本-效益分析法
   B. 最低费用选择法
   C. 公共劳务收费法
   D. 公共定价法
   解析 本题考查财政支出效益分析的方法。"成本—效益"分析法是西方发达国家于20世纪40年代，把私人企业中进行投资决策的财务分析法运用到财政分配领域，成为政府进行财政支出决策，从而有效地使用财政资金的重要方法。　**答案** A

4. 关于社会保障制度类型的说法，正确的是（　　）。
   A. 社会保险型的费用全都来自受保人缴纳的保险费
   B. 社会救济型的费用来自政府预算拨款和个人缴纳
   C. 普遍津贴型需要受保人和雇主共同缴纳保险费
   D. 节俭基金型个人账户中的资金具有继承性
   解析 本题考查社会保障制度的类型。选项A，社会保险型的费用要求受保人和雇主缴纳。选项B，社会救济型的费用完全由政府从政府预算中筹资。选项 C，普遍津贴型受保人及其雇主均不需要缴纳任何费用。

答案 D

5. 关于财政贴息的说法，错误的是（ ）。
   A. 财政贴息实质是对企业收益的补贴
   B. 财政贴息是分配环节的补贴
   C. 财政贴息是生产性补贴
   D. 财政贴息是对某些企业或项目的贷款利息给予补贴

   解析 本题考查财政补贴的性质与分类。财政贴息的实质是对企业成本价格提供补贴。

   答案 A

6. 关于税收支出形式的说法，错误的是（ ）。
   A. 纳税扣除准许企业把合乎规定的特殊支出从应纳税额中扣除
   B. 优惠税率可以是有期限的鼓励，也可以是长期优待
   C. 延期纳税适用于各种税
   D. 一般而言，盈亏相抵都是有一定时间限制的

   解析 本题考查税收支出的形式。纳税扣除是指准许企业把一些合乎规定的特殊支出，以一定的比例或全部从应税所得中扣除，以减轻其税负。

   答案 A

7. 财政的可控制性支出是（ ）。
   A. 债务利息支出
   B. 基本建设投资支出
   C. 社会保障支出
   D. 失业救济金支出

   解析 本题考查财政支出的分类。可控制性支出可解释为不受法律和契约的约束，可由政府部门根据每个预算年度的需要分别决定或加以增减的支出，即弹性较大的支出。

   答案 B

8. 关于财政支出不断增长理论的说法，错误的是（ ）。
   A. 瓦格纳认为财政支出不断增长是由政府活动不断扩张导致的
   B. "公共收入增长导致论"认为财政支出与财政收入增长是同步的

C. 经济发展的早期阶段政府支出的重点是基础设施建设
D. 经济发展进入中期阶段，公共支出的侧重点是社会福利

   解析 本题考查财政支出规模的增长趋势。选项 D 错误，根据"经济发展阶段论"，当经济发展进入中期阶段以后，市场失灵的问题日益突出，要求政府部门加强对经济的干预。对经济的干预显然要以公共支出的增长为前提。

   答案 D

9. 关于"公共劳务"收费法的说法，错误的是（ ）。
   A. 政府通过制定价格，以提高财政支出效益
   B. 政府通过制定收费标准来达到对财政支出备选方案的筛选，以提高财政支出效益
   C. 高价政策可以抑制消费
   D. 该方法只适用于可以买卖的、采用定价收费方法管理的公共服务部门

   解析 本题考查财政支出效益分析的方法。选项 B 错误，"公共劳务"收费法和"成本—效益"分析法以及最低费用选择法的区别在于，它是通过制定合理的价格与收费标准，来达到对"公共劳务"有效地、节约地使用，而不是对财政支出备选方案的选择。

   答案 B

10. 关于政府投资的特点与范围的说法，错误的是（ ）。
    A. 政府投资包括生产性投资和非生产性投资
    B. 政府投资可以不盈利
    C. 政府财力雄厚，可以投资于大型项目
    D. 政府投资只能投资于见效快的项目

    解析 本题考查政府财政投资的特点。选项 D 错误，企业或个人追求盈利，就只能从事周转快、见效快的短期性投资。政府财力雄厚，而且资金来源多半是无偿的，可以投资于大型项目和长期项目。

    答案 D

11. 关于基础设施特点的说法，错误的是（ ）。

A. 资本密集型反映了基础设施的属性
B. 基础设施需要投入大量资本
C. 基础设施建设周期较长
D. 基础设施投资回收期较短

解析 本题考查基础设施投资的性质。选项D错误，基础设施特别是大型基础设施，大都属于资本密集型行业，需要大量的资本投入，而且它们的建设周期比较长，投资形成生产能力和回收投资往往需要许多年。 **答案** D

12. 关于社会保障的说法，错误的是( )。
A. 现收现付的筹资模式是代际之间的收入转移
B. 与养老保险相比较，失业保险基金征收额度较小
C. 社会救助的对象主要是下岗失业职工
D. 生育保险的对象是已婚妇女劳动者

解析 本题考查社会保障的内容。选项C错误，社会救助通过国家财政拨款，保障生活确有困难的贫困者最低限度的生活需要。失业保险的对象包括下岗失业职工。 **答案** C

13. 关于税收支出的具体形式的说法，错误的是( )。
A. 税收豁免是对纳税人的某些应税项目不予征税
B. 纳税扣除是把合乎规定的特殊支出，从其应纳税额中扣除
C. 优惠税率是对合乎规定的纳税人采取较低的税率征税
D. 延期纳税是税款延期缴纳

解析 本题考查税收支出的形式。选项B错误，纳税扣除是指准许企业把一些合乎规定的特殊支出，以一定的比例或全部从应纳税所得中扣除，以减轻其税负。 **答案** B

14. 关于购买性支出和转移性支出对经济影响的说法，正确的是( )。
A. 购买性支出直接影响生产和就业
B. 转移性支出间接影响国民收入分配

C. 购买性支出侧重执行财政的分配职能
D. 转移性支出对政府的效益约束是较硬的

解析 本题考查财政支出的经济影响。选项B错误，转移性支出直接影响国民收入分配。选项C错误，购买性支出执行资源配置的职能较强。选项D错误，转移性支出对政府的效益约束较弱。 **答案** A

15. 皮考克和魏斯曼将导致公共支出增长的因素归结为内在因素和外在因素，其内在因素是( )。
A. 洪涝灾害 B. 经济发展
C. 战争   D. 地震

解析 本题考查财政支出规模的增长趋势。皮考克和魏斯曼的"公共收入增长导致论"：在正常条件下，在税收政策不变的条件下，随着经济的发展和国民收入的增加，政府所征得的税收收入必然呈现不断增长的趋势。公共支出随着收入的增加而增加，这是导致公共支出增长的内在因素。 **答案** B

16. 在进行财政支出效益分析的时候，对那些只有社会效益，且其产品不能进入市场的支出项目，采用的方法是( )。
A. 成本—效益分析法
B. 最低费用选择法
C. 社会效益评价法
D. "公共劳务"收费法

解析 本题考查财政支出效益分析的方法。对于那些只有社会效益，且其产品不能进入市场的支出项目(如国防支出)，采用最低费用选择法。 **答案** B

17. 负荷定价适用的财政支出项目是( )。
A. 公路运输   B. 免疫防疫
C. 医疗服务   D. 电力供应

解析 本题考查财政支出效益分析的方法。负荷定价法是指按不同时间段或时期的需求制定不同的价格，在电力、燃气、电信等行业，按需求的季节、月份、

时区的高峰和非高峰的不同，系统地制定不同的价格，以平衡需求状况。公路运输、医疗服务适用平价政策，免疫防疫适用免费和低价政策。**答案** D

18. 关于行政管理费用支出的说法，错误的是( )。
   A. 行政管理费支出是财政的一项非常重要的支出
   B. 一般来说，行政管理费支出绝对数是不断上涨的
   C. 行政管理费支出在财政支出总额中的比重应是不断下降的
   D. 行政管理费支出就是财政用于各级行政管理机关的费用

   解析 本题考查行政管理费用支出。选项 D 错误，行政管理费支出是财政用于国家各级权力机关、行政管理机关和外事机构行使其职能所需的费用，包括行政支出、公安支出、国家安全支出、司法检察支出和外交支出。**答案** D

19. 资本—劳动力最大化标准强调政府应投资的项目类型是( )。
   A. 劳动密集型项目
   B. 就业创造最大化项目
   C. 资本密集型项目
   D. 知识密集型项目

   解析 本题考查政府财政投资的决策标准。资本—劳动力最大化标准是指政府投资应选择使边际人均投资额最大化的投资项目，强调政府应投资于资本密集型项目。**答案** C

20. 关于财政投融资的说法，错误的是( )。
   A. 财政投融资的预算管理比较灵活
   B. 财政投融资政策性很强
   C. 财政投融资委托特定的商业银行管理
   D. 财政投融资目的性很强

   解析 本题考查财政投融资制度。选项 C 错误，财政投融资的管理由国家设立的专门机构——政策性金融机构负责统筹管理和经营。**答案** C

二、多项选择题

1. 政府财政支出效益分析与微观经济组织生产经营支出效益分析的差别有( )。
   A. 计算所费与所得的范围不同
   B. 衡量效益的标准不同
   C. 衡量效益的时间长短不同
   D. 择优的标准不同
   E. 衡量效益的规模不同

   解析 本题考查财政支出效益分析的意义。政府财政支出效益分析与微观经济组织生产经营支出效益分析的差别有：计算所费与所得的范围不同，衡量效益的标准不同，择优的标准不同。**答案** ABD

2. 关于企业亏损补贴的说法，正确的有( )。
   A. 企业亏损补贴与工业生产资料有关
   B. 企业亏损补贴是生产环节的补贴
   C. 企业亏损补贴是直接列入财政支出的项目
   D. 企业亏损补贴的直接受益人是相关企业
   E. 企业亏损补贴仅限于国有企业

   解析 本题考查财政补贴的性质与分类。价格补贴与企业亏损补贴在很长一个时期内不是作为支出项目列入财政支出，而是作为冲减收入处理的。1986 年以后价格补贴改为在财政支出中列支，企业亏损补贴依然是作为冲减收入处理。**答案** ABDE

3. 财政的积累性支出有( )。
   A. 国防费支出
   B. 基本建设支出
   C. 国家物资储备支出
   D. 生产性支农支出
   E. 企业挖潜改造支出

   解析 本题考查财政支出的分类。积累性支出是财政直接增加社会物质财富及国家物资储备的支出，主要包括基本建设支出、国家物资储备支出、生产性支农支出等。**答案** BCD

4. 财政投融资的基本特征包括( )。
   A. 财政投融资要有严格的预算管理程序

B. 财政投融资是一种政策性融资

C. 财政投融资的范围有严格的限制

D. 财政投融资的管理由国家设立的专门机构负责

E. 财政投融资的资本金是政府投入的

解析 本题考查财政投融资制度。选项A错误，财政投融资的预算管理比较灵活，在一定范围内的追加，无须主管部门的审批。 **答案** BCDE

5. 税收支出的形式有（　　）。

  A. 盈亏相抵　　　B. 加速折旧

  C. 抵扣进项税额　D. 税收抵免

  E. 优惠税率

解析 本题考查税收支出的形式。税收支出的主要形式有：税收豁免、纳税扣除、税收抵免、优惠税率、延期纳税、盈亏相抵、加速折旧、退税等。 **答案** ABDE

6. 关于政府投资的说法，正确的有（　　）。

  A. 政府投资可以不盈利

  B. 财政投资即为政府投资

  C. 政府投资包括生产性投资和非生产性投资

  D. 经济发达国家政府投资在社会总投资中所占比重较大

  E. 政府投资可以投资长期项目

解析 本题考查财政投资性支出。选项D错误，一般来说，发达国家中政府投资占社会总投资的比重较小，欠发达国家和中等发达国家的政府投资占社会总投资的比重较大。 **答案** ABCE

7. 我国的社会救助主要包括（　　）。

  A. 对被终止劳动合同的职工支付的救济金

  B. 对无依无靠的绝对贫困者提供的基本保障

  C. 对聋哑社会成员给予的物质帮助

  D. 对生活水平低于国家最低标准的家庭提供的最低生活保障

  E. 对因天灾而陷于绝境的家庭提供的最低生活保障

解析 本题考查社会保障的内容。选项A属于失业保险的内容。选项C属于社会福利的内容。选项B、D、E都属于社会救助的内容。 **答案** BDE

同步系统训练

一、单项选择题

1. 国家物资储备支出属于（　　）。

  A. 补偿性支出　　B. 消费性支出

  C. 积累性支出　　D. 不可控制支出

2. 关于财政支出分类的说法，错误的是（　　）。

  A. 购买性支出直接表现为政府购买货物或劳务的活动

  B. 国防、司法、公安等部门的支出都属于预防性支出

  C. 不可控制性支出是弹性较大的支出

  D. 一般利益支出具有共同消费或联合受益的特点

3. 财政用于文教、科学、卫生事业费方面的支出属于（　　）。

  A. 补偿性支出　　B. 购买性支出

  C. 转移性支出　　D. 积累性支出

4. 政府增加购买性支出，对社会生产和就业以及国民收入分配的影响是（　　）。

  A. 对二者的影响都是直接的

  B. 对二者的影响都是间接的

  C. 直接影响社会的生产和就业，间接影响国民收入分配

  D. 间接影响社会的生产和就业，直接影响国民收入分配

5. 现代市场经济国家衡量财政分配规模时所采用的指标是（　　）。

  A. 财政收入占国民收入的比重

  B. 财政支出占国民收入的比重

  C. 财政收入占工业生产总值的比重

  D. 财政支出占国内生产总值的比重

6. 根据"经济发展阶段论"，在经济进入成熟阶段后，财政支出的重点是( )。
   A. 国防 B. 交通设施
   C. 社会福利 D. 道路桥梁
7. 经济学家马斯格雷夫和罗斯托在解释财政支出增长的原因时，提出的理论是( )。
   A. 政府活动扩张法则
   B. 经济发展阶段论
   C. 公共收入增长导致论
   D. 非均衡增长模型
8. 关于财政支出规模增长趋势的说法，不正确的是( )。
   A. 从世界范围来看，财政支出的绝对量呈上升趋势
   B. 近年来，财政支出占国内生产总值的比重基本保持某一水平，甚至有所下降
   C. "公共收入增长导致论"认为，战争是导致公共支出增长的外在因素
   D. 马斯格雷夫和罗斯托认为，在经济发展的中期阶段，政府应该加强对经济的干预
9. 关于财政支出效益的说法，正确的是( )。
   A. 要对项目的无形所费与所得进行分析
   B. 项目必须带来直接的经济效益
   C. 直接效益必须大于直接投入
   D. 选择的项目必须具有很好的经济效益
10. 由于某项目的建设致使相关产品价格上升或下降，从而使某些单位或个人增加或减少了收入，由此发生的成本效益称为( )。
    A. 实际成本效益 B. 金融成本效益
    C. 直接成本效益 D. 间接成本效益
11. 评价文化支出项目的财政效益时，适用的分析方法是( )。
    A. 投入—产出分析法
    B. 成本—效益分析法
    C. 公共劳务收费法
    D. 最低费用选择法
12. 根据"公共劳务"收费法，对公园收费应该采取( )。
    A. 免费政策 B. 低价政策
    C. 平价政策 D. 高价政策

13. 社会消费性支出与财政投资性支出最大的区别在于( )。
    A. 社会消费性支出是对人的支出，财政投资性支出是对物的支出
    B. 社会消费性支出是非生产的消费性支出，它的使用不形成任何资产
    C. 财政投资性支出主要用于基础设施投资
    D. 财政投资性支出的规模比社会消费性支出的规模大
14. 关于行政管理费与国防支出的说法，错误的是( )。
    A. 在我国，行政管理费的绝对规模在增长，国防费的规模应下降
    B. 我国的国防费全部纳入国家预算管理，实行财政拨款制度
    C. 国家安全支出属于行政管理费支出
    D. 我国的国防费预、决算由全国人民代表大会审批
15. 关于科学研究支出的说法，错误的是( )。
    A. 基础科学的经费应由政府承担
    B. 我国财政用于科学研究的支出逐年上升
    C. 税收优惠、财政补贴属于财政对科学研究的投入形式
    D. 我国财政用于科学研究的支出占财政支出的比重仍处于较低水平甚至有所下降
16. 关于投资乘数的说法，错误的是( )。
    A. 它反映投资与收入的关系
    B. 投资乘数与边际消费倾向同方向变化
    C. 投资乘数与边际储蓄倾向同方向变化
    D. 乘数原理说明两个变量之间的相互关系，不涉及社会制度问题
17. 关于政府投资与非政府投资的说法，正确的是( )。
    A. 非政府投资主要由具有独立法人资格的企业或个人从事
    B. 政府投资不要求任何利润
    C. 企业或个人主要依靠自身积累为投资提供资金，有一定的能力承担规模较大的投资项目

D. 如果一个经济社会完全依靠非政府投资，则可以充分发挥市场在资源配置中的决定作用，优化投资结构

18. 关于政府财政投资决策标准的说法，错误的是（　）。

    A. 政府投资和非政府投资都要奉行资本—产出比率最小化标准

    B. 资本—劳动力最大化标准要求政府应投资于使人均投资额最大化的项目

    C. 资本—劳动力最大化标准强调政府应投资于资本密集型项目

    D. 就业创造标准要求政府优先投资于劳动力密集型项目

19. 关于财政投融资制度的说法，错误的是（　）。

    A. 财政投融资是发挥政府在基础产业部门投融资作用的最佳途径

    B. 财政投融资是一种政策性融资，追求产量最大化和成本最小化

    C. 财政投融资预算的追加由国务院财政部门审批

    D. 政策性金融机构是政府投资的代理人

20. 关于财政"三农"支出的说法，错误的是（　）。

    A. 国家对农业的财力支持是财政的一项基本职责

    B. 农业投入的资金主要靠财政支持

    C. 农业发展与财政有着十分密切的关系

    D. 以水利为核心的基础设施建设属于财政"三农"支出范围

21. 养老保险费用完全靠代际之间收入转移的筹资模式是（　）。

    A. 现收现付式　　B. 完全基金式

    C. 部分基金式　　D. 个人账户式

22. 我国现行的养老保险运行模式是（　）。

    A. 全部为社会统筹

    B. 社会统筹，企业分管

    C. 全部为个人账户

    D. 社会统筹与个人账户结合

23. 实行节俭基金型的社会保障，当职工不幸去世时，其个人账户中的资产处理方式是（　）。

    A. 全额上缴社会保障基金

    B. 账户资金余额可以依法继承

    C. 社会保障基金会和家属各得一半

    D. 家属得70%，社会保障基金会得30%

24. 带有强制性储蓄功能的社会保障制度类型是（　）。

    A. 社会保险型　　B. 社会救济型

    C. 普遍津贴型　　D. 节俭基金型

25. 关于财政补贴的说法，错误的是（　）。

    A. 财政补贴是一种转移性支出

    B. 财政补贴全部列入预算支出

    C. 财政补贴的主体是国家

    D. 财政补贴的性质是社会财富的再分配

26. 关于税收支出的说法，错误的是（　）。

    A. 税收支出的目的在于取得财政收入

    B. 税收支出是政府的一种间接性支出

    C. 税收支出属于财政补贴支出

    D. 将税收支出分为照顾性税收支出和刺激性税收支出的依据是税收支出所发挥的作用

27. 关于我国的社会养老保险制度的说法，错误的是（　）。

    A. 城镇企业职工基本养老保险个人账户的规模统一为个人缴费工资的8%

    B. 城乡居民基本养老保险基金由个人缴费、集体补助和政府补贴构成

    C. 城乡居民基本养老保险参保人死亡，个人账户资金余额可以依法继承

    D. 城镇企业职工基本养老保险缴费分为单位缴费、个人缴费和政府补贴

二、多项选择题

1. 以下属于财政转移性支出的有（　）。

    A. 行政管理支出　　B. 国防支出

    C. 财政补贴支出　　D. 养老保险支出

    E. 国债利息支出

2. 以下属于不可控性财政支出的有（　）。

    A. 养老保险支出

    B. 债务利息支出

C. 国家物资储备支出
D. 基本建设支出
E. 对地方政府的补助支出

3. 关于财政支出类型的说法，正确的有( )。
   A. 在购买性支出中，政府从事等价交换活动
   B. 对于可控制性支出，政府不受法律或契约的约束
   C. 行政管理费支出、企业补贴支出、债务利息支出属于一般利益支出
   D. 按照财政支出在社会再生产中的作用分类，财政支出可分为消费性支出和积累性支出
   E. 用于改善人民生活，使社会秩序更为良好、经济更为发达的支出是创造性支出

4. 关于财政支出分类的说法，错误的有( )。
   A. 转移性支出表现为资金无偿的、单方面的转移
   B. 将财政支出分为一般利益支出和特殊利益支出的依据是财政支出的目的
   C. 国家法律、法规明确规定的个人享有的最低收入保障和社会保障属于可控制性支出
   D. 政府遗留义务和以前年度设置的固定支出项目属于不可控制性支出
   E. 特殊利益支出所产生的效益只涉及一部分社会成员，且其所获效益大小有可能分别测算

5. 在财政支出规模的衡量指标中，反映财政支出规模变化的指标主要包括( )。
   A. 财政支出增长率
   B. 财政支出增长边际倾向
   C. 财政支出增长边际效用
   D. 财政支出增长弹性系数
   E. 财政支出增长量

6. 下列各项财政支出项目中，可用最低费用选择法来分析其效益的有( )。
   A. 军事   B. 电力
   C. 行政   D. 文化
   E. 铁路

7. 政府财政投资的决策标准有( )。
   A. 成本—效益最大化标准
   B. 资本—产出比率最小化标准
   C. 资本—劳动力最大化标准
   D. 资本—利润最大化标准
   E. 就业创造标准

8. 政治性因素对财政支出规模的影响主要体现在( )。
   A. 经济体制   B. 政局是否稳定
   C. 政体结构   D. 行政效率
   E. 政府干预政策

9. 按照世界贸易组织的分类方法，根据可能对国际贸易造成的危害程度，将财政补贴分为( )。
   A. 禁止性补贴   B. 可诉补贴
   C. 不可诉补贴   D. 现金补贴
   E. 实物补贴

10. 关于养老保险筹资模式的说法，正确的有( )。
    A. 现收现付式的社会保险在开始实施时，保险费率比较低
    B. 部分基金模式要求在实施社会保险初期实行较高的缴费率
    C. 从长期看，完全基金模式的缴费率呈阶梯式的上升趋势
    D. 完全基金式是一种自我养老的保险模式
    E. 部分基金式的养老保险是自我养老与后代养老相结合的模式

11. 以下属于社会救济型社会保障模式特点的有( )。
    A. 受保人不用缴纳任何费用
    B. 按人人有份的原则举办
    C. 受保人享受保障计划的津贴需要经过家庭收入及财产调查并符合条件
    D. 受保人之间风险分担，互助互济
    E. 雇主和雇员都必须按规定缴费

12. 企业亏损补贴与价格补贴之间的区别有( )。
    A. 价格补贴是行政性补贴，企业亏损补

贴是法律性补贴

B. 价格补贴的直接受益人是居民，企业亏损补贴的直接受益人是企业

C. 价格补贴的对象是商品，企业亏损补贴的对象是企业

D. 价格补贴是在分配环节上的补贴，企业亏损补贴是在生产环节上的补贴

E. 价格补贴与市场零售商品有关，企业亏损补贴主要与工业生产资料有关

13. 以下属于分配环节财政补贴的有(　　)。

　　A. 职工副食品补贴
　　B. 农业生产资料价格补贴
　　C. 税收支出
　　D. 外贸企业的政策性亏损补贴
　　E. 财政贴息

14. 关于财政补贴的经济影响与经济效应的说法，正确的有(　　)。

A. 财政补贴可以改变需求结构

B. 对科学研究的补贴说明财政补贴可以将外部效应内在化

C. 财政补贴作为一种调节手段，范围与规模越大，其效用越大

D. 财政补贴可以消除"排挤效应"

E. 财政补贴的对象不包括私营企业

15. 从税收支出角度来讲的退税形式有(　　)。

　　A. 多征退税
　　B. 再投资退税
　　C. 误征退税
　　D. 提取代征手续费退税
　　E. 出口退税

16. 禁止性补贴包括(　　)。

　　A. 出口补贴　　B. 进口替代补贴
　　C. 价格补贴　　D. 生产补贴
　　E. 给予贫困地区的补贴

同步系统训练参考答案及解析

一、单项选择题

1. C 【解析】本题考查财政支出的分类。国家物资储备支出属于积累性支出。

2. C 【解析】本题考查财政支出的分类。选项C错误，不可控制性支出表现为刚性很强的支出，可控制性支出是弹性较大的支出。

3. B 【解析】本题考查财政支出的分类。文教、科学、卫生事业费方面的支出属于购买性支出、消费性支出、创造性支出、可控制支出、特殊利益支出等。

4. C 【解析】本题考查财政支出的经济影响。政府购买性支出直接影响社会的生产和就业，间接影响国民收入分配。

5. D 【解析】本题考查财政支出规模的衡量指标。现代市场经济国家大多选用财政支出占国民生产总值或国内生产总值的比重来衡量财政分配的规模。

6. C 【解析】本题考查财政支出规模的增长趋势。"经济发展阶段论"认为，在经济发展的成熟阶段，公共支出逐步转向以教

育、保健和社会福利为主的支出结构。

7. B 【解析】本题考查财政支出规模的增长趋势。马斯格雷夫和罗斯托提出的是"经济发展阶段论"。

8. B 【解析】本题考查财政支出规模的增长趋势。选项B错误，财政支出无论是从绝对量上还是从相对量上来看，在世界各国都呈现出增长的趋势。

9. A 【解析】本题考查财政支出效益分析的特点。选项B错误，在财政实践中，能够带来直接经济效益的支出项目较少，更多的支出项目只产生社会效益。选项C、D错误，财政分配所追求的是整个社会的最大效益，因此，对于政府财政无经济效益可言、甚至赔钱的支出项目，仍是政府安排支出时的选择目标。

10. B 【解析】本题考查财政支出效益分析的方法。金融成本效益是指由于某项目的建设致使相关产品价格上升或下降，从而使某些单位或个人增加或减少了收入。

11. D 【解析】本题考查财政支出效益分析的方法。最低费用选择法适用于军事、行政、文化、卫生等支出项目的经济分析。

12. C 【解析】本题考查财政支出效益分析的方法。平价政策一般适用于从全社会的利益来看，无须特别鼓励使用，又无必要特别加以限制使用的"公共劳务"，如公路、公园、铁路、医疗等。

13. B 【解析】本题考查购买性支出。购买性支出包括社会消费性支出和财政投资性支出，二者之间最大的区别在于前者是非生产的消费性支出，它的使用并不形成任何资产。

14. A 【解析】本题考查行政管理费和国防支出。行政管理是政府的一项基本职能，其支出是财政支出中一项非常重要的支出，甚至它的绝对规模不断增长也带有必然性。国防支出规模根据国际和国内形势的变化而变化，和平时期趋减，发生战争骤增，可以说没有一以贯之的增减变化规律，因而国防支出规模及其占财政支出和GDP的比重有时变化平稳，有时波动很大。

15. D 【解析】本题考查文教、科学、卫生事业费支出。选项D错误，我国财政用于科学研究支出及其占财政支出和GDP的比重基本上是逐年有所提高。

16. C 【解析】本题考查政府财政投资。选项C错误，投资乘数与边际消费倾向同方向变化，同边际储蓄倾向呈反向变化。

17. A 【解析】本题考查政府财政投资。选项B错误，政府投资并不是不要求任何利润，而是可以不盈利或微盈利。选项C错误，企业或个人主要依靠自身积累的利润和社会筹资来为投资提供资金，自身积累的规模不可能很大，社会筹资也受到种种限制，这意味着一般无力承担规模较大的投资项目。选项D错误，受企业的微观利益所限，企业投资不可能顾及非经济的社会效益，如果一个经济社会完全依靠非政府投资，投资结构是很难优化的。

18. B 【解析】本题考查政府财政投资的决策标准。选项B错误，资本—劳动力最大化标准是指政府投资应选择使边际人均投资额最大化的投资项目。

19. C 【解析】本题考查财政投融资制度。选项C错误，财政投融资的预算管理比较灵活，其预算在一定范围内的追加，无须主管部门的审批。

20. B 【解析】本题考查财政"三农"支出。选项B错误，在社会主义市场经济条件下，从长远看，农业投入的资金应当主要来自农业农村部门和农户自身的积累，国家投资只应发挥辅助的作用。

21. A 【解析】本题考查社会保障的内容。现收现付式的养老保险是一种靠后代养老的模式，上一代人并没有留下储备基金的积累，其养老金全部需要下一代人的缴费筹资，实际上这种保险靠的就是代际之间的收入转移。

22. D 【解析】本题考查社会保障的内容。目前我国养老保险筹备模式为社会统筹与个人账户相结合的筹资模式，基本属于现收现付式。

23. B 【解析】本题考查社会保障制度的类型。节俭基金型的社会保障：当个人发生受保事故，政府要从其个人账户中提取资金支付保障津贴；当职工不幸去世时，其个人账户资金余额可以依法继承。

24. D 【解析】本题考查社会保障制度的类型。节俭基金型的保障计划虽然没有任何收入再分配功能，但却具有强制储蓄的功能，它实际上是政府举办的一种强制储蓄计划。

25. B 【解析】本题考查财政补贴的性质。选项B错误，企业亏损补贴不在财政支出中列支，而是作为冲减收入处理。

26. A 【解析】本题考查税收支出的概念与分类。选项A错误，税收支出的目的不在于取得收入，而是为了实现特定目标而放弃一些税收。

27. D 【解析】本题考查我国的社会养老保险制度。城镇企业职工基本养老保险缴费分为单位缴费和个人缴费。

二、多项选择题

1. CDE 【解析】本题考查财政支出的分类。转移性支出主要包括政府部门用于财政补贴、债务利息、社会保障等方面的支出。选项A、B属于购买性支出。

2. ABE 【解析】本题考查财政支出的分类。不可控制性支出是根据现行法律、法规必须进行的支出，如失业救济、养老金、职工生活补贴、债务利息支出、对地方政府的补贴等。选项C、D属于可控制性支出。

3. ABE 【解析】本题考查财政支出的分类。选项C错误，企业补贴支出、债务利息支出属于特殊利益支出。选项D错误，按照财政支出在社会再生产中的作用分类，财政支出可分为补偿性支出、消费性支出和积累性支出。

4. BC 【解析】本题考查财政支出的分类。选项B错误，按财政支出的受益范围分类，全部财政支出可分为一般利益支出和特殊利益支出。选项C错误，国家法律、法规明确规定的个人享有的最低收入保障和社会保障属于不可控制性支出。

5. ABD 【解析】本题考查财政支出规模的衡量指标。反映财政支出规模变化的指标包括：财政支出增长率、财政支出增长弹性系数、财政支出增长边际倾向。

6. ACD 【解析】本题考查财政支出效益分析方法。最低费用选择法适用于分析军事、行政、文化、卫生等支出项目的效益。

7. BCE 【解析】本题考查政府财政投资的决策标准。政府财政投资所依据的标准主要有：资本—产出比率最小化标准（稀缺要素标准）、资本—劳动力最大化标准、就业创造标准。

8. BCDE 【解析】本题考查影响财政支出规模的宏观因素。政治性因素对财政支出规模的影响主要体现在三个方面：政局是否稳定、政体结构和行政效率、政府干预政策。

9. ABC 【解析】本题考查财政补贴的性质与分类。按照世界贸易组织的分类方法，根据可能对国际贸易造成的危害程度，将财政补贴分为禁止性补贴、可诉补贴和不可诉补贴三类。

10. ADE 【解析】本题考查社会保障的概念与内容。选项B错误，完全基金模式要求在实施社会保险初期实行较高的缴费率。选项C错误，从长期看，部分基金模式的缴费率呈阶梯式的上升趋势。

11. AC 【解析】本题考查社会保障制度的类型。选项A、C是社会救济型的特点。选项B与普遍津贴型相关。选项D与社会保险型相关。选项E与社会保险型、节俭基金型相关。

12. BCE 【解析】本题考查财政补贴的性质与分类。企业亏损补贴与价格补贴之间的区别除选项B、C、E外，还包括价格补贴是在流通环节上的补贴，而企业亏损补贴是在生产环节上的补贴。

13. CE 【解析】本题考查财政补贴的分类。选项A属于消费环节补贴。选项B属于生产环节补贴。选项D属于流通环节补贴。

14. ABD 【解析】本题考查财政补贴支出。选项C错误，财政补贴是一种调节手段，其使用范围及规模有一个限度，否则，超过了这个限度，积极作用就可能被削弱，甚至可能出现消极作用。选项E错误，财政补贴的对象可以是国有企业、集体企业，甚至是私营企业，也可以是城乡居民，但不论补贴对象是谁，最终目的是顺利实施国家的方针政策。

15. BE 【解析】本题考查税收支出的形式。作为税收支出形成的退税包括出口退税和再投资退税两种形式。

16. AB 【解析】本题考查财政补贴的分类。禁止性补贴包括出口补贴和进口替代补贴两类。

本章思维导图

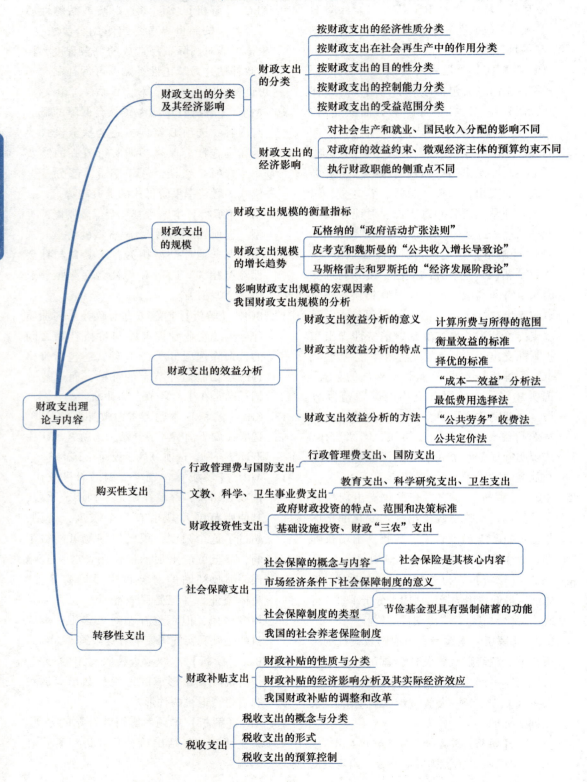

第3章 税收理论

考情分析

本章主要讲解税收的本质与职能、现代税收原则、税法的渊源、税制要素、我国现行的税收法律制度、税收负担的衡量指标、税收负担的转嫁与归宿、税收管辖权、国际重复征税的产生与免除、国际避税与反避税等内容。本章是关于税收的基础性知识，需要认真掌握。从历年考题来看，本章题型以单项选择题、多项选择题为主，平均分值在10分左右。

近年本章考点分布

考点	主要考查题型	考频指数	考查角度
税收概述	选择题	★	税收的本质、职能
税收原则	选择题	★★	威廉·配第、亚当·斯密、阿道夫·瓦格纳的税收原则、现代税收原则
税法与税制	选择题	★★★	税法的正式渊源、税法的解释、税制基本要素、我国现行的税收法律制度
税收负担	选择题	★★★★★	税收负担的衡量指标、税负转嫁的形式、一般规律
国际税收	选择题	★★★★	税收管辖权、国际重复征税的产生与免除、国际避税与反避税

重点、难点讲解及典型例题

▶ 考点一 税收的本质和职能

（一）税收的本质

(1) 税收由国家征税，行使征收权的主体是国家。

(2) 税收的首要和基本目的是满足社会公共需要。

(3) 社会经济是税收产生、存在和发展的内在的、根本的决定因素；国家的存在、对资金的需求是必要的前提条件。

(4) 税收的本质体现着在取得财政收入的分配活动中，国家同社会集团、社会成员间形成的特定分配关系。

（二）税收的职能

(1) 财政职能：首要的和基本的职能。

(2) 经济职能：通过财富的所有权转移进行。

(3) 监督职能：涉及宏观、微观层次。

【例1·多选题】关于税收的说法错误的有（　　）。

A. 行使征税权力的机构仅仅是中央政府

B. 税收是政府取得财政收入最佳、最有效的形式

C. 社会经济是税收产生、存在和发展的必要前提条件
D. 在市场经济体制下，税收仅是政府组织财政收入的基本手段
E. 税收是国家从纳税人那里无偿取得的收入

解析 本题考查税收的本质。选项 A 错误，行使征税权力的政府包括中央政府和地方政府。选项 C 错误，对于税收的产生、存在和发展，社会经济是内在的、根本的决定因素，国家的存在和对资金的需求则是一个必要的前提条件。选项 D 错误，在市场经济体制下，税收不仅是政府组织财政收入的基本手段，而且在优化资源配置、贯彻产业政策、实现公平分配、促进经济增长等方面具有重要作用，是政府进行宏观调控的有力工具。 **答案** ACD

▶ 考点二 税收原则理论的形成和发展（见表 3-1）

表 3-1 税收原则理论的形成和发展

代表人物	税收原则	代表著作
威廉·配第	公平、简便、节省	《赋税论》和《政治算术》
亚当·斯密	平等、确定、便利、最少征收费用	《国民财富性质和原因的研究》（《国富论》）
阿道夫·瓦格纳	(1) 财政政策原则：收入充分、收入弹性原则； (2) 国民经济原则：慎选税源、慎选税种原则； (3) 社会公平原则：普遍、平等原则； (4) 税务行政原则：确定、便利、节约原则	—

【注意】威廉·配第被誉为"现代政治经济学的创始者"，他最早提出税收原则的理论。

【例 2·多选题】以下属于亚当·斯密税收原则的有（　　）。
A. 平等原则　　　　　　　　　　B. 确定原则
C. 便利原则　　　　　　　　　　D. 财政原则
E. 最少征收费用原则

解析 本题考查税收原则理论的形成与发展。亚当·斯密的税收原则包括：平等原则、确定原则、便利原则、最少征收费用原则。 **答案** ABCE

▶ 考点三 现代税收原则（见表 3-2）

表 3-2 现代税收原则

原则	要点
财政原则	(1) 此原则为税收的共同原则，税收必须为国家筹集充足的财政资金，以满足需要； (2) 内容： ①充裕原则：收入要充分，满足支出需要； ②弹性原则：收入随支出而调整； ③便利原则：方便纳税人纳税； ④节约原则：以少的税收行政费用，获取应得的税收收入
经济原则	(1) 税制的建立应利于保护国家经济，避免消极作用； (2) 内容： ①配置原则：税收活动须有利于资源有效配置； ②效率原则：有利于资源的有效配置、经济体制的有效运行； 　A. 税收的经济效率原则：检验标准——税收额外负担最小化和额外收益最大化； 　B. 税收本身的效率原则：节约税务行政费用

续表

原则	要点
公平原则	(1) 瓦格纳所称的社会正义原则； (2) 西方税收学界认为的设计和实施税收制度最重要的原则； (3) 税收负担公平合理地分配于全体社会成员之间； (4) 内容： ①普遍原则：应由全体公民共同负担，无免税特权； ②平等原则：税收负担公平合理地分配于社会各成员； 　A. 横向公平①——水平公平，对相同境遇②的人课征相同的税收； 　B. 纵向公平——垂直公平，对不同境遇的人课征不同的税收

注：①横向公平的四项要求：排除特权阶层免税；自然人和法人均须纳税；公私经济均等征税；对本国人和外国人在征税上一视同仁。
②判断"境遇"的标准：
受益标准——依据每个人从政府公共服务中获得的利益。
能力标准——依据每个人纳税能力的大小，收入（最好的尺度）、财产、消费支出。

【例3·单选题】 以下体现了现代税收的横向公平原则的是（　　）。
A. 对经济条件相同的纳税人同等课税
B. 对经济条件不同的纳税人区别课税
C. 对经济条件相同的纳税人区别课税
D. 对经济条件不同的纳税人同等课税

解析 ▶ 本题考查现代税收原则。横向公平是对经济条件相同的纳税人同等课税。

答案 ▶ A

▶ **考点四　税法的渊源**

(一) 税法的渊源（见表3-3）

税法属于成文法，不是习惯法。税法的渊源主要是成文法。

表3-3　税法的渊源

渊源	内容	制定者	举例
正式渊源	宪法	全国人大	—
	税收法律	全国人大	《个人所得税法》《税收征收管理法》
	税收法规	国务院	税收条例、实施细则
	部委规章和有关规范性文件	财政部、国家税务总局	《税务登记管理办法》
	地方性法规、地方政府规章和有关规范性文件	地方性法规：省、自治区、直辖市及省级人民政府所在地的市和经国务院批准的较大的市的人大及其常委会 规章：人民政府	—
	自治条例和单行条例	民族自治地方的人大	—
	国际税收条约或协定	缔约国双方或多方	条约、公约、协定、议定书、宪章、盟约、换文、联合宣言
非正式渊源	不能作为税收执法和司法的直接依据，具有参考价值		习惯、判例、税收通告

(二)税法的效力与解释
1. 税法的效力(见表3-4)

表3-4 税法的效力

空间效力	(1)在全国范围内有效； (2)在地方范围内有效	
时间效力	生效	(1)税法通过一段时间后生效； (2)税法自通过发布之日起生效； (3)税法公布后授权地方政府自行确定实施日期
	失效	(1)以新法代替旧法：最常见的失效方式； (2)直接宣布废止某项税法； (3)税法本身规定废止日期
	溯及力	我国税法坚持不溯及既往的原则

2. 税法的解释(见表3-5)

表3-5 税法的解释

解释类型	解释主体	效力
立法解释	税收立法机关	与被解释的税法具有同等法律效力
司法解释	最高司法机关 我国：最高人民法院、最高人民检察院	可作为办案和适用法律、法规的依据
行政解释	国家税务行政执法机关	(1)不具备与被解释的税收法律、法规相同的效力； (2)原则上不能作为法庭判案的直接依据

【例4·单选题】关于税法解释的说法，正确的是( )。
A. 税法立法解释不具有法律效力
B. 税法司法解释不具备与被解释的税收法律、法规相同的效力
C. 税法行政解释的主体是最高人民法院
D. 税法行政解释原则上不能作为法庭判案的直接依据

解析 本题考查税法的解释。选项A、B错误，税收立法解释、司法解释与被解释的税法具有同等法律效力。选项C错误，税法行政解释的主体是国家税务行政执法机关。 **答案** D

考点五 税制要素

税制要素有基本要素(纳税人、征税对象、税率)和其他要素(纳税环节、纳税期限、减税免税、违章处理)之分。

(一)税制的基本要素

1. 纳税人

纳税人是税法上规定直接负有纳税义务的单位和个人，规定了税款的直接承担者。
不同的纳税人缴纳不同的税种。

2. 征税对象(见表3-6)

征税对象规定每一种税的征税界限，是<u>一种税区别于另一种税的主要标志</u>。

表 3-6　征税对象

名称	要点
征税范围	课征税收的界限
税目	(1)应征税的具体项目，征税对象的具体化； (2)体现征税的广度，反映具体的征税范围
计税依据	(1)从价计征——计税金额； (2)从量计征——征税对象的重量、容积、体积、数量
计税标准	(1)划分征税对象适用税目税率所依据的标准； (2)计算应纳税额的依据
税类	(1)税收征管科学化的前提； (2)每一类中，可以包含一个或多个税种
税种	一般由若干税制要素构成
税基	征税的客观基础
税源	当年创造的社会剩余产品

3. 税率(见表 3-7)

税率是计算税额和税收负担的尺度，体现征税的程度，是税收制度的**中心环节**，是税收制度中最活跃、最有力的因素。

表 3-7　税率

形式	要点
比例税率	(1)均按同一比例计征； (2)适用于商品流转额
累进税率	(1)征税对象数额或相对比例越大，规定的等级税率越高； (2)类型： ①全额累进税率：一定征税对象的数额只适用一个等级的税率； ②超额累进税率：一定征税对象的数额会同时适用几个等级的税率，如个人所得税的工资、薪金所得； ③超率累进税率：以征税对象的某种比率为累进依据，如土地增值税； ④其他：全率累进税率、超倍累进税率
定额税率	(1)对每单位的征税对象直接规定固定税额； (2)适用从量计征的税种

【注意】速算扣除数的计算：

本级速算扣除数=(本级税率−上一级税率)×上一级征税对象的最高数额+上一级速算扣除数

(二)税制的其他要素(见表 3-8)

表 3-8　税制的其他要素

要素名称	要点
纳税环节	应当缴纳税款的环节
纳税期限	按年征收、按季征收、按月征收、按天征收、按次征收

续表

要素名称	要点
减税免税①	(1)或针对纳税人，或针对征税对象； (2)按照税法规定的范围和权限办事，不得任意扩大范围和擅自减税免税； (3)方式分为税基式减免、税额式减免(见表3-9)
违章处理	税收强制性的具体体现

注：①减免税新概念：税收支出。

【注意1】

有关税基式减免与税额式减免的具体内容见表3-9。

表3-9　税基式减免与税额式减免

方式	税基式减免	税额式减免
减免方式	缩小计税依据	直接减少应纳税额
具体形式	起征点、免征额、项目扣除、跨期结转	全部免征、减半征收、核定减免率、另定减征税额

【注意2】

有关起征点与免征额的具体内容见表3-10。

表3-10　起征点与免征额

项目	起征点	免征额
区别	是征税对象达到一定数额开始征税的起点	是在征税对象的全部数额中免予征税的数额
相同点	同为征税与否的界限，收入未达到起征点或没有超过免征额的情况下，都不征税	

【例5·单选题】 关于减税免税的说法，错误的是(　　)。

A. 超过免征额的，就全部数额征税
B. 税额式减免通过直接减少应纳税额的方式实现减税免税
C. 全部免征、减半征收属于税额式减免
D. 项目扣除、跨期结转属于税基式减免

解析　本题考查税制其他要素。选项A错误，免征额是在征税对象的全部数额中免予征税的数额，对超过部分要征税。

答案　A

▶ 考点六　我国现行税收法律制度

(一)法律级次

(1)全国人民代表大会和全国人民代表大会常务委员会制定的税收法律。

如《企业所得税法》《个人所得税法》《税收征收管理法》等。

(2)全国人民代表大会或全国人民代表大会常务委员会授权立法。

如国务院经授权立法所制定的房产税、城镇土地使用税等暂行条例。

(3)国务院制定的税收行政法规。

(4)地方人民代表大会及其常务委员会制定的税收地方性法规。

(5)国务院税务主管部门制定的税收部门规章。

(6)地方政府制定的税收地方规章。

(二)税收分类

(1)货物和劳务税类:增值税、消费税、关税。
(2)所得税类:企业所得税、个人所得税。
(3)财产税类:房产税、契税、车船税。
(4)资源税类:资源税、城镇土地使用税、耕地占用税、土地增值税。
(5)行为、目的税类:环境保护税、印花税、城建税、车辆购置税、烟叶税、船舶吨税。

▶ **考点七　税收负担的衡量指标与影响因素**

税收负担是税收制度和税收政策的核心。

(一)税收负担的衡量指标(见表3-11)

表3-11　税收负担的衡量指标

类型	指标及计算公式
宏观	国民生产总值(或国内生产总值)负担率 = $\dfrac{\text{税收总额}}{\text{国民生产总值(或国内生产总值)}} \times 100\%$
	国民收入负担率 = $\dfrac{\text{税收总额}}{\text{国民收入}} \times 100\%$
微观	企业(个人)综合税收负担率 = $\dfrac{\text{企业(个人)缴纳的各项税收的总和}}{\text{企业总产值(个人毛收入)}} \times 100\%$
	纯收入直接税收负担率 = $\dfrac{\text{企业(个人)一定时期缴纳的所得税(包括财产税)}}{\text{企业(个人)一定时期获得的纯收入}} \times 100\%$
	企业流转税税收负担率 = $\dfrac{\text{企业在一定时期实际缴纳的流转税税额}}{\text{同期销售收入(营业收入)}} \times 100\%$
	企业所得税税收负担率 = $\dfrac{\text{企业在一定时期实际缴纳的所得税税额}}{\text{同期实现利润总额}} \times 100\%$

(二)税收负担的影响因素(见表3-12)

表3-12　税收负担的影响因素

类型	影响因素	税收负担高的国家
经济因素	经济发展水平或生产力发展水平	生产力水平高,经济发展水平高
	国家的政治经济体制	中央集权制,非市场经济体制,国家参与国民收入分配的形式主要是税收
	一定时期的宏观经济政策	紧缩的财政政策
税制因素	征税对象	范围和数额大
	计税依据	计税依据大,如计征所得税时允许扣除的项目较少
	税率①	高税率
	减免税	范围小
	税收附加和加成	加重税收负担

注:①税率直接决定税负高低,与税收负担有最为直接的关系。

【例6·多选题】 关于税收负担的说法,正确的有( )。

A. 经济发展水平较高国家的税收负担较轻
B. 中央集权制国家的税收负担较重
C. 实行紧缩财政政策国家的税负较轻
D. 征税对象的范围越大,税负越重
E. 在同样的税率标准下,计征所得税时的扣除项目较多,纳税人的实际负担率低于名义税率

解析 ▶ 本题考查税收负担的影响因素。选项A错误,一国经济发展水平越高,税收的来源就越丰富,税基就越宽广,税负越高。选项C错误,当国家实行紧缩财政政策时,需增加税收,减少财政支出,税收负担会加重。 **答案** ▶ BDE

▶考点八 税收负担的转嫁与归宿

(一)税收负担转嫁与归宿的概念

税收负担的归宿是税收负担的最终归着点。

(二)税负转嫁的形式(见表3-13)

表3-13 税负转嫁的形式

形式	方式	说明
前转	提高销售价格	(1)负担者为消费者; (2)多发生在货物和劳务征税上; (3)最典型和最普通的转嫁形式
后转	压低生产要素进价	负担者为生产要素的销售者或生产者
消转	改善经营管理,改进生产技术	负担者为自己
税收资本化	将购买生产要素的未来应纳税款从购入价格中扣除	(1)负担者为生产要素的出售者; (2)主要发生在资本品的交易中,如土地

前转又称顺转,后转又称逆转,消转又称税收转化,税收资本化又称资本还原。

(三)税负转嫁的条件

(1)商品经济的存在。
(2)自由的价格体制。

(四)税负转嫁的一般规律(见表3-14)

表3-14 税负转嫁的一般规律

	—	前转	后转
供给弹性大、需求弹性小:容易转嫁	供给弹性	正比	反比
	需求弹性	反比	正比
	需求弹性>供给弹性	需求方负担的比例<供给方负担比例	
	需求弹性<供给弹性	需求方负担的比例>供给方负担比例	
商品性质	垄断性	税负容易转嫁	
	竞争性	税负转嫁能力弱	

续表

税种	流转税	可转嫁，多少取决于商品定价方式、价格弹性、征税范围
	所得税	不能转嫁
征税范围	范围广	容易转嫁
	范围窄	不易转嫁

【例7·单选题】 生产要素购买者将购买生产要素的未来应纳税款，通过从购入价格中扣除的方法，向后转移给生产要素出售者的方式被称为（　）。

A. 预提税收　　　　　　　　　　B. 预扣税收
C. 税收资本化　　　　　　　　　D. 税收抵扣

解析 本题考查税负转嫁的形式。税收资本化是生产要素购买者将购买生产要素的未来应纳税款通过从购入价格中扣除的方法，向后转移给生产要素出售者的方式。　　**答案** C

▶ 考点九　税收管辖权

(一)国际税收的研究内容

所得税、资本收益税。

(二)税收管辖权的类型(见表3-15)

表3-15　税收管辖权的类型

类型	确定原则	征税范围
收入来源地管辖权（地域管辖权）	属地主义原则（以收入来源地或经济活动所在地为标准）	来自或被认为是来自本国境内所得
居民管辖权	属人主义原则（以纳税人的国籍和住所为标准）	本国居民的全部所得

▶ 考点十　国际重复征税的产生与免除

(一)国际重复征税及其产生的原因

前提：跨国纳税人、跨国所得、各国对所得税的开征。

根本原因：各国税收管辖权的交叉。

(二)国际重复征税的免除

1. 国际重复征税免除的方法(见表3-16)

表3-16　国际重复征税免除的方法

方法	主要内容	效果
低税法	本国居民国外来源所得，单独制定较低税率	一定程度上降低，不能彻底解决
扣除法	本国居民国外已纳税视为费用扣除，对余额征税	不能彻底解决
免税法	本国政府对居民的国外所得不征税	彻底解决，对居住国利益损失较大
抵免法	国外已纳所得税可以从税款中抵扣	目前最有效的方法

【注意】
(1) 免税法承认收入来源地管辖权的独占地位。
(2) 抵免法承认收入来源地管辖权优先于居民管辖权。

2. 抵免限额的计算(见表 3-17)

表 3-17　抵免限额的计算

方法	计算公式
分国抵免限额	国内外应税所得额×本国税率×$\dfrac{某一外国应税所得额}{国内外应税所得额}$
综合抵免限额	国内外应税所得额×本国税率×$\dfrac{国外应税所得额}{国内外应税所得额}$
分项抵免限额	国内外应税所得额×本国税率×$\dfrac{国外某一单项应税所得额}{国内外应税所得额}$

3. 税收饶让

居住国政府对其居民在国外得到的所得税减免优惠的部分,视同在国外实际缴纳的税款给予税收抵免,不再按居住国税法规定的税率进行补征。

【注意】税收饶让是税收抵免的延伸,以税收抵免的发生为前提。

【例 8 · 案例分析题】甲国居民有来源于乙国所得 100 万元,甲、乙两国的所得税税率分别为 40%、30%,但乙国对外国居民来源于本国的所得实行 20% 的优惠税率,现甲国采用抵免法解决国际重复征税,并与乙国签订了税收饶让协定。已知两国均实行属人兼属地税收管辖权。

(1) 甲国对来源于乙国所得的抵免额为(　)万元。
A. 40　　　　　　　　　　　　　　　　B. 30
C. 20　　　　　　　　　　　　　　　　D. 0

解析　本题考查国际重复征税的免除。抵免限额=100×40%=40(万元);甲国居民在乙国应纳税额=100×30%=30(万元),享受税收优惠后甲国居民在乙国实际缴纳税额=100×20%=20(万元);由于有税收饶让的规定,所以享受税收优惠而未纳的税视同纳税人已经纳税,因此抵免为 30 万元。

答案　B

(2) 甲国对上述所得应征所得税(　)万元。
A. 40　　　　　　　　　　　　　　　　B. 20
C. 10　　　　　　　　　　　　　　　　D. 0

解析　本题考查国际重复征税的免除。甲国对上述所得应征所得税税额=100×40%-30=10(万元)。

答案　C

(3) 下列说法正确的有(　)。
A. 若甲国采用免税法,则甲国对来源于境外所得一律不再征收所得税
B. 若甲乙两国未签订税收饶让协定,则上述所得的抵免额为 30 万元
C. 若甲乙两国未签订税收饶让协定,则甲国应对上述所得征收所得税 20 万元
D. 如果甲国税率低于乙国税率,在抵免法下则甲国对本国居民来源于乙国所得不再征收所得税

解析　本题考查国际重复征税的免除。选项 B 错误,抵免限额为 40 万元。若甲乙两国未签订税收饶让协定,则甲国居民在乙国实际缴纳税额=100×20%=20(万元)。抵免限额为 20 万元。

答案　ACD

▎考点十一　国际避税与反避税

（一）国际避税产生的原因

（1）内在动机：跨国纳税人对利润的追求。

（2）外在条件：各国税收制度的差别和税法的缺陷。

（二）国际反避税的措施

（1）税法的完善：①税制的完善；②加强税收立法，制定专门的反避税条款；③形成关于国际避税案件的裁定的法规。

（2）加强税务管理。

（3）加强国际多边合作。

▎考点十二　国际税收协定范本

国际上最重要、影响力最大的两个国际税收协定范本：《OECD 协定范本》；《UN 协定范本》。

国际税收协定范本有两个特征：（1）规范化；（2）内容弹性化。

历年考题解析

一、单项选择题

1. 下列原则中，属于体现税收公平内涵的是（　　）。
   A. 税收制度由民意机关参与制定
   B. 税收要保证国家财政收入充分并有弹性
   C. 税收额外负担最小化
   D. 对纳税人不同来源的收入予以不同的征税方式

   解析　本题考查现代税收原则。对不同来源的收入加以区分，予以不同征税，也是公平原则的要求。　**答案**　D

2. 关于税率的说法，正确的是（　　）。
   A. 累进税率中使用时间较长的是超率累进税率
   B. 对于累进税率而言，征税对象数额或相对比例越大，规定的等级税率越低
   C. 一般来说，税率的累进程度越大，纳税人的边际税率与平均税率的差距越小
   D. 税率是税收制度中最有力、最活跃的因素

   解析　本题考查税收制度的基本要素——税率。选项 A，累进税率中使用时间较长和应用较多的是超额累进税率。选项 B，征税对象数额或相对比例越大，规定的等级税率越高。选项 C，一般来说，税率累进的程度越大，纳税人的名义税率与实际税率、边际税率与平均税率的差距也越大。　**答案**　D

3. 采用直接税收负担率反映纳税人真实负担时，直接税收负担率计算式是（　　）。

   A. $\dfrac{\text{企业（个人）一定时期缴纳的所得税（不包括财产税）}}{\text{企业（个人）一定时期获得的总收入}} \times 100\%$

   B. $\dfrac{\text{企业（个人）一定时期缴纳的所得税（包括财产税）}}{\text{企业（个人）一定时期获得的总收入}} \times 100\%$

   C. $\dfrac{\text{企业（个人）一定时期缴纳的所得税（不包括财产税）}}{\text{企业（个人）一定时期获得的纯收入}} \times 100\%$

   D. $\dfrac{\text{企业（个人）一定时期缴纳的所得税（包括财产税）}}{\text{企业（个人）一定时期获得的纯收入}} \times 100\%$

解析 本题考查税收负担的衡量指标。纯收入直接税收负担率=[企业(个人)一定时期缴纳的所得税(包括财产税)]/[企业(个人)一定时期获得的纯收入]×100%。

答案 D

4. 假定甲国居民企业 A 在某纳税年度中的境内外总所得为 100 万元，其中来自甲国的所得为 60 万元，来自乙国的所得为 10 万元，来自丙国的所得为 30 万元。甲、乙、丙三国的所得税税率分别为 30%、25% 和 20%。甲国同时实行属地与属人税收管辖权，针对本国居民的境外所得实行免税法，则 A 企业在该年度应向甲国缴纳的所得税额为( )万元。
   A. 60.0　　　　　　B. 30.0
   C. 21.5　　　　　　D. 18.0

   解析 本题考查国际重复征税的免除。免税法下，甲国居民计算在甲国的应纳税额时，其来源于乙国、丙国的所得免税。所以，甲国居民在甲国缴纳的所得税为：60×30%=18(万元)。

   答案 D

5. 关于税收饶让的说法，正确的是( )。
   A. 税收饶让多发生在发达国家之间
   B. 两国之间一般采取签订税收协定的方式确定税收饶让政策
   C. 税收饶让主要是为了解决国际重复征税
   D. 税收饶让会影响发达国家作为居住国行使居民管辖权的正当税收权益

   解析 本题考查税收饶让。选项 A，税收饶让多发生在发展中国家与发达国家之间。选项 C，税收饶让主要是为了保障各国税收优惠措施的实际效果。选项 D，税收饶让不会影响发达国家作为居住国行使居民管辖权的正当税收权益。

   答案 B

6. 属于税法非正式渊源的是( )
   A. 税收法律　　　　B. 税收协定
   C. 税收规章　　　　D. 税收判例

   解析 本题考查税法的渊源。在我国，税法的非正式渊源主要是指习惯、判例、税收通告等。

   答案 D

7. 某企业 2015 年度销售收入为 1 000 万元，营业外收入为 100 万元，增值额为 200 万元，利润总额为 50 万元，缴纳增值税为 34 万元，该企业的增值税税负率为( )。
   A. 3.0%　　　　　　B. 3.4%
   C. 17%　　　　　　D. 68%

   解析 本题考查税收负担的衡量指标。企业流转税税收负担率=企业在一定时期实际缴纳的流转税税额/同期销售收入(营业收入)×100%=34/1 000×100%=3.4%。

   答案 B

8. 关于税收负担的说法，错误的是( )。
   A. 税收加成使纳税人税收负担加重
   B. 经济发展过热时应适当提高社会总体税率
   C. 经济发展水平是税收负担的影响因素
   D. 累进税率下，纳税人的边际税率等于实际税率

   解析 本题考查税收负担的影响因素。选项 D 错误，在不考虑其他因素(如税收转嫁、税前扣除)的情况下，若实行比例税率，则税率等于纳税人的实际负担率；若实行累进税率，则名义边际税率与纳税人实际税负率是不同的，一般来说，税率累进的程度越大，纳税人的名义税率与实际税率、边际税率与平均税率的差距也越大。

   答案 D

9. 税负转嫁的一般规律是( )。
   A. 需求弹性大的商品的税负容易转嫁
   B. 流转税不容易转嫁
   C. 竞争性商品的税负转嫁能力较弱
   D. 所得税容易转嫁

   解析 本题考查税负转嫁的一般规律。选项 A 错误，对供给弹性较大、需求弹性较小的商品的征税较易转嫁。选项 B 错误，流转税较易转嫁。选项 D 错误，所得税作为直接税由于是对收益所得额征税，一般由纳税人负担，不能转嫁。

   答案 C

10. 甲国居民公司 A 来源于乙国的所得 100 万元，甲乙两国的所得税税率分别为

20%和15%，两国均实行属人兼属地管辖权，甲国对境外所得实行抵免法，A公司应向甲国缴纳所得税（　）万元。

A. 0　　　　　　　B. 5
C. 15　　　　　　 D. 20

解析 本题考查国际重复征税的免除。公司A在乙国所得的抵免限额=100×20%=20（万元），公司A在乙国已纳税额=100×15%=15（万元）。15<20，只能抵免15万元，公司A应向甲国缴纳所得税=20-15=5（万元）。 **答案** B

11. 关于税法正式渊源的说法，错误的是（　）。
    A. 税收法律由国家最高权力机关制定
    B. 税收法规由国务院或其授权主管部门制定
    C. 部门税收规章由财政部、国家税务总局制定
    D. 地方性税收法规由各级地方人民政府规定

解析 本题考查我国现行的税收法律制度。选项D错误，税收地方性法规由地方人民代表大会及其常务委员会制定，地方政府制定的是税收地方规章。 **答案** D

12. 纳税人通过压低生产要素的进价从而将应缴纳的税款转嫁给生产要素的销售者或生产者负担的税负转嫁形式为（　）。
    A. 前转　　　　　B. 后转
    C. 消转　　　　　D. 税收资本化

解析 本题考查税负转嫁的形式。后转亦称"逆转"，指纳税人通过压低生产要素的进价从而将应缴纳的税款转嫁给生产要素的销售者或生产者负担的形式。 **答案** B

13. 税负转嫁的一般规律是（　）。
    A. 供给弹性较小的商品税负较易转嫁
    B. 需求弹性较大的商品税负较易转嫁
    C. 对垄断性商品课征的税负较易转嫁
    D. 征税范围窄的税种的税负较易转嫁

解析 本题考查税负转嫁的一般规律。选项A、B错误，供给弹性较大、需求弹性较小的商品的征税较易转嫁。选项D错误，征税范围广的税种的税负较易转嫁。 **答案** C

14. 甲国某居民公司2014年度来源于乙国所得200万元，甲国、乙国均实行属人兼属地税收管辖权，甲、乙两国的企业所得税税率分别为40%和30%，甲国对境外所得实行扣除法，该公司2014年度境外所得应向甲国缴纳企业所得税（　）万元。

A. 20　　　　　　　B. 56
C. 60　　　　　　　D. 80

解析 本题考查国际重复征税的免除。该居民公司在乙国缴纳的所得税税额=200×30%=60（万元）。由于实行的是扣除法，国外已纳所得税可视为费用在应纳税所得中予以扣除，因此，境外所得在甲国的应纳税所得额=200-60=140（万元），在甲国的应纳税额=140×40%=56（万元）。 **答案** B

15. 关于税收饶让的说法，正确的是（　）。
    A. 税收饶让可以完全解决重复征税
    B. 居民在境外所得已纳税款可以得到抵免
    C. 居民在国外所得的减免税部分可以得到抵免
    D. 居民在境外所得按居住国规定的税率进行补征

解析 本题考查国际重复征税的免除。税收饶让是指居住国政府对其居民在国外得到的所得税减免优惠的部分，视同在国外实际缴纳的税款给予税收抵免，不再按居住国税法规定的税率进行补征。 **答案** C

二、多项选择题

1. 德国19世纪社会政策学派创始人瓦格纳提出的"四端九项"原则中，属于税务行政原则的有（　）。

    A. 收入充分原则　　B. 确定原则

C. 弹性原则　　　D. 便利原则
E. 节约原则

解析 本题考查税收原则理论的形成和发展。"四端九项"原则中，税务行政原则包括确定原则，便利原则，节约原则。

答案 BDE

2. 关于税负转嫁的说法，正确的有( )。
   A. 商品需求弹性越大，税负后转的量越大
   B. 商品供给弹性越大，税负前转的量越大
   C. 当商品需求完全有弹性时，税负将全部由需求方承担
   D. 所得税较易转嫁
   E. 当商品的需求弹性大于供给弹性时，则税负由需求方负担的比例小于由供给方负担的比例

解析 本题考查税负转嫁的一般规律。当需求完全有弹性时，税负将全部由供给方负担。所得税作为直接税由于是对收益所得额征税，一般由纳税人负担，不能转嫁。

答案 ABE

3. 现代税收的财政原则包括( )。

A. 充裕原则　　　B. 配置原则
C. 公平原则　　　D. 中性原则
E. 弹性原则

解析 本题考查现代税收原则。税收的财政原则包括：充裕、弹性、便利、节约原则。

答案 AE

4. 税收的职能包括( )。
   A. 财政职能　　　B. 经济职能
   C. 保障职能　　　D. 救济职能
   E. 监督职能

解析 本题考查税收的职能。税收的三项基本职能：财政职能、经济职能、监督职能。

答案 ABE

5. 可以作为测定纳税人纳税能力大小的指标有( )。
   A. 收入　　　　　B. 财产
   C. 家庭人口　　　D. 年龄
   E. 消费支出

解析 本题考查现代税收原则。测定纳税人纳税能力的强弱，通常有三种标准：收入、财产、消费支出。

答案 ABE

同步系统训练

一、单项选择题

1. 关于税收本质的说法，正确的是( )。
   A. 税收是国家有偿取得财政收入的工具
   B. 税收表现了国家与纳税人在征税、纳税和利益分配上的一种特殊关系
   C. 税收首要和基本的目的是调节贫富差距
   D. 国家存在和对资金的需求是税收产生、存在和发展的内在的、根本的决定因素

2. 税收的首要职能是( )。
   A. 财政职能　　　B. 经济职能
   C. 监督职能　　　D. 调控职能

3. 关于税收原则理论发展的说法，错误的是( )。
   A. 威廉·配第的简便原则要求征税方法要简明
   B. 亚当·斯密的平等原则要求按个人收入的一定比例征税
   C. 阿道夫·瓦格纳认为税收收入要能随财政支出的变化做出相应调整
   D. 提倡采用累进税率方式的是亚当·斯密

4. 关于税收效率原则的说法，错误的是( )。
   A. 税收要有利于资源的有效配置
   B. 税收要有利于经济机制的有效运行
   C. 税收负担要公平合理地分配
   D. 征收费用要节省

5. 检验税收经济效率原则的标准是( )。
   A. 征税成本最小化
   B. 税收额外负担最小化
   C. 税收额外收益最小化
   D. 税收收入最大化

6. 税收的纵向公平是指( )。
   A. 排除特权阶层免税

B. 自然人和法人均需纳税

C. 公私经济均等征税

D. 对不同境遇的人课征不同的税收

7. 关于税收公平原则的说法,错误的是( )。

　　A. 税收的公平原则包括普遍原则和平等原则

　　B. 公平原则要求各纳税人之间的负担水平保持均衡

　　C. 国家对公共法人、公益法人,对外国使节为避免重复征税而给予的免税,违背了横向公平的要求

　　D. 收入是测定纳税人纳税能力的最好的尺度

8. 关于税法的说法,错误的是( )。

　　A. 税法是税收的表现形式,税收必须以税法为依据

　　B. 税法是国家税务征管机关和纳税人从事税收征收管理与缴纳活动的法律依据

　　C. 税法的调整对象仅仅是税收征纳关系

　　D. 税法由国家权力机关或其授权的行政机关制定

9. 关于税法效力的说法,错误的是( )。

　　A. 税法的效力包括时间效力和空间效力

　　B. 直接宣布废止某项税法是税法失效最常见的方式

　　C. 我国税法坚持不溯及既往的原则

　　D. 税法可以在全国范围内有效,也可以在地方范围内有效

10. 关于税法解释的说法,错误的是( )。

　　A. 税收的立法解释是指税收立法机关对所设立税法的正式解释

　　B. 税收的立法解释与被解释的税法具有同等法律效力

　　C. 税收司法解释的主体是国家税务总局

　　D. 税收司法解释具有法律效力

11. 下列税法解释中,与被解释的税法具有同等法律效力的是( )。

　　A. 某市税务稽查局对《税务稽查工作规范》所作的解释

　　B. 某省地方税务局对《税务登记管理办法》所作的解释

　　C. 全国人大对《中华人民共和国个人所得税法》所作的解释

　　D. 某市国家税务局对《发票管理办法》所作的解释

12. 在税收制度的要素中,体现征税程度的是( )。

　　A. 纳税人　　　B. 征税对象

　　C. 税率　　　　D. 计税依据

13. 关于税率的说法,错误的是( )。

　　A. 在比例税率下,纳税人均适用同一税率

　　B. 税率是税收制度的中心环节

　　C. 在定额税率下,应纳税额与商品销售价格无关

　　D. 按超额累进税率计算的应纳税额大于按全额累进税率计算的应纳税额

14. 关于减免税的说法,错误的是( )。

　　A. 减免税有针对纳税人的,也有针对征税对象的

　　B. 任何单位与部门都不得擅自减税免税

　　C. 征税对象超过起征点的只对超过部分征税

　　D. 征税对象没有达到起征点的不征税

15. 通过直接缩小计税依据的方式实现的减税免税属于( )。

　　A. 税率式减免　　B. 税额式减免

　　C. 税基式减免　　D. 税源式减免

16. 《中华人民共和国企业所得税法》所属的税收法律级次是( )。

　　A. 全国人大及其常委会制定的税收法律

　　B. 全国人大或常委会授权立法

　　C. 国务院制定的税收行政法规

　　D. 国务院税务主管部门制定的税收部门规章

17. 下列税种中,属于行为、目的税类的是( )。

　　A. 增值税　　　B. 个人所得税

　　C. 关税　　　　D. 印花税

18. 关于税收负担衡量指标的说法,错误的

是( )。
A. 个人综合税收负担率是个人缴纳的各项税收总和与个人毛收入的比率
B. 直接税可以直接衡量纳税人的真实税收负担
C. 纯收入直接税收负担率是企业一定时期缴纳的所得税(不包括财产税)与企业一定时期获得的纯收入的比率
D. 同国民生产总值负担率相比,国民收入负担率更能准确地衡量一国总体的税收负担水平

19. 税收负担的最终归着点是( )。
   A. 税收负担转嫁 B. 税收负担归宿
   C. 税收负担   D. 税源

20. 纳税人在进行货物或劳务的交易时,通过提高价格的方法将其应负担的税收转移给货物或劳务的购买者的税负转嫁形式称为( )。
   A. 前转   B. 后转
   C. 混转   D. 消转

21. 以纳税人的国籍和住所为标准确定国家行使税收管辖权范围的原则是( )。
   A. 属地主义原则
   B. 属人主义原则
   C. 属地兼属人主义原则
   D. 属人兼属地主义原则

22. A国居民王先生在B国取得所得10万元,已知A国实行收入来源地管辖权,A国税率为20%;B国实行居民管辖权,B国税率为10%。A、B两国没有税收抵免的税收协定,则王先生这笔所得在A国应纳所得税( )万元。
   A. 0   B. 1
   C. 2   D. 3

23. 产生国际重复征税的根本原因在于( )。
   A. 各国政体的不同
   B. 各国主体税种的不同
   C. 各国关税税率的不同
   D. 各国税收管辖权的交叉

24. A公司为甲国居民纳税人,本年度来自甲国的所得50万元,来自乙国的所得50万元。甲、乙两国的税率分别为20%和30%。A公司已在乙国缴纳税款,甲国对本国居民来自境外的所得实行扣除法,A公司本年度所得应向甲国缴纳所得税( )万元。
   A. 10   B. 15
   C. 17   D. 20

25. Lily 为 A 国居民,本年度在 A 国取得所得200万元,在B国取得所得100万元。已知 A 国税率为30%,对本国居民来自境外所得实行免税法;B国税率为20%。则 Lily 应在 A 国纳税( )万元。
   A. 10   B. 24
   C. 60   D. 90

26. 目前解决国际重复征税最有效的方法是( )。
   A. 低税法   B. 扣除法
   C. 抵免法   D. 免税法

27. 甲国居民李先生在乙国取得劳务报酬所得10万元,利息所得2万元。已知甲国劳务报酬所得税率为20%,利息所得税率为10%;乙国劳务报酬所得税率为30%,利息所得税率为5%;甲、乙两国均实行居民管辖权兼收入来源地管辖权,两国之间签订了税收抵免协定,并实行综合抵免限额法,则李先生的上述所得应在甲国缴纳所得税( )元。
   A. 0   B. 9 000
   C. 22 000   D. 31 000

28. 关于国际税收协定的说法,正确的是( )。
   A. 目前大多数国际税收采用多边税收协定
   B. 特定国际税收协定的协议内容适用于缔约国之间的各种税收问题
   C. 国际税收协定赋予外国居民履行跨国纳税义务的安全保障
   D. 国际税收协定是通过政府谈判所签订的一种书面税收协议

二、多项选择题

1. 关于瓦格纳税收原则的说法,正确的

有( )。

A. 瓦格纳的税收原则被称为"四端九项"税收原则

B. 瓦格纳的税收原则包括财政政策原则、国民经济原则、社会公平原则、税务行政原则

C. 财政政策原则包括收入充分和收入弹性两方面

D. 国民经济原则要求税收不能伤及税源，侵及税本

E. 确定原则要求税收法令确定无疑义，任何情况下均不得变更，并明确告知纳税人

2. 关于税收财政原则的说法，正确的有( )。

A. 通过征税获得的收入要充分

B. 税收收入应能随着财政支出的需要进行调整

C. 税收的建立应有利于社会公平

D. 税收制度要保持相对稳定

E. 税收的建立应有利于保护国民经济

3. 关于税收经济原则的说法，正确的有( )。

A. 税收的经济原则是税收的共同原则

B. 税收的经济原则包括配置原则和效率原则

C. 税收的效率原则即税收的经济效率原则，要求税收应利于资源的有效配置和经济的有效运行

D. 税收经济原则要求节约税收行政费用

E. 检验经济效率原则的标准是税收额外负担最小化和额外收益最大化

4. 以下属于税收公平原则的有( )。

A. 普遍原则   B. 效率原则
C. 平等原则   D. 确定原则
E. 节约原则

5. 税法的正式渊源包括( )。

A. 税收法律   B. 税收法规
C. 国际税收条约   D. 税收判例
E. 税收习惯

6. 以下属于微观税收负担衡量指标的有( )。

A. 国民生产总值负担率

B. 国民收入负担率

C. 企业综合税收负担率

D. 企业流转税税收负担率

E. 纯收入直接税收负担率

7. 以下属于影响税收负担经济因素的有( )。

A. 经济发展水平

B. 税率

C. 国家的政治经济体制

D. 一定时期的宏观经济政策

E. 税收的减免政策

8. 下列各项中，税收负担比较重的国家有( )。

A. 经济发展水平比较高的国家

B. 中央集权制国家

C. 参与国民收入分配的形式主要是税收的国家

D. 实施扩张性财政政策的国家

E. 计税依据小的国家

9. 下列各项的税负容易转嫁的有( )。

A. 供给弹性较大、需求弹性较小的商品

B. 竞争性商品

C. 征税范围广的税种

D. 企业所得税

E. 税率高的税种

10. 关于国际重复征税的说法，正确的有( )。

A. 跨国纳税人、跨国所得、各国对所得税的开征是产生国际重复征税的重要前提

B. 产生国际重复征税的根本原因在于各国税收管辖权的交叉

C. 当各国都实行单一税收管辖权时，国际重复征税则不会产生

D. 目前，解决国际重复征税最有效的办法是抵免法

E. 免税法可以彻底解决国际重复征税

11. 解决国际重复征税的方法有( )。

A. 低税法   B. 免税法
C. 扣除法   D. 抵免法
E. 抵消法

12. 关于国际重复征税免除的说法，正确的有( )。

A. 低税法是对本国居民的国外所得单独

制定较低的税率征税

B. 低税法下,当税率趋于零时,国际重复征税能彻底免除

C. 扣除法是将本国居民的国外所得作为费用在应纳税所得中扣除

D. 免税法使得居住国利益损失较小

E. 实行税收饶让后,居住国政府对其居民在国外得到的所得税减免优惠部分,视同在国外实际缴纳的税款给予税收抵免

三、案例分析题

甲国某居民本年度有来源于乙国的经营所得 100 万元,特许权使用费所得 50 万元;来源于丙国的经营所得 200 万元,特许权使用费所得 60 万元。甲、乙、丙三国经营所得的所得税税率分别为 50%、40%、60%;甲、乙、丙三国特许权使用费所得的所得税税率分别为 10%、20%、5%。已知甲、乙、丙三国均实行属人兼属地税收管辖权。

1. 在分国抵免法下,来源于乙国所得的抵免额为(　　)万元。
   A. 55　　　　　　B. 50
   C. 5　　　　　　 D. 0

2. 在分项抵免法下,甲国应对上述所得征收所得税(　　)万元。
   A. 173　　　　　 B. 123
   C. 12　　　　　　D. 0

3. 在分国抵免法下,甲国应对上述所得征收所得税(　　)万元。
   A. 0　　　　　　 B. 5
   C. 17　　　　　　D. 22

4. 在综合抵免法下,上述所得的抵免额为(　　)万元。
   A. 173　　　　　 B. 161
   C. 123　　　　　 D. 50

5. 在综合抵免法下,甲国应对上述所得征收所得税(　　)万元。
   A. 166　　　　　 B. 10
   C. 0　　　　　　 D. -12

同步系统训练参考答案及解析

一、单项选择题

1. B 【解析】本题考查税收的本质。选项 A 错误,税收是国家强制、无偿地取得财政收入的一种规范形式。选项 C 错误,税收的目的是国家取得财政收入,从而满足社会公共需要。选项 D 错误,对于税收的产生、存在和发展,社会经济是内在的、根本的决定因素,国家的存在和对资金的需求则是一个必要的前提条件。

2. A 【解析】本题考查税收的职能。财政职能或称收入职能是税收首要的和基本的职能。

3. D 【解析】本题考查税收原则理论的形成与发展。选项 D 错误,阿道夫·瓦格纳的社会公平原则包括普遍和平等两方面,与平等原则相对应,提倡采用累进的税率方式。

4. C 【解析】本题考查现代税收原则。选项 C 体现的是税收的公平原则。

5. B 【解析】本题考查税收的经济效率原则。检验税收经济效率原则的标准是税收额外负担最小化和额外收益最大化。

6. D 【解析】本题考查现代税收原则。纵向公平又称垂直公平,即对不同境遇的人课征不同的税收。选项 A、B、C 体现的是横向公平。

7. C 【解析】本题考查现代税收原则。选项 C 错误,现行国家对公共法人、公益法人,对外国使节为避免重复征税而给予的免税,不被认为是违背横向公平要求的。

8. C 【解析】本题考查税法的概念。选项 C 错误,税法的调整对象是税收关系,即有关税收活动的各种社会关系,包括税收体制关系、税收征纳关系、税收管理关系等。

9. B 【解析】本题考查税法的效力。选项B错误，以新法代替旧法，是最常见的税法失效方式。

10. C 【解析】本题考查税法的效力与解释。选项C错误，税法的司法解释是指最高司法机关对如何具体办理税务刑事案件和税务行政诉讼案件所做的具体解释或正式规定。在我国，司法解释的主体只能是最高人民法院和最高人民检察院。

11. C 【解析】本题考查税法的解释。立法解释是税收立法机关对所设立的税法的正式解释。税收的立法解释与被解释的税法具有同等法律效力。只有全国人大才具有立法权，选项C正确。

12. C 【解析】本题考查税制基本要素。税率体现征税的程度。

13. D 【解析】本题考查税制基本要素。选项D错误，按全额累计税率计算的应纳税额减去相应的速算扣除数，其结果为按超额累进税率方法计算的税额，因此按超额累进税率计算的应纳税额小于等于按全额累进税率计算的应纳税额。

14. C 【解析】本题考查税制其他要素。选项C错误，起征点是征税对象达到一定数额开始征税的起点，征税对象的数额达到起征点的就全部数额征税，未达到起征点的不征税。

15. C 【解析】本题考查税制其他要素。税基式减免是通过直接缩小计税依据的方式实现的减税免税。

16. A 【解析】本题考查我国现行税收法律制度。《中华人民共和国企业所得税法》属于全国人民代表大会和全国人民代表大会常务委员会制定的税收法律。

17. D 【解析】本题考查我国现行税收法律制度。行为、目的税类包括环境保护税、印花税、城建税、车辆购置税、烟叶税、船舶吨税等。

18. C 【解析】本题考查税收负担的衡量指标。选项C错误，纯收入直接税收负担率=企业（个人）一定时期缴纳的所得税（包括财产税）/企业（个人）一定时期获得的纯收入。

19. B 【解析】本题考查税负转嫁的概念。税收负担的归宿是指税收负担的最终归着点。

20. A 【解析】本题考查税负转嫁的形式。前转指纳税人在进行货物或劳务的交易时通过提高价格的方法将其应负担的税款向前转移给货物或劳务的购买者或最终消费者负担的形式。

21. B 【解析】本题考查税收管辖权。属人主义原则是以纳税人的国籍和住所为标准确定国家行使税收管辖权范围的原则。

22. A 【解析】本题考查税收管辖权。A国实行收入来源地管辖权，只对来源于本国境内的所得拥有征税权力。B国实行居民管辖权，只对本国居民的所得拥有征税权力。王先生是A国居民，其所得来源于B国，因此，A、B两国对王先生的所得都没有征税权力，王先生的这笔所得应纳税款为0元。

23. D 【解析】本题考查国际重复征税的产生。产生国际重复征税的根本原因在于各国税收管辖权的交叉。

24. C 【解析】本题考查国际重复征税的免除。在乙国已纳税额=50×30%=15（万元）。扣除法下，在国外已纳税额视为费用在应纳税所得中予以扣除，就扣除后的部分征税，A公司应纳税所得额=50+50-15=85（万元），应纳税额=85×20%=17（万元）。

25. C 【解析】本题考查国际重复征税的免除。A国对本国居民来自境外所得实行免税法，因此对B国所得不征税。A国所得应纳税额=200×30%=60（万元）。

26. C 【解析】本题考查国际重复征税的免除。税收抵免承认收入来源地管辖权优先于居民管辖权，是目前解决国际重复征税最有效的办法。

27. A 【解析】本题考查国际重复征税的免除。乙国所得在甲国的抵免限额 = 10×20%+2×10% = 2.2（万元），在乙国已纳税额 = 10×30%+2×5% = 3.1（万元）。在乙国的已纳税额大于抵免限额，因此，李先生在甲国不用再补缴所得税。

28. D 【解析】本题考查国际税收协定。选项 A 错误，国际税收协定分为双边和多边两类，目前大多数国际税收采用双边国际税收协定。选项 B 错误，一般国际税收协定的内容一般适用于缔约国之间的各种税收问题；特定国际税收协定的内容仅适用于某项特定税收问题。选项 C 错误，国际税收协定赋予本国居民履行跨国纳税义务的安全保障。

二、多项选择题

1. ABCD 【解析】本题考查税收原则理论的形成与发展。选项 E 错误，确定原则即税收法令确定无疑义，且不得任意变更，并明确告知纳税人。

2. ABD 【解析】本题考查现代税收原则。选项 C 体现的是税收的公平原则。选项 E 体现的是税收的经济原则。

3. BDE 【解析】本题考查现代税收原则。选项 A 错误，税收的财政原则是税收的共同原则。选项 C 错误，税收的效率原则包括税收的经济效率原则和税收本身的效率原则。

4. AC 【解析】本题考查现代税收原则。税收的公平原则包括普遍原则和平等原则。

5. ABC 【解析】本题考查税法的渊源。税法的正式渊源包括：宪法、税收法律、税收法规、部委规章和有关规范性文件、地方性法规、地方政府规章和有关规范性文件、自治条例和单行条例、国际税收条约或协定。税法的非正式渊源主要是指习惯、判例、税收通告等。选项 D、E 属于税法的非正式渊源。

6. CDE 【解析】本题考查税收负担的衡量指标。微观税收负担衡量指标包括：企业（个人）综合税收负担率、纯收入直接税收负担率、企业流转税税收负担率、企业所得税税收负担率。选项 A、B 属于宏观税收负担的衡量指标。

7. ACD 【解析】本题考查税收负担的影响因素。影响税收负担的经济因素包括：经济发展水平或生产力发展水平；国家的政治经济体制；一定时期的宏观经济政策。

8. ABC 【解析】本题考查税收负担的影响因素。一般来说，经济发展水平高的国家税收负担高。中央集权制或非市场经济体制的国家税收负担高。如果国家参与国民收入分配的形式主要是税收，税负水平相对较重。当实行扩张的财政政策时，税收负担则会相对减轻。计税依据小，纳税人的实际负担率低于名义负担率。

9. AC 【解析】本题考查税负转嫁的一般规律。对供给弹性较大、需求弹性较小的商品的征税容易转嫁；对垄断性商品课征的税较易转嫁；流转税较易转嫁；征税范围广的税种较易转嫁。

10. ABDE 【解析】本题考查国际重复征税的产生和免除。选项 C 错误，在各国都实行单一的税收管辖权时，由于各国对居民或收入来源地的认定标准不同，也会出现管辖权的交叉，从而也会产生国际重复征税。

11. ABCD 【解析】本题考查国际重复征税的免除。解决国际重复征税的方法包括：低税法、免税法、扣除法、抵免法。

12. ABE 【解析】本题考查国际重复征税的免除。选项 C 错误，扣除法允许本国居民将其在国外已纳所得税视为费用在应纳税所得中予以扣除，就扣除后的部分征税。选项 D 错误，免税法能使国际重复征税得以彻底免除，但会使居住国利益损失较大。

三、案例分析题

1. B 【解析】本题考查国际重复征税的免除。抵免限额 = 100×50%+50×10% = 55（万元），实际已纳税额=100×40%+50×20%=50(万元)，实际已纳税额小于抵免限额，按实际已纳税额抵免，可以抵免50万元。

2. D 【解析】本题考查国际重复征税的免除。经营所得：抵免限额=(100+200)×50%=150(万元)，实际已纳税额=100×40%+200×60%=160(万元)。实际已纳税额>抵免限额，因此可抵免150万元，在甲国无须补缴所得税。特许权使用费：抵免限额=(50+60)×10%=11(万元)，实际已纳税额=50×20%+60×5%=13(万元)，实际已纳税额>抵免限额，因此可以抵免11万元，在甲国无须补缴所得税。

3. B 【解析】本题考查国际重复征税的免除。来源于丙国的抵免限额=200×50%+60×10%=106(万元)，实际已纳税额=200×60%+60×5%=123(万元)，实际已纳税额大于抵免限额，按抵免限额抵免，可以抵免106万元。甲国应对上述所得征收所得税=(55-50)+(106-106)=5(万元)。

4. B 【解析】本题考查国际重复征税的免除。抵免限额=(100+200)×50%+(50+60)×10%=161(万元)，实际已纳税额=50+123=173(万元)，实际已纳税额大于抵免限额，按抵免限额抵免，可以抵免161万元。

5. C 【解析】本题考查国际重复征税的免除。已纳税款173万元大于应纳税额161万元，因此国外所得不用在甲国纳税。

本章思维导图

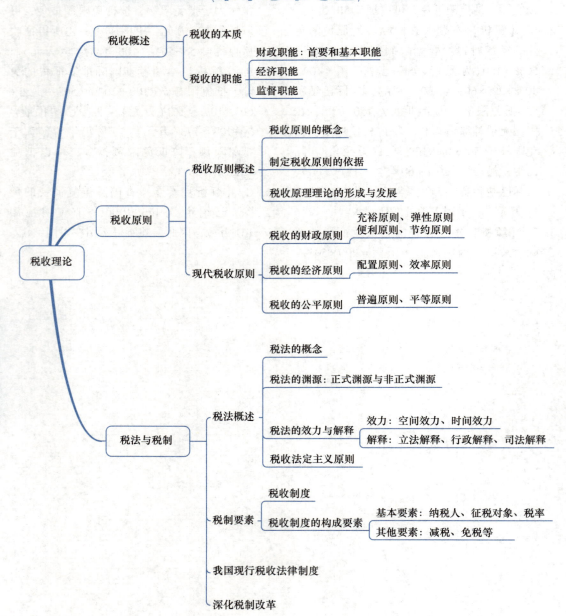

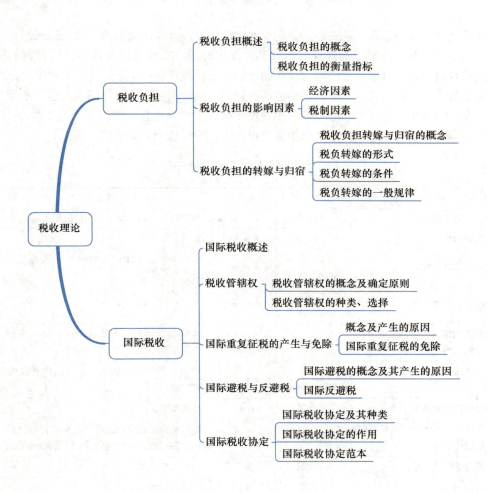

第4章 货物和劳务税制度

考情分析

本章主要讲解增值税、消费税、关税。本章需要重点掌握增值税的征税范围、税率、计税依据、销项税额和进项税额的计算、纳税义务发生时间、征收管理等内容，消费税的税率形式、组成计税价格、计税依据、应纳税额的计算、已纳消费税可扣除的情形、纳税义务发生时间、征收管理，关税的完税价格、应纳税额的计算、税收优惠、征收管理等内容。从历年考题来看，本章题型主要包括单项选择题、多项选择题和案例分析题，平均分值在20~25分左右。本章一般会出案例分析题，属于考试中的重点章节，需要考生认真学习并掌握。

近年本章考点分布

考点	主要考查题型	考频指数	考查角度
增值税的征税范围	选择题	★★★	视同销售货物的规定、现代服务的具体内容
增值税的税率	选择题	★★★	税率、征收率
增值税应纳税额的计算	选择题、案例分析题	★★★★★	一般纳税人应纳税额的计算、简易办法应纳税额的计算
增值税的计税依据	选择题、案例分析题	★★★	增值税的计税依据
增值税的纳税义务发生时间、纳税期限、纳税地点	选择题	★★	增值税的纳税义务发生时间、纳税期限、纳税地点
增值税的减税、免税、征收管理	选择题、案例分析题	★★★	增值税的减税、免税、小规模纳税人的认定及管理
消费税的征税范围	选择题	★★	消费税的征税范围
消费税的计税依据、消费税的应纳税额的计算	选择题	★★★★	自行销售应税消费品应纳税额的计税依据、自产自用应税消费品的计税依据、应纳税额的计算
消费税的征收管理	选择题	★	纳税义务发生时间
关税的纳税人	选择题	★	关税的纳税人范围
关税的完税价格和应纳税额的计算	选择题	★	关税的完税价格、应纳税额的计算
关税的税收优惠	选择题	★★	法定减免税、特定减免税

重点、难点讲解及典型例题

▶ 考点一　增值税的纳税人和扣缴义务人（见表4-1）

增值税是以单位和个人在生产经营的流转过程中产生的商品（含应税劳务）增值额为征税

对象征收的一种货物和劳务税。

表 4-1 增值税的纳税人和扣缴义务人

项目	具体内容
纳税人	在中华人民共和国境内销售货物或者加工、修理修配劳务(简称劳务)、销售服务、无形资产、不动产以及进口货物的单位(企业、行政单位、事业单位、军事单位、社会团体及其他单位)和个人(个体工商户和其他个人)
扣缴义务人	境外的单位或个人在境内提供应税劳务,在境内未设有经营机构的,以其境内代理人为增值税扣缴义务人;在境内没有代理人的,以购买方为增值税扣缴义务人; 境外的单位或个人在境内发生应税行为,在境内未设有经营机构的,以购买方为扣缴义务人
合并纳税	两个或两个以上的纳税人,经财政部和国家税务总局批准可视为一个纳税人合并纳税

【注意1】
在我国境内销售货物或劳务:销售货物的起运地或者所在地在境内;提供的应税劳务发生在境内。
在境内销售服务、无形资产或者不动产,是指:(1)服务(租赁不动产除外)或者无形资产(自然资源使用权除外)的销售方或者购买方在境内;(2)所销售或租赁的不动产在境内;(3)所销售自然资源使用权的自然资源在境内;(4)财政部和国家税务总局规定的其他情形。

【注意2】
企业租赁或承包给他人经营的,以承租人或承包人为纳税人。

【例1·单选题】以下不属于增值税纳税人的是( )。
A. 在境内销售劳务的个体工商户
B. 销售位于美国的房产的境内企业
C. 进口货物的个人
D. 销售专利技术给一家俄罗斯公司的境内外资企业

解析 ▶ 本题考查增值税的纳税人。凡在中华人民共和国境内销售货物或者提供加工、修理修配劳务,销售服务、无形资产、不动产以及进口货物的单位和个人,为增值税的纳税人。选项B错误,所销售的不动产不在境内,该企业不是增值税纳税人。 答案 ▶ B

▶ 考点二 增值税的征税范围

增值税的征税范围是指在境内销售的货物、劳务、服务、无形资产或者不动产及进口的货物。
(一)销售货物(见表4-2)

表 4-2 销售货物

项目	具体内容
基本规定	销售货物是指有偿转让货物的所有权,即销售有形动产,包括电力、热力、气体在内。这里讲的销售货物是受境内所约束的,即在境内销售货物的业务才属于增值税的征税范围
视同销售	(1)将货物交给其他单位或者个人代销; (2)销售代销货物; (3)设有两个以上机构并实行统一核算的纳税人,将货物从一个机构移送到其他机构用于销售,但相关机构设在同一县(市)的除外; (4)购买的货物用于:作为投资,提供给其他单位或个体工商户;分配给股东或投资者;无偿赠送其他单位或个人。

视同销售	(5) 自产的货物用于：非增值税应税项目；集体福利或个人消费；作为投资，提供给其他单位或个体工商户；分配给股东或投资者；无偿赠送其他单位或个人；
	(6) 委托加工的货物用于：非增值税应税项目；集体福利或个人消费；作为投资，提供给其他单位或个体工商户；分配给股东或投资者；无偿赠送其他单位或个人

有关视同销售货物的账务处理的具体内容见图4-1。

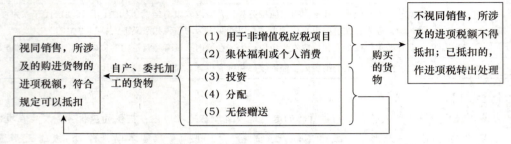

图 4-1　视同销售货物的账务处理

(二)提供应税劳务

有偿提供加工修理修配劳务。

(三)销售服务

1. 交通运输服务(见表4-3)

交通运输服务是指利用运输工具将货物或者旅客送达目的地，使其空间位置得到转移的业务活动。

表 4-3　交通运输服务

类型	具体内容
陆路运输服务	铁路运输、公路运输、缆车运输、索道运输、地铁运输、城市轻轨运输等
水路运输服务	水路运输的程租、期租业务
航空运输服务	航空运输的湿租业务、航天运输服务
管道运输服务	通过管道运输设施输送气体、液体、固体物质

【注意1】

无运输工具承运业务按照交通运输服务缴纳增值税。

【注意2】

自2018年1月1日起，纳税人已售票但客户逾期未消费取得的运输逾期票证收入，按照交通运输服务缴纳增值税。

【注意3】

自2019年10月1日起，关于运输工具舱位承包和舱位互换业务适用税目规定如下。

(1)在运输工具舱位承包业务中，发包方以其向承包方收取的全部价款和价外费用为销售额，按照交通运输服务缴纳增值税。承包方以其向托运人收取的全部价款和价外费用为销售额，按照交通运输服务缴纳增值税。

运输工具舱位承包业务，是指承包方以承运人身份与托运人签订运输服务合同，收取运费并承担承运人责任，然后以承包他人运输工具舱位的方式，委托发包方实际完成相关运输服务的经营活动。

(2)在运输工具舱位互换业务中,互换运输工具舱位的双方均以各自换出运输工具舱位确认的全部价款和价外费用为销售额,按照交通运输服务缴纳增值税。

运输工具舱位互换业务,是指纳税人之间签订运输协议,在各自以承运人身份承揽的运输业务中,互相利用对方交通运输工具的舱位完成相关运输服务的经营活动。

2. 邮政服务(见表4-4)

邮政服务是指中国邮政集团及其所属邮政企业提供邮件寄递、邮政汇兑和机要通信等邮政基本服务的业务活动。

表4-4 邮政服务

类型	具体内容
邮政普遍服务	函件、包裹等邮件寄递,邮票发行、报刊发行和邮政汇兑等
邮政特殊服务	义务兵平常信函、机要通信、盲人读物和革命烈士遗物的寄递等
其他邮政服务	邮册等邮品销售、邮政代理等

3. 电信服务

(1)基础电信服务:利用固网、移动网、卫星、互联网,提供语音通话服务,及出租或出售带宽、波长等网络元素。

(2)增值电信服务:利用固网、移动网、卫星、互联网、有线电视网络,提供短信和彩信服务、电子数据和信息的传输及应用服务、互联网接入服务等。

【注意】卫星电视信号落地转接服务按增值电信服务缴纳增值税。

4. 建筑服务(见表4-5)

表4-5 建筑服务

类型	具体内容
工程服务	新建、改建各种建筑物、构筑物的工程作业
安装服务	包括与被安装设备相连的工作台、梯子、栏杆的装设工程作业,及被安装设备的绝缘、防腐、保温、油漆等工程作业。 【注意】固定电话、有线电视、宽带、水、电、燃气、暖气等经营者向用户收取的安装费、初装费、开户费、扩容费及类似收费按照安装服务缴纳增值税
修缮服务	对建筑物、构筑物进行修补、加固、养护、改善,使之恢复原来的使用价值或延长使用期限的工程作业
装饰服务	对建筑物、构筑物进行修饰装修,使之美观或者具有特定用途的工程作业
其他建筑服务	钻井(打井)、拆除建筑物或构筑物、平整土地、园林绿化、疏浚(不包括航道疏浚)、建筑物平移、搭脚手架、爆破、矿山穿孔、表面附着物(包括岩层、土层、沙层等)剥离和清理等工程作业

【注意1】物业服务企业为业主提供的装修服务按照建筑服务缴纳增值税;纳税人将建筑施工设备出租给他人使用并配备操作人员的,按照建筑服务缴纳增值税。

【注意2】纳税人销售活动板房、机器设备、钢结构件等自产货物的同时提供建筑、安装服务,不属于混合销售行为的,应分别核算货物和建筑服务的销售额,分别适用不同的税率或者征收率。

【注意3】自2019年10月1日起,关于建筑服务分包款差额扣除的规定为:纳税人提供建筑服务,按照规定允许从其取得的全部价款和价外费用中扣除的分包款,是指支付给分包方的全部价款和价外费用。

5. 金融服务（见表4-6）

表4-6 金融服务

类型	具体内容
贷款服务①	将资金贷与他人使用而取得利息收入的业务活动，包括： （1）各种占用、拆借资金取得的收入包括金融商品持有期间（含到期）利息（保本收益、报酬、资金占用费、补偿金等）收入、信用卡透支利息收入、买入返售金融商品利息收入、融资融券收取的利息收入，以及融资性售后回租、押汇、罚息、票据贴现、转贷等业务取得的利息及利息性质的收入； （2）以货币资金投资收取的固定利润或者保底利润
直接收费金融服务	提供货币兑换、账户管理、电子银行、信用卡、信用证、财务担保、资产管理、信托管理、基金管理、金融交易所（平台）管理、资金结算、资金清算、金融支付等服务
保险服务	人身保险服务、财产保险服务
金融商品转让	转让外汇、有价证券、非货物期货，转让基金、信托、理财产品等各类资产管理产品②和各种金融衍生品。 【注意】纳税人购入基金、信托、理财产品等各类资产管理产品持有到期，不属于金融商品转让

注：①银行提供贷款服务按期计收利息的，结息日当日计收的全部利息收入均应计入结息日所属期的销售额，计算缴纳增值税。
②资管产品的增值税相关纳税情况见表4-7。

表4-7 资管产品的应税行为

2017年7月1日后	按现行规定缴纳增值税：暂适用简易计税办法，按照3%征收率征税
2017年7月1日前	未纳增值税的，不再缴纳；已纳增值税的，已纳税额从以后月份抵减

【注意】
自2019年10月1日起，对于限售股买入价的规定如下。
纳税人转让因同时实施股权分置改革和重大资产重组而首次公开发行股票并上市形成的限售股，以及上市首日至解禁日期间由上述股份孳生的送、转股，以该上市公司股票上市首日开盘价为买入价，按照金融商品转让缴纳增值税。

6. 现代服务（见表4-8）

表4-8 现代服务

类型	具体内容
研发和技术服务	研发服务、合同能源管理服务、工程勘察勘探服务、专业技术服务
信息技术服务	软件服务、电路设计及测试服务、信息系统服务、业务流程管理服务和信息系统增值服务
文化创意服务	设计服务、知识产权服务、广告服务①、会议展览服务②
物流辅助服务	航空服务、港口码头服务③、货运客运场站服务、打捞救助服务、装卸搬运服务、仓储服务、收派服务

续表

类型	具体内容
租赁服务	融资租赁服务： (1)不论出租人是否将租赁物销售给承租人，均属于融资租赁； (2)融资性售后回租不按照融资租赁服务缴纳增值税。 经营租赁服务： (1)将建筑物、构筑物等不动产或飞机、车辆等有形动产的广告位出租给其他单位或个人用于发布广告； (2)车辆停放服务、道路通行服务(包括过路费、过桥费、过闸费等)； (3)水路运输的光租业务、航空运输的干租业务
鉴证咨询服务	认证服务、鉴证服务、咨询服务④
广播影视服务	广播影视节目(作品)制作服务、发行服务、播映服务
商务辅助服务	企业管理服务、经纪代理服务⑤、人力资源服务、安全保护服务⑥
其他现代服务	(1)自2017年5月1日起，纳税人对安装运行后的电梯提供的维护保养服务； (2)自2018年1月1日起，纳税人为客户办理退票而向客户收取的退票费、手续费等收入

注：①广告服务包括广告代理和广告的发布、播映、宣传、展示等。
②宾馆、旅馆、旅社、度假村和其他经营性住宿场所提供会议场地及配套服务的活动按照会议展览服务缴纳增值税。
③港口设施经营人收取的港口设施保安费按照港口码头服务缴纳增值税。
④翻译服务和市场调查服务按照咨询服务缴纳增值税。
⑤**拍卖行受托拍卖取得的手续费或佣金收入**，按照"经纪代理服务"缴纳增值税。
⑥纳税人提供武装守护押运服务按照安全保护服务缴纳增值税。

7. 生活服务(见表4-9)

表4-9 生活服务

类型	具体内容
文化体育服务①	文化服务、体育服务
教育医疗服务	教育服务、医疗服务
旅游娱乐服务	旅游服务、娱乐服务
餐饮住宿服务	餐饮服务②、住宿服务
居民日常服务	包括市容市政管理、家政、婚庆、养老、殡葬、照料和护理、救助救济、美容美发、按摩、桑拿、氧吧、足疗、沐浴、洗染、摄影扩印等服务
其他生活服务	—

注：①纳税人在游览场所经营索道、摆渡车、电瓶车、游船等取得的收入，按照文化体育服务缴纳增值税。
②提供餐饮服务的纳税人销售的外卖食品，按照餐饮服务缴纳增值税。
自2019年10月1日起，纳税人现场制作食品并直接销售给消费者，按照餐饮服务缴纳增值税。

(四)销售无形资产

销售无形资产是指转让无形资产(技术、商标、著作权、商誉、自然资源使用权、其他权益性无形资产)所有权或者使用权的业务活动。

技术：专利技术和非专利技术。

自然资源使用权：土地使用权、海域使用权、探矿权、采矿权、取水权、其他。

其他权益性无形资产：基础设施资产经营权、公共事业特许权、配额、经营权(包括特许经营权、连锁经营权、其他经营权)、经销权、分销权、代理权、会员权、席位权、网络游戏虚拟道具、域名、名称权、肖像权、冠名权、转会费等。

纳税人通过省级土地行政主管部门设立的交易平台转让补充耕地指标，按照销售无形资产缴纳增值税，税率为6%。

(五)销售不动产

销售不动产是指转让不动产所有权的业务活动，不动产包括建筑物、构筑物等。

(六)进口货物

只要是报送进口的应税货物，均属于增值税征税范围，在进口环节缴纳增值税(享受免税政策的货物除外)。

(七)混合销售行为

混合销售：一项销售行为既涉及服务又涉及货物。

从事货物的生产、批发或者零售的单位和个体工商户(包括从事货物的生产、批发或者零售为主，并兼营销售服务的单位和个体工商户在内)的混合销售行为，按照销售货物缴纳增值税；其他单位和个体工商户的混合销售行为，按照销售服务缴纳增值税。

自2017年5月1日起，纳税人销售活动板房、机器设备、钢结构件等自产货物的同时提供建筑、安装服务，不属于混合销售，应分别核算货物和建筑服务的销售额，分别适用不同的税率或者征收率。

(八)兼营行为

兼营是指纳税人的经营范围既包括销售货物和劳务，又包括销售服务、无形资产或者不动产。但销售货物、劳务、服务、无形资产或不动产不同时发生在同一项销售行为中。

有关兼营的增值税处理的具体内容见表4-10。

表4-10 兼营的增值税处理

类型	税务处理
兼营免税、减税项目	应分别核算免税、减税项目的销售额；未分别核算的，不得免税、减税
兼营销售货物、劳务、服务、无形资产或不动产，适用不同税率或征收率的	(1)应分别核算适用不同税率或征收率的销售额；未分别核算的，按以下方法适用税率或征收率。 ①兼有不同税率的销售货物、劳务、服务、无形资产或者不动产，从高适用税率； ②兼有不同征收率的销售货物、劳务、服务、无形资产或者不动产，从高适用征收率； ③兼有不同税率和征收率的销售货物、劳务、服务、无形资产或者不动产，从高适用税率。 (2)一般纳税人销售自产机器设备的同时提供安装服务，应分别核算机器设备和安装服务的销售额，安装服务可以按照甲供工程选择适用简易计税方法计税。 (3)一般纳税人销售外购机器设备的同时提供安装服务，如果已经按照兼营的有关规定，分别核算机器设备和安装服务的销售额，安装服务可以按照甲供工程选择适用简易计税方法计税。 (4)纳税人对安装运行后的机器设备提供的维护保养服务，按照"其他现代服务"缴纳增值税

(九)部分货物的征税

(1)货物期货(包括商品期货和贵金属期货)，应当征收增值税。

(2)银行销售金银业务，应当征收增值税。

(3)基本建设单位和从事建筑安装业务的企业附设的工厂、车间生产的水泥预制构件、其他构件或建筑材料,用于本单位或本企业的建筑工程的,应在移送使用时征收增值税。但对其在建筑现场制造的预制构件,凡直接用于本单位或本企业建筑工程的,不征收增值税。

(4)集邮商品的生产、调拨征收增值税。

(5)缝纫,应当征收增值税。

(6)饮食店、餐饮(厅)、酒店(家)、宾馆、饭店等单位附设门市部、外卖点等对外销售货物的,仍按关于兼营行为的征税规定征收增值税。

专门生产或销售货物(包括烧卤熟制食品在内)的个体工商户及其他个人应当征收增值税。

【例2·多选题】 关于增值税征税范围的说法,正确的有( )。

A. 卫星电视信号落地转接服务按照增值电信服务缴纳增值税

B. 工程服务、安装服务、修缮服务、装饰服务等都属于建筑服务

C. 固定电话、有线电视、宽带、水、电、燃气、暖气等经营者向用户收取的安装费、初装费、开户费、扩容费等按照安装服务缴纳增值税

D. 物业服务企业为业主提供的装修服务按照提供修理修配劳务缴纳增值税

E. 纳税人将建筑施工设备出租给其他人使用并配备操作人员的,按照建筑服务缴纳增值税

解析 本题考查增值税的征税范围。选项 D 错误,物业服务企业为业主提供的装修服务按照建筑服务缴纳增值税。

答案 ABCE

▶考点三 增值税的税率

(一)增值税的税率(见表4-11)

表4-11 增值税的税率

项目	具体范围	税率
货物	出口货物,除原油、柴油、新闻纸、糖、援外货物和国家禁止出口的货物外	0
	低税率①	9%
	基本税率	13%
劳务	加工、修理修配	
销售服务、无形资产或者不动产	境内单位和个人发生的跨境销售国务院规定范围内的服务、无形资产	0
	销售服务、无形资产或者不动产	6%
	自2019年4月1日起,销售交通运输、邮政、基础电信、建筑、不动产租赁服务,销售不动产、转让土地使用权	9%
	有形动产租赁服务	13%

注:①适用低税率的货物:

a. 生活必需品类:粮食、食用植物油、自来水、暖气、冷气、热水、煤气、石油液化气、天然气、食用盐、沼气和居民用煤炭制品等。

b. 文化用品类:图书、报纸、杂志、音像制品、电子出版物。

c. 农业相关类:农产品、饲料、化肥、农药、农机、农膜。

d. 其他类:二甲醚、国务院规定的其他货物。

【注意】纳税人兼营不同税率的货物、劳务、服务、无形资产或者不动产,应当分别核算不同税率的销售额;未分别核算的,从高适用税率。

(二)增值税的简易征收率

小规模纳税人(含"营改增")增值税征收率为3%。

1. 纳税人销售自己使用过的物品和旧货(见表4-12)

表4-12 纳税人销售自己使用过的物品与旧货

货物类型	纳税人	情形	税率	应纳税额计算
自己使用过的物品	一般纳税人	不得抵扣且未抵扣进项税额的固定资产	3%征收率减按2%	含税销售额/(1+3%)×2%
		已经抵扣进项税额的固定资产	适用税率13%、9%	含税销售额/(1+适用税率)×适用税率
		固定资产以外的物品		
	小规模纳税人	固定资产	3%征收率减按2%	含税销售额/(1+3%)×2%
		固定资产以外的物品	征收率3%	含税销售额/(1+3%)×3%
旧货	一般纳税人(按简易办法)	含旧汽车、旧摩托车、旧游艇	3%征收率减按2%	含税销售额/(1+3%)×2%
	小规模纳税人			

【注意1】

自2009年1月1日起,纳税人销售自己使用过的固定资产,应区分不同情形征收增值税。具体内容见表4-13。

表4-13 使用过的固定资产的增值税处理

时间点	扩大增值税抵扣范围试点	固定资产	税率
2008年12月31日以前	未纳入	购进或者自制的	3%征收率减按2%
	已纳入	在本地区扩大增值税抵扣范围以前购进或者自制的	
		在本地区扩大增值税抵扣范围以后购进或者自制的	适用税率
2009年1月1日以后	—	购进或者自制的	

【注意2】

如何判断购入的固定资产是否抵扣过进项税?购入固定资产的抵扣的具体内容见表4-14。

表4-14 购入固定资产的抵扣

项目	已经抵扣过	未抵扣过
购入时的身份	一般纳税人	小规模纳税人、原营业税纳税人
一般固定资产购入的时间(一般地区)	2009.1.1后	2008.12.31之前
自用的应征消费税的汽车、摩托车、游艇	2013.8.1后	2013.7.31之前

2. 一般纳税人的其他特殊规定

有关一般纳税人按简易办法依 3%征收率计缴增值税的规定见表 4–15。

表 4–15　一般纳税人按简易办法依 3%征收率计缴增值税的规定

项目	分类
销售自产的货物①	（1）县级及县级以下小型水力发电单位生产的电力； （2）建筑用和生产建筑材料所用的沙、土、石料； （3）以自己采掘的沙、土、石料或其他矿物连续生产的砖、瓦、石灰(不含黏土实心砖、瓦)； （4）用微生物、微生物代谢产物、动物毒素、人或动物的血液或组织制成的生物制品； （5）自来水； （6）商品混凝土(仅限于以水泥为原料生产的水泥混凝土)
销售货物	（1）寄售商店代销寄售物品(包括居民个人寄售的物品在内)； （2）典当业销售死当物品； （3）经国务院或国务院授权机关批准的免税商店零售的免税品
销售自来水	对属于一般纳税人的自来水公司销售自来水按简易办法征收增值税的，不得抵扣其购进自来水取得增值税扣税凭证上注明的增值税税款
资产管理产品	（1）暂适用简易计税办法，按照3%征收率征收； （2）接受投资者委托或信托对受托资产提供的管理服务以及管理人发生的除适用简易征收情形之外，按现行规定税率征收； （3）资管产品管理人应分别核算资管产品运营业务和其他业务的销售额和增值税应纳税额。未分别核算的，资管产品运营业务不得适用按照3%简易计税的规定
其他规定	（1）销售自产、外购机器设备的同时提供安装服务，已分别核算机器设备和安装服务的销售额，安装服务可以按照甲供工程选择适用简易计税方法计税； （2）自 2018 年 5 月 1 日起，增值税一般纳税人生产销售和批发、零售抗癌药品，可选择按照简易办法依照3%征收率计算缴纳增值税。上述纳税人选择简易办法计算缴纳增值税后，36 个月内不得变更； （3）自 2019 年 3 月 1 日起，增值税一般纳税人生产销售和批发、零售罕见病药品，可选择按照简易办法依照3%征收率计算缴纳增值税。上述纳税人选择简易办法计算缴纳增值税后，36 个月内不得变更

注：①对于销售自产的这些货物，一般纳税人可选择按简易办法缴纳增值税，一旦选择简易办法计算缴纳增值税后，36 个月内不得变更。

【例 3·多选题】 下列增值税应税行为中，适用9%税率的有（　　）。

A. 提供不动产融资租赁服务　　　　　B. 转让土地使用权
C. 提供不动产经营租赁服务　　　　　D. 提供金融服务
E. 水路运输的光租业务

解析　本题考查增值税的税率。选项 D 税率为 6%，选项 E 税率为 13%。　　答案　ABC

▶ **考点四　增值税应纳税额的计算**

（一）一般纳税人应纳税额的计算

$$应纳税额 = 当期销项税额 - 当期进项税额$$

1. 销项税额

纳税人销售货物、提供应税劳务或者销售应税行为，按照销售额和规定的税率计算的向购买方收取的增值税额为销项税额。

销项税额＝销售额×税率

2. 进项税额

纳税人购进货物、劳务、服务、无形资产或不动产，所支付或负担的增值税额为进项税额。

(1)准予从销项税额中抵扣的进项税额：

①从销售方取得的增值税专用发票上注明的增值税额。

②海关进口增值税专用缴款书上注明的增值税额。

③收购农产品，按表4-16的相关规定抵扣进项税额：

表4-16 购进农产品的进项税处理

规定	(1)普遍性规定：伴随税率调整，**纳税人购进农产品**，扣除率同步从10%调整为**9%**。 (2)特殊规定：考虑到农产品深加工行业的特殊性，对于纳税人**购进用于生产或委托加工13%税率货物的农产品**，允许其按照**10%的扣除率**计算进项税额
具体分析	(1)可以享受农产品加计扣除政策的票据： ①**农产品收购发票或者销售发票**，且必须是农业生产者销售自产农产品适用免税政策开具的普通发票； ②取得一般纳税人开具的**增值税专用发票或海关进口增值税专用缴款书**； ③从按照3%征收率缴纳增值税的小规模纳税人处取得的**增值税专用发票**。 (2)纳税人在购进农产品时，按照9%计算抵扣进项税额。在领用农产品环节，如果农产品用于生产或者委托加工13%税率货物，再加计1%进项税额

④自境外单位或者个人购进劳务、服务、无形资产或者境内的不动产，从税务机关或者扣缴义务人取得的代扣代缴税款的完税凭证上注明的增值税额。

⑤2018年1月1日起，纳税人支付的道路通行费，按照收费公路通行费增值税电子普通发票上注明的增值税额抵扣进项税额。未能取得收费公路通行费增值税电子普通发票，按表4-17的方法计算可抵扣的进项税额。

表4-17 未取得收费公路通行费增值税电子普通发票的处理

类型	处理方式
高速公路通行费 (2018年1月1日至6月30日)	高速公路通行费可抵扣进项税额＝高速公路通行费发票上注明的金额÷(1+3%)×3%
一级、二级公路通行费 (2018年1月1日至12月31日)	一级、二级公路通行费可抵扣进项税额＝一级、二级公路通行费发票上注明的金额÷(1+5%)×5%
桥、闸通行费	桥、闸通行费可抵扣进项税额＝桥、闸通行费发票上注明的金额÷(1+5%)×5%

⑥自2019年4月1日起，《财政部国家税务总局关于全面推开营业税改征增值税试点的通知》(财税〔2016〕36号)附件2中，第一条第(四)项第1点、第二条第(一)项第1点停止执行，纳税人2016年5月1日后取得不动产或者不动产在建工程的进项税额不再分两年抵扣。此前按照上述规定尚未抵扣完毕的待抵扣进项税额，可自2019年4月税款所属期起从销项税额中抵扣。

⑦国内旅客运输服务进项税额抵扣规定。

自2019年4月1日起，纳税人购进国内旅客运输服务，其进项税额允许从销项税额中抵扣。纳税人未取得增值税专用发票的，暂按照表4-18的规定确定进项税额。

表 4-18　国内旅客运输服务进项税额抵扣规定

情形	进项税额
取得增值税电子普通发票的	发票上注明的税额
取得注明旅客身份信息的航空运输电子客票行程单的	航空旅客运输进项税额=(票价+燃油附加费)/(1+9%)×9%
取得注明旅客身份信息的铁路车票的	铁路旅客运输进项税额=票面金额/(1+9%)×9%
取得注明旅客身份信息的公路、水路等其他客票的	公路、水路等其他旅客运输进项税额=票面金额/(1+3%)×3%

【注意】上述所称"国内旅客运输服务",限于与本单位签订了劳动合同的员工,以及本单位作为用工单位接受的劳务派遣员工发生的国内旅客运输服务。

⑧按照规定不得抵扣进项税额的不动产,发生用途改变,用于允许抵扣进项税额项目的,按照下列公式在改变用途的次月计算可抵扣进项税额。

可抵扣进项税额=增值税扣税凭证注明或计算的进项税额×不动产净值率

⑨自 2019 年 10 月 1 日起,对于保险服务进项税抵扣规定见表 4-19。

表 4-19　保险服务进项税额抵扣规定

情形	抵扣规定
以实物赔付方式承担机动车辆保险责任的	自行向车辆修理劳务提供方购进的车辆修理劳务,其进项税额可以按规定从保险公司销项税额中抵扣
以现金赔付方式承担机动车辆保险责任的	将应付给被保险人的赔偿金直接支付给车辆修理劳务提供方,不属于保险公司购进车辆修理劳务,其进项税额不得从保险公司销项税额中抵扣
纳税人提供的其他财产保险服务,比照上述规定执行	

(2)进项税额加计抵减政策。

1)《财政部税务总局海关总署关于深化增值税改革有关政策的公告》(财政部税务总局海关总署公告 2019 年第 39 号)作出如下规定。

①自 2019 年 4 月 1 日至 2021 年 12 月 31 日,允许生产、生活性服务业纳税人按照当期可抵扣进项税额加计 10%,抵减应纳税额(以下称加计抵减政策)。

所称生产、生活性服务业纳税人,是指提供邮政服务、电信服务、现代服务、生活服务(以下称四项服务)取得的销售额占全部销售额的比重超过 50%的纳税人。

②纳税人应按照当期可抵扣进项税额的 10%计提当期加计抵减额。按照现行规定不得从销项税额中抵扣的进项税额,不得计提加计抵减额;已计提加计抵减额的进项税额,按规定作进项税额转出的,应在进项税额转出当期,相应调减加计抵减额。计算公式如下:

当期计提加计抵减额=当期可抵扣进项税额×10%

当期可抵减加计抵减额=上期末加计抵减额余额+当期计提加计抵减额-当期调减加计抵减额

③纳税人应按照现行规定计算一般计税方法下的应纳税额,具体区分以下情形加计抵减。

A. 抵减前的应纳税额等于零的,当期可抵减加计抵减额全部结转下期抵减。

B. 抵减前的应纳税额大于零,且大于当期可抵减加计抵减额的,当期可抵减加计抵减额全额从抵减前的应纳税额中抵减。

C. 抵减前的应纳税额大于零,且小于或等于当期可抵减加计抵减额的,以当期可抵减加计抵减额抵减应纳税额至零。未抵减完的当期可抵减加计抵减额，结转下期继续抵减。

④纳税人出口货物劳务、发生跨境应税行为不适用加计抵减政策，其对应的进项税额不得计提加计抵减额。

2)《财政部税务总局关于明确生活性服务业增值税加计抵减政策的公告》（财政部税务总局公告2019年第87号）作出如下规定。

①2019年10月1日至2021年12月31日，允许生活性服务业纳税人按照当期可抵扣进项税额加计15%，抵减应纳税额（以下称加计抵减15%政策）。

②上述所称生活性服务业纳税人，是指提供生活服务取得的销售额占全部销售额的比重超过50%的纳税人。

③生活性服务业纳税人应按照当期可抵扣进项税额的15%计提当期加计抵减额。按照现行规定不得从销项税额中抵扣的进项税额，不得计提加计抵减额；已按照15%计提加计抵减额的进项税额，按规定作进项税额转出的，应在进项税额转出当期，相应调减加计抵减额。

计算公式如下：

当期计提加计抵减额=当期可抵扣进项税额×15%

当期可抵减加计抵减额=上期末加计抵减额余额+当期计提加计抵减额−当期调减加计抵减额

（3）进项税额申报抵扣时间。

自2020年3月1日起，增值税一般纳税人取得2017年1月1日及以后开具的增值税专用发票、海关进口增值税专用缴款书、机动车销售统一发票、收费公路通行费增值税电子普通发票，取消认证确认、稽核比对、申报抵扣的期限。纳税人在进行增值税纳税申报时，应当通过各省（自治区、直辖市和计划单列市）增值税发票综合服务平台对上述扣税凭证信息进行用途确认。

增值税一般纳税人取得2016年12月31日及以前开具的增值税专用发票、海关进口增值税专用缴款书、机动车销售统一发票，超过认证确认、稽核比对、申报抵扣期限，但符合规定条件的，仍可按照规定，继续抵扣进项税额。

（4）不得从销项税额中抵扣的进项税额。

①用于简易计税方法计税项目、免征增值税项目、集体福利或者个人消费的购进货物、劳务、服务、无形资产和不动产。

自2018年1月1日起，纳税人租入固定资产、不动产，既用于一般计税方法计税项目，又用于简易计税方法计税项目、免征增值税项目、集体福利或者个人消费的，其进项税额准予从销项税额中全额抵扣。

纳税人的交际应酬消费属于个人消费。

②非正常损失的购进货物，及相关的加工修理修配劳务和交通运输服务。

【注意】非正常损失是指因管理不善造成被盗、丢失、霉烂变质的损失。

对于企业由于资产评估减值而发生流动资产损失，如果流动资产未丢失或损坏，只是由于市场发生变化，价格降低，价值量减少，则不属于非正常损失，不作进项税额转出处理。

③非正常损失的在产品、产成品所耗用的购进货物（不包括固定资产）、加工修理修配劳务和交通运输服务。

④非正常损失的不动产，以及该不动产所耗用的购进货物、设计服务和建筑服务。

⑤非正常损失的不动产在建工程所耗用的购进货物、设计服务和建筑服务。

【注意】纳税人新建、改建、扩建、修缮、装饰不动产,均属于不动产在建工程。

⑥购进的贷款服务、餐饮服务、居民日常服务和娱乐服务。

⑦纳税人接受贷款服务向贷款方支付的与该笔贷款直接相关的投融资顾问费、手续费、咨询费等费用。

⑧适用一般计税方法的纳税人,兼营简易计税方法计税项目、免征增值税项目而无法划分不得抵扣的进项税额,按下列公式计算不得抵扣的进项税额:

不得抵扣的进项税额=当期无法划分的全部进项税额×[(当期简易计税方法计税项目销售额+免征增值税项目销售额)/当期全部销售额]

⑨有下列情形之一者,应按销售额依照增值税税率计算应纳税额,不得抵扣进项税额,也不得使用增值税专用发票:

a. 一般纳税人会计核算不健全,或者不能够提供准确税务资料的;

b. 除《增值税暂行条例实施细则》第二十九条规定外,纳税人销售额超过小规模纳税人标准,未申请办理一般纳税人认定手续的。

⑩扣税凭证不合格的。

(5)进项税额的扣减。

①已抵扣进项税额的购进货物、劳务、服务、无形资产或不动产发生不允许抵扣情况的,应将该项购进货物、劳务、服务、无形资产或不动产的进项税额从当期发生的进项税额中扣减。

已抵扣进项税额的不动产,发生非正常损失,或者改变用途,专用于简易计税方法计税项目、免征增值税项目、集体福利或者个人消费的,按照下列公式计算不得抵扣的进项税额,并从当期进项税额中扣减:

不得抵扣的进项税额=已抵扣进项税额×不动产净值率

不产净值率=不动产净值/不动产原值×100%

②一般纳税人因进货退出或折让而收回的增值税额,应从发生进货退出或折让当期的进项税额中扣减。

(6)进项税额不足抵扣的处理。

①因当期销项税额小于当期进项税额不足抵扣时,其不足部分可以结转下期继续抵扣。

②《关于增值税一般纳税人用进项留抵税额抵减增值税欠税问题的通知》

按增值税欠税税额与期末留抵税额中较小的数字红字借记"应交税费——应交增值税(进项税额)"科目,贷记"应交税费——未交增值税"科目。

(7)八类小规模纳税人能自行开具增值税专用发票。

①销售额超过免征额(2018年12月31日前为月销售额3万元或季销售额9万元,2019年1月1日后为月销售额10万元或季销售额30万元,下同)的住宿业小规模纳税人提供应税行为,可自行开具,主管税务机关不再为其代开。

②全国范围内销售额超过免征额的鉴证咨询业增值税小规模纳税人(简称试点纳税人)提供认证服务、鉴证服务、咨询服务,销售货物或发生其他增值税应税行为,需要开具专用发票的,可以通过增值税发票管理新系统自行开具,主管税务机关不再为其代开。

③销售额超过免征额的建筑业增值税小规模纳税人(简称自开发票试点纳税人)提供建筑服务、销售货物或发生其他增值税应税行为,需要开具增值税专用发票的,通过增值税发票管理新系统自行开具。

④销售额超过免征额的工业以及信息传输、软件和信息技术服务业增值税小规模纳税人（简称试点纳税人）发生增值税应税行为，需要开具增值税专用发票的，可以通过增值税发票管理新系统自行开具。

八类（住宿业，鉴证咨询业，建筑业，工业，信息传输、软件和信息技术服务业，租赁和商务服务业，科学研究和技术服务业，居民服务、修理和其他服务业）小规模纳税人**销售其取得的不动产**，需要开具增值税专用发票的，**仍需向税务机关申请代开**。

自 2019 年 3 月 1 日起，扩大小规模纳税人自行开具增值税专用发票试点范围。

自 2019 年 3 月 1 日起，扩大取消增值税发票认证的纳税人范围。将取消增值税发票认证的纳税人范围扩大至全部一般纳税人。一般纳税人取得增值税发票（包括增值税专用发票、机动车销售统一发票、收费公路通行费增值税电子普通发票）后，可以自愿使用增值税发票选择确认平台查询、选择用于申报抵扣、出口退税或者代办退税的增值税发票信息。

自 2020 年 2 月 1 日起，增值税小规模纳税人（其他个人除外）发生增值税应税行为，需要开具增值税专用发票的，可以自愿使用增值税发票管理系统自行开具。选择自行开具增值税专用发票的小规模纳税人，税务机关不再为其代开增值税专用发票。

(8) 增值税期末留抵税额退税规定。

1) 自 2019 年 4 月 1 日起，试行增值税期末留抵税额退税制度。

同时符合以下条件的纳税人，可以向主管税务机关申请退还增量留抵税额：

①自 2019 年 4 月税款所属期起，连续六个月（按季纳税的，连续两个季度）增量留抵税额均大于零，且第六个月增量留抵税额不低于 50 万元。

②纳税信用等级为 A 级或者 B 级。

③申请退税前 36 个月未发生骗取留抵退税、出口退税或虚开增值税专用发票情形的。

④申请退税前 36 个月未因偷税被税务机关处罚两次及以上的。

⑤自 2019 年 4 月 1 日起未享受即征即退、先征后返（退）政策的。

2) 纳税人当期允许退还的增量留抵税额，按照以下公式计算：

允许退还的增量留抵税额＝增量留抵税额×进项构成比例×60%

3) 自 2019 年 6 月 1 日起，同时符合以下条件的部分先进制造业纳税人，可以自 2019 年 7 月及以后纳税申报期向主管税务机关申请退还增量留抵税额：

①增量留抵税额大于零；

②纳税信用等级为 A 级或者 B 级；

③申请退税前 36 个月未发生骗取留抵退税、出口退税或虚开增值税专用发票情形；

④申请退税前 36 个月未因偷税被税务机关处罚两次及以上；

⑤自 2019 年 4 月 1 日起未享受即征即退、先征后返（退）政策。

上述所称部分先进制造业纳税人，是指按照《国民经济行业分类》，生产并销售非金属矿物制品、通用设备、专用设备及计算机、通信和其他电子设备销售额占全部销售额的比重超过 50% 的纳税人。

部分先进制造业纳税人当期允许退还的增量留抵税额，按照以下公式计算：

允许退还的增量留抵税额＝增量留抵税额×进项构成比例

(二) 简易办法应纳税额的计算

1. 小规模纳税人销售货物、提供应税劳务或者销售应税行为，实行简易办法计算应纳税额

(1)不得抵扣进项税额。
(2)征收率:3%。

2. 销售自己使用过的物品和旧货,实行简易办法计算应纳税额

(1)一般纳税人销售自己使用过的不得抵扣且未抵扣进项税额的固定资产和旧货,适用按照简易办法依照3%征收率减按2%征收增值税政策的:

应纳税额=含税销售额/(1+3%)×2%

(2)小规模纳税人销售自己使用过的固定资产和旧货:

应纳税额=含税销售额/(1+3%)×2%

3. 全面推开营改增试点实施后小规模纳税人按简易方法计税的规定(见表4-20)

表4-20　全面推开营改增试点实施后小规模纳税人按简易方法计税的规定

小规模纳税人的相关业务	按简易方法计税的规定
跨县(市)提供建筑服务	销售额=全部价款+价外费用-支付的分包款 应纳税额=销售额×3%
销售其取得(不含自建)的不动产(不含个体工商户销售购买的住房和其他个人销售不动产)	销售额=全部价款+价外费用-该不动产购置原价或取得时的作价 应纳税额=销售额×5%
其他个人销售其取得(不含自建)的不动产(不含其购买的住房)	应纳税额=销售额×5%
销售自建的不动产	销售额=全部价款+价外费用 应纳税额=销售额×5%
房地产开发企业中的小规模纳税人销售自行开发的房地产项目	按5%征收率计税
出租取得的不动产(不含个人出租住房)	按5%征收率计税
其他个人出租取得的不动产(不含住房) (月租金收入在10万元以下的,**免征增值税**)	按5%征收率计税
个人出租住房	按5%征收率减按1.5%计算应纳税额

4. 全面推开营改增试点实施后一般纳税人按简易方法计税的规定

(1)全面推开营改增试点实施后,一般纳税人发生下列应税行为可以选择适用简易计税方法按照3%的征收率计算缴纳增值税。

①公共交通运输服务:包括轮客渡、公交客运、地铁、城市轻轨、出租车、长途客运、班车。

②经认定的动漫企业为开发动漫产品提供的动漫脚本编撰、形象设计、背景设计、动画设计、分镜、动画制作、摄制、描线、上色、画面合成、配音、配乐、音效合成、剪辑、字幕制作、压缩转码服务,及在境内转让动漫版权。

③电影放映服务、仓储服务、装卸搬运服务、收派服务和文化体育服务。

④以纳入营改增试点之日前取得的有形动产为标的物提供的经营租赁服务。

⑤在纳入营改增试点之日前签订的尚未执行完毕的有形动产租赁合同。

⑥非企业性单位中的一般纳税人提供的研发和技术服务、信息技术服务、鉴证咨询服务,以及销售技术、著作权等无形资产。

⑦一般纳税人提供的教育辅助服务。

(2)建筑服务。

一般纳税人提供的下列建筑服务,可以选择适用简易计税方法计税:以清包工方式、为甲供工程、为建筑工程老项目(开工日期在2016年4月30日前的建筑工程项目)提供建筑服务。

【注意】

①一般纳税人跨县(市)提供建筑服务,选择适用简易计税方法计税的:

$$销售额=全部价款+价外费用-支付的分包款$$

$$应纳税额=销售额×3\%$$

②纳税人在建筑服务发生地预缴税款后,向机构所在地主管税务机关进行纳税申报。

③一般纳税人销售电梯的同时提供安装服务,其安装服务可以按照甲供工程选择适用简易计税方法计税。

④自2019年10月1日起,提供建筑服务的一般纳税人按规定适用或选择适用简易计税方法计税的,不再实行备案制。

(3)销售不动产。

有关一般纳税人销售不动产适用简易计税方法计税的规定具体内容见表4-21。

表4-21 一般纳税人销售不动产适用简易计税方法计税的规定

一般纳税人销售不动产	计税规定
销售2016年4月30日前取得(不含自建)的不动产	销售额=全部价款+价外费用-该不动产购置原价或取得时的作价 应纳税额=销售额×5%
销售2016年4月30日前自建的不动产	销售额=全部价款+价外费用 应纳税额=销售额×5%
房地产开发企业中的一般纳税人,销售自行开发的房地产老项目	按5%征收率计税
房地产开发企业采取预收款方式销售所开发的房地产项目	收到预收款时按照3%预征率预缴增值税

【注意1】一般纳税人销售2016年4月30日前取得、自建的不动产,按简易计税方法计税的,在不动产所在地预缴税款后,向机构所在地主管税务机关进行纳税申报。

【注意2】自2019年10月1日起,房地产开发企业中的一般纳税人以围填海方式取得土地并开发的房地产项目,围填海工程"建筑工程施工许可证"或建筑工程承包合同注明的围填海开工日期在2016年4月30日前的,属于房地产老项目,可以选择适用简易计税方法按照5%的征收率计算缴纳增值税。

(4)不动产经营租赁服务。

①一般纳税人出租其2016年4月30日前取得的不动产,可以选择适用简易计税方法,按照5%的征收率计算应纳税额。纳税人出租其2016年4月30日前取得的与机构所在地不在同一县(市)的不动产,应按照上述计税方法在不动产所在地预缴税款后,向机构所在地主管税务机关进行纳税申报。

②公路经营企业中的一般纳税人收取营改增试点前开工的高速公路的车辆通行费,可以选择适用简易计税方法,减按3%的征收率计算应纳税额。

③一般纳税人出租其2016年5月1日后取得的、与机构所在地不在同一县(市)的不动产,应按照3%的预征率在不动产所在地预缴税款后,向机构所在地主管税务机关进行纳税申报。

(三)进口货物应纳税额的计算

纳税人进口货物,按照组成计税价格和规定的税率计算应纳税额,不得抵扣任何税额。

$$组成计税价格=关税完税价格+关税+消费税$$

$$应纳税额=组成计税价格×税率$$

【注意】增值税的计税价格中含消费税,但是不含增值税。

【例4·单选题】某企业(小规模纳税人)2019年8月16日销售一批旧货,取得销售收入60 000元,该批旧货于2013年5月以50 000元价格收购,不考虑其他事项和优惠政策。则该项销售行为应纳增值税( )元。

A. 291.26　　　　　　　　　　B. 1 165.05
C. 1 747.57　　　　　　　　　　D. 8 717.95

解析▶ 本题考查增值税的计算。小规模纳税人销售旧货,依3%征收率按减按2%征收增值税。应纳增值税=[60 000/(1+3%)]×2%=1 165.05(元)。　　　　答案▶ B

【例5·单选题】某生产企业(增值税一般纳税人)2019年8月份末盘存发现上月购进的原材料被盗,账面成本金额50 000元(其中含分摊的运输费用4 650元,已取得增值税专用发票),该批货物适用增值税税率为13%,则该批货物进项税额转出额为( )元。

A. 6 314.00　　　　　　　　　　B. 7 935.50
C. 8 000.00　　　　　　　　　　D. 8 500.00

解析▶ 本题考查增值税的计算。因被盗而产生的损失是非正常损失,非正常损失的购进货物成本及其运输费用的进项税额不得抵扣,如果在购进时已经抵扣了进项税额,需要做进项税额转出处理。因此进项税转出额=(50 000-4 650)×13%+4 650×9%=6 314(元)。　　答案▶ A

▶ 考点五　增值税的计税依据

(一)销售额的一般规定(见图4-2)

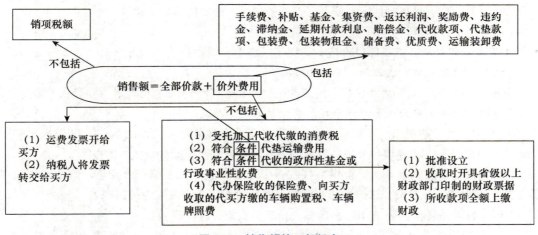

图4-2　销售额的一般规定

(二)销售额的特殊规定
1. 特殊销售方式销售额的确定(见表4-22)

表4-22　特殊销售方式销售额的确定

销售方式	情形	税务处理
折扣方式	价款和折扣额在同一张发票上"金额"栏分别注明	折扣后的价款为销售额
	折扣额另开发票	不论其在财务上如何处理,均不得从销售额中减除折扣额

续表

销售方式	情形	税务处理
以旧换新	一般货物	按新货物的同期销售价格确定销售额，不得扣减旧货物收购价格
	金银首饰	以销售方实际收取的不含增值税价款征收增值税
还本销售	—	销售额是货物的销售价格，不得从销售额中扣减还本支出
以物易物	—	双方均作购销处理，以各自发出的货物核算销售额并计算销项税额，以各自收到的货物核算购货额并计算进项税额
包装物押金	一般货物(含啤酒、黄酒)	(1)如单独记账核算，1年以内，未逾期的，不并入销售额征税； (2)因逾期(1年为限)未收回包装物不再退还的押金，应并入销售额征税。 【注意】①逾期包装物押金和向购买方收取的价外费用(如租金)为含税收入，需换算成不含税价再并入销售额；②税率为所包装货物适用税率
	除啤酒、黄酒以外的其他酒类产品	无论是否返还以及会计上如何核算，均应并入当期销售额征税
	向有长期固定购销关系的客户收取的可循环使用的包装物押金	收取的合理的押金在循环使用期间不作为收入

2. 纳税人发生应税行为价格明显偏低或者偏高且不具有合理商业目的，或者发生视同销售、服务、无形资产或不动产行为而无销售额的，主管税务机关按下列顺序确定销售额：

(1)纳税人最近时期同类服务、无形资产、不动产的平均价格。

(2)其他纳税人最近时期同类服务、无形资产、不动产的平均价格。

(3)按组成计税价格。

①只征增值税的：组成计税价格=成本×(1+成本利润率)

【注意】此公式中的成本利润率为10%。

②既征增值税，又征消费税的：组成计税价格=成本×(1+成本利润率)+消费税

【注意】此公式中的成本利润率按消费税法的规定确定。

3. 全面推开营改增试点实施后关于销售额的若干具体规定

(1)贷款服务，以**提供贷款服务取得的全部利息及利息性质的收入**为销售额。

(2)直接收费金融服务，以提供直接收费金融服务收取的手续费、佣金、酬金、管理费、服务费、经手费、开户费、过户费、结算费、转托管费等各类费用为销售额。

(3)金融商品转让，按**卖出价扣除买入价后的余额**为销售额。

①转让金融商品出现的正负差，以盈亏相抵后的余额为销售额。若相抵后出现负差，可结转下一纳税期相抵，但年末时仍出现负差的，不得转入下一个会计年度。

②金融商品转让，不得开具增值税专用发票。

(4)自2018年1月1日起，金融机构开展贴现、转贴现业务，以其实际持有票据期间取得的利息收入作为贷款服务销售额计算缴纳增值税。此前贴现机构已就贴现利息收入全额缴纳增值税的票据，转贴现机构转贴现利息收入继续免征增值税。

(5)经纪代理服务，以取得的全部价款和价外费用，扣除向委托方收取并代为支付的政府性基金或者行政事业性收费后的余额为增值额。

向委托方收取的政府性基金或者行政事业性收费，不得开具增值税专用发票。

(6)融资租赁和融资性售后回租业务。

经中国人民银行、银保监会或商务部批准从事融资租赁业务的试点纳税人：

①提供融资租赁服务：销售额=全部价款+价外费用-支付的借款利息（包括外汇借款和人民币借款利息）-发行债券利息-车辆购置税

②提供融资性售后回租服务：销售额=全部价款+价外费用（不含本金）-支付的借款利息（包括外汇借款和人民币借款利息）-发行债券利息

③试点纳税人根据 2016 年 4 月 30 日前签订的有形动产融资性售后回租合同，在合同到期前提供的有形动产融资性售后回租服务，可继续按照有形动产融资租赁服务缴纳增值税。

【注意】试点纳税人提供有形动产融资性售后回租服务，向承租方收取的有形动产价款本金，不得开具增值税专用发票，可以开具普通发票。

（7）航空运输企业的销售额，不包括代收的机场建设费和代售其他航空运输企业客票而代收转付的价款。

（8）试点纳税人中的一般纳税人提供客运场站服务：

销售额=全部价款+价外费用-支付给承运方运费

（9）试点纳税人提供旅游服务：

销售额=全部价款+价外费用-向旅游服务购买方收取并支付给其他单位或个人的住宿费、餐饮费、交通费、签证费、门票费-支付给其他接团旅游企业的旅游费用

按此办法计算销售的试点纳税人，向旅游服务购买方收取并支付的上述费用，不得开具增值税专用发票，可以开具普通发票。

（10）试点纳税人提供建筑服务适用简易计税方法的：

销售额=全部价款+价外费用-支付的分包款

（11）房地产开发企业中的一般纳税人销售其开发的房地产项目（选择简易计税方法的房地产老项目除外）：

销售额=全部价款+价外费用-受让土地时向政府部门支付的土地价款

其取得土地时向其他单位和个人支付的拆迁补偿费用允许在计算销售额时扣除。

（12）试点纳税人按规定从全部价款和价外费用中扣除的价款，应当取得符合法律、法规和国家税务总局规定的有效凭证。具体内容见表 4-23。

表 4-23 试点纳税人价款的扣除

扣除价款	合法有效凭证
支付给境内单位或者个人的款项	发票
支付给境外单位或者个人的款项	该单位或者个人的签收单据
缴纳的税款	完税凭证
扣除的政府性基金、行政事业性收费、向政府支付的土地价款	省级以上财政部门监（印）制的财政票据

（13）自 2018 年 1 月 1 日起，航空运输销售代理企业提供境外航段机票代理服务，以取得的全部价款和价外费用，扣除向客户收取并支付给其他单位或者个人的境外航段机票结算款和相关费用后的余额为销售额。

（14）自 2018 年 1 月 1 日起，资管产品管理人运营资管产品提供的贷款服务、发生的部分金融商品转让业务，按照以下规定确定销售额：

①提供贷款服务，以 2018 年 1 月 1 日起产生的利息及利息性质的收入为销售额；

②转让 2017 年 12 月 31 日前取得的股票（不包括限售股）、债券、基金、非货物期货，可

以选择按照实际买入价计算销售额,或者以 2017 年最后一个交易日的股票收盘价、债券估值、基金份额净值、非货物期货结算价格作为买入价计算销售额。

【例 6·单选题】关于增值税计税依据的说法,错误的是( )。
A. 经纪代理服务,以取得的全部价款和价外费用,扣除向委托方收取并代为支付的政府性基金或行政事业性收费后的余额为销售额
B. 经批准从事融资租赁业务的试点纳税人提供融资租赁服务,销售额=全部价款+价外费用-支付的借款利息(包括外汇借款和人民币借款利息)-发行债券利息-车辆购置税
C. 经批准从事融资租赁业务的试点纳税人提供融资性售后回租服务,销售额=全部价款+价外费用(不含本金)-支付的借款利息(包括外汇借款和人民币借款利息)-发行债券利息
D. 航空运输企业的销售额,包括代收的机场建设费和代售其他航空运输企业客票而代收转付的价款

解析 ▶ 本题考查增值税的计税依据。选项 D 错误,航空运输企业的销售额,不包括代收的机场建设费和代售其他航空运输企业客票而代收转付的价款。
答案 ▶ D

【例 7·多选题】关于增值税销售额的说法,符合规定的有( )。
A. 以物易物方式销售货物,由多交付货物的一方以价差计算缴纳增值税
B. 以旧换新方式销售货物,以实际收取的不含增值税的价款计算缴纳增值税(金银首饰除外)
C. 还本销售方式销售货物,以实际销售额计算缴纳增值税
D. 折扣方式销售货物,如果折扣额另开发票,不得从销售额中扣减折扣额
E. 因逾期未收回包装物不再退还的押金,按所包装货物的适用税率征收增值税

解析 ▶ 本题考查增值税的计税依据。选项 A 错误,以物易物方式销售货物,双方均作购销处理,以各自发出的货物核算销售额并计算销项税额,以各自收到的货物核算购货额并计算进项税额。选项 B 错误,以旧换新方式销售货物,按新货物的同期销售价格确定销售额,不得扣减旧货物收购价格(金银首饰以旧换新除外,应以销售方实际收取的不含增值税价款征收增值税)。
答案 ▶ CDE

▶ 考点六 增值税的纳税义务发生时间、纳税期限和纳税地点

(一)增值税的纳税义务发生时间(见表 4-24)

销售货物、应税劳务的纳税义务发生时间,为收讫销售款项或者取得索取销售款项凭据的当天;先开具发票的,为开具发票的当天。

销售服务、无形资产或不动产,收讫销售款项是指纳税人提供应税服务过程中或者完成后收到款项。取得索取销售款项凭据的当天是指书面合同确定的付款日期;未签订书面合同或者书面合同未确定付款日期的,为应税服务完成的当天。

表 4-24 增值税的纳税义务发生时间

方式		纳税义务发生时间
销售货物	直接收款	不论货物是否发出,均为收到销售款或者取得索取销售款凭据的当天
	托收承付和委托银行收款	发出货物并办妥托收手续的当天
	赊销和分期收款	(1)书面合同约定的收款日期的当天; (2)无书面合同的或者书面合同没有约定收款日期的,为货物发出的当天

续表

方式		纳税义务发生时间
销售货物	预收货款	(1)货物发出的当天； (2)但生产销售生产工期超过12个月的大型机械设备、船舶、飞机等货物，为收到预收款或者书面合同约定的收款日期的当天
	委托他人代销货物	(1)收到代销清单的当天； (2)收到全部或者部分货款当天； (3)未收到代销清单及货款的，为发出代销货物满180天的当天
	其他视同销售行为	货物移送的当天
销售应税劳务		提供劳务同时收讫销售款或取得索取销售款的凭据的当天
销售服务、无形资产或不动产		收讫销售款或取得索取销售款的凭据的当天；先开发票的，为开具发票的当天
提供租赁服务	预收款方式	收到预收款的当天
提供建筑服务		应在收到预收款时，以取得的预收款扣除支付的分包款后的余额，按照规定的预征率（一般计税方法，2%；简易计税方法，3%）预缴
金融商品转让		金融商品所有权转移的当天
视同销售服务、无形资产或不动产行为		服务、无形资产转让完成的当天或不动产权属变更的当天
进口货物		报关进口的当天
扣缴义务		纳税人增值税纳税义务发生的当天

（二）增值税的纳税期限（见表4-25）

增值税的具体纳税期限，由主管税务机关根据纳税人应纳税额的大小分别核定；不能按照固定期限纳税的，可以按次纳税。

表4-25　增值税的纳税期限

纳税期限	报缴税款期限
1日，3日，5日，10日，15日	(1)预缴税款：期满之日起5日内； (2)申报纳税并结清上月应纳税款：于次月1日起15日内
1个月，1个季度	申报纳税：期满之日起15日内

【注意】

(1)纳税人进口货物，应当自海关填发海关进口增值税专用缴款书之日起15日内缴纳税款。

(2)以1个季度为纳税期限的规定适用于小规模纳税人、银行、财务公司、信托投资公司、信用社，及财政部和国家税务总局规定的其他纳税人。

（三）增值税的纳税地点（见表4-26）

表4-26　增值税的纳税地点

类型	纳税地点
固定业户	(1)其机构所在地或者居住地的主管税务机关。 (2)总机构和分支机构不在同一县(市)的。 ①应当分别向各自所在地的主管税务机关申报纳税； ②经相关机关批准，可以由总机构汇总向总机构所在地的主管税务机关申报纳税

续表

类型	纳税地点
固定业户	(3)到外县(市)销售货物或劳务。 ①应当向其**机构所在地**的主管税务机关报告外出经营事项，并向其**机构所在地**的主管税务机关申报纳税； ②未报告的，应当向**销售地或者劳务发生地**的主管税务机关申报纳税； ③未向销售地或者劳务发生地的主管税务机关申报纳税的，由其**机构所在地**的主管税务机关补征税款
非固定业户	(1)应当向**销售地或劳务发生地**的主管税务机关申报纳税。 (2)未向销售地或者劳务发生地的主管税务机关申报纳税的，由其机构所在地或者居住地的主管税务机关补征税款
其他个人提供建筑服务，销售或租赁不动产，转让自然资源使用权	向建筑服务发生地、不动产所在地、自然资源所在地主管税务机关申报纳税
进口货物	报关地海关
扣缴义务人	其机构所在地或居住地的主管税务机关

【例8·单选题】 关于增值税纳税义务发生时间的说法错误的是(   )。
A. 纳税人采取托收承付方式销售货物的，为发出货物并办妥托收手续的当天
B. 纳税人销售应税劳务，为提供劳务同时收讫销售款或取得索取销售款凭据的当天
C. 纳税人发生视同提供应税服务的，为收到销售款的当天
D. 进口货物的，为报关进口的当天
解析 本题考查增值税纳税义务发生时间。选项C错误，纳税人发生视同提供应税服务的，增值税纳税义务发生时间为应税服务完成的当天。 **答案** C

▶考点七　增值税的减税、免税

(一)起征点(见表4-27)
对个人销售额未达到起征点的免征增值税；达到起征点的，全额计算缴纳增值税。

表4-27 起征点

类型	具体内容
按期纳税	月销售额5 000~20 000元(含本数)
按次纳税的	每次(日)销售额300~500元(含本数)

(二)免征项目
(1)农业生产者销售的自产农产品。
(2)避孕药品和用具。
(3)古旧图书。
(4)直接用于科学研究、科学实验和教学的进口仪器、设备。
(5)外国政府、国际组织无偿援助的进口物资和设备。
(6)由残疾人的组织直接进口供残疾人专用的物品。
(7)销售自己使用过的物品。

（三）若干具体免税规定

（1）对广播电视运营服务企业收取的有线数字电视基本收视维护费和农村有线电视基本收视费，免征增值税。

自2019年1月1日至2023年12月31日，对电影主管部门（包括中央、省、地市及县级）按照各自职能权限批准从事电影制片、发行、放映的电影集团公司（含成员企业）、电影制片厂及其他电影企业取得的销售电影拷贝（含数字拷贝）收入、转让电影版权（包括转让和许可使用）收入、电影发行收入以及在农村取得的电影放映收入，免征增值税。一般纳税人提供的城市电影放映服务，可以按现行政策规定，选择按照简易计税办法计算缴纳增值税。

（2）自2019年1月1日至2021年12月31日，对自主就业退役士兵从事个体经营的，自办理个体工商户登记当月起，在3年（36个月）内，按每户每年12 000元为限额依次扣减其当年实际应缴纳的增值税、城市维护建设税、教育费附加、地方教育附加和个人所得税。限额标准最高可上浮20%，各省、自治区、直辖市人民政府可根据本地区实际情况在此幅度内确定具体限额标准。

（3）自2019年1月1日至2021年12月31日，企业招用自主就业退役士兵，与其签订1年以上期限劳动合同并依法缴纳社会保险费的，在3年内按实际招用人数予以定额依次扣减增值税、城市维护建设税、教育费附加、地方教育附加和企业所得税优惠。定额标准为每人每年6 000元，最高可上浮50%，各省、自治区、直辖市人民政府可根据本地区实际情况在此幅度内确定具体定额标准，并报财政部和税务总局备案。

（4）自2019年1月1日至2021年12月31日，对持"就业创业证"（注明"自主创业税收政策"或"毕业年度内自主创业税收政策"）或"就业失业登记证"（注明"自主创业税收政策"）的人员从事个体经营的，自办理个体工商户登记当月起，在3年（36个月）内按每户每年12 000元为限额依次扣减其当年实际应缴纳的增值税、城市维护建设税、教育费附加、地方教育附加和个人所得税。限额标准最高可上浮20%，各省、自治区、直辖市人民政府可根据本地区实际情况在此幅度内确定具体限额标准。

（5）纳税人采取转包、出租、互换、转让、入股等方式将承包地流转给农业生产者用于农业生产的，免征增值税。

（6）自2016年5月1日起，社会团体收取的会费，免征增值税。

（7）自2019年1月1日起，小规模纳税人发生增值税应税销售行为，合计月销售额未超过10万元（以1个季度为1个纳税期的，季度销售额未超过30万元，下同）的，免征增值税。

小规模纳税人发生增值税应税销售行为，合计月销售额超过10万元，但扣除本期发生的销售不动产的销售额后未超过10万元的，其销售货物、劳务、服务、无形资产取得的销售额免征增值税。

【注意1】适用增值税差额征税政策的小规模纳税人，以差额后的销售额确定是否可以享受规定的免征增值税政策。

【注意2】其他个人，采取一次性收取租金形式出租不动产取得的租金收入，可在对应的租赁期内平均分摊，分摊后的月租金收入未超过10万元的，免征增值税。

（8）自2018年11月7日起至2021年11月6日止，对境外机构投资境内债券市场取得的债券利息收入暂免征收增值税。

（9）自2019年2月1日至2020年12月31日，医疗机构接受其他医疗机构委托，按照不高于地（市）级以上价格主管部门会同同级卫生主管部门及其他相关部门制定的医疗服务指导价格(包括政府指导价和按照规定由供需双方协商确定的价格等)，提供《全国医疗服务价格项目规范》所列的各项服务，可适用《营业税改征增值税试点过渡政策的规定》免征增值税。

(10)自2019年2月1日至2020年12月31日，对企业集团内单位(含企业集团)之间的资金无偿借贷行为，免征增值税。

(11)自2019年1月1日至2020年供暖期结束，对供热企业向居民个人供热取得的采暖费收入免征增值税。

(12)自2019年1月1日至2022年12月31日，对单位或者个体工商户将自产、委托加工或购买的货物通过公益性社会组织、县级及以上人民政府及其组成部门和直属机构，或直接无偿捐赠给目标脱贫地区的单位和个人，免征增值税。

(13)自2019年1月1日至2020年12月31日，继续对国产抗艾滋病病毒药品免征生产环节和流通环节增值税。

(14)自2019年1月1日起至2020年12月31日，对边销茶生产企业销售自产的边销茶及经销企业销售的边销茶免征增值税。

(15)自2019年9月1日起，纳税人销售自产磷石膏资源综合利用产品，可享受增值税即征即退政策，退税比例为70%。

(16)自2020年1月1日起，纳税人取得的财政补贴收入，与其销售货物、劳务、服务、无形资产、不动产的收入或者数量直接挂钩的，应按规定计算缴纳增值税。纳税人取得的其他情形的财政补贴收入，不属于增值税应税收入，不征收增值税。

▶考点八 增值税的征收管理

(一)划分一般纳税人和小规模纳税人的目的及基本依据

(1)目的：配合增值税专用发票的管理。

(2)依据：纳税人年销售额的大小和会计核算水平。

(二)小规模纳税人的认定及管理

1. 小规模纳税人的认定

(1)自2018年5月1日起，增值税小规模纳税人标准为：年应征增值税销售额**500万元及以下**。

(2)《国家税务总局关于小规模纳税人免征增值税政策有关征管问题的公告》(国家税务总局公告2019年第4号)规定，转登记日前连续12个月(以1个月为1个纳税期)或者连续4个季度(以1个季度为1个纳税期)累计销售额未超过500万元的一般纳税人，在2019年12月31日前，可选择转登记为小规模纳税人。

2. 小规模纳税人的管理

自2020年2月1日起，增值税小规模纳税人(其他个人除外)发生增值税应税行为，需要开具增值税专用发票的，可以自愿使用增值税发票管理系统自行开具。选择自行开具增值税专用发票的小规模纳税人，税务机关不再为其代开增值税专用发票。

增值税小规模纳税人应当就开具增值税专用发票的销售额计算增值税应纳税额，并在规定的纳税申报期内向主管税务机关申报缴纳。在填写增值税纳税申报表时，应当将当期开具增值税专用发票的销售额，按照3%和5%的征收率，分别填写在"增值税纳税申报表"(小规模纳税人适用)第2栏和第5栏"税务机关代开的增值税专用发票不含税销售额"的"本期数"相应栏次中。

(三)一般纳税人的登记及管理(见表4-28)

表4-28 一般纳税人的登记及管理

登记程序	(1)填报《增值税一般纳税人登记表》,并提供税务登记证件:二者内容一致的,当场登记;二者内容不一致,或不符合填列要求,当场告知纳税人需要补正的内容。 (2)纳税人年应税销售额超规定月份(或季度)的,所属申报期结束后15日内按照税法规定办理相关手续;未按规定时限办理的,主管税务机关应当在规定期限结束后5日内制作"税务事项通知书",告知纳税人应当在5日内向主管税务机关办理相关手续。 (3)纳税人自其选择的一般纳税人资格生效之日起,按照增值税一般计税方法计算应纳税额,并按规定领用增值税专用发票(除财政部、国家税务总局另有规定外)
管理	(1)凡增值税一般纳税人,均应向其企业所在地主管税务机关申请办理一般纳税人认定手续。 一般纳税人总分支机构不在同一县(市)的,应分别向其机构所在地主管税务机关申请办理一般纳税人认定手续。 (2)企业在申请办理一般纳税人认定手续时,应提出申请报告,并提供相关证件。 (3)分支机构在申请办理一般纳税人认定手续时,须提供总机构所在地主管税务机关批准其总机构为一般纳税人的证明。 (4)对已使用增值税防伪税控系统但年应税销售额未达到规定标准的一般纳税人,如会计核算健全,且未有下列情形之一者,不取消一般纳税人资格。 ①虚开增值税专用发票或有偷、骗、抗税行为的; ②连续3个月未申报或连续6个月纳税申报异常且无正当理由的; ③不按规定保管、使用增值税专用发票、税控装置,造成严重后果的。 【注意】除国家税务总局另有规定外,纳税人一经认定为一般纳税人后,不得转为小规模纳税人

(四)发票管理相关具体规定

(1)自2017年7月1日起,①购买方为企业的,索取增值税普通发票时,应向销售方提供纳税人识别号或统一社会信用代码;②销售方为其开具增值税普通发票时,应在"购买方纳税人识别号"栏填写购买方的纳税人识别号或统一社会信用代码。

(2)自2018年1月1日起,增值税普通发票(折叠票)的发票代码调整为12位。

(3)自2018年1月1日起,纳税人通过增值税发票管理新系统开具增值税发票(包括增值税专用发票、增值税普通发票、增值税电子普通发票)时,商品和服务税收分类编码对应的简称会自动显示并打印在发票票面"货物或应税劳务、服务名称"或"项目"栏次中。

(4)自2018年4月1日起,二手车交易市场、二手车经销企业、经纪机构和拍卖企业应当通过增值税发票管理新系统开具二手车销售统一发票。

(5)自2017年12月1日起,原对城镇公共供水用水户在基本水价(自来水价格)外征收水资源费的试点省份,在水资源费改税试点期间,按照不增加城镇公共供水企业负担的原则,城镇公共供水企业缴纳的水资源税所对应的水费收入,不计征增值税,按"不征税自来水"项目开具增值税普通发票。

【例9·单选题】关于2015年4月1日起,纳税人办理一般纳税人资格登记应遵循的程序的说法,错误的是( )。

A. 纳税人要向主管税务机关填报《增值税一般纳税人登记表》,并提供税务登记证件等

B. 纳税人填报《增值税一般纳税人登记表》的内容与税务登记信息一致的,主管税务机关当场登记

C. 纳税人填报《增值税一般纳税人登记表》的内容与税务登记信息不一致的,税务机关应当场告知纳税人需要补正的内容

D. 纳税人填报《增值税一般纳税人登记表》的内容不符合填列要求的，税务机关应于三个工作日内告知纳税人需要补正的内容

解析 本题考查增值税的征收管理。选项D错误，纳税人填报《增值税一般纳税人登记表》的内容与税务登记信息不一致，或者不符合填列要求的，税务机关应当场告知纳税人需要补正的内容。

答案 D

▶ 考点九 消费税的概念和纳税人（见表4-29）

表4-29 消费税的概念和纳税人

概念	对我国境内从事生产、委托加工和进口应税消费品的单位和个人，就其销售额或销售数量，在特定环节征收的一种税
纳税人	在境内生产、委托加工和进口应税消费品的单位和个人，以及国务院确定销售相关消费品的其他单位和个人

▶ 考点十 消费税的征税范围

（一）消费税的征税范围

烟；酒；高档化妆品；贵重首饰及珠宝玉石；鞭炮、焰火；成品油；摩托车；小汽车；高尔夫球及球具；高档手表(不含增值税销售价格每只在10 000元及以上)；游艇；木制一次性筷子；实木地板；电池；涂料。

（二）消费税的征收环节（见表4-30）

表4-30 消费税的征收环节

应税消费品	征税环节
金银首饰、钻石及钻石饰品	零售环节征，其他环节不征
卷烟	生产/委托加工/进口+批发环节
其他应税消费品	生产/委托加工/进口环节征

【注意】消费税是在生产(进口)、流通或消费的某一环节一次征收(卷烟除外)，而不是在消费品生产、流通或消费的每个环节多次征收，即**一次课征制**。

【例10·单选题】以下属于消费税征税范围的是(　　)。
A. 高尔夫球具
B. 竹制筷子
C. 普通化妆品
D. 电动自行车

解析 本题考查消费税的征收范围。高尔夫球具属于消费税的征税范围。

答案 A

▶ 考点十一 消费税的税率

（一）消费税的税率形式（见表4-31）

表4-31 消费税的税率形式

税率形式	范围
复合征税	卷烟、白酒
定额税率	啤酒、黄酒、成品油
比例税率	其他应税消费品

(二)从高适用税率的情形
(1)纳税人兼营不同税率的应税消费品,未分别核算的。
(2)纳税人将应税消费品与非应税消费品以及适用不同税率的应税消费品组成成套消费品销售的,应根据组合产制品的销售金额按应税消费品中适用最高税率的消费品税率征税(即使分开核算,也从高适用税率)。
(三)消费税适用税率的特殊规定(见表4-32)

表4-32 消费税适用税率的特殊规定

按照卷烟最高税率征税	纳税人自产自用的卷烟、委托加工的卷烟没有同牌号规格卷烟销售价格
按照同牌号规格正品卷烟的征税类别确定适用税率	残次品卷烟
不分征税类别一律按照56%卷烟税率征税	(1)白包卷烟; (2)手工卷烟; (3)未经国务院批准纳入计划的企业和个人生产的卷烟

【注意】自2015年5月10日起,纳税人兼营卷烟批发和零售业务的,应当分别核算批发和零售环节的销售额、销售数量;未分别核算批发和零售环节销售额、销售数量的,按照全部销售额、销售数量计征批发环节消费税。

【例11·多选题】下列应税消费品适用复合税率征收消费税的有( )。
A. 小汽车　　　　　　　　　　　B. 啤酒
C. 卷烟　　　　　　　　　　　　D. 汽油
E. 白酒

解析 ▶本题考查消费税的税率。卷烟、白酒适用复合税率征收消费税。小汽车适用比例税率,啤酒、汽油适用定额税率征收消费税。　　　　　　　　　　　答案 ▶CE

▶ 考点十二　消费税的计税依据和应纳税额的计算

一般情况下,对同一个纳税人的同一项经济行为,既征增值税,又征消费税,增值税与消费税的计税销售额相同。

(一)自行销售应税消费品应纳税额的计税依据和应纳税额的计算
1. 计税依据和计算公式(见表4-33)

表4-33 计税依据和计算公式

税率形式	计税依据	范围	计算公式
复合计税	销售数量、销售额	卷烟、白酒	应纳税额=销售数量×定额税率+销售额×比例税率
从量定额(定额税率)	销售数量	啤酒、黄酒、汽油、柴油	应纳税额=销售数量×单位税额
从价定率(比例税率)	销售额	其他应税消费品	应纳税额=销售额×适用税率

2. 销售额的相关规定
　　应税消费品的销售额=含增值税的销售额/(1+增值税税率或征收率)
(1)销售额包括全部价款和价外费用。
(2)销售额不包括的内容:
①应向购买方收取的增值税税款。

②同时符合两项条件的代垫运费(与增值税的规定相同)。
③同时符合三项条件代为收取的政府性基金或者行政事业性收费(与增值税的规定相同)。
(3)包装物押金征税的规定(见表4-34):

表4-34 包装物押金征税的规定

类型	税务处理
应税消费品连同包装物销售的	无论包装物是否单独计价,也不论财务上如何核算,均应并入销售额中征税
对逾期未收回的包装物不再退还的或已收取的时间超过12个月的押金	应并入销售额,按照应税消费品的适用税率征税
如果包装物不作价随同产品销售,而是收取押金	不并入销售额中征税
对既作价随同应税消费品销售,又另外收取的包装物押金	凡纳税人在规定的时间内不予退还的,均应并入销售额,按照应税消费品的适用税率征税
对除啤酒、黄酒以外的酒类产品生产企业销售酒类产品而收取的包装物押金	无论押金是否返还及会计上如何核算,均应并入酒类产品销售额中征税
白酒生产企业向商业销售单位收取的"品牌使用费"	属于应税白酒销售价款的组成部分,应并入白酒的销售额中征税

【小结】包装物押金的税务处理(见表4-35)

表4-35 包装物押金的税务处理

项目	期限	增值税	消费税
一般应税消费品	收取时	×	×
	逾期的	√	√
白酒、其他酒类	收取时	√	√
啤酒、黄酒	收取时	×	×
	逾期的	√	×

【补充知识】啤酒、黄酒收取的包装物押金,无论是否逾期,均不缴消费税。原因在于啤酒、黄酒采用从量定额办法征收消费税,应税消费品的计税依据是销售数量而非销售金额,征税的多少与销售数量成正比,而与销售金额无直接关系。因此,企业销售啤酒、黄酒时,如果发生包装物销售行为,或收取押金,均不存在计征消费税的问题。

(4)外汇销售额折合人民币销售额:折合率可以选择销售额发生的当天或者当月1日的人民币汇率的中间价,确定后1年内不得变更。

【注意】消费税计税依据的特殊规定

(1)自设非独立核算门市部的规定:按门市部对外销售数额或销售数量征税。

(2)纳税人自产的应税消费品用于换取生产资料和消费资料,投资入股,抵偿债务等方面,应按纳税人同类应税消费品的最高销售价格作为计税依据。

(二)自产自用应税消费品的计税依据和应纳税额的计算

有关自产自用应税消费品的税务处理的具体内容见表4-36。

表 4-36　自产自用应税消费品的税务处理

自产自用应税消费品的用途	税务处理
连续生产应税消费品的	不纳税
用于其他方面的①	于移送使用时纳税

注：①用于其他方面：是指纳税人用于生产非应税消费品、在建工程、管理部门、非生产机构、提供劳务以及用于馈赠、赞助、集资、广告、样品、职工福利、奖励等方面的应税消费品。

(1)有同类消费品的销售价格的，按纳税人生产的同类消费品的销售价格计算纳税。

$$应纳税额=同类消费品销售价格×自产自用数量×适用税率$$

(2)没有同类消费品销售价格的，应按组成计税价格计算纳税。具体内容见表 4-37。

表 4-37　自产自用应税消费品的组成计税价格

税率形式	组成计税价格	应纳税额
比例税率	=(成本+利润)/(1-消费税税率) =[成本×(1+成本利润率)]/(1-消费税税率)	=组成计税价格×适用税率
复合税率	=(成本+利润+自产自用数量×定额税率)/(1-消费税税率) =[成本×(1+成本利润率)+消费税定额税]/(1-消费税税率)	=组成计税价格×适用税率+消费税定额税

【注意】
(1)组成计税价格既是增值税的组成计税价格，也是消费税的组成计税价格。
(2)成本利润率按消费税的成本利润率计算。

(三)委托加工应税消费品的计税依据和应纳税额的计算

1. 委托加工应税消费品和自制应税消费品的区分(见表 4-38)

表 4-38　委托加工应税消费品和自制应税消费品的区分

应税消费品	委托加工应税消费品	自制应税消费品
委托方提供原料和主要材料，受托方只收取加工费和代垫部分辅助材料进行加工的	√	×
受托方提供原材料生产的	×	√
受托方先将原材料卖给委托方，然后再接受加工的	×	√
由受托方以委托方名义购进原材料生产的	×	√

2. 委托加工应税消费品的计税依据与应纳税额的计算

(1)按照受托方同类消费品的销售价格计算纳税。

$$应纳税额=同类消费品销售价格×委托加工数量×适用税率$$

(2)受托方没有同类消费品销售价格的，按照组成计税价格计算纳税。具体内容见表 4-39。

表 4-39　委托加工应税消费品的组成计税价格

税率形式	组成计税价格	应纳税额
比例税率	=(材料成本①+加工费②)/(1-消费税税率)	=组成计税价格×适用税率
复合税率	=(材料成本+加工费+委托加工数量×定额税率)/(1-消费税税率)	=组成计税价格×适用税率+消费税定额税

注：①材料成本：委托方所提供加工材料的实际成本。
②加工费：受托加工应税消费品向委托方收取的全部费用，包括代垫辅助材料的实际成本。

(四)进口应税消费品应纳税额的计算

1. 进口的应税消费品(见表4-40)

表4-40　进口应税消费品

税率形式	计算公式
从价定率	组成计税价格=(关税完税价格+关税)/(1-消费税比例税率) 应纳税额=组成计税价格×适用税率
复合计税	组成计税价格=(关税完税价格+关税+消费税定额税)/(1-消费税比例税率) 应纳税额=组成计税价格×适用税率+消费税定额税
从量定额	应纳税额=应税消费品数量×消费税单位税额

2. 进口卷烟

组成计税价格=(关税完税价格+关税+消费税定额税)/(1-进口卷烟消费税适用比例税率)

应纳税额=组成计税价格×适用比例税率+消费税定额税

消费税定额税=海关核定的进口卷烟数量×消费税定额税率

消费税定额税率为每标准箱(50 000支)150元。

(五)外购、委托加工应税消费品已纳消费税税款的扣除

消费税采取一次课征制。纳税人用外购或委托加工收回的已税消费品生产应税消费品的,可以按生产领用数量扣除已纳消费税的税款。具体内容见表4-41。

表4-41　应税消费品已纳消费税的扣除

外购或委托加工收回的应税消费品	连续生产的消费品
已税烟丝	卷烟
已税化妆品	化妆品
已税珠宝玉石	贵重首饰及珠宝玉石
已税鞭炮、焰火	鞭炮、焰火
已税石脑油	石脑油
已税润滑油①	润滑油
已税杆头、杆身和握把	高尔夫球杆
已税木制一次性筷子	木制一次性筷子
已税实木地板	实木地板
已税汽油、柴油	汽油、柴油

注:①单位和个人外购润滑油大包装经简单加工改成小包装或外购润滑油不经加工只贴商标的行为,视同应税消费品的生产行为,应当申报缴纳消费税,准予扣除外购润滑油已纳消费税税款。

【注意】

(1)外购电池、涂料大包装改成小包装或者外购电池、涂料不经加工只贴商标的行为,视同应税消费品的生产行为。发生上述生产行为的单位和个人应按规定申报缴纳消费税。

(2)自2015年6月1日起,纳税人将委托加工收回的白酒销售给销售单位,消费税计税价格低于销售单位对外销售价格(不含增值税)**70%以下**,并无正当理由的,应按照国家税务总局规定的核价办法,核定消费税最低计税价格。

【提示】

(1)按生产领用数量抵扣已纳消费税 VS 增值税的购进扣税法;

(2)除石脑油外,必须是同类消费品才能抵税;
(3)扣税的要求:连续生产扣税。

【例12·单选题】 纳税人采用以旧换新方式销售金银首饰,消费税的计税依据是( )。
A. 同类新金银首饰的不含税销售价格　　B. 实际收取的全部价款
C. 实际收取的不含增值税的全部价款　　D. 同期新金银首饰的平均销售价格

解析 ▶ 本题考查消费税的计税依据。金银首饰以旧换新,应以销售方实际收取的不含增值税价款为依据,征收增值税、消费税。　　**答案** ▶ C

【例13·单选题】 某外资企业进口一批摩托车,海关核定关税完税价格为600万元。已知关税税率为60%,消费税税率为10%。该行为应纳消费税( )万元。
A. 60　　　　　　　　　　　　　　　B. 91.17
C. 96　　　　　　　　　　　　　　　D. 106.67

解析 ▶ 本题考查消费税的计税依据。摩托车从价定率征收消费税,进口摩托车组成计税价格=(关税完税价格+关税)/(1-消费税比例税率)。应纳税额=组成计税价格×税率=600×(1+60%)/(1-10%)×10%=106.67(万元)。　　**答案** ▶ D

▶ 考点十三　消费税的征收管理

(一)消费税的纳税义务发生时间(见表4-42)

表4-42　消费税纳税义务发生时间

方式		纳税义务发生时间
销售	赊销和分期收款	(1)书面合同约定的收款日期的当天; (2)书面合同没有约定收款日期或无书面合同的,为发出应税消费品的当天
	预收货款	发出应税消费品的当天
	托收承付和委托银行收款	发出应税消费品并办妥托收手续的当天
	其他结算方式的	收讫销售款或者取得索取销售款凭据的当天
自产自用		移送使用的当天
委托加工		纳税人提货的当天
进口		报关进口的当天

(二)消费税的纳税期限(见表4-43)

纳税人的具体纳税期限,由主管税务机关根据纳税人应纳税额的大小分别核定;不能按照固定期限纳税的,可以按次纳税。

表4-43　消费税的纳税期限

纳税期限	报缴税款期限
1日、3日、5日、10日、15日	(1)预缴税款:期满之日起5日内; (2)申报纳税并结清上月应纳税款:次月1日起15日内
1个月、1个季度	申报纳税:期满之日起15日内

【注意】
(1)纳税人进口应税消费品,应当自海关填发海关进口消费税专用缴款书之日起15日内缴纳税款。

(2)消费税的纳税期限、报缴税款期限与增值税相同。

(三)消费税的纳税地点(见表4-44)

表4-44 消费税的纳税地点

项目	纳税地点
销售	(1)到外县(市)销售或者委托外县(市)代销自产应税消费品的,于应税消费品销售后,向机构所在地或者居住地主管税务机关申报纳税; (2)总机构和分支机构不在同一县(市)的,应当分别向各自机构所在地的主管税务机关申报纳税;经相关机关批准,可以由总机构汇总向总机构所在地的主管税务机关申报纳税
委托个人加工的	由委托方向其机构所在地或者居住地主管税务机关申报纳税
进口的	由进口人或其代理人向报关地海关申报纳税

【例14·单选题】纳税人委托个体经营者加工应税消费品,其消费税政策是( )。
A. 由受托方代收代缴税款
B. 委托方收回后在委托方所在地缴纳消费税
C. 委托方提货时在受托方所在地缴纳消费税
D. 以受托方为纳税人缴纳消费税

解析 本题考查消费税的纳税地点。委托个人加工应税消费品,由委托方向其机构所在地或者居住地主管税务机关申报纳税。 答案 B

▶ 考点十四 关税制概述(见表4-45)

表4-45 关税制概述

概念	海关对进出国境或关境的货物、物品征收的一种税
纳税人	(1)经营进出口货物的收货人、发货人; (2)进出境物品的所有人
征税范围	凡是国家允许,属于《中华人民共和国进出口税则》规定应税的货物、物品。 (1)进口货物大部分都征收关税; (2)出口货物一般不征税,少部分除外
税率	(1)进口货物:普通税率和优惠税率; (2)出口货物:从20%到40%,5个差别比例税率

▶ 考点十五 关税的完税价格和应纳税额的计算

(一)进口货物的完税价格相关内容
1. 进口货物的完税价格(见表4-46)

表4-46 进口货物的完税价格

项目	具体情形	完税价格
一般货物	—	由海关以该货物的成交价格以及该货物运抵我国境内输入地点起卸前的运输及其相关费用、保险费为基础审查确定,即到岸价格(CIF)

续表

项目	具体情形	完税价格
运往境外修理的机械器具、运输工具或者其他货物	出境时已向海关报明，并且在海关规定的期限内复运进境	以境外修理费和料件费为基础审查确定
运往境外加工的货物		以境外加工费和料件费以及该货物复运进境的运输及其相关费用、保险费为基础审查确定
经海关批准留购的暂时进境货物	—	海关审查确定的留购价格
租赁方式进口的货物	以租金方式对外支付	海关审查确定的租金，包括利息
	留购的租赁货物	海关审查确定的留购价格
	承租人申请一次性缴纳税款	（1）经海关同意，按相应方法确定完税价格；（2）以海关审查确定的租金总额为完税价格
予以补税的减免税货物	—	应当以海关审定的该货物原进口时的价格，扣除折旧部分价值作为完税价格：完税价格＝海关审定的该货物原进口时的价格×[1－补税时实际已进口的时间（月）/（监管年限×12）]

2. 进口货物完税价格中的运输及相关费用、保险费的计算（见表4-47）

表4-47 进口货物完税价格中的运输及相关费用、保险费的计算

项目	情形	完税价格
进口货物的运输及其相关费用	确定	按照由买家实际支付的或者应当支付的费用计算
	无法确定	按照该货物进口同期运输行业公布的运费率（额）计算运费
	运输工具作为进口货物，利用自身动力进境	海关在审查确定完税价格时，不再另行计入运费
进口货物的保险费	确定	按照实际支付的费用计算
	无法确定或未实际发生	保险费＝（货价+运费）×3‰
邮运进口的货物	—	邮费

3. 进口货物海关估价方法

有关进口货物完税价格的确定的具体内容见表4-48。

表4-48 进口货物完税价格的确定

情形	确定完税价格的基础
有成交价格的	进口货物的成交价格
（1）成交价格不符合条件；（2）成交价格不确定的	海关估价①

注：①估价的方法及顺序：相同货物成交价格估价方法、类似货物成交价格估价方法、倒扣价格估价方法、计算价格估价方法、合理方法。

（二）出口货物的完税价格（见表4-49）

表4-49　出口货物的完税价格

出口货物的完税价格由海关以该货物的成交价格为基础审查确定	包括	货物运至我国境内输出地点装载前的运输及其相关费用、保险费
	不包括	（1）离境口岸至境外口岸之间的运费、保险费； （2）出口关税税额； （3）货物价款中单独列明由卖方承担的佣金

（三）关税应纳税额的计算

FOB 是"离岸价格"，是"船上交货"价格。

CFR 是"成本加运费"价格。

CIF 是"到岸价格"，是"成本加运费加保险费"价格，是计算关税税款的基础。

三者之间的关系为：

$$CFR=FOB+运费$$

$$CIF=CFR+保险费=FOB+运费+保险费$$

有关关税应纳税额的具体内容见表4-50。

表4-50　关税应纳税额

形式	计算公式
从价税	关税税额=应税进（出）口货物数量×单位完税价格×适用税率 注意成交价格：CIF、FOB、CFR
从量税	关税税额=应税进（出）口货物数量×单位货物税额
复合税	关税税额=应税进（出）口货物数量×单位货物税额+应税进（出）口货物数量×单位完税价格×适用税率
滑准税	关税税额=应税进（出）口货物数量×单位完税价格×滑准税税率

【例15·单选题】2018年5月1日，某企业进口一台设备，享受免征进口关税优惠，海关审核的完税价格为120万元，海关监管期5年。2019年11月5日，企业将该设备转让，转让收入85万元，已提折旧12万元。该企业转让设备应补缴关税（　　）万元。（该设备关税税率8%）

A. 4.76　　　　　　　　　　　　B. 5.84

C. 6.72　　　　　　　　　　　　D. 8.64

解析 ▶本题考查关税的计算。免税进口的货物补税时，应当以海关审查确定的该货物原进口时的价格，扣除折旧部分价值作为完税价格。完税价格=海关审查确定的该货物原进口时的价格×[1-补税时实际已进口的时间/（监管年限×12）]=120×[1-18/（5×12）]=84（万元），应补缴关税=84×8%=6.72（万元）。注意"补税时实际已进口的时间"按月计算，不足1个月但超过15日的，按照1个月计算；不超过15日的，不予计算，所以本题补税时实际已经进口的时间为18个月。

答案 ▶C

考点十六 关税的税收优惠（见表4-51）

表4-51 关税的税收优惠

税收优惠		情形
法定减免税	免征关税	(1)关税税额在人民币50元以下的一票货物； (2)无商业价值的广告品和货样； (3)外国政府、国际组织无偿赠送的物资； (4)在海关放行前损失的货物； (5)进出境运输工具装载的途中必需的燃料、物料和饮食用品
	暂不缴纳关税 （暂时进出境的、6个月内）	(1)展览会、交易会、会议及类似活动中展示或者使用的货物； (2)文化、体育交流活动中使用的表演、比赛用品； (3)进行新闻报道或者摄制电影、电视节目使用的仪器、设备及用品； (4)开展科研、教学、医疗活动使用的仪器、设备及用品； (5)在第(1)至第(4)项所列活动中使用的交通工具及特种车辆； (6)货样； (7)供安装、调试、检测设备时使用的仪器、工具； (8)盛装货物的容器； (9)其他用于非商业目的的货物
特定减免税 （政策性减免税）		包括科教用品、残疾人专用品、加工贸易产品、边境贸易进口物资、保税区进出口货物、出口加工区进出口货物、国家鼓励发展的国内投资项目和外商投资项目进口设备等
临时减免税		特殊情况，特殊照顾，一案一批

【例16·单选题】根据现行关税政策，下列货物享受法定减免税的是( )。
A. 关税税额在人民币500元以下的边境小额贸易进口的货物
B. 从保税区运往非保税区的货物
C. 国际组织无偿赠送的物资
D. 从国外进口用于生产保健品的生产设备

解析 本题考查关税的税收优惠。下列进出口货物免征关税：关税税额在人民币50元以下的一票货物；无商业价值的广告品或货样；外国政府、国际组织无偿赠送的物资；在海关放行前损失的货物；进出境运输工具装载的途中必需的燃料、物料和饮食用品。 **答案** C

考点十七 关税的征收管理（见表4-52）

表4-52 关税的征收管理

征收管理		规定
缴纳	申报时间	(1)进口货物自运输工具申报进境之日起14日内； (2)出口货物在运抵海关监管区后、装货的24小时以前； (3)应该向货物进(出)境地海关申报
	纳税期限	纳税人应当自海关填发税款缴款书之日起15日内向指定银行缴纳
	特殊情况	纳税人因不可抗力或在国家税收政策调整的情形下，不能按期缴纳税款，经海关总署批准，可延期缴纳，但最长不得超过6个月

续表

征收管理		规定
强制执行	征收关税滞纳金	关税滞纳金金额＝滞纳关税税额×滞纳金征收比率(万分之五)×滞纳天数(周末、法定节假日不予扣除)
	强制征收	如果纳税人自海关填发缴款书之日起超过3个月仍未缴纳税款的，经海关关长批准，海关可以采取强制扣缴、变价抵缴等强制措施
补征	进出口货物、进出境物品放行后，海关发现少征或漏征税款的	应当自缴纳税款或货物物品放行之日起1年内，向纳税人补征。 【注意】因税务机关的责任、纳税人计算错误等失误造成的，国内税追征期为3年
追征	因纳税人违反规定造成少征或漏征税款	自纳税人应缴纳税款之日起3年内可以追征，并从缴纳税款之日起按日加收少征或漏征税款万分之五的滞纳金。 【注意】纳税人偷税、抗税、骗税的，国内税追征期为无期限限制
退还	纳税人自缴纳关税之日起1年内，可以申请退还关税的情形	(1)已征进口关税的货物，因品质或者规格原因，原状退货复运出境； (2)已征出口关税的货物，因品质或者规格原因，原状退货复运进境，并已重新缴纳因出口而退还的国内环节有关税收的； (3)已征出口关税的货物，因故未装运出口，申报退关的
	期限	(1)海关应当自受理退税申请之日起30日内查实并通知纳税人办理退税手续； (2)纳税人应当自收到通知之日起3个月内办理有关退税手续

【例17·单选题】某公司进口一批货物，海关于4月14日填发税款缴款书，但公司迟至5月13日才缴纳600万元的关税。海关应征收关税滞纳金( )万元。

A. 4.5　　　　　　　　　　　　B. 6.3
C. 8.7　　　　　　　　　　　　D. 9

解析　本题考查关税的征收管理。纳税人应当自海关填发税款缴款书之日起15日内向指定银行缴纳关税和进口环节代征税。滞纳金自关税缴纳期限届满滞纳之日起，至纳税人缴纳关税之日止，按滞纳税款万分之五的比例按日征收，周末或法定节假日不予扣除。海关应于4月29日起征收滞纳金，应缴滞纳金＝600×0.5‰×15＝4.5(万元)。

答案　A

历年考题解析

一、单项选择题

1. 下列行为中，属于鉴证咨询服务的是( )。
   A. 企业管理服务　　B. 代理报关服务
   C. 安全保护服务　　D. 认证服务
   解析　本题考查增值税的征税范围。鉴证咨询服务包括认证服务、鉴证服务和咨询服务。
   答案　D

2. 下列票据中，不属于增值税合法扣税凭证的是( )。
   A. 增值税专用发票
   B. 海关增值税专用缴款书
   C. 农产品收购发票
   D. 货物运输业普通发票
   解析　本题考查进项税额的抵扣。增值税扣税凭证，是指增值税专用发票、海关缴款书、农产品收购发票、农产品销售发票、机动车销售统一发票和收费公路通行费增值税电子普通发票以及完税凭证等。

答案 ▶ D

3. 小规模纳税人销售其自建的不动产,适用的增值税征收率为( )。
   A. 3%   B. 4%
   C. 5%   D. 6%

   解析 ▶ 本题考查增值税的税率。小规模纳税人销售其自建的不动产,按照5%的征收率计算应纳税额。

   答案 ▶ C

4. 某服装厂为增值税小规模纳税人,2017年7月销售自己使用过的固定资产,取得含税销售额140 000元,该服装厂上述业务应缴纳的增值税税额为( )元。
   A. 2 718.45   B. 3 106.80
   C. 3 125.83   D. 4 077.67

   解析 ▶ 本题考查增值税的计算。小规模纳税人销售自己使用过的固定资产,减按2%征收率征收增值税。应纳增值税为:140 000÷(1+3%)×2% = 2 718.45(元)。

   答案 ▶ A

5. 关于消费税的说法,错误的是( )。
   A. 应税消费品计征消费税时,其销售额不含增值税
   B. 凡是征收增值税的货物都征收消费税
   C. 应税消费品连同包装物销售的,应并入销售额征收消费税
   D. 酒类产品(除啤酒、黄酒外)生产企业销售酒类产品而收取的包装物押金,应并入销售额中征收消费税

   解析 ▶ 本题考查消费税的相关内容。消费税是对特定的消费品和消费行为征收的一种税。消费税的范围仅限于特定的消费品和消费行为,增值税比消费税的征税范围围大。

   答案 ▶ B

6. 2017年6月某汽车厂将自产的5辆小汽车、10辆货车用于对外投资,同类小汽车最高不含税售价为25.5万元/辆,同类货车最高不含税售价为8.6万元/辆。该汽车厂上述业务中应缴纳的消费税税额是( )万元。(以上价格均为不含税价格,小汽车消费税税率为12%)
   A. 14.10   B. 15.30
   C. 23.70   D. 25.62

   解析 ▶ 本题考查消费税的计税依据。纳税人自产的应税消费品用于换取生产资料和消费资料,投资入股和抵偿债务等方面,应当按纳税人同类应税消费品的最高销售价格作为计税依据。应缴纳的消费税为:25.5×5×12% = 15.30(万元)。

   答案 ▶ B

7. 下列货物中,符合关税法定免税规定的是( )。
   A. 具有商业价值的货样
   B. 在海关放行后损失的货物
   C. 关税税额在人民币100元以下的一票货物
   D. 进出境运输工具装载的途中必需的燃料、物料和饮食用品

   解析 ▶ 本题考查关税的税收优惠。选项A,应为无商业价值的广告品和货样。选项B,应为在海关放行前损失的货物。选项C,应为关税税额在人民币50元以下的一票货物。

   答案 ▶ D

8. 某增值税一般纳税人将购进的一批货物分配给投资者,下列税务处理中,正确的是( )。
   A. 该批货物视同销售计算销项税额,其进项税额符合条件的可以抵扣
   B. 该批货物不计算销项税额,不得抵扣该批货物的进项税额
   C. 该批货物不计算销项税额,但可以抵扣进项税额
   D. 该批货物视同销售计算销项税额,并且不得抵扣其进项税额

   解析 ▶ 本题考查增值税的征税范围。增值税纳税人将购买的货物分配给股东或投资者,视同销售,应计算缴纳增值税销项税额,外购货物的进项税额符合条件的可以抵扣。

   答案 ▶ A

9. 下列行为适用增值税13%税率的是( )。
   A. 某自来水厂销售自来水
   B. 某天然气公司销售天然气
   C. 某印刷厂受委托加工印刷图书报刊
   D. 某商贸公司批发销售食用植物油

   解析 本题考查增值税的税率。纳税人提供加工、修理修配劳务,增值税税率为13%。选项A、B、D的税率均为9%。
   答案 C

10. 某百货公司为增值税一般纳税人,2020年4月销售给消费者日用品一批,收取含税价款为62 400元,当月货物购进时取得增值税专用发票注明价款为30 000元。则该百货公司4月份应缴纳增值税( )元。
    A. 2 400.00   B. 2 496.00
    C. 3 278.76   D. 9 066.67

    解析 本题考查增值税的计算。增值税应纳税额=62 400/(1+13%)×13%-30 000×13%=3 278.76(元)。
    答案 C

11. 下列货物中,其进项税额不得进行抵扣的是( )。
    A. 发给本企业职工的自产产品所耗用的购进货物
    B. 用于集体福利的购进货物
    C. 分配给投资者的购进货物
    D. 无偿赠送给某单位的购进货物

    解析 本题考查增值税的计算。用于非增值税应税项目、免征增值税项目、集体福利或者个人消费的购进货物或者应税劳务的进项税额不得抵扣。
    答案 B

12. 非正常损失的购进货物及其相关的应税劳务,其进项税不得从销项税中抵扣,其中非正常损失是指( )。
    A. 自然灾害损失
    B. 购进货物滞销过期报废损失
    C. 合理损失
    D. 因管理不善造成被盗、丢失、腐烂变质的损失

    解析 本题考查增值税的计算。非正常损失是指因管理不善造成被盗、丢失、霉烂变质的损失。
    答案 D

13. 某生产白酒的企业为增值税一般纳税人,2020年5月取得含税销售收入128.7万元,当期发出包装物收取押金2.34万元,当期逾期未收回包装货物押金7.02万元。该企业当月应计提的增值税销项税额为( )万元。
    A. 17.70   B. 15.08
    C. 19.72   D. 20.66

    解析 本题考查增值税的计税依据。销售白酒而收取的包装物押金,无论是否返还及会计上如何核算,均应并入当期销售额征收增值税。增值税销项税额=128.7/(1+13%)×13%+2.34/(1+13%)×13%=15.08(万元)。
    答案 B

14. 纳税人销售下列货物免缴增值税的是( )。
    A. 企业生产者销售外购的玉米
    B. 药店销售避孕药品
    C. 生产销售方便面
    D. 商场销售水果罐头

    解析 本题考查增值税的减税免税。根据《增值税暂行条例》及其实施细则的规定,下列项目免征增值税:(1)农业生产者销售的自产农产品。(2)避孕药品和用具。(3)古旧图书,指向社会收购的古书和旧书。(4)直接用于科学研究、科学实验和教学的进口仪器、设备。(5)外国政府、国际组织无偿援助的进口物资和设备。(6)由残疾人的组织直接进口供残疾人专用的物品。(7)销售自己使用过的物品。
    答案 B

15. 下列应税消费品不缴纳消费税的是( )。
    A. 炼化厂用于本企业基建部门车辆的自产汽油
    B. 汽车厂用于管理部门的自产汽车
    C. 日化厂用于交易会样品的自产化妆品
    D. 卷烟厂用于生产卷烟的自制烟丝

    解析 本题考查消费税的计税依据。纳税人自产自用的应税消费品,用于连续

生产应税消费品的，不纳税；用于其他方面的，于移送使用时纳税。用于其他方面是指纳税人用于生产非应税消费品、在建工程、管理部门、非生产机构、提供劳务以及用于馈赠、赞助、集资、广告、样品、职工福利、奖励等方面的应税消费品。

答案 D

16. 某酒厂为增值税一般纳税人，2020年6月向小规模纳税人销售白酒，开具的普通发票上注明金额92 600元，同时收取单独核算的包装物租金3 000元，此项业务的增值税税额是( )元。

A. 10 454.70   B. 10 998.23
C. 15 011.32   D. 15 301.92

解析 本题考查增值税的计算。销售货物收取的包装物租金为价外费用，应并入当期销售额征收增值税。增值税销项税额=(92 600+3 000)/(1+13%)×13%=10 998.23(元)。

答案 B

17. 某修理修配厂(增值税小规模纳税人)2019年6月份购进零配件15 000元，支付电费1 200元，当月对外提供修理修配业务取得含税收入36 000元，不考虑其他事项和优惠政策，该厂当月应缴纳增值税( )元。

A. 0   B. 1 048.54
C. 180.00   D. 5 230.77

解析 本题考查增值税的计算。小规模纳税人销售货物、劳务、服务、无形资产或不动产，按照销售额和规定的征收率计算应纳税额，不得抵扣进项税额。应缴纳增值税=36 000/(1+3%)×3%=1 048.54(元)。

答案 B

18. 关于计税价格的说法，符合现行增值税与消费税规定的是( )。

A. 将进口的应税消费品用于抵偿债务，应当以最高销售价计征消费税，但以同类消费品的平均价格计征增值税

B. 将自行生产的应税消费品用于连续生产非应税消费品，应以同类消费品的平均价格计征消费税与增值税

C. 将委托加工收回的应税消费品用于对外投资，应当以最高售价计征消费税，但以同类消费品的平均价格计征增值税

D. 将自行生产的应税消费品用于投资入股，应以纳税人同类消费品的最高售价计征消费税，但以同类消费品的平均价格计征增值税

解析 本题考查增值税、消费税的计税依据。选项A、C错误，按纳税人同类应税消费品的最高销售价格作为计税依据的情形仅是纳税人自产的应税消费品用于换取生产资料和消费资料，投资入股和抵偿债务等方面。选项B错误，将自产的应税消费品用于连续生产非应税消费品，应当征收消费税，无须征收增值税。

答案 D

19. 下列外购商品中已缴纳的消费税，可以从本企业应纳消费税中扣除的是( )。

A. 从工业企业购进已税柴油生产的燃料油

B. 从工业企业购进已税溶剂油为原料生产的溶剂油

C. 从工业企业购进已税汽油为原料生产的溶剂油

D. 从工业企业购进已税高尔夫球杆握把为原料生产的高尔夫球杆

解析 本题考查消费税的计税依据。以外购的已税汽油、柴油为原料连续生产的汽油、柴油，可以扣除外购已税消费品已纳消费税，选项A、B、C均不符合规定。

答案 D

20. 属于关税法定纳税义务人的是( )。

A. 进口货物的收货人
B. 进口货物的代理人
C. 出口货物的代理人
D. 出境物品的携带人

解析 本题考查关税的纳税人。货物的关税纳税人是经营进出口货物的收货人、发货人。物品的关税纳税人包括：入境

时随身携带行李、物品的携带人；各种入境运输工具上携带自用物品的持有人；馈赠物品以及其他方式入境个人物品的所有人；进口个人邮件的收件人。

答案 ▶ A

二、多项选择题

1. 依据"营改增"的相关政策，下列行为中，属于物流辅助服务的有( )。

   A. 打捞救助服务　　B. 缆车运输服务
   C. 装卸搬运服务　　D. 仓储服务
   E. 收派服务

   解析 ▶ 本题考查增值税的征税范围。物流辅助服务包括航空服务、港口码头服务、货运客运场站服务、打捞救助服务、装卸搬运服务、仓储服务和收派服务。

   答案 ▶ ACDE

2. 下列消费品中，应当征收消费税的有( )。

   A. 化妆品厂作为样品赠送给客户的高档化妆品
   B. 用于产品质量检验耗费的高尔夫球杆
   C. 白酒生产企业向百货商场销售的新型白酒
   D. 汽车厂移送本市非独立核算门市部待销售的小汽车
   E. 卷烟厂将自产烟丝连续生产卷烟

   解析 ▶ 本题考查消费税的内容。纳税人自产自用的应税消费品，用于连续生产应税消费品的，不纳税。纳税人自产自用的应税消费品，不是用于连续生产应税消费品，而是用于其他方面的，于移送使用时纳税。

   答案 ▶ AC

3. 关于增值税的纳税义务发生时间和纳税地点的说法，正确的有( )。

   A. 纳税人发生视同销售货物行为的，纳税义务发生时间为货物移送的当天
   B. 委托其他纳税人代销货物，未收到代销清单不发生纳税义务
   C. 固定业户到外县(市)销售货物或者劳务，应当向其机构所在地的主管税务机关报告外出经营事项，并向其机构所在地的主管税务机关申报纳税
   D. 固定业户的分支机构与总机构不在同一地方的，应当分别向各自所在地主管税务机关申报纳税
   E. 非固定业户销售货物或者劳务，应当向销售地或劳务发生地的主管税务机关申报纳税；未申报纳税的，由其机构所在地或者居住地的主管税务机关补征税款

   解析 ▶ 本题考查增值税的征收管理。选项B错误，委托其他纳税人代销货物，纳税义务发生时间为收到代销单位的代销清单或者收到全部或者部分货款的当天。未收到代销清单及货款的，为发出代销货物满180天的当天。

   答案 ▶ ACDE

4. 关于消费税纳税义务发生时间的说法，正确的有( )。

   A. 某酒厂销售葡萄酒20箱，直接收取价款4 800元，其纳税义务发生时间为收款当天
   B. 某汽车厂自产自用3台小汽车，其纳税义务发生时间为小汽车移送使用的当天
   C. 某烟花企业采用托收承付结算方式销售焰火，其纳税义务发生时间为发出焰火并办妥托收手续的当天
   D. 某化妆品厂采用赊销方式销售化妆品，合同规定收款日期为6月23日，7月20日收到货款，纳税义务发生时间为6月份
   E. 某高档手表厂采取预收货款方式销售高档手表，其纳税义务发生时间为销售合同规定的收款日期的当天

   解析 ▶ 本题考查消费税纳税义务发生时间。选项E错误，采取预收货款结算方式的，消费税纳税义务发生时间为发出应税消费品的当天。

   答案 ▶ ABCD

5. 根据《中华人民共和国进出口关税条例》，下列说法正确的有( )。

   A. 出口货物的关税完税价格不包括出口关税
   B. 进口货物的保险费无法确定时，海关应

按照售价的5%计算保险费

C. 进口货物成交价格"FOB"的含义是"船上交货"的价格术语简称,又称"离岸价格"

D. 进口货物成交价格"CFR"的含义是"到岸价格"的价格术语简称

E. 进口货物成交价格"CIF"的含义是"成本加运费、保险费"的价格术语简称,又称"到岸价格"

解析 本题考查关税的完税价格。选项B错误,如果进口货物的保险费无法确定或者未实际发生,海关应当按照"货价加运费"两者总额的3‰计算保险费。选项D错误,CFR是"成本加运费"的价格术语简称,又称"离岸加运费价格"。**答案** ACE

6. 关于增值税纳税义务发生时间、纳税期限和纳税地点的说法,正确的有( )。

A. 委托其他纳税人代销货物,未收到代销清单不发生纳税义务

B. 以1个季度为纳税期限的规定适用于增值税一般纳税人和小规模纳税人

C. 固定业户到外县(市)提供应税劳务并持有外出经营活动税收管理证明的,应向劳务发生地主管税务机关申报纳税

D. 固定业户的分支机构与总机构不在同一县(市)的,应当分别向各自所在地税务机关申报纳税

E. 非固定业户销售货物,应当向销售地或劳务发生地主管税务机关申报纳税

解析 本题考查增值税的征收管理。选项A错误,委托其他纳税人代销货物,纳税义务发生时间为收到代销单位的代销清单或者收到全部或部分货款的当天,未收到代销清单及货款的,为发出代销货物满180天的当天。选项B错误,以1个季度为纳税期限的规定适用于小规模纳税人、银行、财务公司、信托投资公司、信用社,以及财政部和国家税务总局规定的其他纳税人。选项C错误,固定业户到外县(市)销售货物或者劳务,应当向其机构所在地的主管税务机关报告外出经营事项,并向其机构所在地的主管税务机关申报纳税。**答案** DE

7. 纳税人销售应税消费品收取的下列款项中,应并入消费税计税依据的有( )。

A. 装卸费

B. 集资款

C. 增值税销项税额

D. 白酒优质费

E. 未逾期的啤酒包装物押金

解析 本题考查消费税的计税依据。装卸费、集资费、白酒优质费属于价外费用,是消费税的计税依据。选项C错误,增值税销项税额不包括在销售额中,不是消费税的计税依据。选项E错误,啤酒包装物押金不论是否逾期、是否单独核算,都不征收消费税。**答案** ABD

三、案例分析题

(一)

餐饮企业甲2019年6月发生如下业务:

(1)实现餐饮营业收入770万元;

(2)转让一栋房产,该房产是5年前由债务人抵债而得,当时冲抵的债务金额是650万元,此次售价800万元(该企业选择适用简易计税办法计税);

(3)授权境内中餐馆乙使用其字号,当月取得特许权使用费收入50万元;

(4)将一辆使用7年、未抵扣进项税额的小轿车出售,售价19.57万元;

(5)当月购进商品取得增值税专用发票注明增值税税额为41.82万元。

甲企业已登记为增值税一般纳税人,以上收入均为含税收入,不考虑加计抵减政策,增值税专用发票已经通过主管税务机关的认证,计算结果以万元为单位,保留小数点后两位。

1. 甲企业餐饮营业收入应确认的增值税销项税额为( )万元。

A. 23.10 B. 36.67
C. 43.58 D. 46.20

解析 本题考查增值税的计算。餐饮收入按照生活服务缴纳增值税,销项税额为:770/(1+6%)×6%=43.58(万元)。

答案 C

2. 甲企业转让房产应确认的增值税税额为( )万元。
   A. 7.14   B. 7.50
   C. 4.37   D. 40.00

   解析 本题考查增值税的计算。一般纳税人销售其2016年4月30日前取得(不含自建)的不动产,可以选择适用简易计税方法,以取得的全部价款和价外费用减去该项不动产购置原价或者取得不动产时的作价后的余额为销售额,按照5%的征收率计算应纳税额。应确认的增值税税额为:(800-650)/(1+5%)×5%=7.14(万元)。

   答案 A

3. 甲企业取得的特许权使用费应确认的增值税销项税额为( )万元。
   A. 0   B. 2.83
   C. 3.00   D. 8.50

   解析 本题考查增值税的计算。特许权使用费收入应缴纳的增值税销项税额为:50/(1+6%)×6%=2.83(万元)。 **答案** B

4. 甲企业当月应缴纳的增值税税额为( )万元。
   A. 4.97   B. 7.80
   C. 11.73   D. 12.11

   解析 本题考查增值税的计算。销售小轿车应缴纳增值税为:19.57/(1+3%)×2%=0.38(万元)。所以,本月应该缴纳增值税为:43.58+7.14+2.83+0.38-41.82=12.11(万元)。 **答案** D

5. 关于甲企业税务处理的说法,正确的是( )。
   A. 甲企业提供餐饮服务,可以选择简易计税方法
   B. 甲企业不得再转化为小规模纳税人
   C. 甲企业授权中餐馆乙使用甲企业字号,可以选择简易计税方法
   D. 甲企业处置使用7年的小轿车,可以选择简易计税方法

   解析 本题考查增值税。选项A、C,甲企业为一般纳税人,其提供餐饮服务和特许权使用费收入均按照适用税率计税。选项B,转登记日前连续12个月(以1个月为1个纳税期)或者连续4个季度(以1个季度为1个纳税期)累计销售额未超过500万元的一般纳税人,在2019年12月31日前,可选择转登记为小规模纳税人;甲企业2019年6月份的月销售额就已经超过500万元,不符合转登记条件,故不得转登记为小规模纳税人。选项D,使用7年的小轿车,未抵扣过进项税,可选按照简易计税方法计税。 **答案** BD

(二)

某工业企业为增值税一般纳税人,生产销售机床,适用13%的增值税税率,2019年4月发生下列业务:

(1)购进原材料一批,取得增值税专用发票注明的价款49.23万元,增值税6.4万元,材料已经验收入库,款项尚未支付。

(2)购进低值易耗品一批,取得增值税专用发票注明的价款6.1538万元,增值税0.8万元,款项已经支付,低值易耗品尚未验收入库。

(3)销售机床给甲公司,开出增值税专用发票,价款110.77万元,税款14.4万元;同时收取包装物押金3.51万元。

(4)将产品投资入股20万元(成本价),该企业没有同类产品售价,适用成本利润率为10%。

(5)销售2010年1月购入的一台设备,取得全部销售收入2.34万元。

(6)该企业附设一非独立核算的维修部,取得产品维修费全部收入1.17万元。

1. 本月销售给甲公司的机床应计提增值税销项税额( )元。
   A. 5 100   B. 144 000
   C. 158 100   D. 158 967

解析 本题考查增值税的计算。包装物押金在收取时不征收增值税。增值税销项税额=14.4（万元）。 **答案** B

2. 本月允许抵扣的增值税进项税额为（　　）元。
   A. 64 000 B. 68 000
   C. 72 000 D. 85 000

   解析 本题考查增值税的计算。增值税进项税额=6.4+0.8=7.2（万元）。 **答案** C

3. 视同销售的投资入股产品的增值税计税价格为（　　）元。
   A. 20 000 B. 220 000
   C. 240 000 D. 260 000

   解析 本题考查增值税的计算。自产自用组成计税价格=成本×（1+成本利润率）=20×（1+10%）=22（万元）。 **答案** B

4. 销售设备应计提增值税销项税额（　　）元。
   A. 450 B. 681
   C. 900 D. 2 692

   解析 本题考查增值税的计算。设备于2010年1月购入，购入时进项税额已抵扣，出售时按13%税率计算缴纳增值税。应计提的增值税销项税额=2.34/（1+13%）×13%=0.269 2（万元）。 **答案** D

5. 本月应缴纳增值税（　　）元。
   A. 103 900.00 B. 104 354.37
   C. 105 300.00 D. 104 638.00

   解析 本题考查增值税的计算。业务（1）的进项税额为6.4万元。业务（2）的进项税额为0.8万元。业务（3）的销项税额为14.4万元。业务（4）的销项税额=22×13%=2.86（万元）。业务（5）的销项税额为0.269 2万元。业务（6）的销项税额为1.17/（1+13%）×13%=0.134 6（万元）。本月应缴纳增值税=14.4+2.86+0.269 2+0.134 6-6.4-0.8=10.463 8（万元）。 **答案** D

（三）

某县服装厂系增值税一般纳税人，2019年6月份发生如下经济业务：

(1) 购进布料一批，取得的增值税专用发票上注明价款369.23万元、税额48万元；购进生产设备两台，取得的增值税专用发票上注明价款24.62万元、税额3.2万元；取得甲运输公司开具的增值税专用发票上注明运费0.556万元、税额0.05万元；购进新建仓库用钢材，取得的增值税专用发票上注明价款73.846万元、税额9.6万元，同时取得乙运输公司开具的增值税专用发票上注明运费2.222万元、税额0.2万元。

(2) 本月销售服装，开具的增值税专用发票注明价款合计1 000万元，该厂门市部直接销售给消费者个人服装，收取现金合计11.7万元。

(3) 本月将自产新款服装一批交给工会组织作为职工福利，该批服装生产成本25万元，市场不含税售价为40万元。

(4) 本月对外临时出租仓库两间，一次性收取不含税租金收入10万元。

1. 该服装厂当月增值税进项税额为（　　）万元。
   A. 54.40 B. 54.45
   C. 64.60 D. 61.05

   解析 本题考查增值税进项税额。根据现行规定，当月增值税进项税=48+3.2+0.05+9.6+0.2=61.05（万元）。 **答案** D

2. 该服装厂当月增值税销项税额为（　　）万元。
   A. 147.9 B. 170.8
   C. 171.7 D. 137.45

   解析 本题考查增值税销项税额。根据现行规定，当月增值税销项税额=1 000×13%+11.7/（1+13%）×13%+40×13%+10×9%=137.45（万元）。 **答案** D

3. 该服装厂当月应缴纳增值税（　　）万元。
   A. 107.11 B. 117.24
   C. 117.30 D. 76.4

   解析 本题考查增值税的计算。根据现行规定，当月应纳增值税=137.45-61.05=

76.4(万元)。 **答案** D

4. 下列说法符合现行税法规定的有( )。
   A. 由于我国目前实行的是生产型增值税，所以该服装厂购进生产设备支付的增值税额不能作为进项税额抵减销项税额
   B. 该服装厂外购货物取得运输公司开具的增值税专用发票上注明的税额均作为当期进项税额，准予抵扣销项税额
   C. 该服装厂通过门市部对外销售取得的现金收入也要作为应税收入，按照规定计算缴纳增值税
   D. 该服装厂当月对外出租仓库取得的收入应按照有形动产租赁业务计算缴纳增值税

解析 本题考查增值税的计税依据。选项A错误，我国目前实行的是消费型增值税，购进固定资产所发生的增值税额可以作为进项税额进行抵扣。选项D错误，按照现行规定，出租仓库取得的收入应按照不动产租赁业务计算缴纳增值税。 **答案** BC

同步系统训练

一、单项选择题

1. 关于增值税征收范围的说法，正确的是( )。
   A. 将购买的货物分配给股东，应征收增值税
   B. 集邮商品的生产、调拨和销售，不征收增值税
   C. 缝纫不征收增值税
   D. 银行销售金银，不征收增值税

2. 下列行为中，不属于视同销售货物缴纳增值税范畴的是( )。
   A. 将自产货物用于集体福利
   B. 将购买的货物用于个人消费
   C. 将委托加工的货物分配给投资者
   D. 将自产的货物作为投资

3. 航空运输企业将飞机在约定的时间内出租给他人使用，不配备机组人员，不承担运输过程中发生的各项费用，只收取固定租赁费的业务活动，按照( )缴纳增值税。
   A. 经营租赁服务   B. 航空运输服务
   C. 融资租赁服务   D. 通用航空服务

4. 关于增值税制中的租赁服务的说法，错误的是( )。
   A. 融资租赁业务中，出租人决定是否将租赁物销售给承租人
   B. 融资性售后回租按照融资租赁服务缴纳增值税
   C. 将建筑物、构筑物等不动产或飞机、车辆等有形动产的广告位出租给其他单位或个人用于发布广告，按照经营租赁服务缴纳增值税
   D. 车辆停放服务、道路通行服务等按照不动产经营租赁服务缴纳增值税

5. 关于增值税制中的金融服务的说法，错误的是( )。
   A. 适用6%税率
   B. 金融服务包括贷款服务、直接收费金融服务、保险服务、金融商品转让等
   C. 融资性售后回租业务取得的利息等收入按照金融商品转让缴纳增值税
   D. 以货币资金投资收取的固定利润或者保底利润按照贷款服务缴纳增值税

6. 关于增值税税率的说法，错误的是( )。
   A. 纳税人提供建筑服务，税率为9%
   B. 纳税人销售不动产，税率为9%
   C. 纳税人提供生活服务，税率为6%
   D. 纳税人提供不动产租赁服务，税率为13%

7. 增值税纳税人兼营销售不同税率的货物的，关于其适用税率的说法正确的是( )。
   A. 销售额未分别核算的，适用平均税率
   B. 销售额未分别核算的，适用最高税率
   C. 销售额未分别核算的，由税务机关确定

适用税率

D. 不论销售额是否分别核算,均适用最高税率

8. 某生产企业为增值税一般纳税人,主要生产钢材。2020年2月份对部分资产进行处理:销售已使用3年的机器设备,取得收入5 100元(原值为10 000元);销售自己使用过的应缴消费税的摩托车1辆(2012年12月购入),取得收入14 000元(原值为20 000元);销售给小规模纳税人一批钢材,取得收入35 000元。该企业上述经济业务应纳增值税( )元。(以上收入均为含税收入)

A. 4 456.34　　　B. 4 100.00
C. 4 885.12　　　D. 4 860.68

9. 小规模纳税人销售旧货的增值税处理,正确的是( )。

A. 按3%征收率征收增值税
B. 依3%征收率减按2%征收增值税
C. 依3%征收率减半征收增值税
D. 依3%征收率减按1%征收增值税

10. 某企业(增值税小规模纳税人)于2019年2月将一辆自己使用过的小轿车(2015年1月购入,原价16万元)以10万元的价格售出,不考虑其他事项和优惠政策,关于应缴纳增值税的计算正确的是( )。

A. 10×2%　　　B. 10/(1+3%)×2%
C. 16×2%　　　D. 16/(1+3%)×2%

11. 下列选项中,其进项税额可以从销项税额中抵扣的是( )。

A. 企业由于资产评估减值而发生流动资产损失,流动资产未丢失或损坏,只是由于市场发生变化,价格降低,价值量减少
B. 发生非正常损失的不动产所耗用的设计服务
C. 购进的贷款服务、餐饮服务、居民日常服务和娱乐服务
D. 纳税人接受贷款服务向贷款方支付的与该笔贷款直接相关的投融资顾问费、手续费、咨询费等

12. 某工业企业为增值税小规模纳税人,2019年6月外购原材料,收到销货方开具的增值税专用发票上注明的税款为3.2万元,当月销售商品25万元(不含税)。该企业当月应纳增值税( )万元。

A. 0.85　　　B. 1.5
C. 0.75　　　D. 4.25

13. 关于全面推开营改增试点实施后小规模纳税人按简易方法计税规定的说法,错误的是( )。

A. 小规模纳税人跨县(市)提供建筑服务,以取得的全部价款和价外费用为销售额,按3%征收率计算增值税应纳税额
B. 小规模纳税人销售自建的不动产,以取得的全部价款和价外费用为销售额,按照5%的征收率计算应纳税额
C. 房地产开发企业中的小规模纳税人,销售自行开发的房地产项目,按照5%的征收率计税
D. 其他个人出租其取得的不动产(不含住房),应按5%的征收率计算应纳税额

14. 某广告设计公司为增值税一般纳税人,2019年9月承接一项广告业务,收取含增值税设计费20 000元,同时收取含增值税的广告发布手续费18 000元。该业务的销项税额为( )元。

A. 1 132.08　　　B. 1 200
C. 2 150.94　　　D. 2 280

15. 某日用百货商店为小规模纳税人,2019年5月份采用"以旧换新"方式销售彩电,收到货款80 000元,并注明已扣除旧货的折价30 000元,不考虑其他事项和优惠政策,则该日用百货商店当月应纳增值税( )元。

A. 2 330.1　　　B. 2 400
C. 3 203.88　　　D. 15 982.9

16. 关于增值税计税依据的说法,错误的是( )。

A. 试点纳税人中的一般纳税人提供客运

场站服务，以取得的全部价款和价外费用，扣除支付给承运方运费后的余额为销售额

B. 试点纳税人提供旅游服务，以取得的全部价款和价外费用为销售额

C. 房地产开发企业中的一般纳税人销售其开发的房地产项目，以取得的全部价款和价外费用，扣除受让土地时向政府部门支付的土地价款后的余额为销售额

D. 销售额以人民币计算，以外币结算销售额的应折合成人民币计算

17. 2020年2月，某酒厂销售粮食白酒和啤酒给副食品公司，其中白酒开具增值税专用发票，收取不含税价款80 000元，另外收取包装物押金3 200元；啤酒开具普通发票，收取的价税合计25 400元，另外收取包装物押金2 000元。副食品公司按合同约定，于同年7月将白酒、啤酒包装物全部退还给酒厂，并取回全部押金。就此项业务，该酒厂2020年2月增值税销项税额应为(　　)元。

A. 15 290.60　　B. 13 690.27
C. 17 918　　　D. 18 046.15

18. 关于增值税纳税义务发生时间的说法，错误的是(　　)。

A. 销售服务、无形资产或不动产，未签订书面合同或书面合同未确定付款日期的，为收到销售款的当天

B. 提供租赁服务采取预收款方式的，为收到预收款的当天

C. 从事金融商品转让的，为金融商品所有权转移的当天

D. 纳税人发生视同销售服务、无形资产或不动产行为的，为服务、无形资产转让完成的当天或不动产权属变更的当天

19. 关于增值税纳税地点的说法，错误的是(　　)。

A. 其他个人销售不动产，应向不动产所在地主管税务机关申报纳税

B. 其他个人提供建筑服务，应向建筑服务发生地主管税务机关申报纳税

C. 其他个人租赁不动产，应向机构所在地主管税务机关申报纳税

D. 其他个人转让自然资源使用权，应向自然资源所在地主管税务机关申报纳税

20. 下列行为中，不属于免征增值税范围的是(　　)。

A. 边销茶生产企业销售自产的边销茶收入

B. 社会团体开展经营服务性活动取得的其他收入

C. 社会团体收取的会费

D. 采取转包方式将承包地流转给农业生产者用于农业生产的

21. 下列商品中，不属于消费税征税范围的是(　　)。

A. 原电池　　　B. 酒精
C. 成品油　　　D. 高尔夫球杆

22. 下列行为应同时征税增值税和消费税的是(　　)。

A. 批发环节销售啤酒

B. 零售环节销售金基合金首饰

C. 生产环节销售普通护肤护发产品

D. 进口环节取得外国政府捐赠小汽车

23. 企业生产的下列消费品，无须缴纳消费税的是(　　)。

A. 卷烟企业生产的用于连续生产卷烟的烟丝

B. 化妆品企业生产的用于交易会样品的高档化妆品

C. 汽车企业生产的用于本企业管理部门的轿车

D. 地板企业生产的用于装修本企业办公室的实木地板

24. 关于消费税税率的说法，错误的是(　　)。

A. 纳税人兼营不同税率的应税消费品，未分别核算各自的销售额或销售数量的，按加权平均税率征税

B. 纳税人将应税消费品与非应税消费品组成成套应税消费品销售的，根据组合

产制品的销售金额按应税消费品税率征税

C. 纳税人将适用不同税率的应税消费品组成成套应税消费品销售的,根据组合产制品的销售金额按应税消费品中适用最高税率的消费品税率征税

D. 纳税人兼营卷烟批发和零售业务未分别核算批发和零售环节销售额、销售数量的,按全部销售额、销售数量计征批发环节消费税

25. 纳税人因销售应税消费品而收取的包装物押金,正确的计税方法是( )。
   A. 啤酒的包装物押金收取时征收增值税
   B. 啤酒的包装物押金征收消费税
   C. 黄酒的包装物押金征收消费税
   D. 白酒的包装物押金既征收增值税,又征收消费税

26. 下列情况属于委托加工应税消费品的是( )。
   A. 由受托方提供原材料生产的应税消费品
   B. 由受托方以委托方名义购进原材料生产的应税消费品
   C. 受托方先将原材料卖给委托方,然后再接受加工的应税消费品
   D. 由委托方提供原材料和主要材料,受托方只收取加工费和代垫部分辅助材料加工的应税消费品

27. 进口卷烟的消费税组成计税价格为( )。
   A. (关税完税价格+关税)/(1-进口卷烟消费税适用比例税率)
   B. (关税完税价格+关税)/(1+进口卷烟消费税适用比例税率)
   C. (关税完税价格+关税+消费税定额税)/(1+进口卷烟消费税适用比例税率)
   D. (关税完税价格+关税+消费税定额税)/(1-进口卷烟消费税适用比例税率)

28. 关于消费税计税依据的说法,错误的是( )。
   A. 酒类生产企业向商业销售单位收取的"品牌使用费"应缴纳消费税
   B. 用于投资入股的自产应税消费品,按同类产品的平均销售价格缴纳消费税
   C. 用于抵偿债务的自产应税消费品,按同类产品的最高销售价格缴纳消费税
   D. 自产自用应税消费品按同类消费品的销售价格或组成计税价格缴纳消费税

29. 某公司 2019 年 6 月进口 10 箱卷烟(5 万支/箱),经海关审定,关税完税价格 22 万元/箱,关税税率 50%,消费税税率 56%,定额税率 150 元/箱。6 月该公司进口环节应纳消费税( )万元。
   A. 1 183.64   B. 420.34
   C. 288.88   D. 100.80

30. 纳税人采取赊销和分期收款结算方式销售应税消费品,消费税纳税义务发生时间为( )。
   A. 销售合同签订的当天
   B. 取得全部价款的当天
   C. 每一期收取货款的当天
   D. 销售合同约定的收款日期的当天

31. 消费税纳税人采取预收货款结算方式销售货物的,纳税义务的发生时间为( )。
   A. 发出应税消费品的当天
   B. 合同约定的收款日期的当天
   C. 收到代销单位代销清单的当天
   D. 收讫销售额或取得销售额凭据的当天

32. 某公司从国外进口一批货物共计 1 000 吨,成交价格为 FOB 伦敦 10 万英镑/吨,已知单位运费为 0.1 万英镑,保险费率为 0.3%,填发税款缴款书当日的外汇买卖中间价为:1 英镑=11.500 元人民币。已知该批货物的税率为 15%,则该公司进口货物需要缴纳关税( )万元人民币。
   A. 17 456.82   B. 17 474.77
   C. 15 832.56   D. 15 332.63

33. 某贸易公司经海关批准暂时出境一批展览会使用的货物,出境时向海关缴纳了相当于应纳税款的保证金,并于7个月后复运进境。关于该批货物关税的说法,

正确的是( )。

A. 不缴纳关税

B. 缴纳关税

C. 属于特定减免税范围

D. 属于法定减免税范围

34. 关于关税征收管理的说法,错误的是( )。

A. 关税纳税人因不可抗力而不能按期缴纳税款的,经海关总署批准,可以延期缴纳税款,但最长不得超过6个月

B. 关税纳税人自海关填发缴款书之日起超过3个月仍未缴纳税款的,经海关关长批准,海关可以采取强制措施

C. 进出口货物、进出境物品放行后,海关发现少征或漏征税款的,应当自缴纳税款或货物放行之日起1年内,向纳税人补征

D. 因纳税人违反规定而造成的少征或漏征的税款,自纳税人应缴纳税款之日起5年内可以追征,并加收滞纳金

35. 关于关税退还的说法,错误的是( )。

A. 海关多征的税款,发现后应在1个月内退还

B. 已征进口关税的货物,因品质或规格原因,原状退货复运出境的,纳税人自缴纳税款之日起1年内,可以书面方式申请退还关税

C. 海关应当自受理退税申请之日起30日内查实并通知纳税人办理退税手续

D. 纳税人应当自收到海关退税通知之日起3个月内办理有关退税手续

二、多项选择题

1. 关于增值税纳税人和扣缴义务人的说法,正确的有( )。

A. 企业租赁或承包给他人经营的,以承租人或承包人为纳税人

B. 境外的单位或个人在境内提供应税劳务,在境内未设有经营机构的,以其境内代理人为扣缴义务人

C. 境外的单位或个人在境内发生应税行为(不含应税劳务),在境内未设有经营机构的,以购买方为扣缴义务人

D. 境外的单位或个人在境内提供应税劳务,在境内未设有经营机构且无代理人的,以购买方为扣缴义务人

E. 两个或两个以上的纳税人,经主管税务机关批准可视为一个纳税人合并纳税

2. 以下不属于增值税制中的金融商品转让的有( )。

A. 转让外汇的所有权

B. 转让货物期货的所有权

C. 转让金融衍生品的所有权

D. 纳税人购入基金、信托、理财产品等各类资产管理产品持有至到期

E. 转让基金、信托的所有权

3. 关于增值税征税范围的说法,正确的有( )。

A. 航空运输的湿租业务按航空运输服务缴纳增值税

B. 航天运输服务按照航空运输服务缴纳增值税

C. 航空运输的干租业务按航空运输服务缴纳增值税

D. 无运输工具承运业务按照交通运输服务缴纳增值税

E. 水路运输的光租业务按照水路运输服务缴纳增值税

4. 按照现行增值税制的规定,以下需要按照居民日常服务缴纳增值税的有( )。

A. 家政   B. 婚庆

C. 救助救济   D. 摄影扩印

E. 台球、高尔夫球

5. 增值税一般纳税人销售下列服务,适用于9%税率的有( )。

A. 基础电信服务   B. 增值电信服务

C. 信息技术服务   D. 出租有形动产

E. 交通运输服务

6. 以下适用依3%征收率减按2%征收增值税的有( )。

A. 一般纳税人销售自己使用过的2008年

12月31日以前购入的除固定资产以外的物品

B. 一般纳税人销售自己使用过的固定资产

C. 一般纳税人销售旧货

D. 小规模纳税人销售自己使用过的固定资产

E. 小规模纳税人销售旧货

7. 全面推开营改增试点实施后，一般纳税人发生下列（　　）等应税行为可以选择按简易计税方法按照3%的征收率计算缴纳增值税。

A. 公共交通运输服务

B. 经认定的动漫企业开发动漫产品提供的形象设计、背景设计等服务

C. 电影放映服务、仓储服务、装卸搬运服务

D. 纳入营改增试点之日后通过经营租赁取得的无形资产使用权

E. 非企业性单位中的一般纳税人提供技术转让、技术开发服务

8. 甲企业销售给乙企业一批货物，约定在当月支付货款，至月底乙企业因资金紧张无法支付，经双方协商，乙企业用自产的产品抵顶货款，双方按规定互开专用发票，则下列税务处理中，错误的有（　　）。

A. 甲企业应作购销处理，核算销售额和购进额，并计算销项税额和进项税额

B. 乙企业应作购销处理，核算销售额和购进额，并计算销项税额和进项税额

C. 甲企业收到乙企业抵顶货款的货物不应作购货处理

D. 乙企业发出抵顶货款的货物不应作销售处理，不应计算销项税额

E. 甲、乙双方发出货物都作销售处理，但收到货物所含增值税额一律不能计入进项税额

9. 关于增值税计税依据的说法，正确的有（　　）。

A. 经营金融保险业务的机构发放贷款后，自结算日起90天内发生的应收未收利息按现行规定缴纳增值税

B. 直接收费金融服务以提供服务收取的手续费、佣金、酬金、转托管费等费用为销售额

C. 金融商品转让，以卖出价扣除买入价的余额为销售额

D. 转让金融商品出现的正负差，按盈亏相抵后的余额为销售额

E. 金融商品转让，可以开具增值税专用发票

10. 关于增值税纳税义务发生时间的说法，正确的有（　　）。

A. 纳税人提供有形动产租赁服务采取预收款方式的，纳税义务发生时间为收到预收款的当天

B. 纳税人采取委托银行收款方式销售货物的，纳税义务发生时间为银行收到货款的当天

C. 纳税人采取赊销和分期收款方式且合同规定收款日期的，纳税义务发生时间为收到货款的当天

D. 纳税人采取预收货款方式销售货物的，纳税义务发生时间为货物发出的当天

E. 纳税人采取托收承付方式销售货物的，纳税义务发生时间为发出货物并办妥托收手续的当天

11. 下列各项中，免征增值税的有（　　）。

A. 农业生产者销售的自产农产品

B. 直接用于科学研究、科学试验和教学的进口仪器、设备

C. 外国政府、国际组织无偿援助的进口物资和设备

D. 由残疾人的组织直接进口供残疾人专用的物品

E. 将自产货物用于集体福利

12. 一般纳税人有下列（　　）等情形的，应按销售额依照增值税税率计算应纳税额，不得抵扣进项税额，也不得使用增值税专用发票。

A. 使用税控装置

B. 会计核算不健全

C. 不能提供准确税务资料

D. 会计制度健全，但将计算机输出的书面会计分录作为会计账簿

E. 符合一般纳税人条件，但不申请办理一般纳税人认定手续

13. 关于卷烟消费税适用税率的说法，错误的有（　　）。

A. 残次品卷烟一律按照卷烟最高税率征税

B. 自产自用卷烟一律按照卷烟最高税率征税

C. 烟丝适用比例税率

D. 甲类卷烟适用复合税率

E. 卷烟由于改变包装等原因提高销售价格，应按照新的销售价格确定征税类别和适用税率

14. 下列应税消费品中，准予扣除外购已税消费品已纳消费税的有（　　）。

A. 以已税高档化妆品生产的高档化妆品

B. 以已税鞭炮、焰火生产的鞭炮、焰火

C. 以外购的已税木制一次性筷子为原料生产的木制筷子艺术品

D. 以外购的已税汽油、柴油为原料连续生产的汽油、柴油

E. 以已税石脑油为原料生产的应税消费品

15. 用委托加工收回的应税消费品连续生产应税消费品，允许扣除委托加工收回应税消费品已纳消费税税款的有（　　）。

A. 用委托加工收回的已税烟丝连续生产卷烟

B. 用委托加工收回的已税高档化妆品连续生产高档化妆品

C. 用委托加工收回的已税高档手表连续生产镀金高档手表

D. 用委托加工收回的已税珠宝玉石连续生产贵重首饰及珠宝玉石

E. 以委托加工收回的已税实木地板为原料生产的实木地板

16. 关于消费税组成计税价格的说法，正确的有（　　）。

A. 自产自用化妆品的组成计税价格＝（成本+利润）/（1-消费税比例税率）

B. 委托加工白酒的组成计税价格＝（材料成本+加工费）/（1-消费税比例税率）

C. 进口卷烟的组成计税价格＝（关税完税价格+关税+消费税定额税）/（1-进口卷烟消费税比例税率）

D. 自产自用小汽车的组成计税价格＝（成本+利润）/（1-消费税比例税率）

E. 进口涂料的组成计税价格＝（关税完税价格+关税）/（1-消费税比例税率）

17. 关于消费税纳税义务发生时间的说法，正确的有（　　）。

A. 自产自用应税消费品，为该货物生产的当天

B. 进口应税消费品，为报关进口的当天

C. 委托加工应税消费品，为纳税人提货的当天

D. 采取分期收款结算方式的，为发出货物的当天

E. 采取预收货款结算方式的，为发出应税消费品的当天

18. 关于关税制度的说法，正确的有（　　）。

A. 进口货物完税价格的确定首先应按相同货物成交价格估算

B. FOB 是成本加运费价格的简称

C. 无商业价值的货样免征关税

D. CFR 是到岸价格的简称

E. CIF 是成本加运费、保险费价格的简称

19. 关于关税完税价格的说法，正确的有（　　）。

A. 确定关税完税价格必须以货物的实际成交价格为基础

B. 关税完税价格是纳税人申报的价格

C. 经海关批准留购的暂时进境货物，以海关审查确定的留购价格作为完税价格

D. 出口货物的完税价格包括货物运至我

国境内输出地点装载前的运输及相关费用、保险费

E. 以 CIF 成交的进口货物，如果申报价格符合规定的成交价格条件，则可直接计算出税款

20. 以下适用特定减免关税规定的有（　　）。
A. 科教用品
B. 交易会中使用的货物
C. 保税区进出口货物
D. 外商投资项目进口设备
E. 边境贸易进口物资

三、案例分析题

（一）

北京某货运公司（增值税一般纳税人）2020 年 6 月份发生如下业务：

(1) 购入新载货车，取得增值税专用发票注明税额 5.1 万元。
(2) 购买成品油，取得增值税专用发票注明税额 4.25 万元。
(3) 购买材料、低值易耗品，支付动力费用，取得增值税专用发票注明税额 5.92 万元。
(4) 修理载货车，取得增值税专用发票注明税额 2.34 万元。
(5) 货运业务取得含税收入 116.55 万元。
(6) 提供装卸搬运服务取得含税收入 12.72 万元。
(7) 经营性出租载货车（不配司机）业务取得含税收入 70.2 万元（租赁合同约定每月租赁费 23.4 万元）。
(8) 销售旧载货车（2010 年 3 月购入），取得含税收入 20.8 万元。

1. 该货运公司当月可抵扣进项税额（　　）万元。
A. 10.17　　　　B. 11.69
C. 15.72　　　　D. 17.61
2. 该货运公司当月销项税额为（　　）万元。
A. 16.08　　　　B. 18.42
C. 22.88　　　　D. 23.27
3. 该货运公司当月销售旧载货车业务应纳增值税（　　）万元。
A. 0　　　　　　B. 0.41
C. 0.40　　　　D. 0.42
4. 该货运公司当月应纳增值税（　　）万元。
A. 0　　　　　　B. 0.8
C. 1.21　　　　D. 3.66
5. 关于该货运公司涉税业务的说法，正确的有（　　）。
A. 购入的新载货车属于固定资产，不能抵扣进项税额
B. 货运和装卸搬运服务均按 9% 税率计算销项税额
C. 销售旧载货车需按一般计税方法征税
D. 经营性出租载货车应按 13% 税率缴纳增值税

（二）

某商业零售企业为增值税一般纳税人，2020 年 5 月发生如下业务：

(1) 采取以旧换新方式销售玉石首饰一批，旧首饰作价 78 万元，实际收取新旧首饰差价款共计 90 万元；采取以旧换新方式销售原价 3 500 元的金项链 200 件，每件收取差价 1 500 元。
(2) 销售 1 500 件电子出版物给某单位，不含税价 500 元/件，开具增值税专用发票。
(3) 接受当地甲运输企业（一般纳税人）运输服务，取得增值税专用发票上注明的运费 30 万元。
(4) 因仓库保管不善，上月从一般纳税人企业购进的产品损毁，账面价值 30 万元，其中运费成本 4 万元（当地一般纳税人运输企业提供运输服务，开具增值税专用发票），进项税均已经于上月抵扣。

1. 销售玉石首饰和金项链的销项税额为（　　）万元。
A. 22.64　　　　B. 22.78
C. 24.32　　　　D. 26.48
2. 销售电子出版物的销项税额为（　　）万元。
A. 6.75　　　　B. 9.02
C. 9.75　　　　D. 9.84

3. 接受当地甲运输企业运输服务的进项税额为( )万元。
   A. 1.8   B. 2.0
   C. 2.5   D. 2.7
4. 企业当月应转出进项税额( )万元。
   A. 3.74   B. 2.45
   C. 3.25   D. 4.05
5. 企业当月应缴纳增值税( )万元。
   A. 20.36 B. 23.45
   C. 30.57 D. 40.08

（三）

某日化厂为增值税一般纳税人，2020年8月发生以下业务：

(1) 生产成套高档化妆品礼品盒1 000套全部售出，不含税销售单价为每套90元，外购原材料70 000元，取得增值税专用发票，注明税款9 100元。

(2) 三八妇女节发给本厂职工一批自产高档化妆品，该批产品成本为10 000元，该企业无同类产品的销售价格。

(3) 将自产的高档化妆品向某美容院长期投资，该批产品成本为60 000元，该企业无同类产品销售价格。

(4) 本月进口一批高档化妆品，关税完税价格14 000元。

已知：化妆品的全国平均成本利润率为10%，关税税率为50%，消费税税率为15%。

1. 该企业自产自用和投资用的产品合计应纳消费税( )元。
   A. 10 500.42   B. 11 550.24
   C. 13 588.24   D. 21 000.62
2. 该企业进口产品合计应纳消费税和增值税( )元。
   A. 3 705.88   B. 4 200
   C. 6 917.64   D. 24 705.88
3. 该企业业务(1)合计应纳增值税和消费税( )元。
   A. 1 600   B. 3 400
   C. 16 100   D. 28 800

（四）

北京某酒厂为增值税一般纳税人，2020年3月从农业生产者手中收购粮食40吨，每吨收购价2 000元，取得农产品收购发票，用于加工白酒(本月未领用)。酒厂本月销售粮食白酒8吨，每吨售价1.5万元(不含税)，收取包装物押金1万元，于一年后退还。销售过程中支付运费1万元，取得运输单位开具的增值税专用发票。粮食白酒的消费税定额税率为每500克0.5元，比例税率为20%。

1. 酒厂收购粮食准予抵扣进项税额( )元。
   A. 73 600   B. 10 400
   C. 7 200   D. 0
2. 销售粮食白酒应纳消费税( )元。
   A. 33 769.91 B. 32 000
   C. 24 000   D. 8 000
3. 酒厂销售粮食白酒应计提增值税销项税额( )元。
   A. 16 860   B. 15 500
   C. 16 750.44 D. 14 400
4. 酒厂当期应纳增值税( )元。
   A. 12 400   B. 8 650.44
   C. 10 353   D. 8 900
5. 下列说法正确的有( )。
   A. 企业销售过程中发生的运输费用一律不得抵扣进项税额
   B. 本月发生的运输费用准予按9%税率抵扣进项税额
   C. 酒厂以1个月为纳税期的，自期满之日起15日内申报纳税
   D. 酒厂作为固定业户应向其机构所在地主管税务机关申报纳税

同步系统训练参考答案及解析

一、单项选择题

1. A 【解析】本题考查增值税征收范围。集邮商品的生产、调拨和销售，银行销售金银的业务，缝纫，都要征收增值税。

2. B 【解析】本题考查增值税的征税范围。选项B，外购货物的进项税额不得抵扣，已抵扣的要做进项税额转出处理。

3. A 【解析】本题考查增值税的征税范围。航空运输的干租业务，属于经营租赁。干租业务是指航空运输企业将飞机在约定的时间内出租给他人使用，不配备机组人员，不承担运输过程中发生的各项费用，只收取固定租赁费的业务活动。

4. B 【解析】本题考查增值税的征税范围。融资性售后回租按照贷款服务缴纳增值税。

5. C 【解析】本题考查增值税的征税范围。融资性售后回租业务取得的利息等收入按照贷款服务缴纳增值税。

6. D 【解析】本题考查增值税的税率。选项D错误，纳税人提供不动产租赁服务，税率为9%。

7. B 【解析】本题考查增值税的税率。增值税纳税人兼营不同税率的货物或者应税劳务，应当分别核算不同税率货物或应税劳务的销售额，未分别核算销售额的，从高适用税率。

8. C 【解析】本题考查增值税的征收率。销售已使用3年的机器设备，外购进项税额已经抵扣，按适用税率计算缴纳增值税。销售自己使用过的应缴消费税的摩托车，由于自2013年8月1日起，纳税人购入的自用的应征消费税的摩托车、汽车、游艇，允许抵扣进项税额，该摩托车于2012年12月购入，进项税额未抵扣，因此应按简易办法依3%征收率减按2%征收增值税。销售给小规模纳税人的钢材应按销售货物13%税率征收增值税。应纳增值税 = 5 100÷(1+13%)×13% + 14 000÷(1+3%)×2% + 35 000÷(1+13%)×13% = 4 885.12(元)。

9. B 【解析】本题考查增值税的税率。小规模纳税人销售旧货，依3%征收率减按2%征收增值税。

10. B 【解析】本题考查增值税的征收率。小规模纳税人销售自己使用过的固定资产，减按2%征税率缴纳增值税。

11. A 【解析】本题考查增值税的计算。根据规定，企业由于资产评估减值而发生流动资产损失，流动资产未丢失或损坏，只是由于市场发生变化，价格降低，价值量减少，不属于非正常损失，不作进项税额转出处理。

12. C 【解析】本题考查增值税的计算。小规模纳税人销售货物或应税劳务，按照销售额和规定的征收率3%计算应纳税额，不得抵扣进项税额。所以应纳增值税 = 25×3% = 0.75(万元)。

13. A 【解析】本题考查增值税的计算。选项A错误，小规模纳税人跨县(市)提供建筑服务，以取得的全部价款和价外费用扣除支付分包款后的余额为销售额，按3%征收率计算增值税应纳税额。

14. C 【解析】本题考查增值税的计算。销项税额 = (20 000 + 18 000)÷(1+6%)×6% = 2 150.94(元)。

15. C 【解析】本题考查增值税的计税依据。增值税纳税人采用以旧换新方式销售货物(金银首饰除外)的，按新货物的同期销售价格确定销售额，不得扣减旧货物的收购价格。应纳增值税 = (80 000 + 30 000)/(1+3%)×3% = 3 203.88(元)。

16. B 【解析】本题考查增值税的计税依据。选项B错误，试点纳税人提供旅游服务，销售额＝全部价款＋价外费用－向旅游服务购买方收取并支付给其他单位或个人的住宿费、餐饮费、交通费、签证费、门票费－支付给其他接团旅游企业的旅游费用。

17. B 【解析】本题考查增值税的计税依据。销售除啤酒、黄酒外的其他酒类产品而收取的包装物押金，无论是否返还都应并入当期销售额征收增值税。包装物押金为含税收入。啤酒的包装物押金未逾期，不征收增值税。因此，白酒销售额＝80 000＋3 200/（1＋13%）＝82 831.86（元）；啤酒销售额＝25 400/（1＋13%）＝22 477.88（元）；5月销项税额＝（82 831.86＋22 477.88）×13%＝13 690.27（元）。

18. A 【解析】本题考查增值税的纳税义务发生时间。选项A错误，销售服务、无形资产或不动产，未签订书面合同或书面合同未确定付款日期的，为服务、无形资产转让完成的当天或不动产权属变更的当天。

19. C 【解析】本题考查增值税的纳税地点。其他个人租赁不动产，应向不动产所在地主管税务机关申报纳税。

20. B 【解析】本题考查增值税的减免。社会团体开展经营服务性活动取得的其他收入，一律照章缴纳增值税。

21. B 【解析】本题考查消费税的征税范围。消费税税目：烟、酒、化妆品、贵重首饰及珠宝玉石、鞭炮、焰火、成品油、摩托车、小汽车、高尔夫球及球具、高档手表、游艇、木制一次性筷子、实木地板、电池、涂料。

22. B 【解析】本题考查增值税和消费税的征税范围。批发环节销售的啤酒不征消费税。普通护肤护发品不征消费税。外国政府、国际组织无偿援助的进口物资和设备免征关税、增值税、消费税。

23. A 【解析】本题考查消费税的征税范围。纳税人自产自用的应税消费品，用于连续生产应税消费品的，不纳税；用于其他方面的，于移送使用时纳税。用于其他方面是指纳税人用于生产非应税消费品、管理部门、非生产机构、提供劳务以及用于馈赠、赞助、集资、广告、样品、职工福利、奖励等方面的应税消费品。选项B、C、D均是将应税消费品用于其他方面，应于移送使用时纳税。

24. A 【解析】本题考查消费税的税率。选项A错误，纳税人兼营不同税率的应税消费品，未分别核算各自的销售额或销售数量的，按最高税率征税。

25. D 【解析】本题考查消费税的计税依据。啤酒、黄酒的包装物押金收取时不征增值税，逾期时征收增值税；无论是否逾期，均不征收消费税。销售白酒而收取的包装物押金，无论是否返还及会计上如何核算，均应并入当期销售额征收增值税、消费税。

26. D 【解析】本题考查消费税的计税依据。委托加工应税消费品是指由委托方提供原料和主要材料，受托方只收取加工费和代垫部分辅助材料加工的应税消费品。

27. D 【解析】本题考查消费税的计税依据。进口卷烟消费税组成计税价格＝（关税完税价格＋关税＋消费税定额税）/（1－进口卷烟消费税适用比例税率）。

28. B 【解析】本题考查消费税的计税依据。选项B错误，纳税人自产的应税消费品用于换取生产资料和消费资料，投资入股和抵偿债务等方面，应当按纳税人同类应税消费品的最高销售价格作为计税依据。

29. B 【解析】本题考查消费税的计算。进口卷烟组成计税价格＝（关税完税价格＋关税＋消费税定额税）/（1－进口卷烟消费税适用比例税率）＝10×（22＋22×50%＋0.015）/（1－56%）＝750.34（万元），应纳消费税＝750.34×56%＋0.015×10＝420.34（万元）。

30. D 【解析】本题考查消费税的征收管理。采取赊销和分期收款结算方式的，消费税纳税义务发生时间为书面合同约定的收款日期的当天，书面合同没有约定收款日期或无书面合同的，为发出应税消费品的当天。

31. A 【解析】本题考查消费税的征收管理。采取预收货款结算方式销售货物的，消费税纳税义务发生时间为发出应税消费品的当天。

32. B 【解析】本题考查关税的计算。单位完税价格 =（FOB+运费）×（1+保险费率）=（10+0.1）×（1+0.3%）= 10.130 3（万英镑），10.130 3×11.5 = 116.498 45（万元人民币）应纳进口关税 = 116.498 45×1 000×15% = 17 474.767 5≈17 474.77（万元人民币）。

33. B 【解析】本题考查关税的优惠政策。经海关批准暂时出境的在展览会使用的货物，在出境时纳税人向海关缴纳相当于应纳税款的保证金或提供其他担保的，可以暂不缴纳关税，并应当自出境之日起6个月内复运进境；若未按规定的期限复运进境的，海关应当依法征收关税。本题中已经超过了6个月的期限，所以应当征收关税。

34. D 【解析】本题考查关税的征收管理。选项D错误，因纳税人违反规定而造成的少征或漏征的税款，自纳税人应缴纳税款之日起3年内可以追征，并从缴纳税款之日起按日加收少征或漏征税款万分之五的滞纳金。

35. A 【解析】本题考查关税的征收管理。选项A错误，根据《海关法》规定，海关多征的税款，发现后应当立即退还。

二、多项选择题

1. ABCD 【解析】本题考查增值税的纳税人和扣缴义务人。选项E错误，两个或两个以上的纳税人，经财政部和国家税务总局批准可视为一个纳税人合并纳税。

2. BD 【解析】本题考查增值税的征税范围。选项B错误，转让非货物期货的所有权属于金融商品转让。选项D错误，纳税人购入基金、信托、理财产品等各类资产管理产品持有至到期，不属于金融商品转让。

3. ABD 【解析】本题考查增值税的征税范围。选项C、E错误，水路运输的光租业务、航空运输的干租业务，属于经营租赁，按经营租赁服务缴纳增值税。

4. ABCD 【解析】本题考查增值税的征税范围。居民日常服务包括市容市政管理、家政、婚庆、养老、殡葬、照料和护理、救助救济、美容美发、按摩、桑拿、氧吧、足疗、沐浴、洗染、摄影扩印等服务。

5. AE 【解析】本题考查增值税的税率。提供交通运输服务、基础电信服务，税率为9%。提供有形动产租赁服务，税率为13%，提供增值电信服务、现代服务业服务(有形动产租赁服务除外)，税率为6%。

6. CDE 【解析】本题考查增值税的税率。一般纳税人销售自己使用过的除固定资产以外的其他物品，应当按适用税率征收增值税。一般纳税人销售自己使用过的属于规定的不得抵扣且未抵扣进项税额的固定资产，按照简易办法依照3%征收率减按2%征收增值税。

7. ABCE 【解析】本题考查简易计税方法。选项D应为，以纳入营改增试点之日前取得的有形动产为标的物提供的经营租赁服务。

8. CDE 【解析】本题考查增值税的计税依据。采取以物易物销售方式的，双方均作购销处理，以各自发出的货物核算销售额并计算销项税额，以各自收到的货物核算购货额并计算进项税额。

9. ABCD 【解析】本题考查增值税的计税依据。选项E错误，金融商品转让，不得开具增值税专用发票。

10. ADE 【解析】本题考查增值税纳税义务的发生时间。选项B错误，纳税人采取委托银行收款方式销售货物，纳税义务发生时间为发出货物并办妥托收手续的当天。选项C错误，采取赊销和分期收款方式的，为书面合同约定的收款日期的当天，无书面合同的或者书面合同没有约定收款日期的，为货物发出的当天。

11. ABCD 【解析】本题考查增值税的减税免税。选项A、B、C、D都属于免征增值税的范围。选项E将自产货物用于集体福利视同销售，应缴纳增值税。

12. BCE 【解析】本题考查增值税的征收管理。一般纳税人有下列情形之一者，应按销售额依照增值税税率计算应纳税额，不得抵扣进项税额，也不得使用增值税专用发票：(1)会计核算不健全，或者不能够提供准确税务资料的；(2)符合一般纳税人条件，但不申请办理一般纳税人认定手续的。

13. AB 【解析】本题考查消费税的税率。选项A错误，残次品卷烟应当按照同牌号规格正品卷烟的征税类别确定适用税率。选项B错误，自产自用卷烟应当按照纳税人生产的同牌号规格的卷烟销售价格确定征税类别和适用税率。

14. ABDE 【解析】本题考查消费税的计税依据。选项C错误，以外购的已税木制一次性筷子为原料生产的木制一次性筷子，销售额中可扣除外购已税木制一次性筷子已纳的消费税。

15. ABDE 【解析】本题考查消费税的计税依据。选项C错误，委托加工收回高档手表的已纳消费税税款不得扣除。

16. ACDE 【解析】本题考查消费税的计税依据。选项B错误，白酒是复合征税，委托加工白酒的组成计税价格=（材料成本+加工费+消费税定额税）/（1－消费税比例税率）

17. BCE 【解析】本题考查消费税的纳税义务发生时间。选项A错误，纳税人自产自用应税消费品的，纳税义务发生时间为移送使用的当天。选项D错误，采取分期收款结算方式的，为书面合同约定的收款日期的当天，书面合同没有约定收款日期或者无书面合同的，为发出应税消费品的当天。

18. CE 【解析】本题考查关税完税价格。选项A错误，进口货物的完税价格，由海关以该货物的成交价格以及该货物运抵我国境内输入地点起卸前的运输及其相关费用、保险费为基础审查确定。选项B、D错误，FOB是"船上交货"的价格术语简称，CFR是"成本加运费"价格术语简称，CIF是成本加运费、保险费价格的简称，又称到岸价格。

19. ACDE 【解析】本题考查关税的完税价格。选项B错误，纳税人申报的价格不一定等于完税价格，只有经过海关审核并接受的申报价格才能作为完税价格。

20. ACDE 【解析】本题考查关税的税收优惠。特定减免税，也称政策性减免税，主要包括科教用品、残疾人专用品、加工贸易产品、边境贸易进口物资、保税区进出口货物、出口加工区进出口货物、国家鼓励发展的国内投资项目和外商投资项目进口设备等。

三、案例分析题

（一）

1. D 【解析】本题考查增值税的计算。进项税额=5.1+4.25+5.92+2.34=17.61（万元）。

2. B 【解析】本题考查增值税的计算。销项税=116.55/1.09×9%+12.72/1.06×6%+70.2/1.13×13%=18.42（万元）。

3. C 【解析】本题考查增值税的计算。2010年购进载货车时，该公司还不是增值税纳税人，载货车的进项税额未抵扣。因此，销售旧载货车时按简易办法依照3%征收率减按2%征收增值税，应纳增值税=20.8÷1.03×2%=0.4（万元）。

4. C 【解析】本题考查增值税的计算。应纳增值税=销项税－进项税+简易计税税额=

18.42−17.61+0.4=1.21(万元)。

5. D 【解析】本题考查增值税。选项 A，购入新载货车属于固定资产，可以抵扣进项税额。选项 B，提供交通运输业服务，税率为9%；提供装卸搬运服务，税率为6%。选项 C，销售旧载货车需要按简易计税办法计征增值税。

(二)

1. B 【解析】本题考查增值税的计算。金银首饰以外的货物采取以旧换新方式销售的，按新货物的同期销售价格确定销售额，不得扣减旧货收购价格。金银首饰以旧换新，应以销售方实际收取的不含增值税价款征收增值税。销项税额=(78+90)/1.13×13%+0.15×200/1.13×13%=22.78(万元)。

2. A 【解析】本题考查增值税的计算。销售电子出版物的销项税额=0.05×1 500×9%=6.75(万元)。

3. D 【解析】本题考查增值税的计算。运输服务，税率为9%。进项税额=30×9%=2.7(万元)。

4. A 【解析】本题考查增值税的计算。进项税转出额=(30−4)×13%+4×9%=3.74(万元)。

5. C 【解析】本题考查增值税的计算。应缴纳增值税=销项税额−(进项税额−进项税转出额)=22.78+6.75−(2.7−3.74)=30.57(万元)。

(三)

1. C 【解析】本题考查消费税的计算。应纳消费税=组成计税价格×税率=成本×(1+成本利润率)/(1−消费税税率)×税率=(10 000+60 000)×(1+10%)/(1−15%)×15%=13 588.24(元)。

2. C 【解析】本题考查消费税的计算。进口组成计税价格=(关税完税价格+关税)/(1−消费税比例税率)=14 000×(1+50%)/(1−15%)=24 705.88(元)，应纳增值税=24 705.88×13%=3 211.76(元)，应纳消费税=24 705.88×15%=3 705.88(元)。应纳的消费税和增值税合计=3 211.76+3 705.88=6 917.64(元)。

3. C 【解析】本题考查消费税的计算。应纳消费税=1 000×90×15%=13 500(元)。应纳增值税=销项税额−进项税额=1 000×90×13%−9 100=2 600(元)。应纳增值税和消费税合计=13 500+2 600=16 100(元)。

(四)

1. C 【解析】本题考查增值税的计算。准予抵扣的进项税额=40×2 000×9%=7 200(元)。

2. A 【解析】本题考查消费税的计算。销售白酒收取的包装物押金，不论是否逾期及会计上如何核算，都要征收消费税。1 吨=1 000 千克=1 000×2×500 克。销售粮食白酒应纳消费税=8×15 000×20%+8×1 000×0.5×2+10 000/(1+13%)×20%=33 769.91(元)。

3. C 【解析】本题考查增值税的计算。酒厂销售粮食白酒应计提增值税销项税额=15 000×8×13%+10 000/(1+13%)×13%=16 750.44(元)。

4. B 【解析】本题考查增值税的计算。酒厂当期应纳增值税=销项税额−进项税额=16 750.44−10 000×9%−7 200=8 650.44(元)。

5. BCD 【解析】本题考查增值税的征收管理。营改增后，企业销售货物支付的运费取得一般纳税人开具的增值税专用发票的，按照9%税率计算进项税额，准予抵扣。该企业在销售过程中支付的运费1万元，取得了增值税专用发票，因此，其进项税额可以抵扣，选项 A 错误。

本章思维导图

- 货物和劳务税制度
  - 增值税制
    - 增值税的概念、纳税人和扣缴义务人
    - 增值税的征税范围
      - 销售货物、劳务、服务、无形资产、不动产
      - 进口货物、混合销售行为、兼营行为
      - 部分货物的征税规定
    - 增值税的税率
      - 税率：13%、9%、6%、0
      - 征收率：3%
    - 增值税应纳税额的计算
      - 一般纳税人应纳税额的计算——应纳税额=当期销项税额-当期进项税额
      - 简易办法应纳税额的计算——应纳税额=销售额×征收率
      - 进口货物应纳税额的计算——应纳税额=组成计税价格×税率
    - 增值税的计税依据
    - 增值税的纳税义务发生时间
    - 增值税的纳税期限
      - 增值税纳税期限的规定
      - 增值税报缴税款期限的规定
    - 增值税的纳税地点
    - 增值税的减税、免税
      - 起征点
      - 7类免税项目
      - 若干具体免税规定
    - 增值税的征收管理
      - 划分一般纳税人和小规模纳税人的目的及其基本依据
      - 小规模纳税人的认定及管理
      - 一般纳税人的认定及管理
      - 发票管理相关具体规定
  - 消费税制
    - 消费税的概念和纳税人
    - 消费税的征税范围
    - 消费税的税率
      - 比例税率
      - 定额税率
    - 消费税的计税依据——自行销售、自产自用、委托加工、进口
    - 消费税应纳税额的计算
      - 自行销售应税消费品应纳税额的计算
        - 从量定额：应纳税额=应税消费品销售数量×消费税单位税额
        - 从价定率：应纳税额=应税消费品销售额×适用税率
        - 卷烟、粮食白酒、薯类白酒：应纳税额=销售数量×定额税率+销售额×比例税率
      - 自产自用应税消费品应纳税额的计算
        - 有同类销售价格的：应纳税额=同类消费品销售价格×自产自用数量×适用税率
        - 无同类销售价格的：应纳税额=(成本+利润)/(1-消费税税率)×适用税率
      - 委托加工应税消费品应纳税额的计算
        - 有同类销售价格的：应纳税额=同类消费品销售价格×委托加工数量×适用税率
        - 无同类销售价格的：应纳税额=(材料成本+加工费)/(1-消费税税率)×适用税率
      - 进口应税消费品应纳税额的计算——进口卷烟消费税组成计税价格=(关税完税价格+关税+消费税定额税)/(1-进口卷烟消费税适用比例税率)
    - 消费税的征收管理
      - 纳税义务发生时间
      - 纳税期限、地点

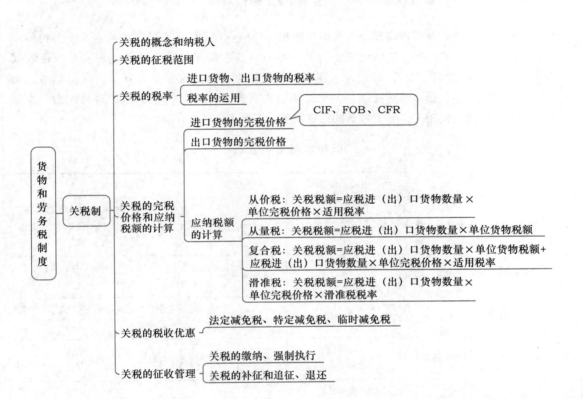

第 5 章　所得税制度

考情分析

本章主要讲解企业所得税和个人所得税的相关知识。本章的重点内容包括企业所得税的税率、收入确认、税前扣除、应纳税额的计算、税收优惠、源泉扣除、特别纳税调整、征收管理，个人所得税的纳税人、征税对象、税率、计税依据、应纳税额的计算等。从历年考题来看，本章题型主要包括单项选择题、多项选择题和案例分析题，平均分值在 20 分左右。本章在考试中所占的比例较大，属于考试的重点章节，需要考生重点掌握。

近年本章考点分布

考点	主要考查题型	考频指数	考查角度
企业所得税的税率、收入确认	选择题	★	企业所得税的法定税率、优惠税率、收入总额的确认、不征税收入、免税收入
企业所得税的税前扣除	选择题、案例分析题	★★★★★	企业所得税税前扣除的主要项目、禁止税前扣除的项目
资产的税务处理	选择题	★★	企业重组的税务处理、股权、资产划转税务处理规定
企业所得税应纳税额的计算	选择题、案例分析题	★★★★★	企业所得税应纳税额的计算
企业所得税的税收优惠	选择题、案例分析题	★★★★★	项目所得减免税、加计扣除
企业所得税的源泉扣除、特别纳税调整、征收管理	选择题	★★★	特定扣缴、防范资本弱化规定
个人所得税的纳税人、征税对象、税率、计税依据	选择题	★★★★	个人所得税的征税对象、税率、计税依据
个人所得税的应纳税额的计算	选择题、案例分析题	★★★★★	个人所得税的应纳税额的计算
个人所得税的税收优惠	选择题	★★★	免征个人所得税、减征个人所得税

重点、难点讲解及典型例题

▶ 考点一 企业所得税概述

（一）企业所得税的纳税人（见表5-1）

表5-1 企业所得税的纳税人

纳税人		内容
企业	居民企业	（1）依法在中国境内成立的企业； （2）依照外国（地区）法律成立但实际管理机构在中国境内的企业
	非居民企业	依照外国（地区）法律成立且实际管理机构不在中国境内，但： （1）在中国境内设立机构、场所的企业； （2）在中国境内未设立机构、场所，但有来源于中国境内所得的企业
其他		事业单位、社会团体及其他取得收入的组织

【注意】个人独资企业、合伙企业不是企业所得税的纳税人。

（二）企业所得税的征税对象（见表5-2）

1. 企业所得税的征税对象：销售货物所得、提供劳务所得、转让财产所得、股息红利等权益性投资所得、利息所得、租金所得、特许权使用费所得、接受捐赠所得和其他所得。

表5-2 企业所得税的征税对象

企业	具体情况	纳税义务
居民企业（全面纳税义务）	—	来源于中国境内、境外的所得缴纳企业所得税
非居民企业（有限纳税义务）	在中国境内设立机构、场所的	所设机构、场所取得的来源于中国境内的所得，以及发生在中国境外但与其所设机构、场所有实际联系的所得，缴纳企业所得税
	在中国境内未设立机构、场所，或者虽设立机构、场所但取得的所得与其所设机构、场所没有实际联系的	来源于中国境内的所得缴纳企业所得税——预提所得税

2. 所得来源地的确定原则（见表5-3）

表5-3 所得来源地的确定原则

所得类型	所得来源地的确定
销售货物所得	交易活动发生地
提供劳务所得	劳务发生地
转让不动产所得	不动产所在地
转让动产所得	转让动产的企业或者机构、场所所在地
转让权益性投资资产所得	被投资企业所在地

续表

所得类型	所得来源地的确定
股息、红利等权益性投资所得	分配所得的企业所在地
利息、租金、特许权使用费所得	负担、支付所得的企业或者机构、场所所在地，个人的住所地
其他所得	由国务院财政、税务主管部门确定

【例1·单选题】关于企业所得税所得来源地确定的说法，正确的是（　　）。
A. 权益性投资所得，按照投资企业所在地确定
B. 转让动产所得，按照转让动产的企业或者机构、场所所在地确定
C. 提供劳务所得，按照所得支付地确定
D. 转让不动产所得，按照转让不动产的企业或机构、场所所在地确定

解析 ▶ 本题考查企业所得税的征税对象。选项A，股息、红利等权益性投资所得，按照分配所得的企业所在地确定。选项C，提供劳务所得，按照劳务发生地确定。选项D，转让不动产，按照不动产所在地确定。

答案 ▶ B

▶ 考点二　企业所得税的税率（见表5-4）

表5-4　企业所得税的税率

种类	税率	适用范围
法定税率	25%	(1)居民企业； (2)在中国境内设有机构、场所且取得的所得与机构、场所有实际联系的非居民企业
	20% 10%	适用于在中国境内未设立机构、场所的，或者虽设立机构、场所但取得的所得与其所设机构、场所没有实际联系的非居民企业。 （法定为20%，实际为10%）
优惠税率	15%	(1)国家重点扶持的高新技术企业； (2)经认定的技术先进型服务企业； (3)西部地区鼓励类产业企业
	20%	符合条件的小型微利企业①

注：①自2019年1月1日至2021年12月31日，对小型微利企业年应纳税所得额不超过100万元的部分，减按25%计入应纳税所得额，按20%的税率缴纳企业所得税；对年应纳税所得额超过100万元但不超过300万元的部分，减按50%计入应纳税所得额，按20%的税率缴纳企业所得税。

【举例说明】非居民企业的企业所得税税率（见图5-1）

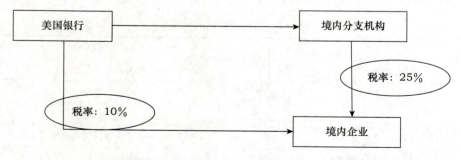

图5-1　非居民企业的企业所得税税率

美国的一家银行在中国境内设立分支机构，中国境内某企业向该分支机构申请贷款，则银

行该笔贷款的收入按25%税率缴纳企业所得税。

美国的这家银行虽然在中国境内设立了分支机构,但中国境内的某企业直接向该银行的美国总部申请贷款,则这笔贷款的收入按10%税率缴纳企业所得税。

【注意】

1. 符合条件的小型微利企业是指从事国家非限制和禁止行业,并同时符合下列条件的企业(如表5-5所示):

表5-5 小型微利企业的认定

年度应纳税所得额	从业人数	资产总额
≤300万元	≤300人	≤5 000万元

2. 国家需要重点扶持的高新技术企业是指拥有核心自主知识产权,并同时符合下列条件的企业:

(1)对企业主要产品(服务)发挥核心支持作用的技术属于《国家重点支持的高新技术领域》规定的范围。

(2)最近三个会计年度的研究开发费用总额占同期销售收入总额的比例不低于规定比例,且企业在中国境内发生的研究开发费用总额占全部研究开发费用总额的比例不低于60%。具体内容见表5-6。

表5-6 高新技术企业的认定

最近一年销售收入	最近三个会计年度的研究开发费用总额占同期销售收入总额的比例
≤5 000万元的	≥5%
5 000万元~2亿元(含)	≥4%
>2亿元的	≥3%

(3)近一年高新技术产品(服务)收入占企业同期总收入的比例不低于60%。

(4)企业从事研发和相关技术创新活动的科技人员占企业当年职工总数的比例不低于10%。

(5)高新技术企业认定管理办法规定的其他条件。

3. 西部地区鼓励类产业企业

(1)执行期限:2011年1月1日至2020年12月31日。

(2)鼓励类产业企业:以《西部地区鼓励类产业目录》中规定的产业项目为主营业务,且其主营业务收入占企业收入总额70%以上的企业。

【例2·多选题】国家需要重点扶持的高新技术企业,除拥有核心自主知识产权外,还应同时符合的条件有( )。

A. 对企业主要产品(服务)发挥核心支持作用的技术属于《国家重点支持的高新技术领域》规定的范围

B. 近一年高新技术产品(服务)收入占企业同期总收入的比例不低于60%

C. 最近一年销售收入在5 000万元至2亿元(含)的企业,最近三个会计年度的研究开发费用占同期销售收入总额的比例不得低于6%

D. 最近一年销售收入在2亿元以上的企业,最近三个会计年度的研究开发费用总额占同期销售收入总额的比例不得低于3%

E. 企业从事研发和相关技术创新活动的科技人员占企业当年职工总数的比例不低于10%

解析 本题考查企业所得税的优惠税率。选项C错误,国家需要重点扶持的高新技术企业要求，最近一年销售收入在 5 000 万元至 2 亿元（含）的，最近三个会计年度研究开发费用总额占同期销售收入总额的比例不低于 4%。

答案 ABDE

▶ 考点三　企业所得税的计税依据

（一）应纳税所得额的计算（见表 5-7）

表 5-7　应纳税所得额的计算

项目	应纳税所得额
计算原则	（1）权责发生制原则； （2）税法优先原则
计算公式	（1）应纳税所得额=会计利润+纳税调整增加数-纳税调整减少数； （2）应纳税所得额=收入总额-不征税收入-免税收入-各项扣除-允许弥补的以前年度亏损①

注：①企业纳税年度发生的亏损，准予向以后年度结转，用以后年度的所得弥补，但结转年限最长不得超过 5 年。

自 2018 年 1 月 1 日起，当年具备高新技术企业或科技型中小企业资格的企业，其具备资格年度之前 5 个年度发生的尚未弥补完的亏损，准予结转以后年度弥补，最长结转年限由 5 年延长至 10 年。

（二）清算所得

清算所得=全部资产可变现价值或者交易价格-资产净值-清算费用-相关税费+债务清偿损益等

（三）非居民企业的应纳税所得额（见表 5-8）

表 5-8　非居民企业的应纳税所得额

来源于中国境内的所得	应纳税所得额
股息、红利等权益性投资收益和利息、租金、特许权使用费所得	收入全额
转让财产所得	收入全额减除财产净值后的余额
其他所得	参照前两项规定的方法计算

▶ 考点四　企业所得税的收入确认

（一）收入总额

企业以货币形式和非货币形式从各种来源取得的收入，为收入总额。

（二）不征税收入和免税收入（见表 5-9）

表 5-9　不征税收入和免税收入

项目	具体内容
不征税收入	（1）财政拨款； （2）依法收取并纳入财政管理的行政事业性收费； （3）依法收取并纳入财政管理的政府性基金； （4）国务院规定的专项用途财政性资金①

续表

项目	具体内容
免税收入	（1）国债利息收入； （2）地方政府债券利息收入（2012年及以后年度发行的地方政府债券）； （3）符合条件的居民企业之间的股息、红利等权益性投资收益（不包括连续持有居民企业公开发行并上市流通的股票不足12个月取得的投资收益）； （4）在中国境内设立机构、场所的非居民企业从居民企业取得与该机构、场所有实际联系的股息、红利等权益性投资收益，不包括连续持有居民企业公开发行并上市流通的股票不足12个月取得的投资收益； （5）符合条件的非营利组织的收入[②]

注：①国务院规定的专项用途财政性资金，要同时符合以下条件：
  A. 从县级以上各级人民政府财政部门及其他部门取得；
  B. 企业能够提供规定资金专项用途的资金拨付文件；
  C. 财政部门或其他拨付资金的政府部门对该资金有专门的资金管理办法或具体管理要求；
  D. 企业对该资金以及以该资金发生的支出单独进行核算。
②符合条件的非营利组织的收入，包括：
  A. 接受其他单位或者个人捐赠的收入；
  B. 除税法规定的财政拨款以外的其他政府补助收入，但不包括因政府购买服务取得的收入；
  C. 按照省级以上民政、财政部门规定收取的会费；
  D. 不征税收入和免税收入孳生的银行存款利息收入；
  E. 财政部、国家税务总局规定的其他收入。

（三）一般收入项目（见表5-10）

表5-10　一般收入项目

项目	收入确认	同时满足条件	
销售货物收入	除另有规定外，企业销售收入的确认，必须遵循权责发生制原则和实质重于形式原则	（1）收入的金额能够可靠地计量； （2）已发生或将发生的销售成本能够可靠地核算	（3）货物销售合同已经签订，企业已将货物所有权相关的主要风险和报酬转移给购货方； （4）企业对已售出的货物既没有保留通常与所有权相联系的继续管理权，也没有实施有效控制
提供劳务收入	企业在各个纳税期末，提供劳务交易的结果能够可靠估计的，应采用完工进度（完工百分比）法确认提供劳务收入		（3）交易的完工进度能够可靠地确定； （4）相关的经济利益很可能流入企业

（四）特殊收入项目（见表5-11）

表5-11　特殊收入项目

收入类型	收入的确认
股息、红利等权益性投资收益	除另有规定外，按照被投资方做出利润分配决定的日期确认
利息、租金[①]、特许权使用费收入	（1）按合同约定的应付日期确认； （2）在应付当天，无论是否收到，都要确认收入
接受捐赠收入	按照实际收到捐赠资产的日期确认

续表

收入类型	收入的确认
以分期收款方式销售货物的	按照合同约定的收款日期确认
企业受托加工制造大型机械设备、船舶、飞机,以及从事建筑、安装、装配工程业务或者提供其他劳务等,持续时间超过12个月的	按照纳税年度内完工进度或者完成的工作量确认
采取产品分成方式取得收入的	按照企业分得产品的日期确认
转让股权收入	应于转让协议生效且完成股权变更手续时确认
债务重组收入	应在债务重组合同或协议生效时确认

注:①合同约定的租赁期限跨年度,且租金提前一次性支付的,可在租赁期内分期均匀确认收入的实现。

【例3·多选题】 下列各项中,属于企业所得税法规定的免税收入的有( )。

A. 地方政府债券利息收入
B. 直接投资于其他居民企业且投资期超过12个月而取得的分红
C. 依法收取并纳入财政管理的政府性基金
D. 在境内设立机构、场所的非居民企业从居民企业取得的与该机构、场所没有实际联系的股息、红利所得
E. 非营利组织接受的其他单位的捐赠收入

解析 本题考查企业所得税的免税收入。企业的下列收入为免税收入:(1)国债利息收入;(2)地方政府债券利息收入;(3)符合条件的居民企业之间的股息、红利等权益性投资收益;(4)在中国境内设立机构、场所的非居民企业从居民企业取得的与该机构、场所有实际联系的股息、红利等权益性投资收益,不包括连续持有居民企业公开发行并上市流通的股票不足12个月取得的投资收益;(5)符合条件的非营利组织的收入。选项E属于符合条件的非营利组织的收入。选项C是不征税收入。

答案 ABE

▶ **考点五　企业所得税的税前扣除**

(一)税前扣除的基本原则
(1)真实性、相关性和合理性原则;
(2)区分收益性支出和资本性支出原则;
(3)不征税收入形成支出不得扣除原则;
(4)不得重复扣除原则。
(二)税前扣除的主要项目(见表5-12)

表5-12　税前扣除的主要项目

主要项目	扣除规定	
	准予扣除的限度	超过部分的规定
工资、薪金①	合理的部分,已发生的支出	
补充保险	不超过职工工资总额5%标准内的部分	不予扣除
职工福利费	不超过工资薪金总额14%的部分	

续表

主要项目	扣除规定	
	准予扣除的限度	超过部分的规定
工会经费	不超过工资薪金总额2%的部分	不予扣除
业务招待费	按照发生额的60%扣除,但最高不得超过当年销售(营业)收入的5‰	
职工教育经费	不超过工资、薪金总额8%的部分	准予在以后纳税年度结转扣除
广告费和业务宣传费②	符合条件的,不超过当年销售(营业)收入15%的部分	
公益性捐赠支出	不超过年度利润总额12%的部分	准予结转以后三年内在计算应纳税所得额时扣除
利息	(1)非金融企业向非金融企业借款的利息支出,不超过按照金融企业同期同类贷款利率计算的数额的部分,准予扣除; (2)企业为购置、建造固定资产、无形资产和经过12个月以上的建造才能达到预定可销售状态的存货发生借款的,在有关资产购建期间发生的合理的借款费用,应当作为资本性支出计入有关资产的成本,并按税法规定扣除	
环境保护、生态恢复等方面的专项资金	准予扣除	
非居民企业境内机构、场所分摊境外总机构费用	非居民企业在中国境内设立的机构、场所,就其中国境外总机构发生的与该机构、场所生产经营有关的费用,能够提供总机构出具的费用汇集范围、定额、分配依据和方法等证明文件,并合理分摊的,准予扣除	
人身意外保险费	企业职工因公出差乘坐交通工具发生的人身意外保险费支出,准予扣除	
纳入管理费用的党组织工作经费	实际支出不超过职工年度工资薪金总额1%的部分,准予扣除	

注:①税务机关在对工资薪金进行合理性确认时,可按以下原则掌握:
  A. 企业制定了较为规范的员工工资薪金制度;
  B. 企业所制定的工资薪金制度符合行业及地区水平;
  C. 企业在一定时期所发放的工资薪金是相对固定的,工资薪金的调整是有序进行的;
  D. 企业对实际发放的工资薪金,已依法履行了代扣代缴个人所得税义务;
  E. 有关工资薪金的安排,不以减少或逃避税款为目的。
②2020年12月31日之前,对化妆品制造或销售、医药制造和饮料制造(不含酒类制造)企业发生的广告费和业务宣传费支出,不超过当年销售(营业)收入30%的部分,准予扣除;超过部分,准予在以后纳税年度结转扣除。

(三)禁止税前扣除的项目
(1)向投资者支付的股息、红利等权益性投资收益款项;
(2)企业所得税税款;
(3)税收滞纳金;
(4)罚金、罚款和被没收财物的损失;
(5)非公益性捐赠支出;
(6)赞助支出;
(7)未经核定的准备金支出;
(8)除企业依照国家有关规定为特殊工种职工支付的人身安全保险费和国务院财政、税务主管部门规定可以扣除的其他商业保险费外,企业为投资者或者职工支付的商业保险费;

（9）企业依照法律、行政法规有关规定提取的用于环境保护、生态恢复等方面的专项资金，提取后改变用途的；

（10）企业之间支付的管理费、企业内营业机构之间支付的租金和特许权使用费，以及非银行企业内营业机构之间支付的利息；

（11）企业对外投资期间持有的投资资产成本；

（12）企业与其关联方分摊成本时违反税法规定自行分摊的成本；

（13）企业从其关联方接受的债权性投资与权益性投资的比例超过规定标准而发生的利息支出；

（14）企业按特别纳税调整规定针对补缴税款向税务机关支付的利息；

（15）企业的不征税收入用于支出所形成的费用；

（16）烟草企业的烟草广告费和业务宣传费支出；

（17）与取得收入无关的其他支出；

（18）国务院财政、税务主管部门规定不得扣除的其他项目。

【例4·单选题】计算企业所得税应纳税所得额时，下列项目可以在税前全额扣除的是（　　）。

A. 公益性捐赠支出
B. 烟草企业的烟草广告费和业务宣传费支出
C. 企业职工因公出差乘坐交通工具发生的人身意外保险费
D. 企业对外投资期间持有的投资资产成本

解析　本题考查企业所得税的税前扣除。选项A错误，企业发生的公益性捐赠支出，不超过年度利润总额12%的部分，准予扣除；超过部分，准予结转以后三年内在计算应纳税所得额时扣除。选项B、D，都属于禁止税前扣除项目。　　答案　C

▶ 考点六　资产的税务处理

(一)资产税务处理的基本原则
(1)企业的各项资产，以历史成本为计税基础。
(2)企业持有各项资产期间资产增值或者减值，除按规定可以确认损益外，不得调整该资产的计税基础。

(二)固定资产和生产性生物资产的税务处理
1. 概念
生产性生物资产：企业为生产农产品、提供劳务或出租等而持有的生物资产，包括经济林、薪炭林、产畜和役畜等。
2. 固定资产与生产性生物资产的计税基础（见表5-13）

表5-13　固定资产与生产性生物资产的计税基础

项目	获得方式	计税基础
固定资产	外购	购买价款+支付的相关税费+直接归属于使该资产达到预定用途发生的其他支出

续表

项目	获得方式	计税基础
固定资产	自行建造	竣工结算前发生的支出
	融资租入	(1)合同约定的：付款总额+承租人在签订租赁合同过程中发生的相关费用； (2)未约定付款总额的：该资产的公允价值+承租人在签订租赁合同过程中发生的相关费用
	盘盈	同类固定资产的重置完全价值
	改建	改建过程中发生的改建支出增加 (除已足额提取折旧的固定资产和租入固定资产的改建支出以外)
	通过捐赠、投资、非货币性资产交换、债务重组等方式取得	该资产的公允价值+支付的相关税费
生产性生物资产	外购	购买价款+支付的相关税费
	通过捐赠、投资、非货币性资产交换、债务重组等方式取得	该资产的公允价值+支付的相关税费

3. 二者的折旧方法相同

(1)按照直线法计算的折旧，准予扣除。

(2)企业应当自资产投入使用月份的次月起计算折旧；停止使用的资产，应当自停止使用月份的次月起停止计算折旧。

(3)企业应当根据资产的性质和使用情况，合理确定资产的预计净残值。资产的预计净残值一经确定，不得变更。

4. 固定资产与生产性生物资产的折旧年限(见表 5-14)

表 5-14 固定资产与生产性生物资产的折旧年限

项目	具体资产	最低折旧年限(年)
固定资产	房屋、建筑物	20
	飞机、火车、轮船、机器、机械和其他生产设备	10
	与生产经营活动有关的器具、工具、家具等	5
	飞机、火车、轮船以外的运输工具	4
	电子设备	3
生产性生物资产	林木类	10
	畜类	3

5. 不得计算折旧扣除的固定资产

(1)未投入使用的固定资产(不包括房屋、建筑物)。

(2)以经营租赁方式租入的固定资产——出租方提折旧。

(3)以融资租赁方式租出的固定资产——承租方提折旧。

(4)已足额提取折旧仍继续使用的固定资产。

(5)与经营活动无关的固定资产。

(6)单独估价作为固定资产入账的土地。

(7)其他不得计算折旧扣除的固定资产。
(三)无形资产的税务处理
1. 无形资产的计税基础(见表5-15)

表 5-15 无形资产的计税基础

获得方式	计税基础
外购	购买价款+支付的相关税费+直接归属于使该资产达到预定用途发生的其他支出(同固定资产)
自行开发	开发过程中符合资本化条件后至达到预定用途前发生的支出
通过捐赠、投资、非货币性资产交换、债务重组等方式取得	该资产的公允价值+支付的相关税费(同固定资产、生产性生物资产)

2. 不得计算摊销费用扣除的无形资产
(1)自行开发的支出已在计算应纳税所得额时扣除的无形资产。
(2)自创商誉。
(3)与经营活动无关的无形资产。
(4)其他不得计算摊销费用扣除的无形资产。
3. 无形资产的摊销
(1)按照直线法计算的摊销费用,准予扣除。
(2)摊销年限不得低于 10 年。
作为投资或受让的无形资产,有关法律规定或者合同约定了使用年限的,可以按照规定或约定的使用年限分期摊销。
(3)外购商誉的支出,在企业整体转让或清算时,准予扣除。
(四)其他资产的税务处理
1. 长期待摊费用的税务处理(见表5-16)
自支出发生月份的次月起分期摊销。

表 5-16 长期待摊费用的税务处理

范围	摊销年限
已足额提取折旧的固定资产的改建支出	按照固定资产预计尚可使用年限分期摊销
租入固定资产的改建支出	按照合同约定的剩余租赁期限分期摊销
固定资产的大修理支出①	按照固定资产尚可使用年限分期摊销
其他应当作为长期待摊费用的支出	摊销年限不得低于 3 年

注:①固定资产的大修理支出是指修理支出达到取得固定资产时的计税基础50%以上,且修理后固定资产的使用年限延长 2 年以上的支出。

2. 投资资产和存货的税务处理
(1)投资资产和存货确定成本的方法(见表5-17)

表 5-17 投资资产和存货确定成本的方法

项目	投资资产	存货
支付现金方式取得的	购买价款	购买价款+支付的相关税费
支付现金以外的方式取得	公允价值+支付的相关税费	

续表

项目	投资资产	存货
生产性生物资产收获的农产品	—	产出或采收过程中发生的材料费、人工费和分摊的间接费用等必要支出

（2）投资资产和存货的税务处理（见表5-18）

表5-18 投资资产和存货的税务处理

项目	投资资产	存货
不得扣除	对外投资期间	—
准予扣除	转让、处置	使用、销售①

注：①企业使用或销售的存货的成本计算方法，可以在先进先出法、加权平均法、个别计价法中选用一种。计价方法一经选用，不得随意变更。

（五）企业重组的税务处理（见表5-19）

企业重组是指企业在日常经营活动以外发生的法律结构或经济结构重大改变的交易，包括企业法律形式改变、债务重组、股权收购、资产收购、合并、分立等。

表5-19 企业重组的税务处理

项目	处理规定
一般性税务处理规定	（1）在交易发生时，确认有关资产的转让所得或损失； （2）相关资产应当按照交易价格重新确定计税基础
特殊性税务处理规定①	重组交易各方对交易中股权支付暂不确认有关资产的转让所得或损失的，其非股权支付仍应在交易当期确认相应的资产转让所得或损失，并调整相应资产的计税基础
股权、资产划转税务处理规定	根据相关规定，可以选择按以下规定进行特殊性税务处理： （1）划出方企业和划入方企业均不确认所得； （2）划入方企业取得被划转股权或资产的计税基础，以被划转股权或资产的原账面净值确定； （3）划入方企业取得的被划转资产，应按其原账面净值计算折旧扣除
非货币性资产②对外投资税务处理规定	居民企业以非货币性资产对外投资确认的非货币性资产转让所得，可在不超过5年期限内，分期均匀计入相应年度的应纳税所得额，按规定计算缴纳企业所得税
技术成果投资入股税务处理规定	企业以技术成果投资入股到境内居民企业，被投资企业支付的对价全部为股票（权）的，企业可以选择继续按现行有关税收政策执行，也可以选择适用递延纳税政策； 选择技术成果投资入股递延纳税政策的，经向主管税务机关备案，投资入股当期可暂不纳税，允许递延至转让股权时，按股权转让收入减去技术成果原值和合理税费后的差额计算缴纳所得税

注：①企业重组同时符合下列条件的，适用特殊性税务处理规定：
  A. 具有合理的商业目的，且不以减少、免除或者推迟缴纳税款为主要目的；
  B. 被收购、合并或分立部分的资产或股权比例符合规定的比例；
  C. 企业重组后的连续12个月内不改变重组资产原来的实质性经营活动；
  D. 重组交易对价中涉及股权支付金额不低于交易支付总额的85%；
  E. 企业重组中取得股权支付的原主要股东，在重组后连续12个月内，不得转让所取得的股权。
②非货币性资产，即现金、银行存款、应收账款、应收票据、准备持有至到期的债券投资等以外的资产。

【例5·多选题】关于固定资产的企业所得税税务处理的说法，正确的有（　　）。
  A. 停止使用的固定资产，应当从停止使用月份的次月起停止计提折旧
  B. 固定资产的净残值一经确定，不得变更
  C. 以经营租赁方式租入的固定资产，承租方可以计提折旧
  D. 单独估价作为固定资产入账的土地不得计提折旧

E. 固定资产按直线法计算的折旧，准予扣除

解析 ▶ 本题考查固定资产的企业所得税处理。选项 C 错误，以经营租赁方式租入的固定资产，由出租方计提折旧。

答案 ▶ ABDE

▶ 考点七 企业所得税应纳税额的计算

（一）应纳税额的计算公式

$$应纳税额 = 应纳税所得额 \times 适用税率 - 减免税额 - 抵免税额$$

（二）境外所得已纳税额的抵免

1. 直接抵免和间接抵免（见表 5-20）

表 5-20 直接抵免和间接抵免

形式	条件
直接抵免 （总分公司）	企业取得的下列所得已在境外缴纳的所得税税额，可以从其当期应纳税额中抵免；超过抵免限额的部分，可以在以后 5 个年度内，用每年度抵免限额抵免当年应抵税额后的余额进行抵补： （1）居民企业来源于中国境外的应税所得； （2）非居民企业在中国境内设立机构、场所，取得发生在中国境外但与该机构、场所有实际联系的应税所得
间接抵免 （母子公司）	居民企业从其直接或者间接控制的外国企业①分得的来源于中国境外的股息、红利等权益性投资收益，外国企业在境外实际缴纳的所得税税额中属于该项所得负担的部分，可以作为该居民企业的可抵免境外所得税税额，在抵免限额内抵免

注：①居民企业直接或间接控制的外国企业：居民企业直接或间接持有外国企业 20% 以上股份。

2. 抵免限额

（1）企业来源于境外的所得，依照相关规定计算的应纳税额。

（2）企业可以选择按"分国（地区）不分项"或者"不分国（地区）不分项"方式计算抵免限额，一经选择，5 年内不得改变。

▶ 考点八 企业所得税的税收优惠

（一）项目所得和民族自治地方减免税（见表 5-21）

表 5-21 项目所得和民族自治地方减免税

所得	优惠措施
农、林、牧、渔业项目所得： （1）蔬菜、谷物、薯类、油料、豆类、棉花、麻类、糖料、水果、坚果的种植； （2）农作物新品种的选育； （3）中药材的种植； （4）林木的培育和种植； （5）牲畜、家禽的饲养； （6）林产品的采集； （7）灌溉、农产品初加工、兽医、农技推广、农机作业和维修等农、林、牧、渔服务业项目； （8）远洋捕捞	免征

续表

所得	优惠措施
(1)花卉、茶以及其他饮料作物和香料作物的种植； (2)海水养殖、内陆养殖	减半征收
从事国家重点扶持的公共基础设施项目的投资经营所得	自项目取得第一笔生产经营收入所属纳税年度起，实行"三免三减半"①的政策
从事环境保护、节能节水的所得	
一个纳税年度内技术转让所得	(1)不超过500万元的部分，免征； (2)超过500万元的部分，减半征收
企业投资者持有2019—2023年发行的铁路债券②取得的利息收入	减半征收
(1)外国政府向中国政府提供贷款取得的利息所得； (2)国际金融组织向中国政府和居民企业提供优惠贷款取得的利息所得； (3)香港企业投资者通过沪港通投资上海证券交易所上市A股取得的转让差价所得(2014年11月17日起)； (4)合格境外机构投资者(QFII)、人民币合格境外机构投资者(RQFII)取得的来源于中国境内的股票等权益性投资资产转让所得(2014年11月17日起)； (5)香港企业投资者通过深港通投资深圳证券交易所上市A股取得的转让差价所得(自2016年12月5日起)	免征
民族自治地方的企业应缴纳的企业所得税中属于地方分享的部分	自治机关可以决定减征或者免征(须报省、自治区、直辖市人民政府批准)

注：①"三免三减半"：自项目取得第一笔生产经营收入所属纳税年度起，第1年至第3年免征企业所得税，第4年至第6年减半征收企业所得税。
②铁路债券包括中国铁路建设债券、中期票据、短期融资券等债务融资工具。

(二)企业所得税的其他税收优惠(见表5-22)

表5-22 企业所得税的其他税收优惠

类别	具体情况	规定
加计扣除①	企业开展研发活动中实际发生的研发费用	(1)未形成无形资产计入当期损益的，在按规定据实扣除的基础上，在2018年1月1日至2020年12月31日期间，再按照实际发生额的75%在税前加计扣除； (2)形成无形资产的，在上述期间按照无形资产成本的175%在税前摊销
	企业安置规定的残疾人员的	在按照支付给残疾职工工资据实扣除的基础上，按照支付给残疾职工工资的100%加计扣除
创业投资企业投资抵扣	创业投资企业采取股权投资方式投资于未上市的中小高新技术企业2年以上的	(1)可以按照其投资额的70%在股权持有满2年的当年抵扣该创业投资企业的应纳税所得额； (2)当年不足抵扣的，可以在以后纳税年度结转抵扣
	公司制创业投资企业采取股权投资方式直接投资于种子期、初创期科技型企业满2年的	(1)可以按投资额的70%在股权持有满2年的当年抵扣该公司制创业投资企业的应纳税所得额； (2)当年不足抵扣的；可以在以后纳税年度结转抵扣

类 别	具体情况	规 定
加速折旧②	(1)企业的固定资产由于技术进步或处于强震动、高腐蚀状态的，确需加速折旧的； (2)4个领域重点行业的企业2015年1月1日后新购进的固定资产； (3)所有行业企业2014年1月1日后新购进的专门用于研发的仪器、设备，单位价值超过100万元的； (4)企业在2018年1月1日至2020年12月31日期间新购进的设备、器具，单位价值不超过500万元的，允许一次性计入当期成本费用在计算应纳税所得额时扣除，不再分年度计算折旧。设备、器具，是指除房屋、建筑物以外的固定资产	(1)采取缩短折旧年限方法的，折旧年限不得低于税法规定最低折旧年限的60%； (2)采取加速折旧方法的，可以采取双倍余额递减法或者年数总和法
减计收入	企业综合利用资源，生产符合国家产业政策规定的产品所取得的收入	可以在计算应纳税所得额时，减按90%计入收入总额
专用设备投资抵免	企业购置并实际使用税法规定的环境保护、节能节水、安全生产等专用设备的	(1)该专用设备的投资额的10%可以从企业当年的应纳税额中抵免； (2)当年不足抵免的，可以在以后5个纳税年度结转抵免

注：①不适用税前加计扣除政策的行业的企业：烟草制造业；住宿和餐饮业；批发和零售业；房地产业；租赁和商务服务业；娱乐业；财政部和国家税务总局规定的其他行业。
②2014年1月1日以后，所有行业企业的下列资产，允许一次性计入当期成本费用在计算应纳税所得额时扣除，不再分年度计算折旧：
A. 新购进的专门用于研发的仪器、设备，单位价值不超过100万元的；
B. 持有的单位价值不超过5 000元的固定资产。
③4个领域重点行业：轻工、纺织、机械、汽车。

【例6·多选题】 下列( )企业发生的研究开发费用，不适用企业所得税税前加计扣除政策。

A. 烟草制造业
B. 住宿和餐饮业
C. 批发和零售业
D. 生物药品制造业
E. 租赁和商务服务业

解析 ▶ 本题考查企业所得税的税收优惠。下列行业的企业发生的研究开发费用不适用企业所得税税前加计扣除政策：(1)烟草制造业；(2)住宿和餐饮业；(3)批发和零售业；(4)房地产业；(5)租赁和商务服务业；(6)娱乐业；(7)财政部和国家税务总局规定的其他行业。

答案 ▶ ABCE

【例7·单选题】 自2014年1月1日起，对所有行业企业持有的单位价值不超过( )元的固定资产允许一次性计入当期成本费用在计算应纳税所得额时扣除，不再分年度计算折旧。

A. 1 000
B. 5 000
C. 10万
D. 100万

解析 ▶ 本题考查企业所得税的税收优惠。自2014年1月1日起，对所有行业企业持有的单位价值不超过5 000元的固定资产允许一次性计入当期成本费用在计算应纳税所得额时扣除，不再分年度计算折旧。

答案 ▶ B

▶ 考点九　企业所得税的源泉扣缴（见表 5-23）

表 5-23　企业所得税的源泉扣缴

扣缴形式	具体规定
法定扣缴	（1）情形：非居民企业在中国境内未设立机构、场所的，或者虽设立机构、场所但取得的所得与其所设机构、场所没有实际联系的； （2）扣缴义务人：支付人； （3）纳税地点：支付人所在地
指定扣缴	（1）情形：非居民企业在中国境内取得工程作业和劳务所得应缴纳的所得税：①预计工程作业或者提供劳务期限不足一个纳税年度，且有证据表明不履行纳税义务的；②没有办理税务登记或者临时税务登记，且未委托中国境内的代理人履行纳税义务的；③未按照规定期限办理企业所得税纳税申报或者预缴申报的。 （2）扣缴义务人：税务机关可指定工程价款或者劳务费的支付人
特定扣缴	（1）扣缴义务人有过错（未依法扣缴或无法履行扣缴义务），由纳税人在所得发生地缴纳； （2）纳税人有过错（未依法缴纳），税务机关可以从该纳税人在中国境内其他收入项目的支付人应付的款项中，追缴该纳税人的应纳税款

扣缴义务人每次代扣的税款，应当自代扣之日起 7 日内缴入国库，并向所在地的税务机关报送扣缴企业所得税报告表。

▶ 考点十　企业所得税的特别纳税调整

（一）转让定价调整

企业与其关联方之间的业务往来，不符合独立交易原则而减少企业或者其关联方应纳税收入或者所得额的，税务机关有权按照合理方法调整。

合理的方法包括：(1)可比非受控价格法；(2)再销售价格法；(3)成本加成法；(4)交易净利润法；(5)利润分割法。

（二）成本分摊协议

企业与关联方的成本分摊原则：独立交易原则。

（三）预约定价安排

即企业就其未来年度关联交易的定价原则和计算方法，向税务机关提出申请，与税务机关按照独立交易原则协商、确认后达成的协议。

（四）提供相关资料

与关联方相关的资料，企业报送年度纳税申报表时主动提供；税务机关调查时，企业按规定提供。

（五）核定应纳税所得额

企业不提供与其关联方之间业务往来资料，或者提供虚假、不完整资料，未能真实反映其关联业务往来情况的，税务机关有权依法采用相关方法核定其应纳税所得额。

（六）受控外国企业规则

由居民企业，或者由居民企业和中国居民控制的设立在实际税负低于 12.5% 税率水平的国家（地区）的企业，并非由于合理的经营需要而对利润不作分配或者减少分配的，上述利润中应归属于该居民企业的部分，应当计入该居民企业的当期收入。

(七)防范资本弱化规定

企业从其关联方接受的债权性投资与权益性投资的比例超过以下规定比例而发生的利息支出,不得在计算应纳税所得额时扣除:

(1)金融企业,为5:1;

(2)其他企业,为2:1。

(八)一般反避税规则

税务机关可依法对存在以下避税安排的企业,启动一般反避税调查:滥用税收优惠、税收协定、公司组织形式,利用避税港避税,其他不具有合理商业目的的安排。

(九)加收利息

(1)税务机关依法对企业作出特别纳税调整的,应对补征的税款,自税款所属年度的次年6月1日起至补缴税款之日止的补税期间,按日加收利息。加收的利息,不得在计算应纳税所得额时扣除。

(2)利息应当按照税款所属纳税年度中国人民银行公布的与补税期间同期的人民币贷款基准利率加5个百分点计算,并按照一年365天折算日利率。

(3)企业依法提供有关资料的,可以只按前述的人民币贷款基准利率计算利息。

(十)追溯调整

企业与其关联方之间的业务往来,不符合独立交易原则,或者企业实施其他不具有合理商业目的安排的,税务机关有权在该业务发生的纳税年度起10年内,进行纳税调整。

【例8·单选题】 根据企业所得税法,企业与其关联方之间的业务往来,不符合独立交易原则而减少企业或其关联方应纳税收入或者所得额的,税务机关有权按照( )调整。

A. 可比价格法 B. 销售价格法
C. 成本法   D. 利润分割法

解析 ▶ 本题考查企业所得税特别纳税调整。企业与其关联方之间的业务往来,不符合独立交易原则而减少企业或者其关联方应纳税收入或者所得额的,税务机关有权按照合理方法调整。合理方法包括可比非受控价格法、再销售价格法、成本加成法、交易净利润法、利润分割法等。

答案 ▶ D

▶ 考点十一 企业所得税的征收管理

(一)企业所得税的征收管理的一般规定(见表5-24)

表5-24 企业所得税的征收管理的一般规定

征收管理	一般规定
纳税地点	(1)居民企业:以企业登记注册地为纳税地点;但登记注册地在境外的,以实际管理机构所在地为纳税地点; (2)非居民企业:在境内设立机构、场所的,以机构、场所所在地为纳税地点;在境内设立两个或者两个以上机构、场所,符合国务院税务主管部门规定条件的,可以选择由其主要机构、场所汇总缴纳企业所得税
纳税方式	(1)总分公司,汇总纳税:居民企业在境内设立不具有法人资格的营业机构的,应当汇总计算并缴纳企业所得税; (2)除国务院另有规定外,企业之间不得合并缴纳企业所得税

续表

征收管理	一般规定
纳税年度	(1)企业所得税的纳税年度自公历1月1日起至12月31日止； (2)企业在一个纳税年度中间开业，或者终止经营活动，应当以其实际经营期为一个纳税年度； (3)企业依法清算时，应当以清算期间作为一个纳税年度
预缴申报	(1)企业所得税分月或者分季预缴； (2)企业无论盈利或者亏损，都应当自月份或者季度终了之日起15日内，向税务机关报送预缴企业所得税纳税申报表，预缴税款
汇算清缴	(1)企业在纳税年度内无论盈利或者亏损，都应当自年度终了之日起5个月内，向税务机关报送年度企业所得税纳税申报表，并汇算清缴，结清应缴应退税款； (2)企业在年度中间终止经营活动的，应当自实际经营终止之日起60日内，向税务机关办理当期企业所得税汇算清缴
清算申报	(1)企业应当在办理注销登记前，就其清算所得向税务机关申报并依法缴纳企业所得税； (2)企业应当自清算结束之日起15日内，向主管税务机关报送企业清算所得税纳税申报表，结清税款
货币单位	(1)依法缴纳的企业所得税，以人民币计算； (2)所得以人民币以外的货币计算的，应当折合成人民币计算并缴纳税款

(二)跨地区经营汇总缴纳企业所得税征收管理

1. 征管办法

(1)居民企业在境内跨地区(跨省、自治区、直辖市和计划单列市)设立不具有法人资格分支机构的，应当汇总计算并缴纳企业所得税。

(2)管理办法：统一计算、分级管理、就地预缴、汇总清算、财政调库。

2. 税款分摊(见图5-2)

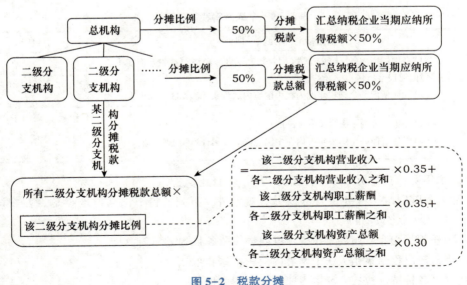

图5-2 税款分摊

3. 税款预缴

(1)企业所得税分月或分季预缴,由总机构所在地主管税务机关具体核定。

(2)总机构和二级分支机构应在每月或季度终了后 15 日内就地申报预缴。

4. 汇算清缴

年度终了后 5 个月内,由总机构汇总计算企业年度应纳所得税额,分别由总机构和各二级分支机构就地办理税款缴库或退库。

【例9·多选题】 下列关于跨地区经营汇总缴纳企业所得税征收管理的说法,正确的有( )。

A. 居民企业在境内跨地区设立不具有法人资格分支机构的,应当汇总计算并缴纳企业所得税

B. 实行"统一计算、分级管理、就地预缴、汇总清算、财政调库"的征收管理办法

C. 企业所得税分月或者分季预缴,由总机构和各二级分支机构所在地主管税务机关具体核定

D. 汇总纳税企业应当自年度终了后 5 个月内,由总机构汇总计算企业年度应纳税所得额

E. 总机构和二级分支机构应在每月或季度终了后 15 日内就地申报预缴

解析 ▶ 本题考查企业所得税的征收管理。选项 C 错误,企业所得税分月或者分季预缴,由总机构所在地主管税务机关具体核定。 答案 ▶ ABDE

▶考点十二 个人所得税的纳税人

1. 纳税人包括中国居民,个体工商户,个人独资企业和合伙企业的个人投资者,在华取得所得的外籍人员(包括无国籍人员)和港、澳、台同胞。

2. 按照住所和居住时间两个标准,个人所得税的纳税人分为居民和非居民。具体内容见表 5-25。

表 5-25 个人所得税的纳税人

纳税人	判定标准(满足其一即可)	应税所得
居民	(1)在中国境内有住所的个人(因户籍、家庭、经济利益关系而在中国境内习惯性居住); (2)无住所而一个纳税年度内在中国境内居住累计满 183 天的个人	来源于中国境内和境外的所得,依法缴纳个人所得税
非居民	(1)在中国境内无住所又不居住的个人; (2)无住所而一个纳税年度内在中国境内居住累计不满 183 天的个人	仅应就其来源于中国境内的所得,依法缴纳个人所得税

3. 纳税年度:自公历 1 月 1 日起至 12 月 31 日止。

4. 除国务院财政、税务主管部门另有规定外,下列所得不论支付地点是否在中国境内,均为来源于中国境内的所得:

(1)因任职、受雇、履约等在中国境内提供劳务取得的所得。

(2)将财产出租给承租人在中国境内使用而取得的所得。

(3)许可各种特许权在中国境内使用而取得的所得。

(4)转让中国境内的不动产等财产或者在中国境内转让其他财产取得的所得。

(5)从中国境内企业、事业单位、其他组织以及居民个人取得的利息、股息、红利所得。

【例10·多选题】 根据个人所得税法的相关规定,区分居民纳税人和非居民纳税人的判断

标准包括(　　)。

A. 国籍　　　　　　　　　　　　B. 居住时间
C. 住所　　　　　　　　　　　　D. 个人身份
E. 收入数量

解析 本题考查个人所得税的纳税人。按照住所和居住时间两个标准，个人所得税的纳税人分为居民个人和非居民个人。　　　　　　　　　　　　　　　　　**答案** BC

▶ 考点十三　个人所得税的征税对象

（1）综合所得：居民个人取得工资、薪金所得，劳务报酬所得，稿酬所得，以及特许权使用费所得，按**纳税年度合并计算**个人所得税。

（2）纳税人取得经营所得，利息、股息、红利所得，财产租赁所得，财产转让所得，偶然所得，按规定**分别计算**个人所得税。

（3）有关个人所得税的征税对象的具体内容见表5-26。

表5-26　个人所得税的征税对象

征税对象	具体内容
工资、薪金所得	个人因任职或者受雇取得的工资、薪金、奖金、年终加薪、劳动分红、津贴、补贴以及与任职或者受雇有关的其他所得
劳务报酬所得	个人从事劳务取得的所得，包括从事设计、装潢、安装、制图、化验、测试、医疗、法律、会计、咨询、讲学、翻译、审稿、书画、雕刻、影视、录音、录像、演出、表演、广告、展览、技术服务、介绍服务、经纪服务、代办服务以及其他劳务取得的所得
稿酬所得	个人因其作品以图书、报刊等形式出版、发表而取得的所得
特许权使用费所得	个人提供专利权、商标权、著作权、非专利技术以及其他特许权的使用权取得的所得；**提供著作权的使用权取得的所得，不包括稿酬所得**
经营所得	（1）个体工商户从事生产、经营活动取得的所得，个人独资企业投资人、合伙企业的个人合伙人来源于境内注册的个人独资企业、合伙企业生产、经营的所得； （2）个人依法从事办学、医疗、咨询以及其他有偿服务活动取得的所得； （3）个人对企业、事业单位承包经营、承租经营以及转包、转租取得的所得； （4）个人从事其他生产、经营活动取得的所得
利息、股息、红利所得	个人拥有债权、股权等而取得的利息、股息、红利所得
财产租赁所得	个人出租不动产、机器设备、车船以及其他财产取得的所得
财产转让所得	个人转让有价证券、股权、合伙企业中的财产份额、不动产、机器设备、车船以及其他财产取得的所得
偶然所得	个人得奖、中奖、中彩票以及其他偶然性质的所得

【例11·多选题】下列各项中，属于"综合所得"项目按年计算征税的有(　　)。

A. 工资薪金所得　　　　　　　　B. 劳务报酬所得
C. 经营所得　　　　　　　　　　D. 财产租赁所得
E. 特许权使用费所得

解析 本题考查个人所得税的征税范围。对于居民纳税人而言，综合所得只包括工资薪金所得、劳务报酬所得、稿酬所得和特许权使用费所得。　　　　　　　　　　**答案** ABE

▶ 考点十四　个人所得税的税率

按所得项目不同分别适用**超额累进税率**(综合所得、经营所得)和**比例税率**(利息、股息、红利所得，财产租赁所得，财产转让所得和偶然所得)。

1. 综合所得

综合所得适用**超额累进税率**，税率分别为3%~45%，具体内容见表5-27。

表5-27　综合所得适用个人所得税税率表

级数	全年应纳税所得额	税率(%)
1	不超过36 000元的	3
2	超过36 000元至144 000元的部分	10
3	超过144 000元至300 000元的部分	20
4	超过300 000元至420 000元的部分	25
5	超过420 000元至660 000元的部分	30
6	超过660 000元至960 000元的部分	35
7	超过960 000元的部分	45

上表中，综合所得的应纳税所得额=每一纳税年度收入额-费用6万元-专项扣除、专项附加扣除和依法确定的其他扣除。

2. 经营所得

经营所得适用**超额累进税率**，税率为5%~35%，具体内容见表5-28。

表5-28　经营所得适用个人所得税税率表

级数	全年应纳税所得额	税率(%)
1	不超过30 000元的	5
2	超过30 000元至90 000元的部分	10
3	超过90 000元至300 000元的部分	20
4	超过300 000元至500 000元的部分	30
5	超过500 000元的部分	35

上表中，全年应纳税所得额=每一纳税年度的收入总额-成本、费用以及损失。

3. 利息、股息、红利所得，财产租赁所得，财产转让所得和偶然所得，适用**比例税率**，税率为**20%**。

【例12·单选题】下列个人所得税的征税对象中，不适用比例税率的是(　　)。

A. 财产转让所得　　　　　　　　B. 劳务报酬所得
C. 偶然所得　　　　　　　　　　D. 财产租赁所得

解析　本题考查个人所得税的税率。个人所得税按所得项目不同分别适用超额累进税率和比例税率。其中，利息、股息、红利所得，财产租赁所得，财产转让所得和偶然所得，适用比例税率。

答案　B

▶ 考点十五　个人所得税的计税依据

个人所得税的计税依据是**应纳税所得额**，具体内容见表5-29。

表 5-29 个人所得税的计税依据

项目	计税依据
综合所得	(1)综合所得，以每一纳税年度的收入额减除费用6万元以及专项扣除、专项附加扣除和依法确定的其他扣除后的余额，为应纳税所得额； (2)劳务报酬所得、稿酬所得、特许权使用费所得以收入减除20%的费用后的余额为收入额。稿酬所得的收入额减按70%计算； 劳务报酬所得、稿酬所得、特许权使用费所得，属于一次性收入的，以取得该项收入为一次；属于同一项目连续性收入的，以一个月内取得的收入为一次； (3)专项扣除，包括居民个人按照国家规定的范围和标准缴纳的基本养老保险、基本医疗保险、失业保险等社会保险费和住房公积金等支出； (4)专项附加扣除，包括子女教育、继续教育、大病医疗、住房贷款利息、住房租金、赡养老人6项支出，具体内容见表5-30； (5)依法确定的其他扣除，包括个人缴付符合国家规定的企业年金、职业年金，个人购买符合国家规定的商业健康保险、税收递延型商业养老保险的支出，以及国务院规定可以扣除的其他项目
经营所得	(1)经营所得，以每一纳税年度的收入总额减除成本、费用以及损失后的余额，为应纳税所得额； (2)取得经营所得的个人，没有综合所得的，计算其每一纳税年度的应纳税所得额时，应当减除费用6万元、专项扣除、专项附加扣除以及依法确定的其他扣除
财产租赁所得	(1)财产租赁所得，每次收入不超过4 000元的，减除费用800元；4 000元以上的，减除20%的费用，其余额为应纳税所得额； (2)财产租赁所得，以一个月内取得的收入为一次
财产转让所得	以转让财产的收入额减除财产原值和合理费用后的余额，为应纳税所得额
利息、股息、红利所得和偶然所得	(1)利息、股息、红利所得和偶然所得，以每次收入额为应纳税所得额； (2)利息、股息、红利所得，以支付利息、股息、红利时取得的收入为一次； (3)偶然所得，以每次取得该项收入为一次
公益捐赠扣除	个人将其所得通过中国境内的公益性社会组织及国家机关向教育、扶贫、济困等公益慈善事业的捐赠，捐赠额未超过纳税人申报的应纳税所得额30%的部分，可以从其应纳税所得额中扣除

有关专项附加扣除的具体内容见表5-30。

表 5-30 专项附加扣除

项目	具体内容
子女教育支出	(1)纳税人的子女接受全日制学历教育的相关支出，按照每个子女每月1 000元的标准定额扣除； (2)学历教育包括义务教育(小学、初中教育)、高中阶段教育(普通高中、中等职业、技工教育)、高等教育(大学专科、大学本科、硕士研究生、博士研究生教育)； (3)年满3岁至小学入学前处于学前教育阶段的子女，也可享受该扣除
继续教育支出	(1)纳税人在中国境内接受学历(学位)继续教育的支出，在学历(学位)教育期间按照每月400元定额扣除。同一学历(学位)继续教育的扣除期限不能超过48个月； (2)纳税人接受技能人员职业资格继续教育、专业技术人员职业资格继续教育的支出，在取得相关证书的当年，按照3 600元定额扣除
大病医疗支出	(1)在一个纳税年度内，纳税人发生的与基本医保相关的医药费用支出，扣除医保报销后个人负担(指医保目录范围内的自付部分)累计超过15 000元的部分，由纳税人在办理年度汇算清缴时，在80 000元限额内据实扣除； (2)纳税人发生的医药费用支出可以选择由本人或者其配偶扣除；未成年子女发生的医药费用支出可以选择由其父母一方扣除

续表

项目	具体内容
住房贷款利息支出	纳税人本人或者配偶单独或者共同使用商业银行或者住房公积金个人住房贷款为本人或者其配偶购买中国境内住房,发生的首套住房贷款利息支出,在实际发生贷款利息的年度,按照**每月1 000元**的标准定额扣除,扣除期限**最长不超过240个月**。纳税人只能享受一次首套住房贷款的利息扣除
住房租金支出	纳税人在主要工作城市没有自有住房而发生的住房租金支出,可以按照以下标准定额扣除: (1)直辖市、省会(首府)城市、计划单列市以及国务院确定的其他城市,扣除标准为**每月1 500元**; (2)除第一项所列城市以外,市辖区户籍人口超过100万的城市,扣除标准为**每月1 100元**; (3)市辖区户籍人口不超过100万的城市,扣除标准为**每月800元**
赡养老人支出	纳税人赡养一位及以上被赡养人的赡养支出,统一按以下标准定额扣除: (1)纳税人为独生子女的,按照**每月2 000元**的标准定额扣除; (2)纳税人为非独生子女的,由其与兄弟姐妹分摊**每月2 000元**的扣除额度,每人分摊的额度**不能超过每月1 000元**,可以由赡养人均摊或者约定分摊,也可以由被赡养人指定分摊

【例13·单选题】 下列支出中,不属于个人所得税专项附加扣除的是( )。
A. 子女教育支出 B. 企业年金支出
C. 大病医疗支出 D. 住房租金支出

解析▶ 本题考查个人所得税的专项附加扣除。专项附加扣除,包括子女教育、继续教育、大病医疗、住房贷款利息、住房租金、赡养老人6项支出。选项B属于其他扣除。 答案▶ B

▶ **考点十六 个人所得税应纳税额的计算**

(1)综合所得应纳税额=全年应纳税所得额×适用税率-速算扣除数
(2)经营所得应纳税额=全年应纳税所得额×适用税率-速算扣除数
(3)其他所得应纳税额=每月或每次应纳税所得额×适用税率
(4)应纳税额=综合所得应纳税额+经营所得应纳税额+其他所得应纳税额

▶ **考点十七 个人所得税的税收优惠**(见表5-31)

表5-31 个人所得税的税收优惠

项目	内容
免征个人所得税	(1)省级人民政府、国务院部委和中国人民解放军军以上单位,以及外国组织、国际组织颁发的科学、教育、技术、文化、卫生、体育、环境保护等方面的奖金; (2)国债和国家发行的金融债券利息; (3)按照国家统一规定发给的补贴、津贴:是指按照国务院规定发给的政府特殊津贴、院士津贴,以及国务院规定免予缴纳个人所得税的其他补贴、津贴; (4)福利费、抚恤金、救济金; (5)保险赔款; (6)军人的转业费、复员费、退役金; (7)按照国家统一规定发给干部、职工的安家费、退职费、基本养老金或者退休费、离休费、离休生活补助费; (8)依照有关法律规定应予免税的各国驻华使馆、领事馆的外交代表、领事官员和其他人员的所得。这是指依照《中华人民共和国外交特权与豁免条例》和《中华人民共和国领事特权与豁免条例》规定免税的所得; (9)中国政府参加的国际公约、签订的协议中规定免税的所得

续表

项目	内容
免征个人所得税	(10)国务院规定的其他免税所得。 以上免税规定,由国务院报全国人民代表大会常务委员会备案
减征个人所得税	(1)残疾、孤老人员和烈属的所得; (2)因自然灾害遭受重大损失的。 减征具体幅度和期限,由省、自治区、直辖市人民政府规定,并报同级人民代表大会常务委员会备案

▶ **考点十八 个人所得税的扣缴申报**(见表 5-32)

2019 年 1 月 1 日起,个人所得税实行**扣缴义务人扣缴申报**和**纳税人自行申报**相结合的征收管理模式。

表 5-32 个人所得税的扣缴申报

项目	具体内容
扣缴义务人	(1)向个人支付所得的单位或者个人; (2)扣缴义务人应当依法办理**全员全额扣缴申报**
全员全额扣缴申报	(1)扣缴义务人应当在代扣税款的**次月 15 日内**,向主管税务机关报送其支付所得的所有个人的有关信息、支付所得数额、扣除事项和数额、扣缴税款的具体数额和总额以及其他相关涉税信息资料; (2)扣缴义务人每月或者每次预扣、代扣的税款,应当在**次月 15 日内**缴入国库,并向税务机关报送"个人所得税扣缴申报表"
扣缴申报的所得范围	实行个人所得税全员全额扣缴申报的应税所得包括: (1)**工资、薪金所得**; (2)**劳务报酬所得**; (3)**稿酬所得**; (4)**特许权使用费所得**; (5)**利息、股息、红利所得**; (6)**财产租赁所得**; (7)**财产转让所得**; (8)**偶然所得**; (9)经国务院财政部门确定征税的其他所得
工资、薪金所得扣缴申报	(1)扣缴义务人向居民个人支付**工资**、**薪金所得**时,应当按照**累计预扣法**计算预扣税款,并**按月办理扣缴申报**; (2)**累计预扣法**:扣缴义务人在一个纳税年度内预扣预缴税款时,以纳税人在本单位截至当月工资、薪金所得**累计**收入减除**累计**免税收入、**累计**减除费用、**累计**专项扣除、**累计**专项附加扣除和**累计**依法确定的其他扣除后的余额为**累计预扣预缴应纳税所得额**,适用个人所得税预扣率表一(见表 5-33),计算累计应预扣预缴税额,再减除累计减免税额和累计已预扣预缴税额,其余额为本期应预扣预缴税额。余额为负值时,暂不退税。纳税年度终了后余额仍为负值时,由纳税人通过办理综合所得年度汇算清缴,税款多退少补。 (3)计算公式为: 本期应预扣预缴税额=(累计预扣预缴应纳税所得额×预扣率-速算扣除数)-累计减免税额-累计已预扣预缴税额。 累计预扣预缴应纳税所得额=累计收入-累计免税收入-累计减除费用-累计专项扣除-累计专项附加扣除-累计依法确定的其他扣除 累计减除费用,按照**5 000 元/月**乘以纳税人**当年截至本月**在本单位的任职受雇月份数计算

续表

项目	具体内容
劳务报酬所得、稿酬所得、特许权使用费所得扣缴申报	扣缴义务人向居民个人支付劳务报酬所得、稿酬所得、特许权使用费所得时，应当按照以下方法按次或者按月预扣预缴税款。 (1)收入额：劳务报酬所得、稿酬所得、特许权使用费所得以**收入减除费用后的余额为收入额**，其中，稿酬所得的收入额**减按 70% 计算；** (2)减除费用是指，预扣预缴税款时，劳务报酬所得、稿酬所得、特许权使用费所得**每次收入不超过 4 000 元的，减除费用按 800 元计算；每次收入 4 000 元以上的，减除费用按收入的 20% 计算；** (3)应纳税所得额：劳务报酬所得、稿酬所得、特许权使用费所得，以每次收入额为预扣预缴应纳税所得额，计算应预扣预缴税款。劳务报酬所得适用个人所得税预扣率表二(见表 5-34)，**稿酬所得、特许权使用费所得适用 20% 的比例预扣率；** (4)居民个人办理年度综合所得汇算清缴时，应当依法计算劳务报酬所得、稿酬所得、特许权使用费所得的收入额，并入年度综合所得计算应纳税款，税款多退少补
其他所得扣缴申报	扣缴义务人支付利息、股息、红利所得，财产租赁所得，财产转让所得或者偶然所得时，应当依法按次或者按月代扣代缴税款，适用 20% 的比例预扣率
扣缴税款信息提供	(1)支付工资、薪金所得的扣缴义务人应当于年度终了后**两个月内**，向纳税人提供其个人所得和已扣缴税款等信息。纳税人年度中间需要提供上述信息的，扣缴义务人应当提供； (2)纳税人取得除工资、薪金所得以外的其他所得，扣缴义务人应当在扣缴税款后，及时向纳税人提供其个人所得和已扣缴税款等信息

个人所得税预扣率见表 5-33 和表 5-34。

表 5-33 个人所得税预扣率表一(居民个人工资、薪金所得预扣预缴适用)

级数	累计预扣预缴应纳税所得额	预扣率(%)	速算扣除数
1	不超过 36 000 元的	3	0
2	超过 36 000 元至 144 000 元的部分	10	2 520
3	超过 144 000 元至 300 000 元的部分	20	16 920
4	超过 300 000 元至 420 000 元的部分	25	31 920
5	超过 420 000 元至 660 000 元的部分	30	52 920
6	超过 660 000 元至 960 000 元的部分	35	85 920
7	超过 960 000 元的部分	45	181 920

表 5-34 个人所得税预扣率表二(居民个人劳务报酬所得预扣预缴适用)

级数	预扣预缴应纳税所得额	预扣率(%)	速算扣除数
1	不超过 20 000 元	20	0
2	超过 20 000 元至 50 000 元的部分	30	2 000
3	超过 50 000 元的部分	40	7 000

【例 14·单选题】在个人所得税的扣缴申报中，劳务报酬所得、稿酬所得、特许权使用费所得以收入减除费用后的余额为收入额，其中，稿酬所得的收入额减按( )计算。

A. 30% B. 50%
C. 70% D. 80%

解析 本题考查个人所得税的扣缴申报。在个人所得税的扣缴申报中，劳务报酬所得、稿酬所得、特许权使用费所得以收入减除费用后的余额为收入额，其中，稿酬所得的收入额减按 70% 计算。

答案 C

考点十九　个人所得税的自行申报（见表 5-35）

表 5-35　个人所得税的自行申报

项目	具体内容
自行申报情形	有下列情形之一的，纳税人应当依法办理纳税申报： (1) 取得综合所得需要办理汇算清缴； (2) 取得应税所得没有扣缴义务人； (3) 取得应税所得，扣缴义务人未扣缴税款； (4) 取得境外所得； (5) 因移居境外注销中国户籍； (6) 非居民个人在中国境内从两处以上取得工资、薪金所得； (7) 国务院规定的其他情形
自行申报方式	纳税人可以采用远程办税端、邮寄等方式申报，也可以直接到主管税务机关申报
2019 年度个人所得税综合所得汇算清缴的办理	(1) 无须办理 2019 年度汇算的情形。 ①纳税人年度汇算需补税但年度综合所得收入不超过 12 万元的； ②纳税人年度汇算需补税金额不超过 400 元的； ③纳税人已预缴税额与年度应纳税额一致或者不申请年度汇算退税的。 (2) 需要办理 2019 年度汇算的情形。 ①2019 年度已预缴税额大于年度应纳税额且申请退税的，包括 2019 年度综合所得收入额不超过 6 万元但已预缴个人所得税；年度中间劳务报酬、稿酬、特许权使用费适用的预扣率高于综合所得年适用税率；预缴税款时，未申报扣除或未足额扣除减除费用、专项扣除、专项附加扣除、依法确定的其他扣除或捐赠，以及未申报享受或未足额享受综合所得税收优惠等情形。 ②2019 年度综合所得收入超过 12 万元且需要补税金额超过 400 元的，包括取得两处及以上综合所得，合并后适用税率提高导致已预缴税额小于年度应纳税额等情形。 (3) 计算公式。 2019 年度汇算应退或应补税额 = [(综合所得收入额 - 60 000 元 - "三险一金"等专项扣除 - 子女教育等专项附加扣除 - 依法确定的其他扣除 - 依法确定的其他扣除和符合条件的公益慈善事业捐赠) × 适用税率 - 速算扣除数] - 2019 年已预缴税额 (4) 办理时间。 纳税人办理 2019 年度汇算的时间为 2020 年 3 月 1 日至 6 月 30 日。在中国境内无住所的纳税人在 2020 年 3 月 1 日前离境的，可以在离境前办理年度汇算。 (5) 办理方式。 ①自行办理年度汇算； ②通过取得工资、薪金或连续性取得劳务报酬所得的扣缴义务人代为办理； ③委托涉税专业服务机构或其他单位及个人（以下称"受托人"）办理，受托人需与纳税人签订授权书。 (6) 办理地点。 ①纳税人自行办理或受托人为纳税人代为办理 2019 年度汇算的，向纳税人任职受雇单位所在地的主管税务机关申报；有两处及以上任职受雇单位的，可自主选择向其中一处单位所在地的主管税务机关申报。纳税人没有任职受雇单位的，向其户籍所在地或者经常居住地的主管税务机关申报。 ②扣缴义务人在年度汇算期内为纳税人办理年度汇算的，向扣缴义务人的主管税务机关申报

续表

项目	具体内容
取得经营所得的纳税申报	（1）预缴纳税申报。 个体工商户业主、个人独资企业投资者、合伙企业个人合伙人、承包承租经营者个人以及其他从事生产、经营活动的个人取得经营所得，按年计算个人所得税，由纳税人在月度或季度终了后15日内，向经营管理所在地主管税务机关报送纳税申报表，并预缴税款。 （2）汇算清缴纳税申报：在取得所得的次年3月31日前，向经营管理所在地主管税务机关办理汇算清缴
取得应税所得，扣缴义务人未扣缴税款的纳税申报	（1）居民个人取得综合所得的，应当在取得所得的次年3月1日至6月30日内办理纳税申报； （2）非居民个人取得工资、薪金所得，劳务报酬所得，稿酬所得，特许权使用费所得的，应当在取得所得的次年6月30日前，向扣缴义务人所在地主管税务机关办理纳税申报； （3）纳税人取得利息、股息、红利所得，财产租赁所得，财产转让所得和偶然所得的，应当在取得所得的次年6月30日前，按相关规定向主管税务机关办理纳税申报
取得境外所得的纳税申报	居民个人从中国境外取得所得的，应当在取得所得的次年3月1日至6月30日内，向中国境内主管税务机关办理纳税申报
因移居境外注销中国户籍的纳税申报	纳税人因移居境外注销中国户籍的，应当在申请注销中国户籍前，向户籍所在地主管税务机关办理纳税申报，进行税款清算
非居民个人在中国境内从两处以上取得工资、薪金所得的纳税申报	非居民个人在中国境内从两处以上取得工资、薪金所得的，应当在取得所得的次月15日内，向其中一处任职、受雇单位所在地主管税务机关办理纳税申报

【例15·单选题】以下不需要办理个人所得税纳税申报的是(　　)。

A. 年股票交易转让所得16万元

B. 从境外取得收入

C. 每月从我国境内两家企业分别取得工资所得，且综合所得年收入额减去专项扣除后的余额为9万元

D. 个体经营者年经营所得15万元

解析　本题考查个人所得税的自行申报。有下列情形之一的，纳税人应当依法办理纳税申报：（1）取得综合所得需要办理汇算清缴；（2）取得应税所得没有扣缴义务人；（3）取得应税所得，扣缴义务人未扣缴税款；（4）取得境外所得；（5）因移居境外注销中国户籍；（6）非居民个人在中国境内从两处以上取得工资、薪金所得；（7）国务院规定的其他情形。　答案　A

历年考题解析

一、单项选择题

1. 根据企业所得税法，企业发生的下列支出中，属于允许税前扣除的是(　　)。

   A. 企业所得税税款
   B. 罚息
   C. 股息
   D. 烟草企业的烟草广告费

   解析　本题考查企业所得税的税前扣除。A、C、D为禁止税前扣除的项目。
   答案　B

2. 根据企业所得税法，下列行业的企业中，属于适用税前加计扣除政策的是(　　)。

   A. 房地产业　　B. 建筑业
   C. 娱乐业　　　D. 零售业

解析 本题考查企业所得税的税收优惠。下列行业的企业不适用税前加计扣除政策：(1)烟草制造业；(2)住宿和餐饮业；(3)批发和零售业；(4)房地产业；(5)租赁和商务服务业；(6)娱乐业；(7)财政部和国家税务总局规定的其他行业。

答案 B

3. 根据企业所得税法，某城市商业银行从其关联方接受的债权性投资与权益性投资的比例超过规定比例而发生的利息支出，不得在计算应纳税所得额时扣除，该规定比例为( )。
   A. 2∶1　　　　　B. 3∶1
   C. 4∶1　　　　　D. 5∶1

解析 本题考查企业所得税的特别纳税调整。企业从其关联方接受的债权性投资与权益性投资的比例超过以下规定比例而发生的利息支出，不得在计算应纳税所得额时扣除：(1)金融企业为5∶1；(2)其他企业为2∶1。

答案 D

4. 2015年6月，某劳务派遣公司购置价值4 000元的电脑一台，作为固定资产处理，会计折旧年限2年，该公司2015年可在企业所得税前扣除电脑折旧( )元。
   A. 1 000　　　　B. 2 000
   C. 3 000　　　　D. 4 000

解析 本题考查企业所得税的税收优惠。自2014年1月1日起，对所有行业企业持有的单位价值不超过5 000元的固定资产，允许一次性计入当期成本费用在计算应纳税所得额时扣除，不再分年度计算折旧。

答案 D

5. 2015年5月，中国居民企业甲以其持有的一处房产向另外一家居民企业乙进行投资，双方约定投资价款5 000万元，该房产原值2 000万元，取得的非货币性资产转让所得3 000万元，不考虑其他因素，假设甲企业最大限度地享受现行非货币性资产对外投资的企业所得税政策，则2015年甲企业至少应确认非货币性资产转让所得( )万元。
   A. 600　　　　　B. 1 000
   C. 3 000　　　　D. 5 000

解析 本题考查企业重组的所得税处理。居民企业以非货币性资产对外投资确认的非货币性资产转让所得，可在不超过5年期限内，分期均匀计入相应年度的应纳税所得额，按规定计算缴纳企业所得税。该企业取得的转让所得为3 000万元，因此，2015年至少应确认非货币性资产转让所得为600万元。

答案 A

6. 企业所得税法规定应当源泉扣缴所得税，但扣缴义务人未依法缴纳，纳税人也未依法缴纳，税务机关可以从该纳税人在中国境内其他收入项目的支付人应付的款项中，追缴该纳税人的应纳税款，这种行为属于企业所得税源泉扣缴的( )。
   A. 法定扣缴　　　B. 特定扣缴
   C. 指定扣缴　　　D. 商定扣缴

解析 本题考查企业所得税的源泉扣缴。特定扣缴：依照税法规定应当扣缴的所得税，扣缴义务人未依法扣缴或者无法履行扣缴义务的，由纳税人在所得发生地缴纳。纳税人未依法缴纳的，税务机关可以从该纳税人在中国境内其他收入项目的支付人应付的款项中，追缴该纳税人的应纳税款。

答案 B

7. 某企业经营5年后，按章程规定进行注销。2015年3月1日开始清算，6月30日完成清算。该企业应在( )之前向主管税务机关进行企业所得税申报。
   A. 3月16日　　　B. 6月15日
   C. 6月30日　　　D. 7月15日

解析 本题考查企业所得税的征收管理。企业应当自清算结束之日起15日内，向主管税务机关报送企业清算所得税纳税申报表，结清税款。

答案 D

8. 某调查公司为符合条件的小型微利企业，假设2×19年全年实现应纳税所得额15万元，该公司2×19年应缴纳企业所得税

( )万元。

A. 0.75　　　　B. 1.50
C. 3.00　　　　D. 3.75

解析 本题考查企业所得税的优惠税率。该公司应纳所得税=15×25%×20%=0.75(万元)。
答案 A

9. 香港某财务公司2015年4月通过沪港通投资上海证券交易所上市A股，当月实现股票买卖所得3 000万元，则该股票所得应缴纳的企业所得税为( )万元。

A. 0　　　　　B. 300
C. 450　　　　D. 750

解析 本题考查企业所得税的税收优惠。从2014年11月17日起，对香港企业投资者通过沪港通投资上海证券交易所上市A股取得的转让差价所得，暂免征收企业所得税。
答案 A

二、多项选择题

1. 企业所得税法规定，资产划转行为适用特殊性税务处理的条件有( )。

A. 100%间接控制的居民企业之间划转资产
B. 100%直接控制的非居民企业之间划转资产
C. 具有合理商业目的
D. 划出方企业在会计上确认损益
E. 资产划转后连续12个月内不改变被划转资产原来实质性经营活动

解析 本题考查资产的税务处理。对100%直接控制的居民企业之间，以及受同一或相同多家居民企业100%直接控制的居民企业之间按账面净值划转股权或资产，凡具有合理商业目的，不以减少、免除或者推迟缴纳税款为主要目的，股权或资产划转后连续12个月内不改变被划转股权或资产原来实质性经营活动，且划出方企业和划入方企业均未在会计上确认损益，可以选择按照规定进行特殊性税务处理。
答案 CE

2. 根据个人所得税法，下列纳税人中，属于应该自行申报纳税的有( )。

A. 年所得10万元以上的
B. 非居民个人从中国境内两处取得工资、薪金所得的
C. 非居民个人从中国境内三处取得工资、薪金所得的
D. 从中国境外取得所得的
E. 取得应税所得，没有扣缴义务人的

解析 本题考查个人所得税的征收管理。有下列情形之一的，纳税人应当依法办理纳税申报：(1)取得综合所得需要办理汇算清缴。(2)取得应税所得没有扣缴义务人。(3)取得应税所得，扣缴义务人未扣缴税款。(4)取得境外所得。(5)因移居境外注销中国户籍。(6)非居民个人在中国境内从两处以上取得工资、薪金所得。(7)国务院规定的其他情形。
答案 BCDE

3. 根据企业所得税法，股权、资产划转适用特殊性税务处理的条件包括( )。

A. 100%间接控制的居民企业之间划转股权或资产
B. 按账面净值划转股权或资产
C. 具有合理的商业目的
D. 股权或资产划转后连续6个月内不改变原来的实质性经营活动
E. 划出方企业在会计上已确认损益

解析 本题考查企业重组的企业所得税处理。对100%直接控制的居民企业之间，以及受同一或相同多家居民企业100%直接控制的居民企业之间按账面净值划转股权或资产，凡具有合理商业目的，不以减少、免除或者推迟缴纳税款为主要目的，股权或资产划转后连续12个月内不改变被划转股权或资产原来实质性经营活动，且划出方企业和划入方企业均未在会计上确认损益的，可以选择按规定进行特殊性税务处理。
答案 BC

4. 根据企业所得税法，关于固定资产加速折旧的说法，正确的有( )。

A. 固定资产由于技术进步，确需加速折旧的，可以缩短折旧年限
B. 加速折旧不可以采取双倍余额递减法
C. 某企业2019年新购进的单位价值为450万元的机床，可以一次性扣除
D. 互联网企业2014年新购进的专门用于研发的设备，单位价格120万元，可一次性税前扣除
E. 采取缩短折旧年限方法的，折旧年限不得低于税法规定最低折旧年限的60%

解析 ▶ 本题考查企业所得税的税收优惠。选项B错误，采取加速折旧方法的，可以采取双倍余额递减法或者年数总和法。选项D错误，对所有行业企业2014年1月1日后新购进的专门用于研发的仪器、设备，单位价值不超过100万元的，允许一次性计入当期成本费用在计算应纳税所得额时扣除，不再分年度计算折旧；单位价值超过100万元的，可缩短折旧年限或采取加速折旧的方法。 答案 ▶ ACE

三、案例分析题

（一）

某自行车制造企业，2016年实现产品销售收入2 000万元，支付合理的工资薪金总额200万元（其中，残疾职工工资50万元），实际发生职工福利费60万元，为全体员工支付补充医疗保险费40万元，发生广告费和业务宣传费500万元。另外，企业当年购置安全生产专用设备500万元，购置完毕即投入使用。

1. 该企业2016年度允许税前扣除的工资薪金数额为( )万元。
 A. 150　　　　　　B. 200
 C. 250　　　　　　D. 300

解析 ▶ 本题考查企业所得税的税前扣除。企业安置《中华人民共和国残疾人保障法》规定的残疾人员的，在按照支付给残疾职工工资据实扣除的基础上，按照支付给残疾职工工资的100%加计扣除。所以允许税前扣除的工资薪金总额为：200+50=250（万元）。 答案 ▶ C

2. 该企业2016年度不得税前扣除的职工福利费为( )万元。
 A. 28　　　　　　B. 32
 C. 55　　　　　　D. 60

解析 ▶ 本题考查企业所得税的税前扣除。企业发生的职工福利费支出，不超过工资薪金总额14%的部分，准予扣除。允许扣除的职工福利费为：200×14%=28（万元）。不得扣除的职工福利费为：60−28=32（万元）。 答案 ▶ B

3. 该企业2016年度允许税前扣除的补充医疗保险费为( )万元。
 A. 40　　　　　　B. 30
 C. 10　　　　　　D. 5

解析 ▶ 本题考查企业所得税的税前扣除。企业根据国家有关政策规定，为在本企业任职或者受雇的全体员工支付的补充养老保险费、补充医疗保险费，分别在不超过职工工资总额5%标准内的部分，在计算应纳税所得额时准予扣除；超过的部分，不予扣除。补充医疗保险的扣除限额为：200×5%=10（万元）<40（万元），所以按照10万元扣除。 答案 ▶ C

4. 该企业2016年度允许税前扣除的广告费和业务宣传费为( )万元。
 A. 200　　　　　　B. 300
 C. 500　　　　　　D. 600

解析 ▶ 本题考查企业所得税的税前扣除。企业发生的符合条件的广告费和业务宣传费支出，除国务院财政、税务主管部门另有规定外，不超过当年销售（营业）收入15%的部分，准予扣除。扣除限额为：2 000×15%=300（万元）<实际发生的500万元，所以，允许扣除300万元。 答案 ▶ B

5. 企业所得税法规定，企业购置并实际使用环境保护专用设备，可以按设备投资额的一定比例抵免企业当年的应纳所得税额，则该企业至多可以抵免2016年的应纳所得

税额为(　)万元。

A. 25　　　　　　B. 50
C. 200　　　　　　D. 500

解析 本题考查企业所得税的税前扣除。企业购置并使用税法规定的环境保护、节能节水、安全生产等专用设备的，该专用设备的投资额的10%可以从企业当年的应纳税额中抵免；当年不足抵免的，可以在以后5个纳税年度结转抵免。该企业至多可以抵免的所得税额为：500×10% = 50(万元)。**答案** B

（二）

一家天津注册的企业，2×14年支付合理的工资薪金总额300万元(其中，残疾职工工资50万元)，实际发生职工教育经费50万元。2×14年6月，购入电脑10台，单价4 500元，当月投入使用。另外，企业当年购置节能节水专用设备800万元，购置完毕即投入使用。

1. 该企业2×14年度允许税前扣除的工资薪金数额为(　)万元。

   A. 250　　　　　　B. 300
   C. 350　　　　　　D. 400

   解析 本题考查企业所得税的税收优惠。根据税法规定，企业安置残疾人员的，在按照支付给残疾职工工资据实扣除的基础上，按照支付给残疾职工工资的100%加计扣除。因此，本题准予税前扣除的工资薪金 =（300 - 50）+ 50 ×（1 + 100%）= 350(万元)。**答案** C

2. 该企业2×14年度允许税前扣除的职工教育经费为(　)万元。

   A. 5　　　　　　B. 24
   C. 26　　　　　　D. 50

   解析 本题考查企业所得税的税前扣除。企业发生的职工教育经费，不超过工资薪金总额8%的部分，准予在计算应纳税所得额时扣除；超过部分，准予在以后纳税年度结转扣除。因此，本题中税前准予扣除的职工教育经费 = 300 × 8% = 24(万元)。**答案** B

3. 该企业2×14年度允许税前扣除的电脑折旧为(　)万元。

   A. 0.75　　　　　　B. 1.50
   C. 4.50　　　　　　D. 6.75

   解析 本题考查企业所得税的税收优惠。根据税法规定，自2014年1月1日起，对所有企业持有的单位价值不超过5 000元的固定资产，允许一次性计入当期成本费用在计算应纳税所得额时扣除，不再分年度计算折旧。该企业2×14年6月，购入电脑10台，单价4 500元，当月投入使用。由于单价4 500元小于5 000元，因此可以一次性计入当期成本费用，税前准予扣除的电脑折旧 = 10 × 4 500 = 45 000(元) = 4.50(万元)。**答案** C

4. 根据企业所得税法，企业购置并实际使用节能节水专用设备，可以按设备投资额的一定比例抵免企业当年的应纳所得税额，则该企业至多可以抵免2×14年的应纳所得税额为(　)万元。

   A. 40　　　　　　B. 80
   C. 320　　　　　　D. 800

   解析 本题考查企业所得税的税收优惠。企业购置并实际使用税法规定的环境保护、节能节水、安全生产等专用设备的，该专用设备投资额的10%可以从企业当年的应纳税额中抵免；当年不足抵免的，可以在以后5个纳税年度结转抵免。因此，该企业购置并实际使用节能节水专用设备投资额的10%，即800 × 10% = 80(万元)，可以在本年的应纳税额中抵免。**答案** B

5. 根据企业所得税法，税务机关在对企业发生的工资薪金进行合理性确认，应该掌握的原则包括(　)。

   A. 企业制定了较为规范的员工工资薪金制度

   B. 企业所制定的工资薪金制度不一定符合行业水平

   C. 企业在一定时期所发放的工资薪金可以随机调整

D. 有关工资薪金的安排，不以减少税款为目的

解析 本题考查企业所得税的税前扣除。税务机关在对工资薪金进行合理性确认时，可按以下原则掌握：(1)企业制定了较为规范的员工工资薪金制度；(2)企业所制定的工资薪金制度符合行业及地区水平；(3)企业在一定时期所发放的工资薪金是相对固定的，工资薪金的调整是有序进行的；(4)企业对实际发放的工资薪金，已依法履行代扣代缴个人所得税义务；(5)有关工资薪金的安排，不以减少或逃避税款为目的。

答案 AD

同步系统训练

一、单项选择题

1. 居民企业是指依法在中国境内成立，或者依照外国(地区)法律成立但( )在中国境内的企业。
   A. 总机构　　　　B. 财务部门
   C. 人事部门　　　D. 实际管理机构

2. 根据企业所得税法，下列判断来源于中国境内、境外的所得的原则中，错误的是( )。
   A. 销售货物所得，按照交易活动发生地确定
   B. 提供劳务所得，按照劳务发生地确定
   C. 股息、红利等权益性所得，按照分配所得的企业所在地确定
   D. 权益性投资资产转让所得，按照投资方企业所在地确定

3. 某小型微利企业经主管税务机关核定，2019年度应纳税所得额10万元，则该企业应纳企业所得税( )万元。
   A. 0.5　　　　　B. 1
   C. 2　　　　　　D. 2.5

4. 适用企业所得税15%税率的高新技术企业，要求其近一年取得的高新技术产品(服务)收入占企业同期总收入的比例不低于( )。
   A. 50%　　　　　B. 60%
   C. 70%　　　　　D. 80%

5. 经认定的技术先进型服务企业适用的企业所得税税率为( )。
   A. 25%　　　　　B. 20%
   C. 15%　　　　　D. 10%

6. 某外国企业在中国境内未设立机构、场所，本年从中国境内的一家内资企业取得利息所得30万元，假设不考虑其他因素，该内资企业应为该外国企业代扣代缴所得税( )万元。
   A. 3　　　　　　B. 4.5
   C. 6　　　　　　D. 7.5

7. 某公司2018年成立，当年经税务机关核实亏损20万元，2019年度该公司利润总额为200万元。假设公司无其他纳税调整事项，也不享受税收优惠，则2019年该公司应纳所得税( )万元。
   A. 45　　　　　　B. 50
   C. 59.4　　　　　D. 66

8. 以下属于企业所得税法规定的不征税收入的是( )。
   A. 地方政府债券利息收入
   B. 从居民企业分回的股息
   C. 财政拨款
   D. 非营利组织收入

9. 居民企业直接投资于其他居民企业而取得投资收益适用的企业所得税政策是( )。
   A. 属于免税收入
   B. 属于不征税收入
   C. 持有居民企业公开发行并上市流通的股票超过12个月取得的投资收益，免税
   D. 持有居民企业公开发行并上市流通的股票超过12个月取得的投资收益，减半征收

10. 按照我国企业所得税法的规定，下列项目超过当年扣除限额的部分，不准予在以后纳税年度结转扣除的是( )。
   A. 广告费
   B. 职工教育经费
   C. 业务宣传费
   D. 职工福利费

11. 下列各项支出，准予在计算企业所得税前全额扣除的是( )。
   A. 职工福利费
   B. 职工教育经费
   C. 非金融企业向非金融企业借款的利息
   D. 环境保护、生态恢复等方面的专项资金

12. 某企业本年销售收入 5 000 万元，业务招待费支出 60 万元，根据企业所得税法的规定，业务招待费准予税前扣除( )万元。
   A. 9   B. 25
   C. 36   D. 60

13. 以下无形资产的摊销费用可在税前扣除的是( )。
   A. 自行开发的支出已在计算应纳税所得额时扣除的无形资产
   B. 企业购买的财务办公软件
   C. 用于职工福利的无形资产
   D. 自创商誉

14. 2019 年 6 月份，某企业为开发新技术而实际发生研发费用 50 万元，该项研发费用可税前扣除( )万元。
   A. 50   B. 75
   C. 87.5   D. 100

15. 某企业于 2019 年 11 月购入专门用于研发的仪器 5 台，共支出 300 万元。关于该业务的企业所得税税务处理的说法，正确的是( )。
   A. 允许一次性计入当期成本费用在计算应纳税所得额时扣除
   B. 根据加计扣除的规定，允许扣除 450 万元
   C. 应当根据设备的折旧年限分期均匀计入成本费用
   D. 根据加计扣除的规定，允许扣除 600 万元

16. 关于企业所得税税收优惠的说法，错误的是( )。
   A. 企业安置《中华人民共和国残疾人保障法》规定的残疾人员的，在按照支付给残疾职工工资据实扣除的基础上，按照支付给残疾职工工资的 100% 加计扣除
   B. 企业开展研发活动中实际发生的研究开发费用，形成无形资产的，按无形资产成本的 100% 进行摊销
   C. 外国政府向中国政府提供贷款取得的利息所得免征企业所得税
   D. 企业从事中药材的种植所得免征企业所得税

17. 一家专门从事国家重点扶持的公共基础设施项目投资的企业，2015 年取得第一笔营业收入，2019 年实现应纳税所得额 200 万元，假设该企业适用 25% 的企业所得税率，不考虑其他因素，则该企业 2019 年应纳企业所得税( )万元。
   A. 0   B. 25
   C. 50   D. 100

18. 某居民企业本年转让技术所有权收入 2 500 万元，相关的成本、费用、税金 1 775 万元。已知该企业无其他纳税调整事项，该企业应缴企业所得税( )万元。
   A. 28.125   B. 56.25
   C. 90.63   D. 181.25

19. 企业所得税扣缴义务人每次代扣的税款，缴入国库的时限是( )。
   A. 代扣之日
   B. 纳税人纳税义务发生之日
   C. 代扣之日起 7 日内
   D. 代扣之日起 15 日内

20. 建筑企业从其关联方接受债权性投资与权益性投资的比例不超过( )而发生的利息支出，可以在计算应纳税所得额时

扣除。

　　A．5∶1　　　　　B．3∶1
　　C．2∶1　　　　　D．1∶1

21．企业与其关联方之间的业务往来，不符合独立交易原则而减少企业或者其关联方应纳税收入或者所得额的，税务机关有权按照合理方法调整，该调整的追溯期为(　　)。

　　A．3年　　　　　B．5年
　　C．10年　　　　D．无期限

22．总机构和二级分支机构应当在每月或每季度终了后(　　)日内就地申报预缴企业所得税。

　　A．5　　　　　　B．10
　　C．15　　　　　 D．30

23．根据个人所得税法的规定，某人转让房屋所得应适用的税目是(　　)。

　　A．财产转让所得
　　B．特许权使用费所得
　　C．偶然所得
　　D．劳务报酬所得

24．根据个人所得税法的规定，下列选项中属于我国居民纳税人的是(　　)。

　　A．在我国有住所，因学习在法国居住半年的赵某
　　B．具有中国国籍，但在韩国定居的金某
　　C．侨居在海外的华侨
　　D．2019年1月15日来华学习，7月1日后回国的加拿大

25．2019年6月中国公民张先生取得财产租赁所得10 000元，不考虑其他税费，则张先生6月份应缴纳个人所得税(　　)元。

　　A．1 200　　　　B．1 600
　　C．1 840　　　　D．2 000

26．以下各项所得适用比例税率形式的是(　　)。

　　A．工资薪金所得
　　B．劳务报酬所得
　　C．财产转让所得
　　D．经营所得

27．下列所得中，免征个人所得税的是(　　)。

　　A．加班工资
　　B．年终奖
　　C．残疾人员所得
　　D．离休工资

28．下列关于专项附加扣除的表述，不正确的是(　　)。

　　A．子女教育支出扣除标准为每个子女每月1 000元
　　B．职业资格继续教育支出扣除标准为每年4 800元
　　C．住房贷款利息扣除标准为每月1 000元，扣除期限最长不超过240个月
　　D．赡养老人支出独生子女扣除标准为每月2 000元

二、多项选择题

1．下列说法符合非居民企业纳税规定的有(　　)。

　　A．非居民企业在中国境内未设立机构、场所的，所取得的所得适用25%税率
　　B．非居民企业在中国境内未设立机构、场所的，应当就其来源于中国境内的所得缴纳企业所得税
　　C．非居民企业在中国境内设立机构、场所但取得的所得与其所设机构、场所没有实际联系的，应当就其来源于中国境内的所得缴纳企业所得税
　　D．非居民企业在中国境内设立机构、场所，既有其所设机构、场所来源于中国境内的所得，也有发生在境外的与其所设机构、场所有实际联系的所得，仅就其来源于中国境内的所得缴纳企业所得税
　　E．非居民企业在中国境内未设立机构、场所的，所取得的所得适用15%税率

2．关于企业所得税税率的说法，符合现行规定的有(　　)。

　　A．符合条件的小型微利企业，年应纳税所得额不超过100万元的部分，减按25%计入应纳税所得额，按20%的税率缴纳企业所得税

B. 减按 15%税率征收企业所得税的高新技术企业,要求在中国境内发生的研究开发费用总额占全部研究开发费用总额的比例不低于 60%

C. 经认定的技术先进型服务企业,减按 10%税率征收企业所得税

D. 设在西部鼓励类产业企业减按 15%税率征收企业所得税

E. 非居民企业在中国境内设立机构、场所,在境内取得的与其机构、场所没有实际联系的所得减按 10%税率征收企业所得税

3. 减按 15%税率缴纳企业所得税的纳税人有( )。

A. 居民企业

B. 非居民企业

C. 符合条件的小型微利企业

D. 国家重点扶持的高新技术企业

E. 西部地区鼓励类产业企业

4. 根据企业所得税法,国务院规定的专项用途财政性资金可以作为不征税收入。这类财政性资金必须符合的条件有( )。

A. 企业从省级以上人民政府的财政部门或其他部门取得

B. 企业能够提供规定资金专项用途的资金拨付文件

C. 财政部门或其他拨付资金的政府部门对该资金有专门的资金管理办法或具体管理要求

D. 企业对该资金单独进行核算

E. 企业对该资金发生的支出单独进行核算

5. 关于企业所得税收入确认原则的说法,正确的有( )。

A. 企业一般收入项目的确认,采用收付实现制原则

B. 利息收入,按照合同约定债务人应付利息的日期确认收入实现

C. 租金收入,按照合同约定承租人应付租金的日期确认收入实现

D. 接受捐赠收入,按照实际收到捐赠资产的日期确认收入实现

E. 以分期收款方式销售货物,按照发出货物的日期确认收入实现

6. 关于企业发生的公益性捐赠支出的企业所得税处理的说法,正确的有( )。

A. 不超过当年销售(营业)收入 12%的部分,准予扣除

B. 不超过年度利润总额 12%的部分,准予扣除

C. 超过按规定准予扣除的部分,不得扣除

D. 超过当年销售(营业)收入 12%的部分,准予结转以后 5 年内在计算应纳税所得额时扣除

E. 超过年度利润总额 12%的部分,准予结转以后 3 年内在计算应纳税所得额时扣除

7. 关于固定资产的企业所得税处理的说法,正确的有( )。

A. 盘盈的固定资产,按照固定资产的原价计税

B. 未使用的房屋不得计提折旧

C. 融资租入的固定资产可以计提折旧

D. 已提足折旧继续使用的固定资产不得再计提折旧

E. 企业应于固定资产投入使用月份的次月起计提折旧

8. 关于资产的企业所得税处理的说法,正确的有( )。

A. 自行建造的固定资产,以竣工结算前发生的支出为计税基础

B. 生产性生物资产按照直线法计算的折旧,准予扣除

C. 生产性生物资产的预计净残值确定以后,可以根据情况变更

D. 企业自固定资产投入使用月份起计算折旧

E. 企业对外投资期间,投资资产的成本在计算应纳税所得额时不得扣除

9. 关于无形资产的企业所得税处理的说法,正确的有( )。

A. 商誉不属于无形资产

B. 自创商誉不得计算摊销费用扣除

C. 外购商誉的支出，在企业整体转让或者清算时，准予扣除

D. 无形资产的摊销年限不得低于 5 年

E. 无形资产按照直线法计算的摊销费用，准予扣除

10. 根据我国现行企业所得税法，以下符合企业重组适用特殊性税务处理条件的有（　　）。

A. 企业重组具有合理的商业目的

B. 企业重组不以减少、免除或者推迟缴纳税款为主要目的

C. 企业重组后的连续 2 年内不改变重组资产原来的实质性经营活动

D. 企业重组交易对价中股权支付额不低于交易支付总额的 80%

E. 企业重组取得的股权支付的原主要股东，在重组后连续 12 个月内不得转让所取得的股权

11. 企业以技术成果投资入股到境内居民企业，被投资企业支付的对价全部为股票（权）的，关于其企业所得税处理的说法，正确的有（　　）。

A. 企业既可以选择继续按现行有关税收政策执行，也可以选择适用递延纳税政策

B. 选择继续按现行有关税收政策执行的，减半征收企业所得税

C. 选择递延纳税政策的，经主管税务机关批准，投资入股当期可暂不纳税，允许递延至转让股权时纳税

D. 选择递延至转让股权时纳税的，按股权转让收入计算缴纳所得税

E. 技术成果投资入股是纳税人将技术成果所有权让渡给被投资企业，取得该企业股票（权）的行为

12. 关于企业所得税优惠政策的说法，错误的有（　　）。

A. 企业购置并实际使用规定的环境保护、节能节水、安全生产等专用设备的，该专用设备的投资额的 10% 可以从企业当年的应纳税额中抵免

B. 创业投资企业采取股权投资方式投资于未上市的中小高新技术企业 2 年以上的，可以按照其投资额的 80% 在股权持有满 2 年的当年抵扣该创业投资企业的应纳税所得额

C. 企业综合利用资源，生产符合国家产业政策规定的产品所取得的收入，可以在计算应纳税所得额时减计收入 10%

D. 企业的固定资产由于技术进步确需加速折旧，应该采取直线法计算折旧

E. 企业从事国家重点扶持的公共基础设施项目的投资所得，自项目取得第一笔生产经营收入所属纳税年度起，实行"三免三减半"的税收优惠政策

13. 关于企业所得税税收优惠的说法，正确的有（　　）。

A. 从 2014 年 11 月 17 日起，对香港企业投资者通过沪港通投资上海证券交易所上市 A 股取得的转让差价所得，暂免征收所得税

B. 一个纳税年度内，居民企业技术转让所得不超过 500 万元的部分，免征企业所得税

C. 国际金融组织向中国政府和居民企业提供优惠贷款取得的利息所得，免征企业所得税

D. 从 2014 年 11 月 17 日起，对 QFII、RQFII 取得的来源于中国境内的股票等权益性投资资产转让所得，减半征收企业所得税

E. 远洋捕捞取得的所得，免征企业所得税

14. 关于企业所得税征收管理的说法，错误的有（　　）。

A. 企业自年度终了之日起 4 个月内，向税务机关报送年度企业所得税纳税申报表，并汇算清缴，结清应缴应退税款

B. 企业在年度中间终止经营活动的,应当自实际经营终止之日起30日内,向税务机关办理当期企业所得税汇算清缴

C. 企业清算时,应当以清算期间作为一个纳税年度

D. 企业所得税按年计征,分月或者分季预缴,年终汇算清缴,多退少补

E. 依照《企业所得税法》缴纳的企业所得税,以人民币以外的货币计算的,应当折合成人民币计算并缴纳税款

15. 关于企业所得税纳税申报的说法,正确的有( )。

A. 企业所得税按纳税年度计算,分月或者分季预缴

B. 企业应当自月份或者季度终了之日起10日内,向税务机关报送预缴企业所得税纳税申报表,预缴税款

C. 企业的预缴方法应当确定,但在纳税年度内可以根据实际情况随时变更

D. 企业应当自年度终了之日起5个月内,向税务机关报送年度企业所得税纳税申报表,并汇算清缴,结清应缴应退税款

E. 企业分月或分季预缴企业所得税的,应当按照月度或季度的实际利润额预缴

16. 下列个人所得在计算个人所得税时,适用累进税率的有( )。

A. 工资、薪金所得

B. 经营所得

C. 对企事业单位的承租经营、承包经营所得

D. 股息所得

E. 特许权使用费所得

17. 按照现行税法,劳务报酬所得适用的个人所得税预扣率包括( )。

A. 5% B. 10%

C. 20% D. 30%

E. 40%

18. 关于个人所得税应纳税所得额的说法,正确的有( )。

A. 经营所得以每一纳税年度的收入总额减除成本、费用以及损失后的余额为应纳税所得额

B. 利息、股息、红利所得以每次收入额为应纳税所得额

C. 财产租赁所得以每次收入额为应纳税所得额

D. 财产转让所得以转让财产的收入额减除财产原值和合理费用后的余额,为应纳税所得额

E. 偶然所得以每次收入额为应纳税所得额

19. 关于2016年1月1日起,全国范围内的中小高新技术企业以未分配利润、盈余公积、资本公积向个人股东转增股本时的个人所得税缴纳规定的说法,正确的有( )。

A. 个人股东可以选择一次缴纳个人所得税,也可选择自行制定分期缴税计划

B. 个人股东获得转增的股本,按"财产转让所得"项目缴纳个人所得税

C. 个人股东获得转增的股本,适用20%的税率计算缴纳个人所得税

D. 个人股东分期缴税的,应在不超过5个公历年度内(含)分期缴纳

E. 个人股东分期缴税的,应当报主管税务机关审查核准后备案

20. 个人的下列所得,免纳个人所得税的有( )。

A. 国债的利息收入

B. 国家发行的金融债券的利息所得

C. 残疾人员所得

D. 军人的转业费、复员费

E. 福利费、抚恤金

三、案例分析题

(一)

某市一家高新技术企业,属于国家需要重点扶持的高新技术企业,本年度相关生产经营业务如下:

(1)当年主营业务收入700万元,其他业务收入20万元。国债利息收入10万元,

取得对境内非上市公司的投资收益46.8万元。

(2)全年营业成本330万元。

(3)全年发生财务费用50万元，其中10万元为资本化的利息。

(4)管理费用共计90万元，销售费用共计40万元，其中列支广告费、业务宣传费30万元。

(5)营业外支出：通过青少年发展基金会向农村义务教育捐款10万元，税收罚款支出5万元，滞纳金2.73万元。

(6)税金及附加28.03万元。

(7)上年广告费超支20万元。

1. 企业本年的收入总额为( )万元。
   A. 730   B. 756.8
   C. 766.8 D. 776.8

2. 企业本年可扣除财务费用( )万元。
   A. 50   B. 40
   C. 30   D. 20

3. 企业本年可扣除销售费用(包括结转扣除的金额)( )万元。
   A. 40   B. 58
   C. 60   D. 108

4. 企业本年可扣除的营业外支出( )万元。
   A. 10   B. 13.72
   C. 15   D. 23.72

5. 企业本年应缴企业所得税( )万元。
   A. 13.65 B. 27.30
   C. 25.80 D. 24.30

（二）

济南市某商贸企业，2019年实现产品销售收入1 800万元，支付合理的工资薪金总额200万元(含残疾职工工资50万元)，业务招待费80万元，职工福利费60万元，职工教育经费30万元，利润总额200万元。另外，企业当年购置环境保护专用设备支出600万元，购置完毕即投入使用。

1. 该企业税前允许扣除工资薪金( )万元。
   A. 150   B. 200
   C. 250   D. 300

2. 该企业税前不允许扣除业务招待费( )万元。
   A. 9   B. 32
   C. 48   D. 71

3. 该企业税前允许扣除职工福利费( )万元。
   A. 28   B. 32
   C. 35   D. 60

4. 该企业税前允许扣除职工教育经费( )万元。
   A. 30   B. 16
   C. 10   D. 5

5. 该企业购置环境保护专用设备的支出可以抵免应纳税额( )万元。
   A. 600   B. 240
   C. 60   D. 30

6. 该企业本年度应纳税所得额为( )万元。
   A. 200   B. 257
   C. 271   D. 267

7. 该企业本年度应缴纳企业所得税( )万元。
   A. 6.75   B. 39.25
   C. 42.75 D. 69.5

（三）

重庆市某企业从事教具教学仪器的生产，该企业属于西部地区鼓励类产业企业。本年度发生下列业务：

(1)全年取得收入2 480万元，其中包括持有居民企业A的股票而取得的股息红利352万元，该股票于2014年12月买入。

(2)全年发生营业成本800万元，其中包括当年6月1日购入专门用于研发的设备一台，价值100万元，已全额计入营业成本。

(3)全年发生销售费用700万元，管理费用300万元，财务费用200万元(其中包括年初向某商业银行借入1年期借款100万元所支付的利息6万元和年初向B企业借入使用1年的资金200万元而支付的利息20万元)。

(4)营业外支出120万元,其中诉讼费2万元,银行罚息3万元。

注:该行业固定资产残值率为5%,折旧年限依法定最低年限,采用直线法折旧。

1. 该企业适用企业所得税( )税率。
   A. 10%   B. 15%
   C. 20%   D. 25%
2. 该企业税前允许扣除营业成本( )万元。
   A. 800   B. 709.5
   C. 705   D. 704.75
3. 该企业税前允许扣除财务费用( )万元。
   A. 186   B. 180
   C. 200   D. 192
4. 该企业应缴纳企业所得税( )万元。
   A. 2.4   B. 16.69
   C. 27.81   D. 69.49
5. 若企业发生赞助支出15万元,则准予在税前扣除( )万元。
   A. 0   B. 15
   C. 30   D. 43.2

(四)

某跨地区经营汇总缴纳企业所得税的企业,总公司设在北京,在上海和南京分别设有一个分公司,今年6月共实现应纳税所得额2 000万元,假设企业按月预缴企业所得,税率为25%,另外,上海分公司上年度的营业收入、职工薪酬和资产总额分别为400万元、100万元、500万元;南京分公司上年度的营业收入、职工薪酬和资产总额分别为1 600万元、300万元和2 000万元。营业收入、职工薪酬和资产总额的权重依次为0.35、0.35和0.30。今年7月,该企业按规定在总机构和分支机构之间计算分摊税款就地预缴。

1. 该企业今年6月应纳企业所得税( )万元。
   A. 300   B. 400
   C. 500   D. 600
2. 总公司在北京就地分摊预缴企业所得税( )万元。
   A. 50   B. 150
   C. 200   D. 250
3. 上海分公司就地分摊预缴企业所得税( )万元。
   A. 54.375   B. 75.000
   C. 87.500   D. 125.000
4. 南京分公司就地分摊预缴企业所得税( )万元。
   A. 125.000   B. 162.000
   C. 175.000   D. 195.625
5. 关于跨地区(指跨省、自治区、直辖市和计划单列市)经营汇总缴纳企业所得税征收管理的说法,正确的有( )。
   A. 总机构和各二级分机机构,就地分摊缴纳企业所得税
   B. 二级分支机构不就地分摊企业汇算清缴应缴应退税款
   C. 企业所得税分月或者分季预缴,由总机构和二级分支机构所在地主管税务机关分别核定
   D. 总机构应将本期企业应纳所得税额的50%部分,在每月或季度终了后15天内就地申报预缴

(五)

张某2019年1月取得以下几笔收入:

(1)将位于市中心自有两间120平方米的门面房,出租给陈某经营服装。协议规定,租用期一年,年租金96 000元,本月取得租金收入8 000元。另外,本月支付该出租房发生的修缮费用500元,取得普通发票,本月允许扣除的税费合计1 496元均已缴纳,并取得税票。

(2)购买体育彩票中奖取得奖金100 000元,将40 000元通过民政部门捐赠给灾区。

(3)张某在自己本单位取得1月工资收入8 800元(现金)。

(4)接受朋友无偿赠送的住房一套,赠与合同上注明该住房的公允价值为280 000元,在办理产权转移过程中,支付相关过户费、印花税、契税共10 000元。

(5)购买的国债的利息收入为1 130元。
1. 张某出租门面房所得收入本月应缴纳个人所得税( )元。
   A. 960.64　　　　B. 1 040.64
   C. 1 280　　　　　D. 1 500
2. 张某购买彩票取得的奖金收入应缴纳个人所得税( )元。
   A. 20 000　　　　B. 14 000
   C. 12 000　　　　D. 11 200
3. 张某1月工资收入应预扣预缴的个人所得税为( )元。(假设专项扣除、专项附加扣除分别为1 000元)
   A. 54　　　　　　B. 505
   C. 1 060　　　　　D. 1 045
4. 张某无偿受赠房屋应缴纳个人所得税( )元。
   A. 0　　　　　　　B. 43 200
   C. 54 000　　　　　D. 56 000
5. 张某的国债利息收入应缴纳个人所得税( )元。
   A. 0　　　　　　　B. 113
   C. 130　　　　　　D. 226

同步系统训练参考答案及解析

一、单项选择题

1. D 【解析】本题考查企业所得税的纳税人。居民企业是指依法在中国境内成立,或者依照外国(地区)法律成立但实际管理机构在中国境内的企业。

2. D 【解析】本题考查企业所得的征税对象。选项D错误,权益性投资资产转让所得按照被投资企业所在地确定。

3. A 【解析】本题考查企业所得税的税率。自2019年1月1日至2021年12月31日,对小型微利企业年应纳税所得额不超过100万元的部分,减按25%计入应纳税所得额,按20%的税率缴纳企业所得税;对年应纳税所得额超过100万元但不超过300万元的部分,减按50%计入应纳税所得额,按20%的税率缴纳企业所得税。因此,该企业应纳企业所得税 = 10×25%×20% = 0.5(万元)。

4. B 【解析】本题考查企业所得税的税率。根据企业所得税法,国家需要重点扶持的高新技术企业,减按15%的税率征收企业所得税。要求之一是高新技术企业近一年高新技术产品(服务)收入占企业同期总收入的比例不低于60%。

5. C 【解析】本题考查企业所得税的税率。经认定的技术先进型服务企业,减按15%的税率征收企业所得税。

6. A 【解析】本题考查企业所得税的税率。非居民企业在中国境内未设立机构、场所的,或者虽设立机构、场所但取得的所得与其机构、场所没有实际联系的,其境内所得减按10%的税率缴纳企业所得税。应纳所得税 = 30×10% = 3(万元)。

7. A 【解析】本题考查企业所得税的计税依据。企业纳税年度发生的亏损,准予向以后年度结转,用以后年度的所得弥补,但结转年限最长不得超过5年。应纳所得税 = (200-20)×25% = 45(万元)。

8. C 【解析】本题考查企业所得税的不征税收入。企业所得税法规定的不征税收入有:(1)财政拨款;(2)依法收取并纳入财政管理的行政事业性收费;(3)依法收取并纳入财政管理的政府性基金;(4)国务院规定的专项用途财政性资金;(5)国务院规定的其他不征税收入。

9. C 【解析】本题考查企业所得税的免税收入。符合条件的居民企业之间的股息、红利等权益性投资收益,是居民企业直接投资于其他居民企业取得的投资收益(不包括连续持有居民企业公开发行并上市流通的股票不足12个月取得的投资收益),属于免税收入,不缴纳企业所得税。

10. D 【解析】本题考查企业所得税的税前扣除。企业所得税税前扣除项目中，超过规定扣除限额的部分，准予在以后纳税年度结转扣除的费用包括：职工教育经费、广告费和业务宣传费。

11. D 【解析】本题考查企业所得税的税前扣除。企业发生的职工福利费支出，不超过工资薪金总额14%的部分，税前准予扣除。企业发生的职工教育经费，不超过工资薪金总额8%的部分，准予扣除；超过部分，准予在以后纳税年度结转扣除。非金融企业向非金融企业借款的利息支出，不超过按照金融企业同期同类借款利率计算的数额的部分，准予扣除。企业依照法律、行政法规有关规定提取的用于环境保护、生态恢复等方面的专项资金，税前准予扣除。

12. B 【解析】本题考查企业所得税的税前扣除。企业发生的与生产经营活动有关的业务招待费支出，按照发生额的60%扣除，但最高不得超过当年销售（营业）收入的5‰。发生额的60% = 60×60% = 36（万元），当年销售（营业）收入的5‰ = 5 000×5‰ = 25（万元），36万元>25万元，因此准予扣除25万元。

13. B 【解析】本题考查企业所得税资产的税务处理。不得计算摊销费用扣除的无形资产有：(1)自行开发的支出已在计算应纳税所得额时扣除的无形资产；(2)自创商誉；(3)与经营活动无关的无形资产；(4)其他不得计算摊销费用扣除的无形资产。

14. C 【解析】本题考查企业所得税的税收优惠。企业开展研发活动中实际发生的研发费用，未形成无形资产计入当期损益的，在按规定据实扣除的基础上，在2018年1月1日至2020年12月31日期间，再按照实际发生额的75%在税前加计扣除；形成无形资产的，在上述期间按照无形资产成本的175%在税前摊销。

15. A 【解析】本题考查企业所得税的税收优惠。对所有行业企业2014年1月1日后新购进的专门用于研发的仪器、设备，单位价值不超过100万元的，允许一次性计入当期成本费用在计算应纳税所得额时扣除，不再分年度计算折旧；单位价值超过100万元的，可缩短折旧年限或采取加速折旧的方法。该企业购入仪器5台，共支出300万元，仪器的单位价值为60万元，因此，允许一次性计入当期成本费用在计算应纳税所得额时扣除，不再分年度计算折旧。

16. B 【解析】本题考查企业所得税的税收优惠。选项B错误，企业开展研发活动中实际发生的研发费用，未形成无形资产计入当期损益的，在按规定据实扣除的基础上，在2018年1月1日至2020年12月31日期间，再按照实际发生额的75%在税前加计扣除；形成无形资产的，在上述期间按照无形资产成本的175%在税前摊销。

17. B 【解析】本题考查企业所得税的税收优惠。企业从事国家重点扶持的公共基础设施项目投资经营的所得，自项目取得第一笔生产经营收入所属纳税年度起，第1年至第3年免征企业所得税，第4年至第6年减半征收企业所得税。2019年是取得营业收入的第5年，应当减半征收企业所得税，应缴企业所得税 = 200×25%×50% = 25（万元）。

18. A 【解析】本题考查企业所得税的税收优惠。一个纳税年度内，居民企业技术转让所得不超过500万元的部分，免征企业所得税；超过500万元的部分，减半征收企业所得税。所以应纳企业所得税 = (2 500 - 1 775 - 500)×25%×50% = 28.125（万元）。

19. C 【解析】本题考查企业所得税的源泉扣缴。企业所得税扣缴义务人每次代扣的税款，应当自代扣之日起7日内缴入国库,并向所在地的税务机关报送扣缴企业所得税报告表。

20. C 【解析】本题考查企业所得税的特别纳税调整。除金融企业,其他企业关联方接受债权性投资与权益性投资的比例超过2∶1而发生的利息支出,不得在计算应纳税所得额时扣除。

21. C 【解析】本题考查企业所得税的特别纳税调整。企业与关联方之间的业务往来,不符合独立交易原则,或者企业实施其他不具有合理商业目的安排的,税务机关有权在该业务发生的纳税年度起10年内,进行纳税调整。

22. C 【解析】本题考查企业所得税的征收管理。总机构和二级分支机构应当在每月或每季度终了后15日内就地申报预缴企业所得税。

23. A 【解析】本题考查个人所得税的征税对象。财产转让所得是指个人转让有价证券、股权、合伙企业中的财产份额、不动产、机器设备、车船以及其他财产取得的所得。个人转让房屋所得属于财产转让所得。

24. A 【解析】本题考查个人所得税的纳税人。选项B、C,属于在中国境内无住所又不居住的个人,属于非居民纳税人;选项D,在中国境内无住所而一个纳税年度内在中国境内居住累计不满183天的个人,属于非居民纳税人。

25. B 【解析】本题考查个人所得税的计算。财产租赁所得,每次收入在4 000元以上的,准予扣除20%的费用,余额为应纳税所得额。应纳税额 = 10 000×(1−20%)×20% = 1 600(元)。

26. C 【解析】本题考查个人所得税的税率。股息所得、财产转让所得适用20%的比例税率,其余三项采用的是超额累进税率。

27. D 【解析】本题考查个人所得税的税收优惠。离休工资免征个人所得税。

28. B 【解析】本题考查个人所得税的专项附加扣除。纳税人接受技能人员职业资格继续教育、专业技术人员职业资格继续教育的支出,在取得相关证书的当年,按照3 600元定额扣除。

二、多项选择题

1. BC 【解析】本题考查企业所得税的税率。非居民企业在中国境内未设立机构、场所的,或者虽设立机构、场所但取得的所得与其所设机构、场所没有实际联系的,就其来源于中国境内的所得减按10%的税率征收企业所得税,选项B、C正确,选项A、E错误。非居民企业在中国境内设立机构、场所的,应当就其所设机构、场所取得的来源于中国境内的所得,以及发生在中国境外但与其所设机构、场所有实际联系的所得,缴纳企业所得税,选项D错误。

2. ABDE 【解析】本题考查企业所得税的优惠税率。选项C错误,经认定的技术先进型服务企业,减按15%税率征收企业所得税。

3. DE 【解析】本题考查企业所得税的优惠税率。国家重点扶持的高新技术企业和西部地区鼓励类产业企业减按15%的税率缴纳企业所得税。居民企业的税率为25%。非居民企业在中国境内设立机构、场所,且取得的所得与所设机构、场所有实际联系的,税率为25%。非居民企业在中国境内未设立机构、场所,或者虽设立机构、场所但取得的所得与其机构、场所没有实际联系的,其境内所得,法定税率为20%,减按10%的税率征收企业所得税。符合条件的小型微利企业的税率为20%。

4. BCDE 【解析】本题考查企业所得税的不征税收入。国务院规定的专项用途财政性资金,符合以下条件:(1)企业能够提供规定资金专项用途的资金拨付文件;(2)财政部门或其他拨付资金的政府部门对该资金有专门的资金管理办法或具体管理要求;(3)企业对该资金以及以该资金发生的支出单独进行核算。

5. BCD 【解析】本题考查企业所得税特殊收入项目的确认。选项A错误，企业一般收入项目的确认，采用权责发生制原则。选项E错误，以分期收款方式销售货物，按照合同约定的收款日期确认收入的实现。

6. BE 【解析】本题考查企业所得税的税前扣除。企业发生的公益性捐赠支出，不超过年度利润总额12%的部分，准予在计算应纳税所得额时扣除；超过年度利润总额12%的部分，准予结转以后3年内在计算应纳税所得额时扣除。

7. CDE 【解析】本题考查固定资产的企业所得税处理。选项A，盘盈的固定资产，以同类固定资产的重置完全价值为计税基础。选项B，房屋、建筑物以外未投入使用的固定资产不得计算折旧扣除。

8. ABE 【解析】本题考查企业所得税资产的税务处理。选项C错误，生产性生物资产的预计净残值一经确定，不得变更。选项D错误，企业应当自固定资产投入使用月份的次月起计算折旧。

9. BCE 【解析】本题考查企业所得税资产的税务处理。选项A错误，无形资产包括商誉。选项D错误，无形资产的摊销年限不得低于10年。

10. ABE 【解析】本题考查企业重组的企业所得税税务处理。选项C错误，企业重组后的连续12个月内不改变重组资产原来的实质性经营活动。选项D错误，企业重组交易对价中股权支付额不低于交易支付总额的85%。

11. AE 【解析】本题考查企业重组的税务处理。企业以技术成果投资入股到境内居民企业，被投资企业支付的对价全部为股票（权）的，企业既可以选择继续按现行有关税收政策执行，也可以选择适用递延纳税政策。选择技术成果投资入股递延纳税政策的，经向主管税务机关备案，投资入股当期可暂不纳税，允许递延至转让股权时，按股权转让收入减去技术成果原值和合理税费后的差额计算缴纳所得税。

12. BD 【解析】本题考查企业所得税的税收优惠。选项B错误，应该是投资额的70%。选项D错误，企业的固定资产由于技术进步或处于强震动、高腐蚀状态，确需加速折旧的，可以缩短折旧年限或者采取加速折旧的方法。采取缩短折旧年限方法的，折旧年限不得低于税法规定最低折旧年限的60%；采取加速折旧方法的，可以采取双倍余额递减法或者年数总和法。

13. ABCE 【解析】本题考查企业所得税的税收优惠。选项D错误，从2014年11月17日起，对QFII、RQFII取得的来源于中国境内的股票等权益性投资资产转让所得，暂免征收企业所得税。

14. AB 【解析】本题考查企业所得税的征收管理。选项A错误，企业在纳税年度内无论盈利或者亏损，都应当自年度终了之日起5个月内，向税务机关报送年度企业所得税纳税申报表，并汇算清缴，结清应缴应退税款。选项B错误，企业在年度中间终止经营活动的，应当自实际经营终止之日起60日内，向税务机关办理当期企业所得税汇算清缴。

15. ADE 【解析】本题考查企业所得税的征收管理。选项B错误，企业无论盈利或者亏损，都应当自月份或季度终了之日起15日内，向税务机关报送预缴企业所得税纳税申报表，预缴税款。选项C错误，企业预缴企业所得税的方法一经确定，该纳税年度内不得随意变更。

16. ABC 【解析】本题考查个人所得税的税率。特许权使用费所得、股息所得在计算个人所得税时适用比例税率。

17. CDE 【解析】本题考查个人所得税的税率。由于对劳务报酬所得一次收入畸高的，实行加成征收，因此，劳务报酬所得实际上适用20%、30%、40%的三级超额累进税率。

18. ABDE 【解析】本题考查个人所得税的计税依据。财产租赁所得，每次收入不超过4 000元的，减除费用800元；4 000元以上的，减除20%的费用，其余额为应纳税所得额。

19. CD 【解析】本题考查个人所得税的优惠。选项A、E错误，自2016年1月1日起，全国范围内的中小高新技术企业以未分配利润、盈余公积、资本公积向个人股东转增股本时，个人股东一次缴纳个人所得税确有困难的，可根据实际情况自行制定分期缴税计划，在不超过5个公历年度内（含）分期缴纳，并将有关资料报主管税务机关备案。选项B错误，个人股东获得转增的股本，按"利息、股息、红利所得"项目，适用20%税率计算缴纳个人所得税。

20. ABDE 【解析】本题考查个人所得税的税收优惠。选项C错误，残疾人员所得经批准可以减征个人所得税。

三、案例分析题

（一）

1. D 【解析】本题考查企业所得税的收入总额。收入总额 = 700 + 20 + 10 + 46.8 = 776.8（万元）。

2. B 【解析】本题考查企业所得税的税前扣除。资本化的利息通过摊销方式扣除，不直接在财务费用中反映。可扣除的财务费用 = 50 - 10 = 40（万元）。

3. C 【解析】本题考查企业所得税的税前扣除。营业收入 = 700 + 20 = 720（万元），广告费和业务宣传费扣除限额 = 720×15% = 108（万元），实际列支30万元，上年超支20万元可结转在今年的企业所得税税前扣除。税前可扣除的销售费用 = 40 + 20 = 60（万元）。

4. A 【解析】本题考查企业所得税的税前扣除。利润总额 = 776.8（收入）- 28.03（税金）- 330（成本）-（50-10）（财务费用）- 90（管理费用）- 40（销售费用）-（10 + 5 + 2.73）（营业外支出）= 231.04（万元）。捐赠限额 = 231.04×12% = 27.72（万元），实际捐赠为10万元，可据实扣除。税收罚款支出、税收滞纳金不得税前扣除。因此，可扣除的营业外支出为10万元。

5. D 【解析】本题考查企业所得税的计算。应纳税所得额 = 776.8（收入总额）-（10 + 46.8）（免税收入）- 28.03（税金）- 330（成本）- 40（财务费用）- 90（管理费用）- 60（销售费用）- 10（捐赠）= 161.97（万元），或者 = 231.04 - 10 - 46.8 + 5 + 2.73 - 20 = 161.97（万元）。企业本年的应纳所得税额 = 161.97×15% = 24.30（万元）。

（二）

1. C 【解析】本题考查企业所得税的税前扣除。企业安置规定的残疾人员的，在按照支付给残疾职工工资据实扣除的基础上，按照支付给残疾职工工资的100%加计扣除。支付合理的工资薪金总额200万元（含残疾职工工资50万元），所以允许税前扣除的工资薪金 = 200 + 50 = 250（万元）。

2. D 【解析】本题考查企业所得税的税前扣除。企业发生的与生产经营活动有关的业务招待费支出，按照发生额的60%扣除，但最高不得超过当年销售（营业）收入的5‰。业务招待费的60% = 80×60% = 48（万元），销售收入的5‰ = 1 800×5‰ = 9（万元），因此，税前准予扣除9万元。不允许扣除的业务招待费 = 80 - 9 = 71（万元）。

3. A 【解析】本题考查企业所得税的税前扣除。职工福利费支出不超过工资薪金总额14%的部分，准予扣除，即200×14% = 28（万元），而实际发生的职工福利费为60万元，因此可以扣除28万元。

4. B 【解析】本题考查企业所得税的税前扣除。职工教育经费支出不超过工资薪金总额8%的部分，准予扣除，即200×8% = 16（万元），实际发生30万元，税前准予扣除16万元，超过部分以后年度结转扣除。

5. C 【解析】本题考查企业所得税的税前扣除。企业购置并实际使用环境保护专用设备，可以按设备投资额的10%抵免企业当年的应纳税额，该企业可抵免应纳税额=600×10%=60（万元）。

6. D 【解析】本题考查企业所得税的计算。应纳税所得额=200-50（加计扣除的残疾职工工资）+（80-9）（不得扣除的业务招待费）+（60-28）（不得扣除的职工福利费）+（30-16）（不得扣除的职工教育经费）=267（万元）。

7. A 【解析】本题考查企业所得税的计算。应纳企业所得税=应纳税所得额×税率-抵免额=267×25%-60=6.75（万元）。

（三）

1. B 【解析】本题考查企业所得税的税率。自2011年1月1日至2020年12月31日，对设在西部地区的鼓励类产业企业减按15%的税率征收企业所得税。

2. A 【解析】本题考查企业所得税的计算。所有行业企业2014年1月1日起新购进的专门用于研发的仪器、设备，单位价值不超过100万元的，允许一次性计入当期成本费用在计算应纳税所得额时扣除。税前允许扣除的营业成本=800（万元）。

3. D 【解析】本题考查企业所得税的计算。向B企业借款的利息支出，不超过按照金融企业同期同类贷款利率计算的数额的部分，准予扣除。可以扣除的财务费用=200-20+200×6÷100=192（万元）。

4. A 【解析】本题考查企业所得税的计算。持有居民企业A的股票而取得的股息红利352万元为免税收入。应纳税所得额=（2 480-352）-800-700-300-192-120=16（万元），应缴纳企业所得税=16×15%=2.4（万元）。

5. A 【解析】本题考查企业所得税的税前扣除。企业发生的赞助支出不得在税前扣除。

（四）

1. C 【解析】本题考查企业所得税的征收管理。应纳企业所得税=2 000×25%=500（万元）。

2. D 【解析】本题考查企业所得税的征收管理。总机构和二级分支机构应分摊预缴企业所得税，50%在各二级分支机构之间分摊预缴，50%由总机构预缴。总公司在北京就地分摊预缴企业所得税=500×50%=250（万元）。

3. A 【解析】本题考查企业所得税的征收管理。各二级分支机构分摊比例=0.35×（该分支机构营业收入/各二级分支机构营业收入之和）+0.35×（该分支机构工资总额/各二级分支机构工资总额之和）+0.3×（该分支机构资产总额/各二级分支机构资产总额之和）=0.35×400÷（400+1 600）+0.35×100÷（100+300）+0.3×500÷（500+2 000）=0.217 5，所以上海分公司就地分摊预缴企业所得税=250×21.75%=54.375（万元）。

4. D 【解析】本题考查企业所得税的征收管理。南京分公司就地分摊预缴企业所得税=250-54.375=195.625（万元）。

5. AD 【解析】本题考查企业所得税的征收管理。选项B错误，各二级分支机构应当就地分摊企业汇算清缴应缴应退税款。选项C错误，企业所得税分月或者分季预缴，由总机构所在地主管税务机关具体核定。

（五）

1. A 【解析】本题考查个人所得税的计算。财产租赁收入应纳税额=（8 000-1 496-500）×（1-20%）×20%=960.64（元）。

2. B 【解析】本题考查个人所得税的计算。允许抵扣的公益捐赠限额=100 000×30%=30 000（元），实际捐赠40 000元，只能扣除30 000元。应纳税额=（100 000-30 000）×20%=14 000（元）。

3. A 【解析】本题考查个人所得税的计算。工资收入应预扣预缴税额=（8 800-5 000-

1 000−1 000)×3%=54(元)。

4. C 【解析】本题考查个人所得税的计算。受赠人因无偿受赠房屋取得的受赠所得,按照"偶然所得"项目缴纳个人所得税,税率为20%,其应纳税所得额为房地产赠与合同上标明的赠与房屋价值减除赠与过程中受赠人支付的相关税费后的余额。宋某无偿受赠房屋应缴纳个人所得税=(280 000−10 000)×20%=54 000(元)。

5. A 【解析】本题考查个人所得税的计算。国债利息收入免征个人所得税。

本章思维导图

- 所得税制度
  - 企业所得税
    - 纳税人
      - 居民企业
      - 非居民企业
    - 征税对象
    - 税率
      - 法定税率
        - 居民企业：25%
        - 非居民企业：20%
      - 优惠税率
        - 小型微利企业：20%
        - 高新技术企业：15%
        - 技术先进型服务企业：15%
        - 西部地区鼓励类产业企业：15%
        - 符合规定的非居民企业：10%
    - 计税依据
      - 应纳税所得额的计算原则：权责发生制、税法优先原则
      - 应纳税所得额的计算公式
      - 亏损弥补
      - 清算所得的计算
      - 非居民企业应纳税所得额的计算
    - 收入确认
      - 确认总额
      - 不征税收入：财政拨款、行政事业性收费、政府性基金、专项用途财政性资金
      - 免税收入：5项
      - 销售货物、提供劳务收入项目的确认
      - 10项特殊收入项目的确认
    - 税前扣除
      - 税前扣除的基本原则
      - 税前扣除的项目
      - 禁止税前扣除的项目
    - 资产的税务处理
      - 资产税务处理的基本原则
      - 固定资产的税务处理
      - 生产性生物资产的税务处理
      - 无形资产的税务处理
      - 其他资产的税务处理
      - 企业重组的税务处理
    - 应纳税额的计算
      - 应纳税额的计算公式：应纳税额=应纳税所得额×适用税率-减免税额-抵免税额
      - 境外所得已纳税额的抵免：直接抵免、间接抵免
    - 税收优惠
      - 项目所得减免税
      - 民族自治地方减免税
      - 加计扣除
      - 创业投资企业投资抵免
      - 加速折旧、减计收入
      - 专用设备投资抵免
    - 源泉扣缴
      - 法定扣缴、指定扣缴、特定扣缴
      - 扣缴申报：7日内缴入国库
    - 特别纳税调整
      - 转让定价调整、成本分摊协议
      - 预约定价安排、提供相关资料
      - 核定应纳税所得额、受控外国企业规则
      - 防范资本弱化规定
      - 一般反避税规则
      - 加收利息、追溯调整
    - 征收管理
      - 一般规定
      - 跨地区经营汇总缴纳企业所得税征收管理

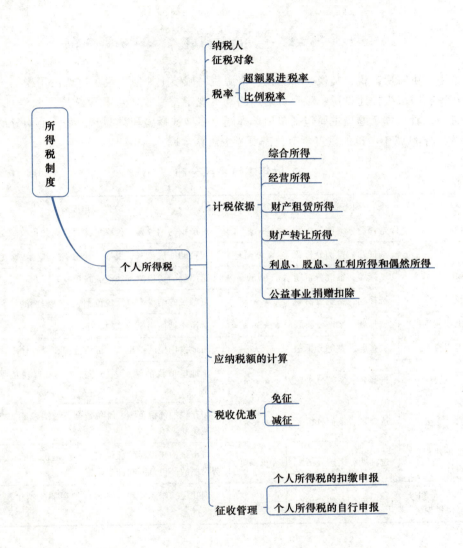

第6章 其他税收制度

考情分析

本章主要讲解房产税、契税、车船税、资源税、城镇土地使用税、耕地占用税、土地增值税、印花税、城市维护建设税、教育费附加的基本规定、税收优惠及税款的征收管理等内容。从历年考题来看，本章题型主要包括单项选择题、多项选择题和案例分析题，平均分值在15~20分左右。本章属于考试的重点章节，需要考生认真掌握。

近年本章考点分布

考点	主要考查题型	考频指数	考查角度
房产税	选择题、案例分析题	★★	房产税的纳税人、税率、计税依据和税收减免
契税	选择题、案例分析题	★★★★	契税的征税范围、税率、计税依据和税收减免
车船税	选择题、案例分析题	★★	车船税的征税范围和税收减免
资源税	选择题、案例分析题	★★★	资源税的纳税人、征税范围、应纳税额的计算
城镇土地使用税	选择题、案例分析题	★★★★★	城镇土地使用税的征税范围、税收减免
耕地占用税	选择题、案例分析题	★	耕地占用税的纳税人、征税范围和税收优惠
土地增值税	选择题、案例分析题	★★★	土地增值税的纳税人、征税范围、计税依据和税收优惠
印花税	选择题、案例分析题	★★★	印花税的征税范围、计税依据、应纳税额的计算和税收减免
城市维护建设税、教育费附加	选择题、案例分析题	★★	城市维护建设税的征税范围和应纳税额的计算、教育费附加的征税范围和计税依据
烟叶税、船舶吨税、环境保护税	选择题、案例分析题	★	烟叶税、船舶吨税、环境保护税的应纳税额的计算、税收优惠

重点、难点讲解及典型例题

▶ **考点一 房产税**

房产税是以房屋为征税对象，以房屋的 **计税余值或租金收入** 为计税依据，向产权所有人征收的一种财产税。

（一）房产税的纳税人（见表6-1）

（1）房产税以在征税范围内的房屋产权所有人为纳税人。

表 6-1 房产税的纳税人

具体情形	纳税人
产权属全民所有	经营管理单位
产权属集体和个人所有	集体单位和个人
产权出典①	承典人
产权所有人、承典人不在房屋所在地	房产代管人或使用人
产权未确定及租典纠纷未解决	
纳税单位、个人无租使用房产	使用人
融资租赁②	承租人

注：①产权出典的，由**承典人**按房产余值缴纳房产税。
②融资租赁的房产，由**承租人**自融资租赁合同约定开始日的次月起依照**房产余值**缴纳房产税。合同未约定开始日的，由承租人自合同签订的次月起依照房产余值缴纳房产税。

(2)外商投资企业、外国企业和组织以及外籍个人要缴纳房产税。

(二)房产税的征税范围

城市、县城、建制镇和工矿区，不包括农村。

(三)房产税应纳税额的计算(见表6-2)

表 6-2 房产税应纳税额的计算

计税方法	计税依据	税率	税额计算公式
从价计征	房产计税余值	1.2%	全年应纳税额=房产原值×(1−原值减除率)×1.2%
从租计征	房屋租金收入	12%或4%①	全年应纳税额=租金收入×12%(或4%)

注：①对个人出租住房(不区分用途)和对企事业单位、社会团体以及其他组织按市场价格向个人出租用于居住的住房，减按4%的税率征收房产税。

【注意】自2016年5月1日起，房产出租的，计征房产税的租金收入不含增值税。免征增值税的，确定计税依据时，成交价格、租金收入、转让房地产取得的收入不扣减增值税税额。

(四)房产税的减免(见表6-3)

表 6-3 房产税的减免

减免方式	房产
免征	(1)国家机关、人民团体、军队自用的房产； (2)由国家财政部门拨付事业经费的单位自用的房产； 【注意】实行差额预算管理的事业单位对其本身自用的房产，免征房产税 (3)宗教寺庙、公园、名胜古迹自用的房产； 【注意】公园、名胜古迹中附设的营业单位及出租的房产，应征收房产税 (4)个人自有自用的非营业性房产； 【注意】对个人所有的营业用房或出租等非自用的房产，征收房产税 (5)自2011年至2020年，天然林资源保护二期工程； 【注意】用于天然林二期工程的免税房产、土地应单独划分，与其他应税房产、土地划分不清的，应征收房产税 (6)按政府规定价格出租的公有住房和廉租住房； 【注意】包括企业和自收自支事业单位向职工出租的单位自有住房，房管部门向居民出租的公有住房，落实私房政策中带户发还产权并以政府规定租金标准向居民出租的私有住房等 (7)不在开征地区范围内的工厂、仓库

续表

减免方式	房产
经财政部批准免税	(1)为社区提供养老、托育、家政等服务的机构自有或其通过承租、无偿使用等方式取得并用于提供社区养老、托育、家政服务的房产； (2)经有关部门核实属危房，不准使用的房产； (3)自2004年8月1日起，军队空余房产租赁收入(暂免)； (4)凡是在基建工地为基建工地服务的各种临时性房屋，在施工期间； (5)纳税人因房屋大修导致连续停用半年以上的，在房屋大修期间； 【注意】纳税人需要免征房产税，应在房屋大修前向税务机关报送证明材料 (6)纳税单位与免税单位共同使用的房屋，按各自使用的部分划分，分别征收或免征； (7)老年服务机构自用的房产； (8)非营利性医疗机构、疾病控制机构和妇幼保健机构等卫生机构自用的房产； (9)高校后勤经济实体(原高校后勤管理部剥离+独立核算+法人资格)； (10)房地产开发企业开发的商品房在出售前； 【注意】对出售前房地产开发企业已使用或出租、出借的商品房应按规定征收房产税 (11)国家机关、军队、人民团体、财政补助事业单位、居民委员会、村民委员会拥有的体育场馆，用于体育活动的房产(2016.1.1起)； 【注意】企业拥有并运营管理的大型体育场馆，其用于体育活动的房产，减半征收房产税 (12)对按照去产能和调结构政策要求停产停业、关闭的企业，自停产停业次月起，免征房产税。企业享受免税政策的期限累计不得超过两年(2018.10.1—2020.12.31)； (13)对国家级、省级科技企业孵化器、大学科技园和国家备案众创空间自用以及无偿或通过出租等方式提供给在孵对象使用的房产，免征房产税(2019.1.1—2021.12.31)
财政部、税务总局规定的减免税	(1)2019.1.1至2021.12.31，对农产品批发市场、农贸市场(包括自有和承租)专门用于经营农产品的房产(暂免)； 【注意】①同时经营其他产品的农产品批发市场和农贸市场使用的房产，按其他产品与农产品交易场地面积的比例确定征免房产税；②农产品批发市场、农贸市场的行政办公区、生活区，以及商业餐饮娱乐等非直接为农产品交易提供服务的房产，应征收房产税 (2)2019.1.1至2021.12.31，高校学生公寓免征房产税； (3)2019.1.1至2020.12.31，对向居民供热收取采暖费的"三北"地区供热企业，为居民供热所使用的厂房。 【注意】供热企业其他厂房，应征收房产税

（五）个人住房房产税改革（见表6-4）

试点城市：上海、重庆

实施时间：2011年1月28日

表6-4　个人住房房产税改革

项目	上海	重庆
范围	(1)本市居民家庭在本市新购且属于该居民家庭第二套及以上的住房； (2)非本市居民家庭在本市新购的住房	(1)个人拥有的独栋商品住宅； (2)个人新购的高档住房； (3)在重庆市同时无户籍、无企业、无工作的个人新购的第二套普通住房； (4)未列入征税范围的个人高档住房； (5)多套普通住房
税率	0.6%、0.4%	0.5%、1%、1.2%
计税价值	市场交易价格的70%	房产交易价

【例1·多选题】 下列各项中，免征房产税的有( )。

A. 提供社区养老、托育服务的机构自有房产
B. 经有关部门核实属危房且不准使用的房产
C. 按国家规定标准收费的高校学生公寓
D. 按政府规定价格出租的公有住房
E. 公园、名胜古迹中附设的营业单位及出租房产

解析 本题考查房产税的减免。选项A、B、C、D免征房产税。选项E应征收房产税。

答案 ABCD

考点二 契税

(一) 契税的纳税人和征税范围

1. 纳税人

契税的纳税人是在中华人民共和国境内转移土地、房屋权属，<u>承受</u>的单位和个人。

2. 契税的征税范围(见表6-5)

征税对象是发生土地使用权和房屋所有权权属转移的土地和房屋。

表6-5 契税的征税范围

征税范围	说明
国有土地使用权出让	以国家作价出资(入股)方式转移国有土地使用权的行为，视同土地使用权转让
土地使用权转让	不包括农村集体土地承包经营权的转移
房屋买卖	视同房屋买卖的情形： (1)以房产抵债或实物交换房屋(产权承受人按房屋现值纳税)； (2)以房产作为投资或作股权转让(产权承受方按投资房产价值或房产买价纳税)； 【注意】以自有房屋作股权投入本人独资经营企业，免纳契税 (3)买房拆料或翻建新房
房屋赠与	包括以获奖方式取得房屋产权
房屋交换	交换价值：相等的，免纳契税；不相等的，按超出部分由支付差价方缴纳契税

【注意】 房屋附属设施有关契税的政策(见表6-6)

表6-6 房屋附属设施有关契税的政策

具体情形	契税规定
承受与房屋相关的附属设施所有权或土地使用权的行为	征收
不涉及土地使用权和房屋所有权转移变动的	不征收
采取分期付款方式购买房屋附属设施土地使用权、房屋所有权的	按合同规定的总价款计征
承受的房屋附属设施权属单独计价的	按照当地确定的适用税率征收
承受的房屋附属设施权属与房屋统一计价的	适用与房屋相同的契税税率

与房屋相关的附属设施包括：停车位、汽车库、自行车库、顶层阁楼、储藏室。

(二) 契税的税率

幅度比例税率：3%~5%。

(三) 契税的计税依据(见表6-7)

表 6-7 契税的计税依据

情形	计税依据
国有土地使用权出让、土地使用权出售、房屋买卖	成交价格①
土地使用权赠与、房屋赠与	由征收机关参照土地使用权出售、房屋买卖的市场价格核定
土地使用权交换、房屋交换	所交换的价格差额
出让国有土地使用权的	(1)协议方式出让：成交价格； (2)竞价方式出让：竞价的成交价格； (3)先划拨方式取得，后批准改为出让：补缴的土地出让金和其他出让费用； (4)已购公有住房经补缴土地出让金和其他出让费用成为完全产权住房：免征
通过"招、拍、挂"程序承受土地使用权的	土地成交总价款(其中土地前期开发成本不得扣除)

注：①自 2016 年 5 月 1 日起，计征契税的成交价格不含增值税。免征增值税的，确定计税依据时，成交价格、租金收入、转让房地产取得的收入不扣减增值税税额。

（四）契税应纳税额的计算

应纳税额＝计税依据×税率

应纳税额以人民币计算。

（五）契税的减免

1. 契税减免的基本规定（见表 6-8）

表 6-8 契税减免的基本规定

具体情形	契税规定
国家机关、事业单位、社会团体、军事单位承受土地、房屋用于办公、教学、医疗、科研和军事设施	免征
城镇职工按规定第一次购买公有住房的(对于所购面积超出国家规定的标准面积以外的部分按规定缴纳)	
单位和个人承受荒山、荒沟、荒丘、荒滩土地使用权，并用于农、林、牧、渔业生产	免征
依照相关规定，应当予以免税的外国驻华使馆、领事馆、联合国驻华机构及其外交代表、领事官员和其他外交人员承受土地、房屋权属，经外交部确认的	
因不可抗力灭失住房而重新购买住房	酌情减免
土地、房屋被县级以上人民政府征用、占用后，重新承受土地、房屋权属	由省、自治区、直辖市人民政府确定是否减免

2. 其他减征、免征契税的项目（见表 6-9）

表 6-9 其他减征、免征契税的项目

具体情形	契税政策
承受国有土地使用权所应支付的土地出让金①	征收
法定继承人继承土地、房屋权属	免征

续表

具体情形		契税政策
农村集体土地所有权、宅基地和集体建设用地使用权及地上房屋确权登记		不征
被撤销的金融机构在财产清理中催收债权时，接收债务方取得土地使用权、房屋所有权发生的权属转移所涉及的契税①		免征
国家石油储备基地第一期项目建设过程中涉及的契税①		
2019.1.1 至 2020.12.31，公租房经营管理单位购买住房作为公租房的		
婚姻关系存续期间，房屋、土地权属在夫妻双方间变更		
进行股份合作制改革后的农村集体经济组织承受原集体经济组织的土地、房屋权属		
农村集体经济组织以及代行集体经济组织职能的村民委员会、村民小组进行清产核资收回集体资产而承受土地、房屋权属		
经营管理单位回购已分配的改造安置住房继续作为改造安置房源		
金融租赁公司开展售后回租业务	承受承租人房屋、土地权属	照章征收
	合同期满，承租人回购原房屋、土地权属	免征
市、县级人民政府按规定征收居民房屋	居民选择货币补偿用以重新购置房屋	（1）购房成交价格≤货币补偿：新购房屋免征契税； （2）购房成交价格>货币补偿：对差价部分征收契税
	居民因个人房屋被征收选择房屋产权调换	（1）不缴纳房屋产权调换差价的：对新换房屋免征契税； （2）缴纳房屋产权调换差价的：对差价部分征收契税
单位、个人以房屋、土地以外的资产增资，相应扩大其在被投资公司的股权持有比例，无论被投资公司是否变更工商登记，其房屋、土地权属不发生转移		不征收契税
个体工商户的经营者将其个人名下的房屋、土地权属转移至个体工商户名下，或个体工商户将其名下的房屋、土地权属转回原经营者个人名下		免征契税
合伙企业的合伙人将其名下的房屋、土地权属转移至合伙企业名下，或合伙企业将其名下的房屋、土地权属转回原合伙人名下		免征契税
个人购买家庭唯一住房（2016.2.22 起）		（1）90平方米及以下：减按1%税率征收； （2）90平方米以上：减按1.5%税率征收
个人购买家庭第二套改善性住房②（2016.2.22 起）		（1）90平方米及以下：减按1%税率征收； （2）90平方米以上：减按2%税率征收
个人首次购买 90 平方米以下的改造安置住房		按1%税率征收
（1）个人首次购买超过 90 平方米，但符合普通住房标准的改造安置住房； （2）个人购买经济适用住房		按法定税率减半征收

续表

具体情形			契税政策
（1）个人因房屋被征收而取得货币补偿并用于购买改造安置住房； （2）因房屋被征收而进行产权调换并取得改造安置住房			按规定减免
对农村集体土地所有权、宅基地和集体建设用地使用权及地上房屋确权登记			不征收契税
企业、事业单位改制重组涉及的契税减免政策		企业按照《公司法》有关规定整体改制，包括非公司制企业改制为有限责任公司或股份有限公司，有限责任公司变更为股份有限公司，股份有限公司变更为有限责任公司，原企业投资主体存续并在改制（变更）后的公司中所持股权（股份）比例超过75%，且改制（变更）后公司承继原企业权利、义务的，对改制（变更）后公司承受原企业土地、房屋权属	免征契税
		事业单位按照国家有关规定改制为企业，原投资主体存续并在改制后企业中出资（股权、股份）比例超过50%的，对改制后企业承受原事业单位土地、房屋权属	免征契税
		两个或两个以上的公司，依照法律规定、合同约定，合并为一个公司，且原投资主体存续的，对合并后公司承受原合并各方土地、房屋权属	免征契税
		公司依照法律规定、合同约定分立为两个或两个以上与原公司投资主体相同的公司，对分立后公司承受原公司土地、房屋权属	免征契税
	企业实施破产	债权人（包括破产企业职工）承受破产企业抵偿债务的土地、房屋权属	免征契税
		对非债权人承受破产企业土地、房屋权属，凡按照《劳动法》等国家有关法律法规政策妥善安置原企业全部职工规定，与原企业**全部职工**签订服务年限不少于3年的劳动用工合同的，对其承受所购企业土地、房屋权属	免征契税
		对非债权人承受破产企业土地、房屋权属，凡按照《劳动法》等国家有关法律法规政策妥善安置原企业全部职工规定，与原企业**超过30%的职工**签订服务年限不少于3年的劳动用工合同的	减半征收契税
		对承受县级以上人民政府或国有资产管理部门按规定进行行政性调整及划转国有土地、房屋权属的单位	免征契税
		母公司以土地、房屋权属向其全资子公司增资，视同划转	免征契税
		经国务院批准实施债权转股权的企业，对债权转股权后新设立的公司承受原企业的土地、房屋权属	免征契税
		以出让方式或国家作价出资（入股）方式承受原改制重组企业、事业单位划拨用地的，不属上述规定的免税范围	对承受方应按规定征收契税
		在股权（股份）转让中，单位、个人承受公司股权（股份），公司土地、房屋权属不发生转移	不征收契税

注：①改变有关土地、房屋用途，不再属于减征、免征范围的，应当补缴已经减征、免征的税款。纳税义务发生时间为改变有关土地、房屋用途的当天。
②北京、上海、广州、深圳暂不实施此项契税优惠政策。

【注意】

(1)符合减征、免征契税规定的纳税人,应在签订土地、房屋权属转移合同生效10日内向土地、房屋所在地的征收机关办理减征、免征契税手续。

(2)自2004年10月1日起,计税金额在10 000万元(含)以上的减免,征收机关应在办理减免手续完毕之日起30日内报国家税务总局备案。

【例2·多选题】关于出让国有土地使用权的契税计税依据的说法,错误的有( )。

A. 以协议方式出让的,计税依据为成交价格

B. 以竞价方式出让的,计税依据为价格,一般应确定为竞价的成交价格

C. 先以划拨方式取得土地使用权,后经批准改为出让方式取得该土地使用权的,计税依据为应补缴的土地出让金

D. 已购公有住房经补缴土地出让金和其他出让费用成为完全产权住房的,免征土地权属转移的契税

E. 通过"招、拍、挂"程序承受土地使用权的,应按土地成交总价款扣除土地前期开发成本后的余额计征契税

解析 ▶ 本题考查契税的计税依据。选项C错误,先以划拨方式取得土地使用权,后经批准改为出让方式取得该土地使用权的,契税计税依据为应补缴的土地出让金和其他出让费用。选项E错误,通过"招、拍、挂"程序承受土地使用权的,应按土地成交总价款计征契税,其中土地前期开发成本不得扣除。

答案 ▶ CE

【例3·单选题】关于契税减免的说法,错误的是( )。

A. 城镇职工按规定第一次购买的公有住房(未超出国家规定的标准面积)免征契税

B. 因不可抗力灭失住房而重新购买的住房免征契税

C. 依照相关规定应当予以免税的外国驻华使馆承受土地、房屋权属的,经外交部确认,免征契税

D. 单位和个人承受荒山、荒沟、荒丘、荒滩土地使用权,并用于农、林、牧、渔业生产的,免征契税

解析 ▶ 本题考查契税的减免。选项B错误,因不可抗力灭失住房而重新购买住房的,酌情准予减征或免征契税。

答案 ▶ B

▶ 考点三 车船税

(一)车船税的纳税人和征税范围

(1)纳税人:车辆、船舶的所有人或管理人。

(2)征税范围:依法在公安、交通、农业等车辆管理部门登记的车辆、船舶。

(二)车船税的税率

1. 车船税的税率为定额税率。

2. 具体适用税额的确定:

(1)车辆:由省、自治区、直辖市人民政府按"车船税税目税额表"规定的税额幅度和国务院的规定确定;

(2)船舶:由国务院在"车船税税目税额表"规定的税额幅度内确定。

【注意】

(1)挂车按照货车税额的50%计算。

(2)拖拉机不征收车船税。

(3)拖船、非机动驳船分别按照机动船舶税额的50%计算。

(三)车船税的计税依据和应纳税额的计算(见表6-10)

表6-10 车船税的计税依据和应纳税额的计算

征税范围	计税标准	应纳税额
乘用车、客车、摩托车	辆	应纳税额=应税车辆数量×适用单位税额
货车、挂车、专用作业车、轮式专用机械车	整备质量	应纳税额=车船的整备质量×适用单位税额
机动船舶	净吨位	应纳税额=净吨位或艇身长度×适用单位税额
游艇	艇身长度	

(四)车船税的减免(见表6-11)

表6-11 车船税的减免

情形		车船税规定
捕捞、养殖渔船		免征
军队、武警专用的车船		
警用车船		
依照法律规定应当予以免税的外国驻华使领馆、领事馆和国际组织驻华机构及其有关人员的车船		
新能源车船		
国家综合性消防救援车辆由部队号牌改挂应急救援专用号牌的		一次性免征改挂当年车船税
节能汽车		减半征收
省、自治区、直辖市人民政府根据当地实际情况	对公共交通车船,农村居民拥有并主要在农村地区使用的摩托车、三轮汽车和低速载货汽车	可以定期减征或免征
	对城市、农村公共交通车船	
境内单位和个人将船舶出租到境外		依法征收
境内单位和个人租入外国籍船舶		不征
2018.7.1至2021.6.30,购置挂车(挂车是指有汽车牵引才能正常使用且用于载运货物的无动力车辆)		减半征收

【例4·单选题】关于车船税计税标准的说法,错误的是( )。
A.专用作业车以辆为计税标准　　B.低速货车以自重吨位为计税标准
C.载客汽车以辆为计税标准　　D.载货汽车以整备质量为计税标准

解析 本题考查车船税的计税依据。选项A错误,专用作业车以整备质量为车船税计税标准。

答案 A

▎考点四　资源税

(一)资源税的纳税人和征税范围

1.纳税人

(1)在我国领域及管辖海域开采应税矿产品或者生产盐的单位和个人。

(2)除《资源税暂行条例》规定不缴纳水资源税的情形外,其他直接取用地表水、地下水的单位和个人。

【注意】不包括进口矿产品或盐以及经营已税矿产品或盐的单位和个人。

2. 征税范围

(1)盐：固体盐、液体盐。

(2)矿产品：原油、天然气、煤炭、其他非金属矿原矿、黑色金属矿原矿、有色金属矿原矿。

【注意】

(1)进口的矿产品和盐不征资源税，出口应税产品不免征或退还已纳资源税。

(2)河北省水资源税改革试点，将地表水和地下水纳入征税范围，实行从量定额计征。

(二)资源税的税率、计税依据和应纳税额的计算(见表6-12)

表6-12 资源税的税率、计税依据和应纳税额的计算

征收方式	适用范围	计税依据	应纳税额
从价定率	原油、天然气、煤炭、稀土、钨、钼、金属矿、非金属矿①(除黏土、砂石及未列举名称的)、海盐	销售额	应纳税额=销售额×适用税率
从量定额	非金属矿中的黏土、砂石、水资源	销售数量	应纳税额=课税数量②×适用税额

注：①对于未列举名称的其他非金属矿产品，按照从价计征为主、从量计征为辅的原则，由省级人民政府确定计征方式。

②纳税人不能准确提供应税产品销售数量的，以应税产品的产量或主管税务机关确定的折算比换算成的数量为课税数量。

【注意1】

水资源税相关内容

(1)自2017年12月1日起，扩大水资源税改革试点，对同一类型取用水，地下水税额要高于地表水，水资源紧缺地区地下水税额要大幅高于地表水。

(2)水资源税试点省份的中央直属和跨省(区、市)水力发电取用水税额为每千瓦时0.005元。

(3)应纳税额的计算公式为：应纳税额=实际取用水量(或实际发电量)×适用税额

【注意2】

课税数量的确定(见表6-13)

表6-13 资源税的课税数量

具体情况		课税数量
纳税人开采或者生产应税产品	销售的	销售数量
	自用的	自用(非生产用)数量

【注意3】

销售额的确定

(1)纳税人开采应税产品由其关联单位对外销售的，按其关联单位的销售额征收资源税；

(2)纳税人既对外销售应税产品，又将应税产品自用于除连续生产应税产品以外的其他方面的，自用部分按纳税人对外销售应税产品的平均价格计算销售额征收资源税；

(3)纳税人将其开采的应税产品直接出口的，按不含增值税离岸价格计算销售额征收资源税。

【注意4】

煤炭资源税的税务处理(见表6-14)

表6-14 煤炭资源税的税务处理

项目	处理方式		应税煤炭销售额
开采原煤	直接对外销售		应税煤炭销售额=原煤销售额
	自用	连续生产洗选煤	原煤移送使用环节不缴纳资源税
		其他方面	(1)视同销售; (2)无销售额的,由税务部门按照有关规定确定销售额
开采原煤加工为洗选煤	销售		应税煤炭销售额=洗选煤销售额×折算率
	自用		(1)视同销售; (2)无销售额的,由税务部门按照有关规定确定销售额

(三)资源税的减免(见表6-15)

表6-15 资源税的减免

具体情形		资源税规定
依法在建筑物下、铁路下、水体下通过充填开采方式采出的矿产资源		减征50%
实际开采年限在15年以上的衰竭期矿山开采的矿产资源		减征30%
鼓励利用的低品位矿、废石、尾矿、废渣、废水、废气等提取的矿产品		省级人民政府根据实际情况确定是否给予减免
纳税人开采销售共伴生矿①		免征
铁矿石(2015.5.1起)		减按规定税额标准的40%征收; 财政部、国家税务总局另有规定的,从其规定
原油、天然气	油田范围内运输稠油过程中用于加热的原油、天然气	免征
	稠油、高凝油、高含硫天然气	减征40%
	三次采油	减征30%
	深水油气田	
	低丰度油气田	暂减征20%
	开采原油过程中用于加热的原油、天然气	免税
油气田	开采海洋和陆上油气资源的中外合作油气田,在2011年11月1日前已签订的合同	(1)继续缴纳矿区使用费; (2)不缴纳资源税
煤炭	衰竭期煤矿开采的煤炭	减征30%
	充填开采置换出来的煤炭	减征50%
纳税人开采或生产应税产品过程中,因意外事故或自然灾害等原因遭受重大损失		由省、自治区、直辖市人民政府酌情决定减征或免税
页岩气资源税(2018.4.1—2021.3.31)		(按6%的规定税率)减征30%

续表

具体情形		资源税规定
水资源	（1）农村集体经济组织及其成员从本集体经济组织的水塘、水库中取用水的； （2）家庭生活和零星散养、圈养畜禽饮用等少量取用水的； （3）水利工程管理单位为配置或者调度水资源取水的； （4）为保障矿井等地下工程施工安全和生产安全必须进行临时应急取用（排）水的； （5）为消除对公共安全或者公共利益的危害临时应急取水的； （6）为农业抗旱和维护生态与环境必须临时应急取水的	不缴纳
	（1）超过规定限额的农业生产取用水； （2）主要供农村人口生活用水的集中式饮水工程取用水； （3）回收利用的疏干排水和地源热泵取用水	从低确定
	（1）规定限额内的农业生产取用水； （2）取用污水处理再生水； （3）除接入城镇公共供水管网以外，军队、武警部队通过其他方式取用水的； （4）抽水蓄能发电取用水； （5）采油排水经分离净化后在封闭管道回注的	免征或减征

注：①共伴生矿与主矿产品销售额分开核算的，对共伴生矿暂不计征资源税。未分开核算的，共伴生矿按主矿产品的税目和适用税率计征资源税。

纳税人的减免税项目，应当单独核算销售额或者销售数量；未单独核算或者不能准确提供销售额或销售数量的，不予减税或免税。

【例5·多选题】关于原煤的资源税政策的说法，正确的有（　　）。

A. 纳税人开采原煤直接对外销售的，以原煤销售额作为应税煤炭销售额计算缴纳资源税

B. 纳税人将其开采的原煤，自用于连续生产洗选煤的，在原煤移送使用环节计算缴纳资源税

C. 纳税人将其开采的原煤，自用于除连续生产洗选煤以外的，视同销售原煤

D. 纳税人将其开采的原煤加工为洗选煤销售的，以洗选煤销售额全额作为应税煤炭销售额计算缴纳资源税

E. 纳税人将其开采的原煤加工为洗选煤自用的，视同销售洗选煤，无销售额的，由税务部门按照有关规定确定销售额，计算缴纳资源税

解析 ▶ 本题考查资源税的计税依据。选项B错误，纳税人将其开采的原煤，自用于连续生产洗选煤的，在原煤移送使用环节不缴纳资源税。选项D错误，纳税人将其开采的原煤加工为洗选煤销售的，以洗选煤销售额乘以折算率作为应税煤炭销售额计算缴纳资源税。

答案 ▶ ACE

▶考点五　城镇土地使用税

（一）城镇土地使用税的纳税人和征税范围

1. 纳税人：在城市、县城、建制镇、工矿区范围内使用土地的单位和个人。

(1)拥有土地使用权的单位或个人。
(2)土地使用权未确定或权属纠纷未解决的,由**实际使用人**纳税。
(3)土地使用权共有的,由共有各方分别纳税。
(4)承租集体所有建设用地的,由直接从集体经济组织承租土地的单位和个人纳税。

2. 征税范围(同房产税):城市、县城、建制镇、工矿区,**不包括农村。**

(1)公园、名胜古迹内索道公司的经营用地缴税。
(2)对征税范围内单独建造的地下建筑用地,按应征税款的50%征收。

(二)城镇土地使用税的税率——分级幅度税额税率

经济落后地区适用税额可降低,降低额≤规定最低税额的30%。【经省、自治区、直辖市人民政府批准】

经济发达地区适用税额可提高。【报财政部批准】

(三)城镇土地使用税的计税依据和应纳税额的计算(见表6-16)

表6-16 城镇土地使用税的计税依据和应纳税额的计算

项目	具体内容
计税依据	纳税人实际占用的土地面积①
应纳税额	应纳税额=实际占用的应税土地面积(平方米)×适用单位税额

注:①实际占用的土地面积,以房产管理部门核发的土地使用证书为准;尚未核发的,应由纳税人据实申报土地面积,待核发后再作调整。

(四)城镇土地使用税的减免

1. 城镇土地使用税的免税规定(见表6-17)

表6-17 城镇土地使用税的免税规定

项目	免税土地
基本规定	(1)国家机关、人民团体、军队自用的土地; (2)由国家财政部门拨付事业经费的单位自用的土地; (3)宗教寺庙、公园、名胜古迹自用的土地; (4)市政街道、广场、绿化地带等公共用地; (5)直接用于农、林、牧、渔业的生产用地; (6)经批准开山填海整治的土地和改造的废弃土地,从使用的月份起免缴土地使用税5年至10年; (7)由财政部另行规定免税的能源、交通、水利用地和其他用地
特殊规定	(1)非营利性医疗机构、疾病控制机构和妇幼保健机构等卫生机构自用的土地; (2)为社区提供养老、托育、家政等服务的机构自有或其通过承租、无偿使用等方式取得并用于提供社区养老、托育、家政服务的土地; (3)免税单位无偿使用纳税单位的土地

2. 城镇土地使用税的其他减免税优惠的规定(见表6-18)

表6-18 城镇土地使用税的其他减免税优惠的规定

具体情形	城镇土地使用税规定
缴纳了耕地占用税的	从批准征收之日起满1年时开始征收

续表

具体情形			城镇土地使用税规定
征用非耕地的			从批准征收之次月起征收
房地产开发公司建造商品房的用地 （不包括经批准开发建设经济适用房的用地）			一律不得减免
企业的铁路专用线、公路等用地，除另有规定外	企业厂区以内的		照章征收
	在厂区以外、与社会公用地段未加隔离的		暂免
企业厂区内的绿化用地			照章征收
企业厂区以外的公共绿化用地和向社会开放的公园用地			暂免
在一个纳税年度内月平均实际安置残疾人就业人员占单位在职职工总数的比例高于25%且实际安置残疾人人数高于10人的单位			减征或免征
应税单位按照国家住房制度改革有关规定，将住房出售给职工并按规定进行核销财务处理后，住房用地在未办理土地使用权过户期间			城镇土地使用税的征免，比照各省、自治区、直辖市对个人所有住房用地的现行政策执行
核工业总公司所属企业中生产核系列产品的厂矿	生活区、办公区用地		照章征收
	其他用地		暂免征收
火电厂	厂区围墙内的用地		照章征收
	厂区围墙外	灰场、输灰管、输油（气）管道、铁路专用线用地	免征
		其他用地	照章征收
水电站	发电厂房用地，生产、办公、生活用地		照章征收
	其他用地		免征
改造安置住房建设用地			免征
水库库区用地			
供电部门的输电线路用地、变电站用地			
机场飞行区用地，场内外通讯导航设施用地，飞行区四周排水防洪设施用地			
个人出租住房，不区分用途			
国家机关、军队、人民团体、财政补助事业单位、居民委员会、村民委员会拥有的体育场馆，用于体育活动的土地（2016.1.1起）			
对按照去产能和调结构政策要求停产停业、关闭的企业，自停产停业次月起			
国家天然林二期工程实施企业和单位	国有林区，专门用于天然林保护工程的房产、土地		免征
	实施该工程造成其房产、土地闲置一年以上不用的		暂免征收
	闲置土地用于出租或重新用于天然林二期工程之外其他生产经营的		按规定征收

续表

具体情形		城镇土地使用税规定
财政部、税务总局的相关规定	2019.1.1 至 2021.12.31，对农产品批发市场、农贸市场(包括自有和承租)专门用于经营农产品的土地。 【注意】①对同时经营其他产品的农产品批发市场和农贸市场使用的土地，按其他产品与农产品交易场地面积的比例确定征免城镇土地使用税。②农产品批发市场、农贸市场的行政办公区、生活区，以及商业餐饮娱乐等非直接为农产品交易提供服务的土地，应征收城镇土地使用税	暂免征收
	2019.1.1 至 2021.12.31，城市公交站场、道路客运站场、城市轨道交通系统运营用地。 【注意】城市轨道交通系统运营用地，不包括购物中心、商铺等商业设施用地	
	2019.1.1 至 2020.12.31，对向居民供热收取采暖费的"三北"地区供热企业，为居民供热所使用的土地。 【注意】对供热企业其他土地，应征收城镇土地使用税	免征
	2019.1.1 至 2020.12.31，对公租房建设期间用地及公租房建成后占地	

【注意】企业拥有并运营管理的大型体育场馆，其用于体育活动的土地，减半征收城镇土地使用税。

【例6·多选题】关于城镇土地使用税的说法，正确的有（ ）。
A. 在征税范围内单独建造的地下建筑用地，暂按应征税款的50%征收城镇土地使用税
B. 妇幼保健机构自用的土地免征城镇土地使用税
C. 免税单位无偿使用纳税单位的土地，免征城镇土地使用税
D. 对盐场、盐矿的生产厂房用地，免征城镇土地使用税
E. 居民委员会拥有的用于体育活动的体育场馆用地，免征城镇土地使用税

解析 ▶ 本题考查城镇土地使用税。选项 D 错误，对盐场、盐矿的生产厂房、办公、生活区用地，应照章征收城镇土地使用税；盐场的盐滩、盐矿的矿井用地，暂免征收城镇土地使用税。

答案 ▶ ABCE

▶ 考点六 耕地占用税

（一）纳税人和征税范围
（1）纳税人：占用耕地建房或从事非农业建设的单位和个人。
（2）征税范围：纳税人为建房或从事其他非农业建设而占用的国家所有和集体所有的耕地。

（二）耕地占用税的税率——地区差别定额税率
人均耕地少于0.5亩的地区，适用税额可以适当提高，但是提高的部分最高不得超过规定的当地适用税额的50%。占用基本农田的，应当按照适用税额加按150%征收。

（三）耕地占用税的计税依据和应纳税额的计算（见表6-19）

表6-19 耕地占用税的计税依据和应纳税额的计算

项目	具体内容
计税依据	纳税人实际占用的耕地面积
应纳税额	应纳税额=实际占用的耕地面积（平方米）×适用定额税率

（四）耕地占用税的税收优惠（见表6-20）

表6-20 耕地占用税的税收优惠

情形	耕地占用税规定
占用耕地建设农田水利设施的（指用于种植农作物的土地）	免征
军事设施、学校、幼儿园、社会福利机构、医疗机构占用耕地	
铁路线路、公路线路、飞机场跑道、停机坪、港口、航道、水利工程占用耕地	减按每平方米2元的税额征收
农村居民占用耕地新建自用住宅（规定用地标准内）	减半征收
农村烈士遗嘱、因公牺牲军人遗属、残疾军人以及符合农村最低生活保障条件的农村居民，在规定用地标准以内新建自用住宅	免征
纳税人因建设项目施工或者地质勘查临时占用耕地	征税
纳税人在批准临时占用耕地期满之日起1年内依法复垦，恢复种植条件的	全额退税

【注意】根据国民经济和社会发展的需要，国务院可以规定免征或者减征耕地占用税的其他情形，报全国人民代表大会常务委员会备案。

（五）耕地占用税的征收管理

（1）耕地占用税由税务机关负责征收。

（2）纳税人应当自收到自然资源主管部门办理占用耕地手续的书面通知之日起30日内申报缴纳耕地占用税。

（3）自然资源主管部门凭耕地占用税完税凭证或者免税凭证和其他有关文件发放建设用地批准书。

【例7·单选题】人均耕地少于0.5亩的地区，耕地占用税的适用税额可以适当提高，但是提高幅度最高不得超过规定税额的（　　）。

A. 20%　　　　　　　　　　　　B. 30%

C. 50%　　　　　　　　　　　　D. 100%

解析 ▶ 本题考查耕地占用税。人均耕地少于0.5亩的地区，耕地占用税的适用税额可以适当提高，但是提高的部分最高不得超过规定的当地适用税额的50%。

答案 ▶ C

▶ 考点七　土地增值税

（一）土地增值税概述（见表6-21）

表6-21 土地增值税概述

项目	具体内容
纳税人	转让国有土地使用权、地上的建筑物及其附着物并取得收入的单位和个人

续表

项目	具体内容
征税范围	转让国有土地使用权、地上的建筑物及其附着物
计税依据	转让房地产获取的增值额=收入额（不含增值税）-各项扣除项目金额
税率	四级超率累进税率

（二）土地增值税的税收优惠（见表6-22）

表6-22 土地增值税的税收优惠

具体情形		土地增值税规定
纳税人建造普通标准住宅出售	增值额未超过扣除项目金额20%的	免征
	增值额超过扣除项目金额20%的	全部增值额按规定计税
对企事业单位、社会团体以及其他组织转让旧房作为改造安置住房房源，且增值额未超过扣除项目金额20%的		免征
因国家建设需要依法征用、收回的房地产		
因城市实施规划、国家建设的需要而搬迁，由纳税人自行转让原房地产的		
居民个人销售住房		自2008年11月1日起，免征
自2018年1月1日至2020年12月31日： （1）按照《公司法》的规定，非公司制企业整体改制为有限责任公司或者股份有限公司，有限责任公司（股份有限公司）整体改制为股份有限公司（有限责任公司），对改制前的企业将国有土地使用权、地上的建筑物及其附着物（以下称房地产）转移、变更到改制后的企业； （2）按照法律规定或者合同约定，两个或两个以上企业合并为一个企业，且原企业投资主体存续的，对原企业将房地产转移、变更到合并后的企业； （3）按照法律规定或者合同约定，企业分设为两个或两个以上与原企业投资主体相同的企业，对原企业将房地产转移、变更到分立后的企业； （4）单位、个人在改制重组时以房地产作价入股进行投资，对其将房地产转移、变更到被投资的企业		暂不征收
2019.1.1至2020.12.31，企事业单位、社会团体以及其他组织转让旧房作为公租房房源，且增值额未超过扣除项目金额20%的		免征

【例8·单选题】关于土地增值税的说法，错误的是（ ）。
A. 土地增值税是对转让国有土地使用权、地上建筑物及其附着物征收
B. 收入额减除国家规定各项扣除项目金额后的余额就是纳税人在转让房地产中获取的增值额
C. 纳税人转让房地产取得的应税收入是指转让房地产取得的货币收入、实物收入和其他收入
D. 土地增值税使用的最高税率为100%

解析 ▶ 本题考查土地增值税。选项D错误，土地增值税是四级超率累进税率，即30%、40%、50%、60%，所以，土地增值税使用的最高税率为60%。

答案 ▶ D

▶ 考点八 印花税

（一）印花税概述
1. 印花税的纳税人

(1)在我国境内书立、领受属于征税范围内所列应税经济凭证的单位和个人，包括外资企业、外国公司企业。

(2)按照征税项目划分的具体纳税人：立合同人、立账簿人、立据人、领受人和使用人。

2. 印花税的征税范围、税率、计税依据和应纳税额的计算（见表6-23）

表6-23　印花税的征税范围、税率、计税依据和应纳税额的计算

征税范围		税率①	计税依据	应纳税额
经济合同或具有合同性质的凭证	借款合同	0.05‰	合同上所记载的金额、收入或费用	应纳税额＝计税金额×适用税率
	购销合同、建筑安装工程承包合同、技术合同	0.3‰		
	财产租赁合同、仓储保管合同、财产保险合同	1‰		
	加工承揽合同、建设工程勘察设计合同、货物运输合同	0.5‰		
产权转移书据	—	0.5‰	书据中所载的金额	
营业账簿	资金账簿		实收资本和资本公积的两项合计金额	
	其他营业账簿			
权利许可证照	房屋产权证、工商营业执照、商标注册证、土地使用证、专利证等	每件5元	件数	应纳税额＝凭证数量×5

注：①现行印花税采用比例税率和定额税率两种税率。

(二)印花税的减免（见表6-24）

表6-24　印花税的减免

类型	具体内容
普惠性政策	(1)财产所有人将财产赠给政府、社会福利单位、学校所立的书据，免征； (2)已缴纳印花税的凭证的副本或者抄本，免征； (3)自2018年5月1日起，对按0.5‰税率贴花的资金账簿减半征收印花税，对按件贴花5元的其他账簿，免征
与企业发展有关的政策	(1)2018.1.1至2020.12.31，对金融机构与小型企业、微型企业签订的借款合同，免征； (2)青藏铁路公司及其所属单位营业账簿，免征； (3)企业改制、重组过程中符合条件的，免征； (4)联通新时空移动通信有限公司接受中国联合网络通信集团有限公司南方21省、自治区、直辖市的固定通信资产增加资本金的，免征； (5)企业改制、重组过程中符合条件的，免征； (6)商品储备管理公司及其直属库资金账簿，免征；对其承担商品储备业务过程中书立的购销合同，免征； (7)饮水工程运营管理单位为建设饮水工程取得土地使用权而签订的产权转移书据，以及与施工单位签订的建设工程承包合同，免征； (8)由省、自治区、直辖市人民政府根据本地区实际情况，以及宏观调控需要确定，对增值税小规模纳税人可以在50%的税额幅度内减征印花税（不含证券交易印花税）等

续表

类型	具体内容
与民生有关的政策	(1)个人销售或购买住房，暂免征收； (2)个人出租、承租住房签订的租赁合同，免征； (3)易地扶贫搬迁： ①实施主体取得安置住房、土地，免征； ②安置住房建设和分配过程中，免征； ③实施主体安置住房房源，免征。 (4)公共租赁住房双方的租赁协议，免征； (5)房地产管理部门与个人订立的租房合同，免征； (6)社保基金、养老基金转让非上市公司股权，免征。 【注意】社保基金：是由社保基金会、社保基金投资管理人管理的；养老基金：是由社保基金会、养老基金投资管理机构管理的 (7)改造安置住房经营管理单位、开发商与改造安置住房相关的，以及购买安置住房的个人涉及的，免征； (8)公共租赁住房经营管理单位建设、管理公共租赁住房涉及的，免征。 【注意】在其他住房项目中配套建设公共租赁住房，按公共租赁住房建筑面积占总建筑面积的比例免征建设、管理公共租赁住房涉及的印花税
与"三农"有关的政策	(1)农民专业合作社与本社成员签订的农业产品和农业生产资料购销合同，免征； (2)因农村集体经济组织以及代行集体经济组织职能的村民委员会、村民小组进行清产核资收回集体资产而签订的产权转移书据，免征； (3)对饮水工程运营管理单位为建设饮水工程取得土地使用权而签订的产权转移书据以及与施工单位签订的建设工程承包合同，免征
与文化教育体育有关的政策	(1)财产所有人将财产赠给学校所立的书据，免征； (2)与高校学生签订的高校学生公寓租赁合同，免征； (3)与北京2022年冬奥会有关的政策： ①北京冬奥组委使用的营业账簿和签订的各类合同，免征； ②国际奥委会、中国奥委会签订的与北京2022年冬奥会有关的各类合同，免征； ③国际残奥委会取得的与北京2022年冬残奥会有关的收入，免征； ④中国残奥委会根据《联合市场开发计划协议》取得的由北京冬奥组委分期支付的收入，免征； ⑤财产所有人将财产(物品)捐赠给北京冬奥组委所立的产权转移书据，免征。 (4)对武汉军运会参与者的税收政策包括：财产所有人将财产(物品)捐赠给执委会所立的产权转移书据，免征； (5)各类发行单位之间，发行单位与订阅单位或个人之间书立的征订凭证，暂免征收； (6)经营性文化事业单位转制为企业时，符合现行规定的享印花税优惠
与交通运输、商品储备有关的政策	(1)特殊货运凭证，免征； (2)铁路、公路、航运、水路承运快件行李、包裹开具的托运单据，暂免征收； (3)国家石油储备基地第一、二期项目建设过程中涉及的、应缴的印花税，均免征； (4)商品储备管理公司及其直属库： ①相关的资金账簿，免征； ②相关的承担商品储备业务过程中书立的购销合同，免征
与金融资本市场优化有关的政策	(1)买卖封闭式证券投资基金，免征； (2)股权分置改革过程中因非流通股股东向流通股股东支付对价而发生的股权转让，暂免征收； (3)无息、贴息贷款合同，免征

续表

类型	具体内容
与金融资本市场优化有关的政策	(4)国有股东按规定向全国社会保障基金理事会转持国有股,免征证券(股票)交易印花税; (5)外国银行分行改制为外商独资银行(或其分行)后,其在外国银行分行已经贴花的资金账簿、应税合同,在改制后的外商独资银行(或其分行)不再重新贴花; (6)发起机构、受托机构在信贷资产证券化过程中,与资金保管机构、证券登记托管机构以及其他为证券化交易提供服务的机构签订的其他应税合同,暂免征收; (7)证券投资者对保护基金公司与中国人民银行签订的再贷款合同、与证券公司行政清算机构签订的借款合同,免征; (8)被撤销金融机构接收债权、清偿债务过程中签订的产权转移书据,免征; (9)外国政府或者国际金融组织向我国政府及国家金融机构提供优惠贷款所书立的合同,免征; (10)保险保障基金公司下列应税凭证,免征: ①新设立的资金账簿; ②在对保险公司进行风险处置和破产救助过程中签订的产权转移书据; ③在对保险公司进行风险处置过程中与中国人民银行签订的再贷款合同; ④以保险保障基金自有财产和接收的受偿资产与保险公司签订的财产保险合同。 (11)国有商业银行按财政部核定的数额划转给金融资产管理公司的资产,在办理过户手续时,免征; (12)金融资产管理公司收购、承接、处置不良资产的购销合同和产权转移书据,免征; (13)农村信用社在清理整顿过程中办理的产权转移书据,免征

【注意】对开展融资租赁业务签订的融资租赁合同(含融资性售后回租),统一按照其所载明的租金总额依照"借款合同"税目,按0.05‰的税率计税贴花。

【例9·多选题】关于印花税税率的说法,正确的有( )。
A. 财产租赁合同的税率为1‰ B. 仓储保管合同的税率为1‰
C. 财产保险合同的税率为0.5‰ D. 建设工程勘察设计合同的税率为0.5‰
E. 建筑安装工程承包合同的税率为0.3‰

解析 本题考查印花税的税率。选项C错误,财产保险合同的印花税税率为1‰。

答案 ABDE

考点九 城市维护建设税

(一)城市维护建设税概述
1. 城市维护建设税的纳税人、征税范围、计税依据和应纳税额的计算(见表6-25)

表6-25 城市维护建设税的纳税人、征税范围、计税依据和应纳税额的计算

项目	具体内容
纳税人	负有缴纳增值税、消费税(以下简称"两税")义务的单位和个人,包括外商投资企业和外国企业
征税范围	与"两税"一致
计税依据	纳税人实际缴纳的"两税"税额之和,不包括滞纳金和罚款
应纳税额	应纳税额=纳税人实际缴纳的"两税"税额×适用税率

【注意】城建税与"两税"同时征收,如果要免征或者减征"两税",也要同时免征或减征城建税。

2. 城市维护建设税的税率(见表6-26)

(1)实行地区差别比例税率,按纳税人所在地的规定税率执行。

表 6-26　城市维护建设税的税率

纳税人所在地	税率
市区	7%
县城、镇	5%
不在市区、县城或者镇的	1%

(2)对于下列两种情况,可按缴纳"两税"所在地的规定税率就地缴纳城建税:

①由受托方代扣代缴、代收代缴"两税"的单位和个人,其代扣代缴、代收代缴的城建税按受托方所在地适用税率执行;

②流动经营等无固定纳税地点的单位和个人,在经营地缴纳"两税"的,其城建税的缴纳按经营地适用税率执行。

(二)城市维护建设税的减免——原则上不单独减免

(1)城建税按减免后实际缴纳的"两税"税额计征,即随"两税"的减免而减免。

(2)对于因减免税而需要进行"两税"退库的,城建税也可同时退库。

(3)海关对进口产品代征的"两税",不征收城建税。

(4)对"两税"实行先征后返、先征后退、即征即退办法的,除另有规定外,对随"两税"附征的城建税和教育费附加,一律不予退(返)还。

(5)经国务院批准,对国家重大水利工程建设基金免征城建税。

【例 10·单选题】 关于城市维护建设税的说法,错误的是(　)。

A. 外商投资企业和外国企业暂不缴纳城市维护建设税

B. 由受托方代扣代缴、代收代缴增值税的单位和个人,其代扣代缴、代收代缴的城建税按受托方所在地适用税率执行

C. 流动经营等无固定纳税地点的单位和个人,在经营地缴纳消费税的,其城建税的缴纳按经营地适用税率执行

D. 城建税与增值税、消费税同时征收,如果要免征或者减征增值税、消费税,也要同时免征或者减征城建税

解析　本题考查城市维护建设税。选项 A 错误,对外商投资企业和外国企业缴纳的增值税、消费税同样征收城市维护建设税。　　　　　　　　　　　　　　　　　　　答案　A

▶ 考点十　教育费附加(见表 6-27)

表 6-27　教育费附加

项目	具体内容
缴纳人	负有缴纳增值税、消费税(以下简称"两税")义务的单位和个人
征收范围	与"两税"一致
征收比率	3%
征收依据	纳税人实际缴纳的"两税"税额之和
应纳费用的计算	应纳教育费附加=纳税人实际缴纳的"两税"税额×3%

续表

项目	具体内容
减免	(1)海关对进口产品代征的"两税",不征收教育费附加; (2)对由于减免代征的"两税"而发生的退税,可同时退还已征收的教育费附加。但对出口产品退还代征的"两税"的,不退还已征的教育费附加; (3)经国务院批准,对国家重大水利工程建设基金免征教育费附加

▶ 考点十一 烟叶税(见表6-28)

表6-28 烟叶税

项目	具体内容
纳税人	收购烟叶的单位
纳税义务发生时间	收购烟叶的当日
征税范围	烟叶:烤烟叶、晾晒烟叶
税率	20%
计税依据	(1)实际支付的价款总额:收购价款和价外补贴; (2)价外补贴统一按烟叶收购价款的10%计算
应纳税额的计算	实际支付的价款总额×20%
税收优惠	暂无

▶ 考点十二 船舶吨税(见表6-29)

表6-29 船舶吨税

项目	具体内容
纳税人	境外港口进入境内港口的船舶的负责人
征税范围	境外港口进入境内港口的船舶
税率	(1)优惠税率:船籍国(地区)与中华人民共和国签订含有相互给予船舶税费最惠国待遇条款的条约或者协定的应税船舶; (2)普通税率:除适用优惠税率外的其他应税船舶
计税依据	船舶净吨位、船舶吨税执照期限
应纳税额的计算	船舶净吨位×适用税率
税收优惠	(1)下列船舶免税:(由国务院报全国人大常委会备案) ①应纳税额在人民币50元以下的船舶; ②自境外以购买、受赠、继承等方式取得船舶所有权的初次进口到港的空载船舶; ③船舶吨税执照期满后24小时内不上下客货的船舶; ④非机动船舶(不包括非机动驳船); ⑤捕捞、养殖渔船; ⑥避难、防疫隔离、修理、改造、终止运营或者拆解,并不上下客货的船舶; ⑦军队、武装警察部队专用或者征用的船舶; ⑧警用船舶; ⑨依照法律规定应当予以免税的外国驻华使领馆、国际组织驻华代表机构及其有关人员的船舶; ⑩国务院规定的其他船舶

项目	具体内容
税收优惠	（2）在船舶吨税执照期限内，应税船舶发生下列情形之一的，海关按照实际发生的天数批注延长船舶吨税执照期限： ①避难、防疫隔离、修理、改造，并不上下客货； ②军队、武装警察部队征用

▶ **考点十三　环境保护税**（见表6-30）

表6-30　环境保护税

项目	具体内容
纳税人	直接向环境排放应税污染物的企事业单位和其他生产经营者
征税范围	大气污染物、水污染物、固体废物、噪声
税目及税额	（1）应税大气污染物：每污染当量1.2元至12元； （2）应税水污染物：每污染当量1.4元至14元； （3）应税固体废物：煤矸石每吨5元；尾矿每吨15元；危险废物每吨1 000元；冶炼渣、粉煤灰等其他固体废物每吨25元； （4）应税噪声按照超标分贝数分为六档税额
计税依据	（1）应税大气污染物：污染物排放量折合的污染当量数； （2）应税水污染物：污染物排放量折合的污染当量数； （3）应税固体废物：固体废物的排放量； （4）应税噪声：超过国家规定标准的分贝数
应纳税额的计算	（1）应税大气污染物的应纳税额=污染当量数×适用税额； （2）应税水污染物的应纳税额=污染当量数×适用税额； （3）应税固体废物的应纳税额=固体废物排放量×适用税额； （4）应税噪声的应纳税额为超过国家规定标准的分贝数对应的具体适用税额
税收优惠	暂予免征：（由国务院报全国人大常委会备案） （1）农业生产（不包括规模化养殖）排放应税污染物的； （2）机动车、铁路机车、非道路移动机械、船舶和航空器等流动污染源排放应税污染物的； （3）依法设立的城乡污水集中处理、生活垃圾集中处理场所排放相应应税污染物，不超过国家和地方规定的排放标准的； （4）纳税人综合利用的固体废物，符合国家和地方环境保护标准的； （5）国务院批准免税的其他情形； 减征： （1）纳税人排放应税大气污染物或者水污染物的浓度值低于国家和地方规定的污染物排放标准30%的，减按75%征收； （2）纳税人排放应税大气污染物或者水污染物的浓度值低于国家和地方规定的污染物排放标准50%的，减按50%征收； 财政部、税务总局和生态环境部《通知》有关规定： （1）对于依法设立的生活垃圾焚烧发电厂、生活垃圾填埋场、生活垃圾堆肥厂，属于生活垃圾集中处理场所，其排放应税污染物不超过国家和地方规定的排放标准的，依法予以<u>免征环境保护税</u>； （2）纳税人任何一个排放口排放应税大气污染物、水污染物的浓度值，以及没有排放口排放应税大气污染物的浓度值，超过国家和地方规定的污染物排放标准的，依法<u>不予减征环境保护税</u>

历年考题解析

一、单项选择题

1. 张先生2017年1月购买家庭唯一住房,面积为85平方米,该套住房计征契税的税率为( )。
   A. 1%　　　　　B. 1.5%
   C. 2%　　　　　D. 3%

   解析 本题考查契税的减免。对个人购买家庭唯一住房(家庭成员范围包括购房人、配偶以及未成年子女),面积为90平方米及以下的,减按1%的税率征收契税。
   答案 A

2. 关于资源税的税务处理,正确的是( )。
   A. 油田范围内运输稠油过程中用于加热的天然气免税
   B. 充填开采置换出来的煤炭免税
   C. 开采原油过程中用于加热的原油减征50%的资源税
   D. 衰竭期煤矿开采的煤炭减征50%的资源税

   解析 本题考查资源税的减免。对衰竭期煤矿开采的煤炭,资源税减征30%;对充填开采置换出来的煤炭,资源税减征50%。开采原油过程中用于加热的原油、天然气,免税。
   答案 A

3. 关于土地增值税的说法,错误的是( )。
   A. 纳税人包括专营或兼营房地产业务的企业
   B. 纳税人转让房地产取得的应税收入不含增值税
   C. 自2008年11月1日起,居民个人销售住房免征土地增值税
   D. 无偿转让地上建筑物的单位和个人一律为土地增值税的纳税人

   解析 本题考查土地增值税的内容。转让国有土地使用权、地上的建筑物及其附着物(以下简称转让房地产)并取得收入的单位和个人,为土地增值税的纳税人。
   答案 D

4. 甲企业与乙企业签订货物购销合同,丙企业为合同担保人,丁先生为中间人,戊企业为见证人,则该购销合同印花税纳税人为( )。
   A. 甲企业和乙企业
   B. 甲企业、乙企业和丙企业
   C. 甲企业、乙企业、丙企业和丁先生
   D. 甲企业、乙企业、丙企业、丁先生和戊企业

   解析 本题考查印花税。按照征税项目划分的具体纳税人是:立合同人、立账簿人、立据人、领受人和使用人。
   答案 A

5. 关于城市维护建设税的说法,错误的是( )。
   A. 对增值税和消费税实行先征后返、先征后退、即征即退办法的,除另有规定外,对随增值税和消费税附征的城市维护建设税,也可以退(返)还
   B. 外商投资企业缴纳的增值税与消费税,同样征收城市维护建设税
   C. 城市维护建设税实行地区差别比例税率,设置了7%、5%和1%三档税率
   D. 城市维护建设税按实际缴纳的增值税和消费税税额计征,随增值税和消费税法定减免而减免

   解析 本题考查城市维护建设税。对增值税和消费税实行先征后返、先征后退、即征即退办法的,除另有规定外,对随增值税和消费税附征的城市维护建设税和教育费附加,一律不予退(返)还。
   答案 A

6. 通过"招、拍、挂"程序承受土地使用权的应按( )计征契税。
   A. 土地成交总价款
   B. 土地成交总价款扣除土地前期开发成本
   C. 土地成交价款扣除土地开发成本
   D. 土地成交总价款扣除开发成本

   解析 本题考查契税的计税依据。通过

"招、拍、挂"程序承受土地使用权的，应按土地成交总价款计征契税，其中土地前期开发成本不得扣除。
答案 ▶ A

7. 境内某单位将船舶出租到境外的，相应车船的车船税应( )。
   A. 正常征收
   B. 减半征收
   C. 不征收
   D. 省人民政府根据当地实际情况决定是否征收

解析 ▶ 本题考查车船税。境内单位和个人将船舶出租到境外的，应依法征收车船税。
答案 ▶ A

8. 下列产品中，不征收资源税的是( )。
   A. 国有矿山开采的矿产品
   B. 外商投资企业开采的矿产品
   C. 进口的矿产品
   D. 个体工商户开采的矿产品

解析 ▶ 本题考查资源税。进口的矿产品和盐不征收资源税。
答案 ▶ C

9. 某市一大型水电站的下列用地免予征收城镇土地使用税的是( )。
   A. 生产用地　　B. 水库库区用地
   C. 生活用地　　D. 坝内厂房用地

解析 ▶ 本题考查城镇土地使用税。对水电站的发电厂房用地(包括坝内、坝外式厂房)，生产、办公、生活用地，照章征收城镇土地使用税；对其他用地给予免税照顾。水库库区用地，属于"其他用地"的范围，免征城镇土地使用税。
答案 ▶ B

10. 关于土地增值税的说法，错误的是( )。
    A. 企业转让旧房作为改造安置住房房源，且增值额未超过扣除项目金额20%的，免征土地增值税
    B. 纳税人建造普通标准住宅出售，增值额超过扣除项目金额20%的，未超过部分免征土地增值税，就其超过部分计税
    C. 因城市规划而搬迁，由纳税人自行转让原房地产的，免征土地增值税
    D. 居民个人销售住房免征土地增值税

解析 ▶ 本题考查土地增值税。选项B错误，纳税人建造普通标准住宅(高级公寓、别墅、度假村等不属于普通标准住宅)出售，增值额未超过扣除项目金额20%的，免征土地增值税；增值额超过扣除项目金额20%的，应就其全部增值额按规定计税。
答案 ▶ B

11. 关于契税的说法，错误的是( )。
    A. 契税是以在境内转移土地、房屋权属为征税对象，向销售方征收的一种财产税
    B. 国有土地使用权出让、土地使用权出售、房屋买卖的计税依据为成交价格
    C. 城镇职工按规定第一次购买公有住房的(未超出国家规定的标准面积)，免征契税
    D. 国家机关承受土地、房屋用于办公的，免征契税

解析 ▶ 本题考查契税的概念。选项A错误，契税是以所有权发生转移的不动产为征税对象，向产权承受人征收的一种财产税。
答案 ▶ A

12. 根据车船税法，应缴车船税的是( )。
    A. 商场待售的载货汽车
    B. 武装警察部队专用车
    C. 无偿出借的载客汽车
    D. 经批准临时入境的外国车船

解析 ▶ 本题考查车船税的减免。车船税是向车船的所有人或者管理人征收的一种税。选项A不征车船税。选项B、D免征车船税。
答案 ▶ C

13. 关于土地增值税税收优惠的说法，错误的是( )。
    A. 对企事业单位、社会团体以及其他组织转让旧房作为改造安置住房房源，且增值额未超过扣除项目金额20%的，免征土地增值税
    B. 纳税人建造普通标准住宅出售，增值额未超过扣除项目金额20%的，免征土地增值税

C. 纳税人建造普通标准住宅出售，增值额超过扣除项目金额20%的，对超过部分征收土地增值税

D. 对于纳税人既建造普通标准住宅，又建造其他房地产，且未分别核算增值额的，其建造的普通标准住宅不能适用免税的规定

解析 本题考查土地增值税的税收优惠。选项C错误，纳税人建造普通标准住宅出售，增值额超过扣除项目金额20%的，应就其全部增值额按规定计税。

答案 C

14. 位于农村的甲企业受市区的乙企业委托加工桌椅，乙企业提供原材料，甲企业提供加工劳务并收取加工费。下列对乙企业城市维护建设税的税务处理中正确的是( )。

    A. 由乙企业在市区按7%的税率缴纳城市维护建设税
    B. 由乙企业按7%的税率自行选择纳税地点
    C. 由甲企业在农村按1%的税率代收代缴乙企业的城市维护建设税
    D. 由甲企业在市区按7%的税率代收代缴乙企业的城市维护建设税

解析 本题考查城市维护建设税。由受托方代收代缴增值税、消费税的单位和个人，其代扣代缴、代收代缴的城建税按受托方所在地适用税率执行。甲企业代收代缴乙企业的增值税，应由甲企业在农村按照1%的税率代收代缴乙企业的城市维护建设税。

答案 C

二、多项选择题

1. 关于印花税的说法，正确的有( )。
    A. 个人和机构在境外书立的合同无需贴花
    B. 个人和机构买卖封闭式证券基金免征印花税
    C. 融资租赁合同按租赁合同征税
    D. 金融机构与小微企业签订的借款合同免征印花税

    E. 房地产管理部门与个人订立的租房合同免征印花税

解析 本题考查印花税的减免。选项A错误，适用于中国境内，并在中国境内具备法律效力的应税凭证，无论在中国境内或者境外书立，均应按照印花税的规定贴花。选项C错误，融资租赁合同按借款合同征收印花税。

答案 BDE

2. 纳税人在购买房屋时，下列与房屋相关的附属设施属于契税征收范围的有( )。
    A. 自行车库   B. 储藏室
    C. 停车位   D. 顶层阁楼
    E. 制冷设备

解析 本题考查契税的征税范围。对于承受与房屋相关的附属设施(包括停车位、汽车库、自行车库、顶层阁楼以及储藏室)所有权或土地使用权的行为，按照契税法律、法规的规定征收契税。

答案 ABCD

3. 根据资源税暂行条例，下列说法正确的有( )。
    A. 出口的应税矿产品免征资源税
    B. 开采原油过程中用于加热的原油、天然气，免征资源税
    C. 资源税采取从量定额的办法计征
    D. 纳税人的减免税项目无需单独核算销售额或销售数量
    E. 对衰竭煤矿开采的煤炭，资源税减征30%

解析 本题考查资源税。选项A错误，进口的矿产品和盐不征收资源税，出口应税产品不免征或退还已纳资源税。选项C错误，资源税采用从价定率或从量定额的税率。选项D错误，资源税纳税人的减免税项目，应当单独核算销售额或者销售数量；未单独核算或者不能准确提供销售额或者销售数量的，不予减税或者免税。

答案 BE

4. 下列用途的土地，应缴纳城镇土地使用税的有( )。

A. 建立在城市、县城、建制镇和工矿区以外的企业用地
B. 学校附设的影剧院用地
C. 军队的训练场用地
D. 农副产品加工场地
E. 企业厂区内的绿化用地

解析 本题考查城镇土地使用税。选项A不在城镇土地使用税的征税范围内，不缴纳城镇土地使用税。选项C是军队自用的土地，免征城镇土地使用税。**答案** BDE

三、案例分析题

（一）

某厂厂区实际占地50 000平方米，其中将200平方米的土地无偿提供给政府使用，厂区内还有500平方米的绿化用地。该厂与政府机关共用一栋办公楼，占地面积6 000平方米，建筑面积50 000平方米，楼高10层，政府机关占用7层。同时购进了单独建造的地下建筑物，取得了地下建筑物产权证书和土地使用证书，注明土地面积500平方米，该厂占用25%，政府机关占用75%作为内部停车场。（所在地城镇土地使用税的年税额为4元/平方米）

1. 该厂厂区占地全年应缴纳城镇土地使用税税额为(　)元。
   A. 196 000　　　　B. 199 200
   C. 193 200　　　　D. 0

   解析 本题考查城镇土地使用税。该厂厂区缴纳的城镇土地使用税=(50 000−200)×4=199 200(元)。**答案** B

2. 该厂办公楼占地全年应缴纳城镇土地使用税税额为(　)元。
   A. 60 000　　　　B. 24 000
   C. 7 200　　　　D. 0

   解析 本题考查城镇土地使用税。该厂办公楼占地的城镇土地使用税为：6 000×(1−7÷10)×4=7 200(元)。**答案** C

3. 政府机关办公楼占地全年应缴纳城镇土地使用税税额为(　)元。
   A. 200 000　　　　B. 80 000
   C. 24 000　　　　D. 0

   解析 本题考查城镇土地使用税。国家机关自用的土地免征城镇土地使用税。**答案** D

4. 政府机关地下建筑物占地全年应缴纳城镇土地使用税税额为(　)元。
   A. 2 000　　　　B. 1 500
   C. 750　　　　D. 0

   解析 本题考查城镇土地使用税。国家机关自用的土地免征城镇土地使用税。**答案** D

5. 该厂地下建筑物占地全年应缴纳城镇土地使用税税额为(　)元。
   A. 2 000　　　　B. 500
   C. 250　　　　D. 0

   解析 本题考查城镇土地使用税。对地下建筑用地征收城镇土地使用税时，给予一定的税收优惠，即暂按应征税款的50%征收。该厂地下建筑物占地全年应缴纳城镇土地使用税为：500×25%×4×50%=250(元)。**答案** C

（二）

某市房地产开发企业现有未出售房产A、B两套，A房产建于2016年初，原值4 000万元(含地价600万元)，闲置待售；B房产已完工3年，原值600万元，1月初借给乙公司，乙公司将其作为办公楼使用，合同约定出租期为一年，前两个月为免租期，后10个月租金共100万元。

1. 该企业就A房产2016年应缴纳房产税(　)万元。
   A. 48.00　　　　B. 33.60
   C. 28.56　　　　D. 0

   解析 本题考查房产税的计算。对房地产开发企业开发的商品房在出售前，不征收房产税。**答案** D

2. 该企业就B房产2016年应缴纳房产税(　)万元。
   A. 12.84　　　　B. 12.00
   C. 0.84　　　　D. 0

解析 本题考查房产税的计算。B房产2016年应缴纳房产税=600×(1-30%)×1.2%÷12×2+100×12%=12.84(万元)。

答案 A

(三)

某镇企业2018年12月底经批准征用一块耕地,占地面积5 000平方米,五等地段,用于厂区内绿化。2019年12月经批准征用一块非耕地,占地面积3 000平方米,属于三等地段,均为工作区。三等地段年城镇土地使用税税额3元/平方米,五等地段年城镇土地使用税税额2元/平方米。

1. 该企业绿化用地2020年全年应缴纳城镇土地使用税( )元。
   A. 15 000   B. 12 500
   C. 10 000   D. 0

   解析 本题考查城镇土地使用税。对企业厂区(包括生产、办公及生活区)以内的绿化用地,应照章征收城镇土地使用税,厂区以外的公共绿化用地和向社会开放的公园用地,暂免征收城镇土地使用税。该企业绿化用地2020年全年应缴纳城镇土地使用税=5 000×2=10 000(元)。

   答案 C

2. 该企业征用的非耕地2020年全年应缴纳城镇土地使用税( )元。
   A. 6 000   B. 9 000
   C. 1 000   D. 0

   解析 本题考查城镇土地使用税。该企业征用的非耕地2020年全年应缴纳城镇土地使用税=3 000×3=9 000(元)。

   答案 B

(四)

甲公司为新成立的企业,营业账簿中记载实收资本300万元,资本公积200万元,新启用其他营业账簿4本,2020年发生活动如下:
(1)因改制签订产权转移书据2份(改制过程中符合条件)。
(2)签订以物易物合同一份,用库存的A材料换取对方同等金额的B材料。
(3)签订贴息贷款合同一份,总金额50万元。

(4)签订采购合同一份,合同金额为6万元,但因故合同未能兑现。

已知:购销合同的印花税税率为0.03‰。

1. 甲公司设置营业账簿应缴纳印花税( )元。
   A. 1 250   B. 1 520
   C. 2 500   D. 2 520

   解析 本题考查印花税的计算。自2018年5月1日起,对按0.5‰税率贴花的资金账簿减半征收印花税,对按件贴花5元的其他账簿,免征印花税。设置营业账簿应缴纳的印花税=(300+200)×0.5‰×50%×10 000=1 250(元)。

   答案 A

2. 甲公司签订产权转移书据应缴纳印花税( )元。
   A. 0   B. 5
   C. 10   D. 15

   解析 本题考查印花税的减免。企业改制、重组过程中符合条件的,免征印花税。

   答案 A

3. 甲公司签订以物易物合同应缴纳印花税( )元。
   A. 0   B. 2.1
   C. 4.2   D. 6.0

   解析 本题考查印花税的计算。以物易物应当看作两份购销合同,所以,应缴纳印花税=7 000×2×0.03%=4.2(元)。

   答案 C

4. 甲公司签订的贴息贷款合同应缴纳印花税( )元。
   A. 0   B. 25
   C. 150   D. 250

   解析 本题考查印花税的减免。无息、贴息贷款合同免征印花税。

   答案 A

5. 甲公司签订采购合同应缴纳印花税( )元。
   A. 0   B. 18
   C. 30   D. 60

   解析 本题考查印花税的计算。《中华人民共和国印花税暂行条例》规定,应纳税凭证应当于书立或者领受时贴花,因此,该合同虽未能兑现,仍需要缴纳印花税。应纳税额=60 000×0.03%=18(元)。

   答案 B

同步系统训练

一、单项选择题

1. 关于房产税的说法，错误的是(　　)。
   A. 房产税的征税范围不包括农村
   B. 目前外商投资企业、外国企业和组织拥有的境内房产不缴纳房产税
   C. 房产税以房屋的计税余值或租金收入为计税依据
   D. 对企事业单位、社会团体以及其他组织按市场价格向个人出租用于居住的住房，减按4%的税率征收房产税

2. 某公司与另一公司签订租赁合同，出租一套房产，租赁期为1年，合同约定第1个月为免租期，租金共为15万元，房产原值210万元。则该公司当年应缴纳房产税(　　)万元。(该省规定按房产原值扣除30%后的余值计征房产税)
   A. 1.8　　　　B. 1.764
   C. 1.947　　　D. 3.564

3. 某市幼儿园将其一房屋出租给个体户王某开鲜花礼品店，《房产税暂行条例》对该房屋的税收政策规定是(　　)。
   A. 征收房产税　　B. 减征房产税
   C. 免征房产税　　D. 缓征房产税

4. 自2019年1月1日至2021年12月31日，对国家级、省级科技企业孵化器、大学科技园自用以及无偿或通过出租等方式提供给在孵对象使用的房产，应(　　)。
   A. 减半征收房产税
   B. 免征房产税
   C. 减半征收房产税和土地增值税
   D. 免征房产税和土地增值税

5. 以下应按规定缴纳契税的是(　　)。
   A. 出让土地使用权的国土资源管理局
   B. 销售别墅的某房地产公司
   C. 承受土地、房屋用于医疗、科研的医院
   D. 购买花园别墅的个人

6. 关于契税计税依据的说法，正确的是(　　)。
   A. 土地使用权出售的，以评估价格为计税依据
   B. 土地使用权赠与的，以市场价格为计税依据
   C. 土地使用权交换的，以成交价格为计税依据
   D. 出让国有土地使用权的，以重置价格为计税依据

7. 某公司今年发生两笔互换房产业务，并已办理了相关手续。其中，第一笔业务换出的房产价值500万元，换进的房产价值800万元，并向对方支付差额300万元；第二笔业务换出的房产价值600万元，换进的房产价值300万元，并收取差额300万元。已知当地人民政府规定的契税税率为3%，该公司上述两笔互换房产业务应缴纳契税(　　)万元。
   A. 0　　　　B. 9
   C. 18　　　 D. 33

8. 2020年6月份中国公民刘某首次购买普通住房一套(属于家庭唯一住房)，面积85平方米，合同总价格54.4万元，刘某该行为应缴纳契税(　　)元。(当地人民政府规定的契税税率为3%)
   A. 0　　　　B. 5 440
   C. 8 160　　 D. 16 320

9. 关于契税减免的说法，错误的是(　　)。
   A. 土地、房屋被市级人民政府征用后，重新承受土地、房屋权属的，是否减免契税由省、自治区、直辖市人民政府决定
   B. 婚姻关系存续期间，房屋、土地权属原归夫妻一方所有，变更为夫妻双方共有的，免征契税
   C. 对经营管理单位回购已分配的改造安置住房继续作为改造安置房源的，免征契税
   D. 个人因房屋被征收而取得货币补偿并用于购买的改造安置住房，免征契税

10. 关于车船税计税依据的说法，错误的是( )。
   A. 挂车的计税标准是整备质量
   B. 船舶的计税标准是净吨位
   C. 摩托车的计税标准是辆
   D. 电车的计税标准是自重吨位

11. 下列车船不属于免征车船税的是( )。
   A. 警用车辆
   B. 捕鱼机动船舶
   C. 国有企业专有车辆
   D. 军队专用车辆

12. 以下不属于资源税征收范围的是( )。
   A. 原油   B. 天然气
   C. 液体盐   D. 成品油

13. 关于资源税计税依据的说法，错误的是( )。
   A. 纳税人开采应税产品销售的，以开采数量为课税数量
   B. 纳税人生产应税产品自用的，以自用（非生产用）数量为课税数量
   C. 原油中的稠油、高凝油与稀油划分不清或不易划分的，一律按原油的数量课税
   D. 金属和非金属矿产品原矿，无法准确掌握纳税人移送使用原矿数量的，可将其精矿按选矿比折算成原矿数量，以此作为课税数量

14. 某油田本月生产原油 6 500 吨，当月销售 6 000 吨，每吨不含增值税价格为 3 000 元，另有 2 吨在采油过程中用于加热。原油资源税税率为 8%，该油田本月应纳资源税( )元。
   A. 900 000   B. 900 300
   C. 1 440 000   D. 1 440 480

15. 关于资源税减免的说法，错误的是( )。
   A. 对依法在建筑物下、铁路下、水体下通过充填开采方式采出的矿产资源，资源税减征 50%
   B. 对实际开采年限在 15 年以上的衰竭期矿山开采的矿产资源，资源税减征 30%
   C. 对鼓励利用的低品位矿、废石、尾矿、废渣、废水、废气等提取的矿产品，资源税减征 30%
   D. 纳税人开采销售共伴生矿，共伴生矿与主矿产品销售额分开核算的，对共伴生矿暂不计征资源税

16. 关于城镇土地使用税的说法，正确的是( )。
   A. 外国公司在华分支机构不缴纳城镇土地使用税
   B. 个人所有的经营房屋免征城镇土地使用税
   C. 2019.1.1 至 2020.12.31，公租房建设期间用地免征城镇土地使用税
   D. 存在土地使用权权属纠纷未解决的，由原拥有土地使用权的单位纳税

17. 关于耕地占用税征收管理的说法，错误的是( )。
   A. 耕地占用税由税务机关负责征收
   B. 纳税人临时占用耕地，应缴纳耕地占用税
   C. 纳税人保证在批准临时占用耕地的期限内恢复所占用耕地原状的，不需要缴纳耕地占用税
   D. 纳税人应当自收到自然资源主管部门办理占用耕地手续的书面通知之日起 30 日内申报缴纳耕地占用税

18. 以下可以按照当地适用税额减半征收耕地占用税的是( )。
   A. 供电部门占用耕地新建变电站
   B. 农村居民在规定用地标准内占用耕地新建自用住宅
   C. 市政部门占用耕地新建自来水厂
   D. 国家机关占用耕地新建办公楼

19. 关于印花税的说法，错误的是( )。
   A. 书立各类应税经济合同时，以合同当事人为纳税人
   B. 在中国境内使用并有法律效力的应税凭证如在境外书立，不需要缴纳印花税
   C. 外商投资企业和外国企业属于印花税

纳税人

D. 建立营业账簿，以立账簿人为纳税人

20. 根据印花税条例，下列按定额税率征收印花税的是（　）。
   A. 产权转移书据
   B. 借款合同
   C. 房屋产权证
   D. 建筑安装工程承包合同

21. 王某的以下行为中，需要缴纳印花税的是（　）。
   A. 与房地产管理部门订立的租房合同
   B. 将个人财产捐赠给医院所立书据
   C. 购买封闭式证券投资基金
   D. 销售个人住房

22. 某县城某生产企业为增值税一般纳税人。本期进口原材料一批，向海关缴纳进口环节增值税20万元；本期在国内销售甲产品缴纳增值税34万元、消费税46万元，由于缴纳消费税时超过纳税期限，被罚滞纳金0.46万元；本期出口乙产品一批，按规定退回增值税10万元。该企业本期应缴纳城市维护建设税（　）万元。
   A. 4　　　　　　B. 4.5
   C. 5　　　　　　D. 5.6

23. 下列可以作为城市维护建设税计税依据的是（　）。
   A. 海关对进口产品代征的增值税、消费税
   B. 纳税人违反增值税有关税法而加收的滞纳金
   C. 纳税人违反消费税有关税法而加收的罚款
   D. 纳税人补缴上年未缴增值税、消费税税款

24. 关于教育费附加的说法，错误的是（　）。
   A. 教育费附加以纳税人实际缴纳的增值税、消费税税额为计税依据
   B. 各省、自治区、直辖市根据当地实际情况确定征收比率
   C. 海关对进口产品代征的增值税、消费税，不征收教育费附加
   D. 对出口产品退还增值税、消费税的，不退还已征的教育费附加

25. 某生产企业坐落在市区，2020年10月已缴纳增值税15万元，当月转让一批机器，取得不含税收入28万元，当月未作账务处理，该机器系抵债所得，抵债时作价10万元（已纳税）。该企业当月应纳城市维护建设税和教育费附加（　）万元。
   A. 0　　　　　　B. 1.5
   C. 1.585　　　　D. 1.864

26. 下列选项中，不缴纳水资源税的是（　）。
   A. 超过规定限额的农业生产取用水
   B. 回收利用的疏干排水和地源热泵取用水
   C. 主要供农村人口生活用水的集中式饮水工程取用水
   D. 家庭生活和零星散养、圈养畜禽饮用等少量取用水的

二、多项选择题

1. 关于房产税纳税人的说法，正确的有（　）。
   A. 产权属于全民所有的房屋，由集体纳税
   B. 产权所有人、承典人不在房屋所在地的房屋，由房产代管人或使用人纳税
   C. 产权出典的房屋，由承典人纳税
   D. 融资租赁的房屋，由承租人缴纳房产税
   E. 产权未确定的房屋，由房产代管人或使用人纳税

2. 以下可作为房产税计税依据的有（　）。
   A. 房屋历史成本　B. 房屋净值
   C. 房屋市场价格　D. 房屋计税余值
   E. 房产租金收入

3. 关于房产税的说法，正确的有（　）。
   A. 农村地区自用房产不缴房产税，出租房屋按租金的4%缴纳房产税
   B. 公园自用的房产不缴房产税
   C. 房管部门按政府规定价格向居民出租的公有住房暂免缴房产税
   D. 个人所有的房产均免缴房产税
   E. 军队自用房产应缴纳房产税

4. 以下属于经财政部批准免征房产税的有（　　）。
   A. 房地产开发企业未出售的商品房
   B. 经鉴定已停止使用的危房
   C. 老年服务机构自用的房产
   D. 权属有争议的房产
   E. 大修停用3个月的房产

5. 以下属于契税征税范围的有（　　）。
   A. 国有土地使用权出让
   B. 以房屋抵债
   C. 农村集体土地承包经营权的转移
   D. 房屋买卖
   E. 以房产作为投资

6. 关于市、县级人民政府按规定征收居民房屋所涉及的契税的说法，正确的有（　　）。
   A. 居民个人选择货币补偿用以重新购置房屋，购房成交价格不超过货币补偿的，对新购房屋免征契税
   B. 居民个人选择货币补偿用以重新购置房屋，购房成交价格超过货币补偿的，对差价部分减半征收契税
   C. 居民个人选择房屋产权调换，不缴纳房屋产权调换差价的，对新换房屋免征契税
   D. 居民个人选择房屋产权调换，缴纳房屋产权调换差价的，对差价部分减半征收契税
   E. 居民个人重新购置或调换取得的房屋面积在90平方米以下的，免征契税

7. 关于契税减免的说法，符合现行规定的有（　　）。
   A. 对被撤销的金融机构在财产清理中催收债权时，接收债务方取得土地使用权、房屋所有权发生的权属转移所涉及的契税
   B. 法律规定的法定继承人继承的土地、房屋权属，不征契税
   C. 金融租赁公司开展售后回租业务，合同期满，承租人回购房屋、土地权属的，照章征收契税
   D. 个人购买家庭唯一住房，面积为90平方米及以下的，减按1%税率征收契税
   E. 个人购买家庭第二套改善性住房，面积在90平方米以上的，减半征收契税

8. 下列各项中，可以减征或免征车船税的有（　　）。
   A. 使用新能源的车船
   B. 农村公共交通车船
   C. 农村居民拥有的主要在农村地区使用的摩托车
   D. 公益性组织拥有的汽车
   E. 城市公共交通车船

9. 下列属于从价计征资源税的有（　　）。
   A. 原油　　　　B. 天然气
   C. 煤炭　　　　D. 金属矿
   E. 黏土、砂石

10. 关于城镇土地使用税纳税人的说法，正确的有（　　）。
    A. 城镇土地使用税由拥有土地所有权的单位和个人缴纳
    B. 土地使用权权属发生纠纷的，由土地实际使用人纳税
    C. 土地使用权共有的，由所占份额大的一方纳税
    D. 外商投资企业和外国企业使用的位于农村的土地不缴纳城镇土地使用税
    E. 城镇土地使用税的征税范围与房产税的一致

11. 以下（　　）不属于城镇土地使用税的纳税人。
    A. 土地的实际使用人
    B. 占用耕地新建住宅的农村居民
    C. 拥有土地使用权的单位
    D. 土地使用权共有的各方
    E. 林地的承包人

12. 以下免缴城镇土地使用税的有（　　）。
    A. 为社区提供养老、托育、家政等服务的机构自有的土地
    B. 农贸市场专用于经营农产品占用的土地
    C. 改造安置住房建设用地
    D. 公园内商品部使用的土地

E. 企业研发部门使用的土地

13. 根据现行政策，下列土地免缴城镇土地使用税的有（ ）。
    A. 对按照去产能和调结构政策要求停产停业、关闭的企业，自停产停业次月起
    B. 城市公交站场用地
    C. 对向居民供热收取采暖费的"三北"地区供热企业为居民供热所使用的土地
    D. 国家机关、军队、人民团体、财政补助事业单位、居民委员会、村民委员会拥有的体育场馆，用于体育活动的土地
    E. 企业拥有并运营管理的大型体育场馆，其用于体育活动的土地

14. 以下需要缴纳印花税的有（ ）。
    A. 已缴纳印花税的凭证副本
    B. 技术转让合同
    C. 资金账簿
    D. 贴息贷款合同
    E. 农民专业合作社与本社成员签订的农业产品购销合同

15. 下列不属于城市维护建设税计税依据的有（ ）。
    A. 销售产品征收的增值税税额
    B. 因减免税退库的消费税税款
    C. 进口产品征收的消费税税额
    D. 进口产品征收的增值税税额
    E. 减免的消费税税款

16. 下列选项中，免征船舶吨税的有（ ）。
    A. 警用船舶
    B. 非机动驳船
    C. 捕捞、养殖渔船
    D. 应纳税额在人民币500元以下的船舶
    E. 船舶吨税执照期满后24小时内不上下客货的船舶

三、案例分析题

（一）

甲企业系煤炭开采企业，2020年相关情况如下：

（1）共计拥有土地65 000平方米，其中，企业内部绿化占地2 000平方米。

（2）开采煤炭150万吨，销售100万吨，销售收入300万元。

（3）所拥有的房产原值共计6 000万元。自1月1日起，甲企业将原值200万元、占地面积400平方米的一栋仓库出租给本市乙企业存放货物，租赁合同约定租期1年，每月租金收入1.5万元。

（4）8月10日甲企业对委托某施工单位建设的加工车间办理验收手续，由在建工程转入固定资产原值500万元。

已知：甲企业所在地城镇土地使用税4元/平方米，煤炭资源税税率为2%，房产税计税余值的扣除比例为20%。

1. 关于甲企业纳税的说法，正确的有（ ）。
   A. 甲企业内部绿化占地不征收城镇土地使用税
   B. 甲企业以外的公共绿化用地暂免征收城镇土地使用税
   C. 甲企业自用房产不缴纳房产税
   D. 与乙企业签的租赁合同不缴纳印花税

2. 甲企业应缴纳城镇土地使用税（ ）万元。
   A. 23.52　　　　B. 24.32
   C. 25.52　　　　D. 26

3. 甲企业出租仓库应缴纳房产税（ ）万元。
   A. 1.08　　　　B. 1.68
   C. 2　　　　　　D. 2.16

4. 甲企业应缴纳房产税（ ）万元。
   A. 36.48　　　　B. 37.44
   C. 59.44　　　　D. 42.36

5. 甲企业应缴纳资源税（ ）万元。
   A. 0　　　　　　B. 2
   C. 3　　　　　　D. 6

（二）

2020年，某房地产公司拥有房产20栋，使用情况如下：

（1）公司经营用房10栋，价值3 000万元。

（2）今年1月，将1栋出租给某公司作办公用房，租期1年，租金合计5万元，由于特殊情况，于6月初收回进行大修理，大修理时间为7个月。

(3)3栋已被有关部门认定为危房,于今年7月开始停止使用,价值为600万元。
(4)另外4栋是待售开发产品,价值为900万元。
该企业所在地房产税计税余值的扣除比例为20%。

1. 下列项目中,属于房产税计税依据的有( )。
   A. 房产租金收入　　B. 房产原值
   C. 房产计税余值　　D. 房产评估价值
2. 出租房产需要缴纳房产税( )万元。
   A. 0.083　　　　　B. 0.25
   C. 0.50　　　　　 D. 0.60
3. 被定为危房的房产应缴房产税( )万元。
   A. 5.76　　　　　 B. 3.60
   C. 2.88　　　　　 D. 0
4. 待售开发产品应缴房产税( )万元。
   A. 10.80　　　　　B. 8.64
   C. 4.32　　　　　 D. 0

（三）
居民甲有两套住房,2020年将其中一套住房出售给居民乙,成交价格为200万元。将另一套住房与居民丙交换,换得一套三室两厅两卫住房,同时,居民甲向居民丙支付差价款100万元。此后,居民甲将此三室两厅两卫住房出租给居民丁居住,全年租金5万元(与市场租金水平相当)。居民丙取得房屋后,将此房屋等价交换给居民丙的同事。
已知:该省规定按房产原值一次扣除30%后的余值计征房产税,契税税率为3%。

1. 应缴纳契税的居民有( )。
   A. 甲　　　　　　B. 乙
   C. 丙　　　　　　D. 丁
2. 甲与丙交换得到一套三室两厅两卫住房,并将其出租给丁居住,则( )。
   A. 丁无需缴纳房产税
   B. 丁缴纳房产税0.6万元
   C. 丁缴纳房产税0.24万元
   D. 丁缴纳房产税0.2万元
3. 甲出租房屋应缴纳房产税( )万元。
   A. 0　　　　　　 B. 0.2
   C. 0.3　　　　　 D. 0.6
4. 上述居民缴纳契税合计( )万元。
   A. 3　　　　　　 B. 6
   C. 9　　　　　　 D. 10.8

（四）
某企业今年8月,发生如下业务:
(1)因办公楼失窃,《营业执照》《税务登记证》《开户许可证》被盗,特申请重新换发了一份。
(2)签订土地使用权购买合同,合同金额为100万元,办妥手续取得《土地使用证》。
(3)当年实现利润1 000万元,计提盈余公积100万元,吸收投资300万元,取得资本公积40万元。
(4)新设其他账簿10本。
(5)订立借款合同一份,贷款500万元,应付利息5万元。
(6)投综合财产保险一份,保额1 000万元,交纳保险费4万元;投机动车保险3份,保险金额50万元,保险费全额10 800元。

1. 该企业的权利、许可证照应纳印花税( )元。
   A. 0　　　　　　 B. 5
   C. 10　　　　　　D. 15
2. 该企业签订的购买土地使用权合同应缴纳印花税( )元。
   A. 0　　　　　　 B. 300
   C. 500　　　　　 D. 1 000
3. 记载资金的账簿应纳印花税( )元。
   A. 0　　　　　　 B. 850
   C. 1 700　　　　 D. 2 200
4. 借款合同应纳印花税( )元。
   A. 250　　　　　 B. 1 500
   C. 1 515　　　　 D. 2 500
5. 该企业合计应纳印花税( )元。
   A. 1 660.8　　　 B. 2 210.8
   C. 2 510.8　　　 D. 2 560.8

同步系统训练参考答案及解析

一、单项选择题

1. B 【解析】本题考查房产税。外商投资企业、外国企业和组织以及外籍个人依照《中华人民共和国房产税暂行条例》的规定，缴纳房产税。

2. C 【解析】本题考查房产税。房产出租的，以租金收入计算房产税，税率为12%；免租期间，以房产计税余值计算房产税，税率为1.2%。本年第一个月为免租期，无租金收入，应该按房屋计税余值缴纳房产税，应纳房产税 = 210×（1-30%）×1.2%÷12 = 0.147（万元）。第2~12月有租金收入，按租金收入缴纳房产税，应纳房产税 = 15×12% = 1.8（万元）。所以该公司全年应纳房产税 = 1.8+0.147 = 1.947（万元）。

3. A 【解析】本题考查房产税。学校自用的房产免征房产税，但学校出租的房产，应征收房产税。

4. B 【解析】本题考查房产税的减免。自2019年1月1日至2021年12月31日，对国家级、省级科技企业孵化器、大学科技园和国家备案众创空间自用以及无偿或通过出租等方式提供给在孵对象使用的房产，免征房产税。

5. D 【解析】本题考查契税。在中华人民共和国境内转移土地、房屋权属，承受的单位和个人为契税的纳税人，选项A、B不是契税的纳税人。国家机关、事业单位、社会团体、军事单位承受土地、房屋用于办公、教学、医疗、科研和军事设施的，免征契税，选项C免缴契税。

6. B 【解析】本题考查契税。土地使用权出售，计税依据为成交价格。土地使用权交换，计税依据为价格差额。国有土地使用权出让，计税依据为取得该土地使用权而支付的全部经济利益。

7. B 【解析】本题考查契税。房屋交换，价值不相等的，按超出部分由支付差价方缴纳契税。该公司应纳契税 = 300×3% = 9（万元）。

8. B 【解析】本题考查契税。房屋买卖的契税计税依据为成交价格。自2016年2月22日起，对个人购买家庭唯一住房，面积为90平方米及以下的，减按1%税率征收契税。应纳契税 = 544 000×1% = 5 440（元）。

9. D 【解析】本题考查契税。选项D错误，个人因房屋被征收而取得货币补偿并用于购买改造安置住房，或因房屋被征收而进行房屋产权调换并取得改造安置住房的，按有关规定减免契税。

10. D 【解析】本题考查车船税。选项D错误，电车以辆为车船税计税标准。

11. C 【解析】本题考查车船税。选项C应照章征收车船税。

12. D 【解析】本题考查资源税。资源税的征收范围包括原油、天然气、煤炭、其他非金属矿原矿、黑色金属矿原矿、有色金属矿原矿和盐（包括固体盐和液体盐）。成品油不属于资源税征收范围。

13. A 【解析】本题考查资源税。选项A错误，在从量定额征税方式下，纳税人开采应税产品销售的，以销售数量为课税数量。

14. C 【解析】本题考查资源税。开采原油过程中用于加热的原油免征资源税。应纳资源税 = 6 000×3 000×8% = 1 440 000（元）。

15. C 【解析】本题考查资源税。选项C错误，对鼓励利用的低品位矿、废石、尾矿、废渣、废水、废气等提取的矿产品，由省级人民政府根据实际情况确定是否给予减税或免税。

16. C 【解析】本题考查城镇土地使用税。外商投资企业、个人所有的经营房屋需要缴纳城镇土地使用税。存在土地使用权权属纠纷未解决的，由实际使用人缴纳。

17. C 【解析】本题考查耕地占用税。选项C错误，纳税人临时占用耕地，应缴纳耕地占用税。纳税人在批准临时占用耕地期满之日起1年内依法复垦，恢复种植条件的，全额退还已经缴纳的耕地占用税。

18. B 【解析】本题考查耕地占用税。农村居民在规定用地标准以内占用耕地新建自用住宅，按照当地适用税额减半征收耕地占用税。

19. B 【解析】本题考查印花税。选项B错误，适用于中国境内，并在中国境内具备法律效力的应税凭证，无论在中国境内或者境外书立，均应依照印花税的规定贴花。

20. C 【解析】本题考查印花税。适用印花税定额税率的是权利、许可证照和营业账簿中除记载资金账簿以外的其他账簿，采取按件规定固定数额，单位税额均为每件5元。权利、许可证包括政府部门颁发的房屋产权证、工商营业执照、商标注册证、土地使用证等。

21. B 【解析】本题考查印花税。选项A、C、D均免征印花税。选项B应照章缴纳印花税。

22. A 【解析】本题考查城市维护建设税。海关对进口产品代征的增值税不征收城建税。纳税人违反增值税、消费税有关税法而加收的滞纳金和罚款，不作为城建税的计税依据。城建税随增值税、消费税的减免而减免。但对于出口产品返还增值税、消费税的，不退还已征的城建税。所以，城建税的计税依据=34+46=80（万元）。纳税人所在地为县城，适用税率为5%。因此该企业应纳城建税=80×5%=4（万元）。

23. D 【解析】本题考查城市维护建设税。海关对进口产品代征的增值税、消费税，不征收城建税。纳税人违反增值税、消

费税有关税法而加收的滞纳金和罚款，不作为城建税的计税依据。

24. B 【解析】本题考查教育费附加。选项B错误，现行教育费附加的征收比率为3%。

25. D 【解析】本题考查城市维护建设税和教育费附加。转让机器应纳增值税=28×13%=3.64（万元）。该企业位于市区，城建税税率为7%。应纳城建税和教育费附加=(15+3.64)×(7%+3%)=1.864（万元）。

26. D 【解析】本题考查资源税的减免。对超过规定限额的农业生产取用水以及主要供农村人口生活用水的集中式饮水工程取用水，从低确定税额；对回收利用的疏干排水和地源热泵取用水，从低确定税额。

二、多项选择题

1. BCDE 【解析】本题考查房产税。选项A错误，房屋产权属于全民所有的，由经营管理单位纳税。

2. DE 【解析】本题考查房产税。房产税的计税依据是房屋的计税余值或房产租金收入。

3. BC 【解析】本题考查房产税。选项A错误，房产税的征税范围不包括农村，位于农村的房产不缴纳房产税。选项D错误，个人自有自用的非营业性房产，免征房产税；但个人所有的营业用房或出租等非自用的房产，应缴纳房产税。选项E错误，军队自用的房产免缴房产税。

4. ABC 【解析】本题考查房产税。选项D由房产代管人或者使用人缴纳房产税。选项E，纳税人因房屋大修导致连续停用半年以上的，在房屋大修期间免缴房产税。

5. ABDE 【解析】本题考查契税。农村集体土地承包经营权的转移不属于契税的征税范围。

6. AC 【解析】本题考查契税。居民个人选择货币补偿用以重新购置房屋，购房成交价格超过货币补偿的，或者，居民个人选择房屋产权调换，缴纳房屋产权调换差价

的，对差价部分按规定征收契税。

7. ABD 【解析】本题考查契税。选项 C 错误，金融租赁公司开展售后回租业务，承受承租人房屋、土地权属，照章征契税；对售后回租合同期满，承租人回购房屋、土地权属的，免征契税。选项 E 错误，自 2016 年 2 月 22 日起，个人购买家庭第二套改善性住房，面积为 90 平方米以上的，减按 2% 的税率征收契税。

8. ABCE 【解析】本题考查车船税。对使用新能源的车船，免征车船税。省、自治区、直辖市人民政府可以根据当地实际情况，对城市、农村公共交通车船，农村居民拥有并主要在农村地区使用的摩托车、三轮汽车和低速载货汽车，给予定期减税、免税。选项 D 应征收车船税。

9. ABCD 【解析】本题考查资源税。对经营分散、多为现金交易且难以控管的黏土、砂石，按照便利征管的原则，仍实行从量定额计征资源税。

10. BDE 【解析】本题考查城镇土地使用税。选项 A 错误，城镇土地使用税由拥有土地使用权的单位和个人缴纳。选项 C 错误，土地使用权共有的，由共有各方分别纳税。

11. BE 【解析】本题考查城镇土地使用税。城镇土地使用税的纳税人是在城市、县城、建制镇、工矿区范围内使用土地的单位和个人，不包括农村。具体包括：城镇土地使用税由拥有土地使用权的单位或个人缴纳；土地使用权未确定或权属纠纷未解决的，由实际使用人纳税；土地使用权共有的，由共有各方分别纳税。

12. ABC 【解析】本题考查城镇土地使用税。选项 D，公园自用的土地免缴纳城镇土地使用税，但商品部使用的土地应缴纳城镇土地使用税。选项 E 应照章缴纳城镇土地使用税。

13. ABCD 【解析】本题考查城镇土地使用税。选项 E，企业拥有并运营管理的大型体育场馆，其用于体育活动的土地，减半征收城镇土地使用税。

14. BC 【解析】本题考查印花税。选项 A、D、E 均免缴印花税。

15. BCDE 【解析】本题考查城市维护建设税。对于因减免税而需要进行增值税、消费税退库的，城建税可同时退库。海关对进口产品代征的增值税、消费税，不征收城建税。

16. ACE 【解析】本题考查船舶吨税的税收优惠。选项 B，非机动船舶（不包括非动驳船）免征船舶吨税。选项 D，应纳税额在人民币 50 元以下的船舶，免征船舶吨税。

三、案例分析题

（一）

1. B 【解析】本题考查房产税。企业厂区以内的绿化用地，照章征收城镇土地使用税。甲企业自用房产按计税余值缴纳房产税。与乙企业签订的财产租赁合同属于印花税的征税范围。

2. D 【解析】本题考查城镇土地使用税。应缴纳城镇土地使用税 = 65 000×4 = 260 000（元）= 26（万元）。

3. D 【解析】本题考查房产税。依据房产租金收入计征房产税的，税率为 12%。出租仓库应缴纳房产税 = 1.5×12×12% = 2.16（万元）。

4. C 【解析】本题考查房产税。应缴纳房产税 = (6 000−200)×(1−20%)×1.2%+2.16+500×(1−20%)×1.2%×4÷12 = 55.68 + 2.16+1.6 = 59.44（万元）。

5. D 【解析】本题考查资源税。煤炭实行从价定率征收资源税。应纳资源税 = 300×2% = 6（万元）。

（二）

1. AC 【解析】本题考查房产税。房产税的计税依据包括房产计税余值和房产租金收入。

2. B 【解析】本题考查房产税。纳税人因房屋大修导致连续停用半年以上的，在房屋大修期间免征房产税。依据房产租金收入计税的，税率为12%。应缴纳房产税＝(5÷12×5)×12%＝0.25(万元)。

3. C 【解析】本题考查房产税。经有关部门核实属危房，不准使用的房产，免征房产税。案例中因被认定为危房的房屋是7月开始停止使用的，所以前6个月是需要缴纳房产税的。房产计税余值＝房产原值×(1－原值减除率)＝600×(1－20%)＝480(万元)。应缴纳房产税＝480÷12×6×1.2%＝2.88(万元)。

4. D 【解析】本题考查房产税。房地产开发企业开发的商品房在出售前，不征收房产税。

(三)

1. AB 【解析】本题考查契税。契税由承受房屋的一方缴纳；房屋交换，由支付差价方缴纳契税，所以应由甲和乙缴纳契税。

2. A 【解析】本题考查房产税。房产税以在征税范围内的房屋产权所有人为纳税人。丁不是房屋的所有者，无需缴纳房产税。

3. B 【解析】本题考查房产税。对个人出租住房，不区分用途，按4%的税率征收房产税。应纳房产税＝5×4%＝0.2(万元)。

4. C 【解析】本题考查契税。乙应纳契税＝200×3%＝6(万元)，甲应纳契税＝100×3%＝3(万元)。共缴纳契税＝6+3＝9(万元)。

(四)

1. C 【解析】本题考查印花税。权利、许可证照，包括政府部门发给的房屋产权证、工商营业执照、商标注册证、土地使用证等。权利、许可证照的印花税每件5元。重新换发的营业执照应按规定纳税，而税务登记证、开户许可证不属于征税范围，新发的土地使用证应按规定纳税，故应纳印花税＝2×5＝10(元)。

2. C 【解析】本题考查印花税。签订的购买土地使用权的合同是产权转移书据，印花税税率为0.5‰。应纳印花税＝1 000 000×0.5‰＝500(元)。

3. B 【解析】本题考查印花税。记载资金的营业账簿以实收资本和资本公积的合计金额为计税依据，税率为0.5‰，减半征收。记载资金的账簿应纳印花税＝(3 000 000+400 000)×0.5‰÷2＝850(元)。

4. A 【解析】本题考查印花税。借款合同以合同上所记载的金额为计税依据，税率为0.05‰，应纳印花税＝5 000 000×0.05‰＝250(元)。

5. A 【解析】本题考查印花税。除记载资金账簿以外的其他账簿按每件5元的固定税额缴纳印花税，目前免征。财产保险合同的税率为1‰，应纳印花税＝(40 000+10 800)×0.1%＝50.8(元)。合计应纳印花税＝10+500+850+250+50.8＝1 660.8(元)。

本章思维导图

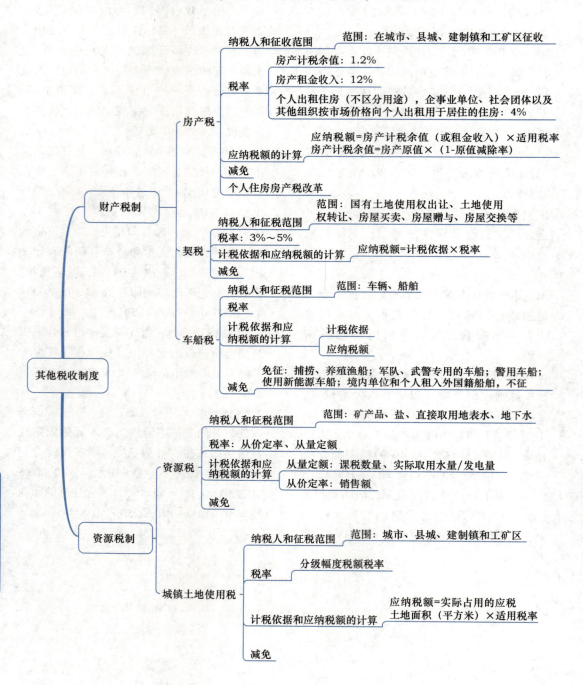

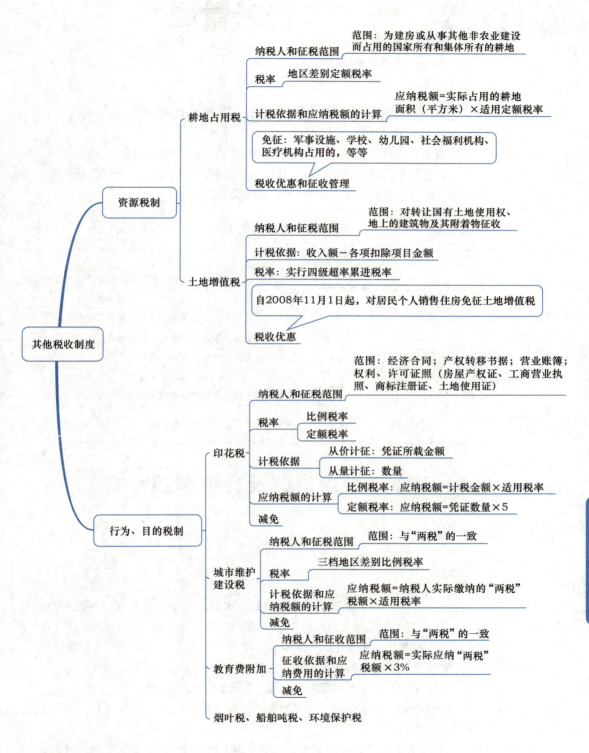

第7章 税务管理

考情分析

本章主要讲解我国现行的税收管理制度的相关知识,包括税务登记,账簿、凭证管理,发票管理,纳税申报,税收保全,税收强制执行,税款追征与退还等内容。从历年考题来看,本章题型以单项选择题、多项选择题为主,平均分值在 10 分左右。

近年本章考点分布

考点	主要考查题型	考频指数	考查角度
税务登记	选择题	★★★★★	"五证合一、一照一码"登记制度、变更登记、注销登记、停业、复业登记
账簿、凭证管理	选择题	★★	账簿的设置要求、会计凭证的管理、税收凭证的管理
发票管理	选择题	★★★★	发票印制管理、发票领购管理、发票检查
纳税申报	选择题	★★★	纳税申报对象、申报方式、申报期限
税收征收管理的形式、税款征收的管理	选择题	★★★★★	税收征收管理的形式、税款征收的方式、内容、纳税担保、税收保全措施和税收强制执行措施、税款追征与退还
减免税的管理、出口退税的管理	选择题	★	减免税的种类、减免税管理规程、出口退税的范围、形式

重点、难点讲解及典型例题

▶ **考点一 税务登记**

(一)"五证合一、一照一码"登记制度

1. 主要内容

(1)"五证合一、一照一码"登记制度:一次性申请、国家市场监督管理部门核发一个加载法人和其他组织统一社会信用代码营业执照的登记制度。

(2)工作模式:一套材料、一表登记、一窗受理。

(3)实行该登记制度,税务登记的法律地位没有改变。

(4)个体工商户实施工商营业执照和税务登记证"两证整合"登记制度。

(5)办证流程:一表申请、一窗受理、并联审批、一份证照。

(6)办理税务登记的时间:

①从事生产、经营的纳税人领取工商营业执照的,应当自领取工商营业执照之日起**30 日内**申报办理税务登记,税务机关<u>发放税务登记证及副本</u>;

②从事生产、经营的纳税人未办理工商营业执照但经有关部门批准设立的,应当自有关部

门批准设立之日起30日内申报办理税务登记，税务机关发放税务登记证及副本；

③从事生产、经营的纳税人未办理工商营业执照也未经有关部门批准设立的，应当自纳税义务发生之日起30日内申报办理税务登记，税务机关发放临时税务登记证及副本；

④有独立的生产经营权、在财务上独立核算并定期向发包人或者出租人上交承包费或租金的承包承租人，应当自承包承租合同签订之日起30日内，向其承担承租业务发生地税务机关申报办理税务登记，税务机关发放临时税务登记证及副本；

⑤境外企业在中国境内承包建筑、安装、装配、勘探工程和提供劳务的，应当自项目合同或协议签订之日起30日内，向项目所在地税务机关申报办理税务登记，税务机关发放临时税务登记证及副本。

2. 临时税务登记

《国家税务总局关于税收征管若干事项的公告》(国家税务总局公告2019年第48号)规定，从事生产、经营的个人应办而未办营业执照，但发生纳税义务的，可以按规定申请办理临时税务登记。

3. 变更税务登记(见表7-1)

办理机构：原税务登记机关。

申报期限：自事实发生之日起30日内。

表7-1 变更税务登记

情形	申报起始日
已在国家市场监督管理机关办理变更登记的	国家市场监督管理机关变更登记之日
不需要办理变更登记的，或与之无关的	税务登记内容实际发生变化之日，或有关机关批准或宣布变更之日

【注意】税务机关应当于受理当日办理变更税务登记。

4. 注销税务登记(见表7-2)

办理机构：原税务登记机关。

申报期限：自导致注销事件发生之日起15日内。

表7-2 注销税务登记

情形	申报起始日
解散、破产、撤销，依法终止纳税义务	注销登记之前，或有关机关批准或宣告终止之日
被国家市场监督管理机关吊销营业执照，被其他机关撤销登记	营业执照被吊销或被撤销登记之日
境外企业到境内承包建筑等，或提供劳务	项目完工、离境前

【注意】

(1)纳税人因住所、经营地点变动，涉及改变税务登记机关的流程：

原税务登记机关：注销税务登记→国家市场监督管理机关：变更、注销登记→迁达地税务机关：30日内办理设立税务登记。

(2)注销税务登记前的注意事项：

向税务机关提交证明文件和资料，结清应纳税款、多退(免)税款、滞纳金和罚款，缴销发票、税务登记证件和其他税务证件，经税务机关核准后，注销。

(3)《国家税务总局关于进一步优化办理企业税务注销程序的通知》(税总发〔2018〕149号)规定,对向市场监管部门申请简易注销的纳税人,符合未办理过涉税事宜的或者办理过涉税事宜但未领用发票、无欠税(滞纳金)及罚款的,可免予到税务机关办理清税证明,直接向市场监管部门申请办理注销登记。

5. 停业、复业登记(见表7-3)

表7-3 停业、复业登记

办理对象	定期定额征收方式的个体工商户
停业期限	≤1年
注意事项	(1)如实填写停业报告书,结清应纳税款、滞纳金、罚款; (2)税务机关收存其税务登记证件及副本、发票领购簿、未使用完的发票等; (3)停业期间发生纳税义务的,按税收法规申报缴税; (4)复业前,申报复业登记,填写《停业复业报告书》; (5)停业期满不能复业,于停业期满前到税务机关提出延长停业登记,填《停业复业报告书》

(二)税务登记证件的使用要求(见表7-4)

表7-4 税务登记证件的使用要求

(1)亮证经营:场所内挂正本;外出经营携副本	
(2)只限本人使用	
(3)必须持证的事项	①银行:开立银行账户; ②减免退:申请减税、免税、退税; ③延期:申请办理延期申报、延期缴纳税款; ④发票:领购发票; ⑤外营:申请开具外出经营活动税收管理证明; ⑥停歇:办理停业、歇业
(4)遗失:15日内书面报告主管税务机关	

(三)税务登记的法律责任(见表7-5)

表7-5 税务登记的法律责任

未按规定期限申办	限期改正,处以2 000元以下罚款;严重的,处以2 000元~1万元罚款
不办理	限期改正;逾期不改,国家市场监督管理机关吊销营业执照
税务登记证:未按规定使用、转借、涂改、损毁、买卖、伪造	处以2 000元~1万元罚款;严重的,处以1万元~5万元罚款

【例1·多选题】关于变更税务登记的说法,正确的有(   )。

A. 纳税人税务登记内容发生变化的,无论是否需要到国家市场监督管理机关或者其他机关办理变更登记,都要向税务机关申报办理变更税务登记

B. 纳税人税务登记内容发生变化,不需要到国家市场监督管理机关或者其他机关办理变更登记的,不需要到税务机关办理变更税务登记

C. 办理变更税务登记的期限是自税务登记内容发生变化之日起30日内

D. 办理变更税务登记的纳税人应向税务机关提供变更登记的有关证件

E. 纳税人因住所、经营地点变动而涉及改变税务登记机关的，应当向迁出地税务机关申报办理变更税务登记，并向迁达地税务机关申请办理税务登记

解析 本题考查变更税务登记。纳税人税务登记内容发生变化的，按照规定不需要在国家市场监督管理机关办理变更登记，或者其变更登记的内容与工商登记内容无关的，应当自税务登记内容实际发生变化之日起30日内，或者自有关机关批准或者宣布变更之日起30日内，持相关证件到原税务登记机关申报办理变更税务登记。纳税人因住所、经营地点变动，涉及改变税务登记机关的，应当在向国家市场监督管理机关或者其他机关申请办理变更、注销登记前，或者住所、经营地点变动前，持有关证件和资料，向原税务登记机关申报办理注销税务登记，并自注销税务登记之日起30日内向迁达地税务机关申报办理税务登记。 **答案** AD

【例2·单选题】 纳税人发生解散、破产、撤销以及其他情形，依法终止纳税义务的，按照规定不需要在国家市场监督管理机关办理注册登记的，应当自有关机关批准或宣布终止之日起（ ）日内，办理注销税务登记。

A. 5   B. 10
C. 15   D. 30

解析 本题考查注销税务登记。纳税人发生解散、破产、撤销以及其他情形，依法终止纳税义务的，按照规定不需要在国家市场监督管理机关办理注册登记的，应当自有关机关批准或宣布终止之日起15日内，办理注销税务登记。 **答案** C

考点二 账簿、凭证管理

(一) 账簿管理

1. 账簿设置要求（见表7-6）

表7-6 账簿设置的要求

纳税人类型	设置要求
从事生产、经营的纳税人	设置：自领取营业执照或发生纳税义务之日起15日内
扣缴义务人	设置：自扣缴义务发生之日起10日内
纳税人、扣缴义务人会计制度健全，能通过计算机正确、完整计算收入、所得，或代缴税款的	计算机输出的完整的书面会计记录，可视同会计账簿
会计制度不健全，不能通过计算机正确、完整计算收入、所得，或代缴税款的	建立总账及与纳税或代扣代缴、代收代缴税款有关的明细账
规模小且无建账能力的	(1) 可聘请从事会计代理记账业务的专业机构或经税务机关认可的财会人员代为建账和办理税务； (2) 聘请有困难的，经县以上税务机关批准，可按规定建立收支凭证粘贴簿、进货销货登记簿或使用税控装置

【注意】 代扣代缴义务人设置代扣代缴、代收代缴税款账簿的依据是所代扣代缴的税种。

2. 账簿使用要求

(1) 记账人员工作变动，办理交接手续，在交接记录内载明交接日期和接替人姓名及签章。

(2) 账簿、收支凭证粘贴簿、进销货登记簿等资料，除另有规定外，至少要保存10年，未经税务机关批准，不得销毁。保管期满需要销毁时，应编造销毁清册，报主管部门和税务机关批准，在其监督下销毁。

(二)凭证管理

1. 原始凭证

(1)原始凭证是会计核算的原始资料和重要依据。

(2)不真实、不合法的,不接受,并向单位负责人报告;记载不准确、不完整的予以退回,并要求按国家统一的会计制度规定更正补充。

(3)所记载的各项内容均不得涂改;有错误的,由出具单位重开或更正,更正处加盖出具单位印章;金额有错误的,由出具单位重开,不准在原始凭证上更正。

2. 记账凭证

要求:连续编号;根据每一张或若干张同类原始凭证汇总填制;必须附原始凭证,注明张数;共同费用由保存原始凭证主办单位填开费用分割单;错误用红字注销法更正。

3. 税收凭证

分为完税凭证类(完税证、缴款书)和综合凭证类(提退减免凭证、罚款收据、票款结算单、代扣代缴税款专用发票、纳税保证金收据等)。

税收凭证通常由税务机关直接填发和管理,只有一部分采用"三自"纳税缴款方式的单位,可以自行填制。

【例3·单选题】关于原始凭证的说法,错误的是( )。

A. 目前,在我国会计核算的主要原始凭证包括发票、行政性收费收据及财政、税务部门认可的自制票据

B. 原始凭证所记载的各项内容,除摘要外,不得涂改

C. 原始凭证金额有错误的,应当由出具单位重开,不准在原始凭证上更改

D. 原始凭证是经济业务发生时取得或者填制的用以记录或证明经济业务或完成情况的书面证明

解析 本题考查会计凭证的管理。选项B错误,原始凭证记载的各项内容均不得涂改。

答案 B

▶考点三 发票管理

(一)发票管理的内容(见表7-7)

表7-7 发票管理的内容

印制管理 (基础环节)	(1)增值税专用发票由国务院税务主管部门确定的企业印制;其他发票由省、自治区、直辖市税务机关确定的企业印制; (2)全国统一发票监制章,由国家税务主管部门规定; (3)发票实行不定期换版制度
领购管理	三种领购方式: (1)交旧购新:交回已填发票存根联,审核后留存; (2)验旧购新:将已填发票存根联交税务机关审验——当前主要方式; (3)批量供应:自用发票,按月或按季供应
开具和保管	(1)禁止行为:拆本使用发票;扩大发票使用范围;携带、邮寄或运输空白发票出入境等; (2)已开具的发票存根联和发票登记簿,应当保存5年;保存期满,报经税务机关查验后销毁

(二)发票检查(见表 7-8)

表 7-8 发票检查

基本规定	(1)检查：印制、领购、开具、取得、保管、缴销情况；调出发票查验、查阅、复制有关凭证、资料；询问情况；记录、录音、录像、照相、复制与案件有关情况资料； (2)税务人员进行检查时，应出示税务检查证； (3)将已开具的发票调出查验时，应开具发票换票证(调出查验的发票与发票换票证效力同等)； (4)调出查验空白发票，开收据；无问题应及时返还； (5)从境外取得的，可要求境外公证机构与注册会计师确认证明	
方法	一般方法：对照检查法(初始阶段使用)、票面逻辑推理法、顺向检查法、逆向检查法	
	(1)增值税专用发票检查的一般方法：鉴别真伪、逻辑审核、就地调查、交叉传递、双重稽核； (2)最初对增值税专用发票的认证是扫描认证； (3)通过增值税发票查询平台查询到对应发票信息就一种全新的发票认证方式，称为勾选认证； (4)自 2019 年 3 月 1 日起，扩大取消增值税发票认证的纳税人范围。将取消增值税发票认证的纳税人范围扩大至全部一般纳税人	
处罚规定	责令改正，1 万元以下罚款，没收违法所得	(1)应开未开，未按规定的时限、顺序、栏目，全部联次一次性开具，或未加盖发票专用章； (2)使用税控装置，未按期报送开具发票的数据； (3)使用非税控电子器具开具，未将软件程序说明资料报主管税务机关备案，或未按规定保存、报送开具数据； (4)拆本使用、扩大使用范围、以其他凭证代替使用； (5)跨规定区域开具、未按规定缴销发票、存放和保管
	责令改正，并处 1 万元以下罚款； 严重，并处 1 万~3 万元罚款；没收违法所得	(1)跨规定的使用区域携带、邮寄、运输空白发票及出入境； (2)丢失发票或擅自损毁发票
	虚开发票，没收违法所得	并处 5 万元以下罚款 | 虚开金额≤1 万元 并处 5 万~50 万元罚款 | 虚开金额>1 万元 刑事责任 | 构成犯罪
	没收违法所得，并处 1 万~5 万元罚款；情节严重的，并处 5 万~50 万元罚款	(1)私自印制、伪造、变造发票，非法制造发票防伪专用品，伪造发票监制章(没收作案工具和非法物品，对印制发票的企业，并处吊销发票准印证；犯罪的，刑事责任)； (2)转借、转让、介绍他人转让发票、发票监制章和发票防伪专用品； (3)知道或应当知道是私自印制、伪造、变造、非法取得或废止的发票而受让、开具、存放、携带、邮寄、运输
	违反规定 2 次以上或严重的，可向社会公告	
	违规导致他人未缴、少缴或骗取税款的，没收违法所得，并处税款 1 倍以下罚款	
	当事人对处罚不服的，可依法申请行政复议或向人民法院提起行政诉讼	
	税务人员利用职权之便，故意刁难印制、使用发票的单位或个人，或有违规行为，给予处分；犯罪的追究刑事责任	

【例4·单选题】 关于发票管理的说法，错误的是（ ）。

A. 不能扩大发票的使用范围

B. 所有单位和从事生产、经营活动的个人在购买商品支付款项时，应向收款方取得发票，但取得发票时，不得要求变更品名和金额

C. 开具发票不得加盖单位财务印章

D. 不能转借、转让发票

解析▶ 本题考查发票检查。选项 C 错误，开具发票要加盖发票专用章。　　　答案▶ C

▶考点四　纳税申报

（一）纳税申报的对象、内容与方式（见表7-9）

表7-9　纳税申报的对象、内容与方式

项目	内容
对象	（1）负有纳税义务的单位和个人，于纳税义务发生之后； （2）取得临时应税收入或发生应税行为的纳税人，纳税义务发生后； （3）享有减免税的，在减免税期间应依法办理纳税申报； （4）扣缴义务人，在规定期限内报送税款报告表等
内容	（1）纳税申报表和税款扣缴报告表； （2）财务会计报表（月报、季报、年报）及其说明书； （3）其他：《税收征收管理法》及其《实施细则》规定的资料
方式	直接申报（上门申报）、邮寄、数据电文、委托代理

（二）申报期限

1. 纳税申报期限（见表7-10）

表7-10　纳税申报期限

项目	申报规定
流转税	（1）以1个月、1个季度为一个纳税期的，期满后15日内申报； （2）以1日、3日、5日、10日、15日为一个纳税期的： ①预缴：期满后5日内； ②结算上月应纳税款并申报纳税：自次月1日起15日内
个人所得税	扣缴义务人、自行申报的，都于次月15日缴入国库，并向税务机关报送纳税申报表
企业所得税	（1）申报预缴：自月份或季度终了之日起15日内； （2）报送年度纳税申报表并汇算清缴，结清应缴应退税款：自年度终了之日起5个月内

【注意】 申报期限的最后一天为法定节假日的，以休假日期满的次日为期限的最后一天。

2. 延期申报

（1）范围：纳税人、扣缴义务人因不可抗力（指不可避免和无法抵御的自然灾害，如风、火、水、地震等自然灾害），不能按期办理纳税申报或报送相关报表。

（2）条件：预缴税款。

延期申报不是无限期地延长申报期限，延期的具体期限一般是一个申报期内，最长不得超过3个月。

(三)纳税申报法律责任(见表7-11)

表 7-11 纳税申报法律责任

违法行为	(1)纳税人未按规定的期限办理纳税申报和报送纳税资料; (2)扣缴义务人未按规定的期限向税务机关报送代扣代缴、代收代缴税款报告表和有关资料
法律责任	责令限期改正,处以2 000元以下罚款;情节严重的,处以2 000元~1万元罚款

【例5·单选题】按照我国现行税收法律法规及实践,延期申报的具体期限是一个申报期限内,最长不得超过( )。

A. 1个月 B. 3个月
C. 6个月 D. 1年

解析 ▶本题考查纳税申报。按照我国现行的税收法律、行政法规、部门规章以及延期申报的实践,延期申报的具体期限是一个申报期限内,最长不得超过3个月。 **答案** ▶B

▶ **考点五　税收征收管理**

(一)税款征收的形式、方式与内容

1. 税款征收的形式、方式(见表7-12)

表 7-12 税款征收的形式、方式

形式	行业管理(条条管理);区域管理(块块管理、分片管理);按经济性质管理;巡回管理(适合农村、集贸市场);驻厂管理	
方式	查账征收	(1)按照纳税人的账表所反映的经营情况,依照适用税率计算税款; (2)适用:财务会计制度较健全、能认真履行纳税义务的单位; (3)手续简便,易存在税务机关失察,造成偷税、漏税、欠税等不良现象
	查定征收	(1)纳税单位报送纳税申请表,税务机关审核,计算税款,开具缴款书; (2)适用:账册不健全,但能控制原材料或进销货的单位
	查验征收	(1)税务机关根据查验登记表计算当月应缴税额; (2)适用:经营品种比较单一、经营地点、时间和商品来源不固定的纳税人
	定期定额征收	(1)纳税人在规定时间内申报营业和利润情况; (2)典型调查,掌握代表性资料,逐户按季分月确定营业额和所得额; (3)适用:无完整考核依据的纳税人

2. 税款征收的内容(见表7-13)

表 7-13 税款征收的内容

核定应纳税额	情形	(1)可不设账簿;应设未设账簿; (2)擅自销毁账簿或拒不提供纳税资料; (3)虽设账簿,但账目混乱、凭证残缺; (4)未在期限内办理申报,经责令限期申报,逾期仍不申报; (5)申报的计税依据明显偏低,且无正当理由
	方法	(1)同类行业或类似行业中经营规模和收入水平相近的纳税人的收入额和利润率; (2)营业收入或成本加合理费用和利润; (3)耗用的原材料、燃料、动力等推算或测算

续表

关联企业	认定	(1)在资金、经营、购销等方面存在直接、间接的拥有、控制关系； (2)直接或间接同为第三者拥有或控制
	计税依据 调整方法	(1)独立企业之间进行相同或类似业务活动的价格； (2)再销售给无关联的第三者的价格应取得的收入和利润； (3)成本加合理的费用和利润
扣缴义务人		(1)履行义务时，纳税人不得拒绝； (2)税务机关付给扣缴义务人代扣、代收手续费； (3)开具完税凭证

【注意】关联企业未按独立企业间的业务往来支付价款、费用，税务机关自业务往来发生的纳税年度起3年内调整；特殊情况，10年内调整。

(二)纳税担保(见表7-14)

表7-14 纳税担保

对象		(1)税务机关有根据认为从事生产、经营的纳税人有逃避纳税义务行为的； (2)欠缴税款的纳税人或他的法定代表人需要出境的：出境前应结清税款、滞纳金或提供担保，未结清税款、滞纳金，又未提供纳税担保的，税务机关可以通知出境管理机关阻止纳税人出境； (3)纳税人同税务机关在纳税上发生争议而未缴清税款，需要申请行政复议的； (4)税收法律、行政法规规定可以提供纳税担保的其他情形
形式	纳税担保人	资格	中国境内有纳税担保能力的自然人、法人或其他经济组织
		禁止	国家机关，包括国家权力机关、行政机关、审判机关、检察机关
	纳税保证金		纳税义务发生前，或纳税期满前预缴的、担保履行纳税义务的一定金额的货币
	纳税担保物		自己所拥有的未设置抵押权的财产，动产、权利证书(交付税务机关)，不动产

(三)税收保全(见表7-15)

表7-15 税收保全

前提		(1)行为：纳税人有逃避纳税义务的行为——转移、隐匿可以用来缴纳税款的资金、实物； (2)时间：在规定的纳税期之前和责令限期缴纳应纳税款的限期内
内容	对象	从事生产、经营的纳税人，有逃避纳税义务行为的
	条件	(1)纳税人不能提供担保； (2)经县以上税务局(分局)局长批准
	措施	(1)书面通知纳税人开户银行冻结其金额相当于应纳税款的存款； (2)扣押、查封其价值相当于应纳税款的商品、货物等
	保全后	(1)限期内缴纳，解除税收保全； (2)期满未缴纳，经县以上税务局(分局)局长批准后，税收强制执行； (3)措施不当或已缴纳未解除，纳税人合法利益受损，税务机关赔偿
	范围之外	(1)个人及其所扶养家属维持生活必需的住房和用品①； (2)单价5 000元以下的其他生活用品

注：①不包括机动车辆、金银饰品、古玩字画、豪华住宅或一处以外的住房。

(四)税收强制执行(见表7-16)

税收强制执行属于行政强制,适用税收保全无效的情况。

表7-16 税收强制执行

内容	(1)书面通知其开户银行或其他金融机构从纳税人存款中扣缴税款; (2)扣押、查封、依法拍卖或变卖其价值相当于应纳税款的商品货物,以拍卖、变卖所得抵缴税款; (3)对纳税人、扣缴义务人、纳税担保人未缴纳的滞纳金同时强制执行	
适用范围	从事生产、经营的纳税人,扣缴义务人,纳税担保人(非税收保全的对象)	
	范围之外 (与税收保全相同)	(1)个人及其所扶养家属维持生活必需的住房和用品; (2)单价5 000元以下的其他生活用品
执行后	拍卖或变卖所得-税款-滞纳金-罚款-扣押、查封、保管、拍卖、变卖等费用,剩余部分在3日内退还	

(五)税款追征与退还(见表7-17)

表7-17 税款追征与退还

追征	税务机关责任	3年内补缴,不得加收滞纳金
	纳税人、扣缴义务人计算错误	(1)3年内追征税款+滞纳金; (2)特殊情况,追征期延长至5年
	偷、抗、骗税	追征税款+滞纳金,无期限限制
退还	(1)多缴税款,税务机关发现后立即退还; (2)纳税人自结算缴纳税款之日起3年内发现的,要求退还税款+银行同期存款利息	

(六)税收保全与税收强制执行的异同(见表7-18)

表7-18 税收保全与税收强制执行的异同

项目		税收保全	税收强制执行
不同点	对象	纳税义务人	纳税义务人+扣缴义务人+纳税担保人
	实施条件	责令限期缴纳在前,提供纳税担保居中,税收保全措施断后①	责令限期缴纳②在前,强制执行措施断后
	实施时间	当期的纳税义务在《税法》规定的纳税期限届满之前实施	在《税法》规定的纳税期限届满并且责令届满之后实施
	执行金额	纳税人当期应纳税款	应纳税款+滞纳金
	措施③	(1)书面通知金融机构冻结其存款; (2)扣押、查封财产	(1)书面通知金融机构从其存款中扣缴税款; (2)扣押、查封、拍卖、变卖相应财产
相同点	范围	(1)个人及其所扶养家属维持生活必需的住房和用品,不在范围之内; (2)对单价5 000元以下的其他生活用品,不采取税收保全/强制执行措施	
	批准机构	县以上税务局(分局)局长	

注:①对以前应纳税款可以直接采取税收保全措施。
②此处的"责令限期缴纳"对两种措施而言有所不同,税收保全措施的"限期"是指纳税期限;强制执行措施的"限期"是指纳税期限结束后由税务机关规定的限期。
③税收保全措施并未剥夺纳税人财产所有权,而只是对纳税人的财产处分权的一种限制;税收强制执行措施可以直接使纳税人财产所有权发生变更。

【例6·单选题】纳税人超过应纳税额多缴纳的税款,自结算税款之日起(　　)年内发现的,可以向税务机关要求退还多缴的税款,并加算银行同期存款利息。

A. 10
B. 5
C. 4
D. 3

解析 ▶ 本题考查税款的追征与退还。纳税人自结算缴纳税款之日起3年内发现多缴税款的,可以向税务机关要求退还多缴的税款,并加算银行同期存款利息。　　　　　答案 ▶ D

▶ 考点六　减免税管理

(一)减免税的种类

1. 法定减免:在税收法律和行政法规中明确规定的减税、免税。

各税种的基本法规中都列有减税、免税条款;起征点、免征额,属于法定减免的范围。

2. 特案减免:用特别的、专门的法规文件规定的减税、免税。

3. 临时减免:为照顾纳税人生产、生活以及其他特殊困难而临时批准给予的减税、免税。

(二)减免税管理规程

1. 减免税分为 核准类减免税 和 备案类减免税。

(1)核准类减免税:法律、法规规定应由税务机关核准的减免税项目。

(2)备案类减免税:不需要税务机关核准的减免税项目。

2. 纳税人依法可以享受减免税待遇,但是未享受而多缴税款的,纳税人可以在税收征管法规定的期限内申请减免税,要求退还多缴的税款。

3. 核准类减免税的申报和核准实施。

(1)纳税人申请核准类减免税的,应当在规定期限内,向税务机关提出书面申请,并报送材料。纳税人对报送材料的真实性和合法性承担责任。

(2)纳税人在减免税书面核准决定未下达之前应按规定进行纳税申报。纳税人在减免税书面核准决定下达之后,所享受的减免税应当进行申报。

4. 备案类减免税的申报和备案实施。

(1)备案类减免税的实施可以按照 减轻纳税人负担、方便税收征管 的原则,要求纳税人在 首次享受 减免税的申报阶段在纳税申报表中附列或附送材料进行备案,也可以要求纳税人在申报征期后的其他规定期限内提交报备资料进行备案。

(2)纳税人在符合减免税资质条件期间,备案材料一次性报备,在政策存续期可一直享受。

(3)纳税人享受备案类减免税的,应当按规定进行纳税申报。纳税人享受减免税到期的,应当停止享受减免税,按照规定进行纳税申报。

5. 减免税的监督管理。

(1)纳税人享受核准类或备案类减免税的,对符合政策规定条件的材料有 留存备查的义务。

(2)税务机关应当将减免税核准和备案工作纳入 岗位责任制考核体系 中,建立税收行政执法责任追究制度。

①建立健全减免税跟踪反馈制度。②建立减免税案卷评查制度。③建立层级监督制度。

(3)税务机关需要对纳税人提交的减免税材料内容进行实地核实的,应当指派 2名以上 工作人员按照规定程序进行 实地核查,并将核查情况记录在案。

(4)税务机关应对享受减免税企业的实际经营情况进行 事后监督检查。

【注意】《国家税务总局关于城镇土地使用税等"六税一费"优惠事项资料留存备查的公告》(国家税务总局公告2019年第21号)规定,为贯彻落实党中央、国务院关于优化税务执法方式、深化"放管服"改革、改善营商环境的决策部署,切实减轻纳税人、缴费人负担,对城镇土地使用税、房产税、耕地占用税、车船税、印花税、城市维护建设税、教育费附加(以下简称"六税一费")享受优惠有关资料实行留存备查管理方式。

①纳税人、缴费人享受"六税一费"优惠实行"自行判别、申报享受、有关资料留存备查"办理方式,申报时无须再向税务机关提供有关资料。

②纳税人、缴费人对"六税一费"优惠事项留存备查资料的真实性、合法性承担法律责任。

③各级税务机关根据国家税收法律、法规、规章、规范性文件等规定开展"六税一费"减免税后续管理。对不应当享受减免税的,依法追缴已享受的减免税款,并予以相应处理。

④城镇土地使用税、房产税困难减免税不适用上述规定,仍按照现行规定办理。

▶ 考点七 出口退税管理

(一)范围

1. 出口货物应具备的条件:

(1)必须是属于增值税、消费税征税范围货物,并取得增值税专用发票,属于征收消费税的,还应取得《出口货物消费税专用缴款书》。

(2)必须报关离境。

(3)在财务上作出口销售。

2. 国家禁止出口货物:天然牛黄、麝香、铜及铜基合金、铂金、糖等。

(二)形式

1. 不征不退:来料加工、进料加工、保税区内加工企业出口货物基本采用此方法。

2. 免、抵、退:

(1)当期期末留抵税额≤当期免抵退税额:

当期应退税额=当期期末留抵税额,当期免抵税额=当期免抵退税额-当期应退税额

(2)当期期末留抵税额>当期免抵退税额:

当期应退税额=当期免抵退税额,当期免抵税额=0

3. 先征后退:对没有出口经营权的生产企业委托出口的货物,生产征税、出口退税。

▶ 考点八 税收控制管理

有关经济税源调查的具体内容见表7-19。

表7-19 经济税源调查

目的		(1)查明纳税人、征税对象的基本情况,掌握经济税源的现状; (2)分析国家经济政策、财税政策对税收产生的影响; (3)预测经济税源发展趋势并探索规律
内容	政策因素	税收制度和税收政策;财政政策和财务制度;产业政策
	产业因素	产业结构、产品结构的变化
	物价因素	总体物价上涨促进税源增长;涨幅过大,资源配置失调
	管理因素	税收征管法律、法规是否健全,税收征管手段的先进程度

续表

分析	进度、趋势、结构、因素、季节变动、相关指标分析
报告	调查工作的总结，分口头报告和书面报告，专题性调查一般采用书面报告

历年考题解析

一、单项选择题

1. 纳税人的下列行为中，不需要办理变更税务登记的是（　　）。

    A. 企业扩大经营范围，由单一生产销售A电子产品转为生产销售A、B、C三种电子产品并提供设计劳务

    B. 企业由于进行股份制改造，由有限责任公司变更为股份有限公司

    C. 由于经济效益良好，企业的股东决定追加投资，从500万元增资为700万元

    D. 企业由于经营范围扩大，总机构从北京市迁至河北省

    解析 ▶ 本题考查变更税务登记。纳税人因住所、经营地点变动，涉及改变税务登记机关的，应当在向原税务登记机关申报办理注销税务登记。 答案 ▶ D

2. 关于账簿管理的说法，正确的是（　　）。

    A. 纳税人应自领取营业执照或发生纳税义务之日起20日内设置账簿

    B. 扣缴义务人应在自法律法规规定的扣缴义务发生之日起10日内，设置代扣代缴、代收代缴税款账簿

    C. 账簿等资料，除另有规定外，至少要保存20年

    D. 账簿保管期满需要销毁时，需报财政部门批准

    解析 ▶ 本题考查账簿管理。从事生产、经营的纳税人应根据国务院财政、税务主管部门的规定和税收征管法的要求，自领取营业执照或者发生纳税义务之日起15日内设置账簿，根据合法、有效的凭证记账，进行核算。账簿、收支凭证粘贴簿、进销货登记簿等资料，除另有规定者外，至少要保存10年，未经税务机关批准，不得销毁。保管期满需要销毁时，应编造销毁清册，报主管部门和税务机关批准，然后在其监督下销毁。 答案 ▶ B

3. 关于经营品种比较单一，经营地点、时间和商品来源不固定的纳税人，应采取的税款征收方式是（　　）。

    A. 查账征收　　　B. 查定征收

    C. 查验征收　　　D. 定期定额征收

    解析 ▶ 本题考查税款征收的方式。查验征收是对经营品种比较单一，经营地点、时间和商品来源不固定的纳税人实施的一种征收方法。 答案 ▶ C

4. 纳税人（个体工商户）不办理税务登记证，由税务机关责令限期改正，逾期不改正的，由（　　）。

    A. 税务关机责令停业整顿

    B. 税务机关处2 000元以下罚款

    C. 税务机关提请国家市场监督管理机关吊销其营业执照

    D. 税务机关处2 000元以上1万元以下罚款

    解析 ▶ 本题考查税务登记的法律责任。纳税人不办理税务登记的，由税务机关责令限期改正；逾期不改正的，经税务机关提请，由国家市场监督管理机关吊销其营业执照。 答案 ▶ C

5. 关于发票管理的说法，正确的是（　　）。

    A. 税务机关是发票的主管机关，负责发票的印制、领购、开具、取得、保管、缴销的管理及监督

    B. 有固定经营场所的纳税人申请购买发票，主管税务机关有权要求其提供纳税担保人，不能提供纳税担保人的，可以视其情况，要求其提供保证金，并限期缴销

发票

C. 发票登记簿应该保存3年
D. 发票可以跨省、直辖市、自治区使用

解析 本题考查发票管理的内容。选项B错误,对无固定经营场地或者财务制度不健全的纳税人申请领购发票,主管税务机关有权要求其提供担保人,不能提供担保人的,可以视其情况,要求其提供保证金,并限期缴销发票。选项C错误,已经开具的发票存根联和发票登记簿,应当保存5年。选项D错误,除国务院税务主管部门规定的特殊情形外,发票限于领购单位和个人在本省、自治区、直辖市内开具。

答案 A

6. 关于发票印制管理的说法,正确的是( )。
   A. 发票应当套印全国统一发票监制章
   B. 发票实行定期换版制度
   C. 发票只能使用中文印制
   D. 在境外从事生产经营的企业,经批准后可以在境外印制发票

解析 本题考查发票管理的内容。选项B错误,发票实行不定期换版制度。选项C错误,发票应当使用中文印制。民族自治地方的发票,可以加印当地一种通用的民族文字。有实际需要的,也可以同时使用中外两种文字印制。选项D错误,增值税专用发票由国务院税务主管部门确定的企业印制;其他发票,按照国务院税务主管部门的规定,由省、自治区、直辖市税务机关确定的企业印制。

答案 A

7. 关于税收强制执行措施的说法,正确的是( )。
   A. 税收强制执行措施不适用于扣缴义务人
   B. 作为家庭唯一的代步工具的轿车,不在税收强制执行范围之内
   C. 税务机关可以对工资薪金收入未按期缴纳个人所得税的个人实行税收强制执行措施
   D. 税务机关采取税收强制执行措施时,可以对纳税人未缴纳的滞纳金同时执行

解析 本题考查税收强制执行。选项A错误,税收强制执行措施适用范围包括未按照规定的期限缴纳或者解缴税款,经责令限期缴纳,逾期仍未缴纳的从事生产、经营的纳税人、扣缴义务人和纳税担保人。选项B错误,个人及其所扶养家属维持生活必需的住房和用品,不在强制执行措施范围之内。个人及其所扶养家属维持生活必需的住房和用品不包括机动车辆、金银饰品、古玩字画、豪华住宅或者一处以外的住房。选项C错误,税务机关可对工资薪金收入未按期缴纳个人所得税的扣缴义务人实行税收强制执行措施。

答案 D

8. 某具有出口经营权的电器生产企业(增值税一般纳税人)自营出口自产货物,2016年5月末未退税前计算出的期末留抵税款为19万元,当期免抵退税额为15万元,当期免抵税额为( )万元。
   A. 0   B. 6
   C. 9   D. 15

解析 本题考查出口退税管理。当期期末留抵税额>当期免抵退税额时:当期应退税额=当期免抵退税额,当期免抵税额=0。

答案 A

9. 下列选项中,不需要办理注销税务登记的是( )。
   A. 纳税人变更经营范围
   B. 纳税人因资不抵债而破产
   C. 纳税人被吊销营业执照
   D. 纳税人因地点变更而离开原主管税务机关管辖区

解析 本题考查注销税务登记。选项A属于税务登记的内容发生变化,需要办理变更税务登记。选项B、C、D需要办理注销税务登记。

答案 A

10. 纳税人需先将已填用过的发票存根联交主管税务机关审核无误后,再领购新发

票,已填用过的发票存根联由用票单位自己保管,这种发票领购方式称为( )。

A. 交旧购新 B. 定额供应
C. 验旧购新 D. 批量供应

解析 本题考查发票领购方式。验旧购新:用票单位和个人将已填开的发票存根联交税务机关审验后,领购新票。

答案 C

11. 关于纳税申报和缴纳税款的说法,正确的是( )。

A. 甲公司 2015 年 1 月成立,1~4 月由于其他原因没有进行生产经营,没有取得应税收入,所以,应该从 6 月开始进行纳税申报

B. 乙公司属于增值税免税纳税人,在免税期间仍坚持办理纳税申报

C. 丙公司因管理不善发生火灾,将准备进行纳税申报的资料全部烧毁,经过税务机关批准,丙公司可以延期办理纳税申报,并且可以延期缴纳税款

D. 丁公司企业所得税申报期限为自月份或季度终了之日起 15 日内申报预缴,年度终了之日起 4 个月内向其主管税务机关报送年度企业所得税纳税申报表并汇算清缴,结清应缴应退税款

解析 本题考查纳税申报期限。选项 A 错误,负有纳税义务的单位和个人,在发生纳税义务之后,按税法规定或税务机关核定的期限,如实向主管税务机关办理纳税申报。选项 C 错误,纳税人、扣缴义务人因不可抗力,不能按期办理纳税申报或者报送代扣代缴、代收代缴税款报告表的,可以延期办理纳税申报,丙公司因管理不善而发生火灾,不属于不可抗力的范畴,不得延期申报。选项 D 错误,企业所得税申报期限为自纳税人在月份或者季度终了之日起 15 日内申报预缴,年度终了之日起 5 个月内向其主管税务机关报送年度企业所得税纳税申报表并汇算清缴,结清应缴应退税款。

答案 B

12. 下列税款征收方式中,属于查定征收方式的是( )。

A. 税务机关通过典型调查,逐户确认营业额和所得额并据以征税的方式

B. 税务机关按照纳税人提供的账表反映的经营情况,依照适用税率计算缴纳税款的方式

C. 由纳税单位向税务机关报送纳税申请表,经税务机关审查核实,计算应征税额,开具纳税缴款书,由纳税人凭以缴纳入库的一种征收方式

D. 税务机关对纳税人的应税商品,通过查验数量、按市场一般销售价格计算其销售收入并据以征税的方式

解析 本题考查税款征收的方式。查定征收即由纳税单位向税务机关报送纳税申请表,经税务机关审查核实,计算应征税额,开具纳税缴款书,由纳税人凭以缴纳入库的一种征收方式。选项 A 是定期定额征收,选项 B 是查账征收,选项 D 是查验征收。

答案 C

13. 李某因未按规定提供纳税担保,税务机关依法对其采取税收保全措施时,不在保全措施范围之内的财产和用品是( )。

A. 李某收藏的古玩字画

B. 李某接送小孩上学必需的小汽车

C. 李某送给爱人的纪念结婚十周年的钻戒

D. 李某的叔叔年轻时因车祸致残,无工作能力,一直与李某共同生活,李某为其购买的电动轮椅

解析 本题考查税收保全措施。个人及其所扶养家属维持生活必需的住房和用品,不在税收保全措施的范围内。个人及其所扶养家属维持生活必需的住房和用品不包括机动车辆、金银饰品、古玩字画、豪华住宅或者一处以外的住房。

答案 D

二、多项选择题

1. 关于纳税申报的说法,错误的有( )。

A. 纳税人、扣缴义务人可采用邮寄申报的方式申报纳税

B. 纳税人和扣缴义务人无论当期是否发生纳税义务，都必须办理纳税申报

C. 纳税人依法享受免税政策，在免税期间仍应按规定办理纳税申报

D. 纳税人因不可抗力不能按期办理纳税申报的，可在不可抗力情形消除后15日内办理

E. 纳税人未按照规定的期限办理纳税申报和报送纳税资料，且情节严重的，税务机关可以处2 000元以上1万元以下的罚款

解析 本题考查纳税申报。选项B，纳税人和扣缴义务人无论当期是否发生纳税义务，除税务机关批准外，其他的都必须办理纳税申报。选项D，《税收征收管理法实施细则》规定："纳税人、扣缴义务人因不可抗力，不能按期办理纳税申报或者报送代扣代缴、代收代缴税款报告表的，可以延期办理；但是，应当在不可抗力情形消除后立即向税务机关报告。税务机关应当查明事实，予以核准。" **答案** BD

2. 纳税人下列行为中，属于税务机关有权核定其应纳税额的有( )。

A. 依照法律法规的规定可以不设置账簿的

B. 虽设置了账簿，但是账目混乱，难以查账的

C. 发生纳税义务，未按照规定期限办理纳税申报的

D. 纳税人申报的计税依据明显偏低，但是有正当理由的

E. 擅自销毁账簿的

解析 本题考查税款征收的内容。纳税人有下列情形之一的，税务机关有权核定其应纳税额：(1)按照法律、行政法规规定可以不设置账簿的；(2)依照法律、行政法规规定应当设置但未设置账簿的；(3)擅自销毁账簿或者拒不提供纳税资料的；(4)虽设账簿，但账目混乱或者成本资料、收入凭证、费用凭证残缺不全，难以查账的；(5)发生纳税义务，未按照规定的期限办理纳税申报，经税务机关责令限期申报，逾期仍不申报的；(6)纳税人申报的计税依据明显偏低，又无正当理由的。 **答案** ABE

3. 企业因法人资格被依法终止，在办理注销税务登记之前，应履行的手续有( )。

A. 缴销发票

B. 结清应纳税款

C. 结清税收滞纳金

D. 缴纳税收罚款

E. 缴销企业所得税纳税申报表

解析 本题考查注销税务登记。纳税人办理注销税务登记前，应当向税务机关提交相关证明文件和资料，结清应纳税款、多退(免)税款、滞纳金和罚款，缴销发票、税务登记证件和其他税务证件，经税务机关核准后，办理注销税务登记手续。 **答案** ABCD

4. 下列措施中，属于税款征收措施的有( )。

A. 限额征收 B. 查定征收

C. 查验征收 D. 定期定额征收

E. 查账征收

解析 本题考查税款征收方式。税款征收方式包括查账征收、查定征收、查验征收、定期定额征收。 **答案** BCDE

5. 关于税收强制执行措施的说法，正确的有( )。

A. 个人唯一住房不在强制执行范围内

B. 税收强制执行措施只能由公安机关做出

C. 如果纳税人未按照规定期限缴纳税款，税务机关就采取税收强制执行措施

D. 税务机关采取强制执行措施时，可书面通知纳税人开户银行从其存款中扣缴税款

E. 税务机关采取强制执行措施时，主要针对纳税人未缴纳税款，不包括其未缴纳税款的滞纳金

解析 本题考查税收强制执行措施。选项B错误，税收强制执行由税务机关做出。选项C错误，从事生产、经营的纳税人、扣缴义务人未按照规定的期限缴纳或者解缴税款，纳税担保人未按照规定的期限缴纳担保的税款，由税务机关责令限期缴纳，逾期仍未缴纳的，经县以上税务局（分局）局长批准后，税务机关可以采取强制执行措施。选项E错误，税务机关采取强制执行措施时，对有关纳税人、扣缴义务人、纳税担保人未缴纳的滞纳金同时强制执行。

答案 AD

同步系统训练

一、单项选择题

1. 2016年10月1日起，"五证合一"登记制度推行，下列各项中不属于"五证"的是（ ）。
   A. 工商营业执照
   B. 税务登记证
   C. 卫生许可证
   D. 社会保险登记证

2. 纳税人被国家市场监督管理机关吊销营业执照的，应当自营业执照被吊销之日起（ ）日内，向原税务登记机关申报办理注销税务登记。
   A. 15   B. 30
   C. 45   D. 60

3. 关于停业税务管理的说法，正确的是（ ）。
   A. 采用定期定额征收方式的个体工商户停业期不得超过半年
   B. 停业期间发生纳税义务，不需要申报缴纳税款
   C. 一旦纳税人申请停业，其未使用完的发票由税务机关予以收存
   D. 纳税人办理停业登记，税务机关收存其税务登记证正本，纳税人保留副本

4. 关于从事生产、经营的纳税人向生产、经营所在地税务机关申报办理税务登记的说法中，错误的是（ ）。
   A. 从事生产、经营的纳税人未办理工商营业执照但经有关部门批准设立的，应当自有关部门批准设立之日起30日内申报办理税务登记，税务机关发放税务登记证及副本
   B. 从事生产、经营的纳税人领取工商营业执照的，应当自领取工商营业执照之日起30日内申报办理税务登记，税务机关发放税务登记证及副本
   C. 境外企业在中国境内承包建筑、安装、装配、勘探工程和提供劳务的，应当自项目合同或协议签订之日起30日内，向项目所在地税务机关申报办理税务登记，税务机关发放临时税务登记证及副本
   D. 从事生产、经营的纳税人未办理工商营业执照也未经有关部门批准设立的，可不办理税务登记

5. 关于税务登记证发放与使用的说法，错误的是（ ）。
   A. 纳税人应在生产、经营场所的明显处张挂税务登记证正本
   B. 经主管税务机关批准，纳税人可将税务登记证件转借给关联方使用
   C. 固定业户外出经营时，应携带税务登记证副本或税务机关出具的其他有关证件，亮证经营，接受检查监督
   D. 税务登记证件遗失时要声明作废

6. 关于税务登记法律责任的说法，错误的是（ ）。
   A. 纳税人不办理税务登记的，经税务机关提请，由国家市场监督管理机关吊销其营业执照
   B. 纳税人未按规定使用税务登记证件的，处2 000元以上1万元以下的罚款
   C. 纳税人转借、涂改、损毁、买卖、伪造税务登记证件，情节严重的，处1万元上

5万元以下的罚款

D. 纳税人未按规定的期限注销税务登记的，税务机关责令限期改正，可处2 000元以下的罚款

7. 关于发票管理的说法，错误的是( )。

A. 发票印制管理是发票管理的基础环节

B. 增值税专用发票由国务院税务主管部门确定的企业印制

C. 全国统一发票监制章的式样和发票版面印刷的要求，由国务院税务主管部门规定

D. 发票监制章由国家税务主管部门制作

8. 以下不属于发票检查方法的是( )。

A. 盘存法

B. 对照检查法

C. 票面逻辑推理法

D. 逆向检查法

9. 关于发票检查的说法，正确的是( )。

A. 税务机关只能查阅但不能复制与发票有关的凭证、资料

B. 税务机关在查处发票案件时，对与案件有关的情况和资料，可以记录、录音、录像、照相和复制

C. 由于税务检查的特殊性，在税务机关进行检查时，无须出示税务检查证

D. 税务机关需要将空白发票调出查验时，无须出具任何凭证即可调出，经查无问题后予以返还纳税人

10. 关于纳税申报的说法，错误的是( )。

A. 临时发生应税行为的纳税人，在纳税义务发生之日起15日内办理纳税申报

B. 流转税以1个月为一个纳税期的纳税人，于期满后15日内申报纳税

C. 自行申报个人所得税纳税人每月应纳的税款，应当在次月15日内缴入国库，并向税务机关报送纳税申报表

D. 纳税人可以委托合法的税务代理人代为办理纳税申报

11. 账册不够健全，但能控制原材料或进销货的纳税单位所适用的税款征收方式是( )。

A. 查账征收　　B. 查定征收

C. 查验征收　　D. 定期定额征收

12. 关于纳税担保的说法，错误的是( )。

A. 国家机关不得作为纳税担保人

B. 法律、行政法规规定的没有担保资格的单位和个人不得作为纳税担保人

C. 纳税担保人是指在中国境内具有纳税能力的公民、法人或者其他经济组织

D. 纳税担保包括符合条件的纳税保证人提供的纳税保证，以及符合担保条件的财产提供的担保

13. 下列措施不符合法律规定的是( )。

A. 采取税收保全措施时，冻结的存款金额相当于纳税人应纳税款的数额

B. 采取税收强制执行措施时，纳税人未缴纳的滞纳金必须同时执行

C. 可对扣缴义务人采取税收强制执行措施

D. 可对纳税担保人采取税收保全措施

14. 关于减免税申请与处理的说法，正确的是( )。

A. 纳税人只能向主管税务机关申请减免税

B. 纳税人只能向直接有权审批的税务机关申请

C. 纳税人申请的减免税材料不详或存在错误的，税务机关不予受理

D. 纳税人申请的减免税项目，依法不需要由税务机关审查后执行的，税务机关应当及时告知纳税人不受理

15. 在税收法律和行政法规中明确规定的减税、免税指的是( )。

A. 法定减免　　B. 特案减免

C. 临时减免　　D. 条件减免

16. 关于经济税源调查报告的说法，错误的是( )。

A. 经济税源调查报告是经济税源调查工作的总结

B. 其形式有口头报告和书面报告两种

C. 专题性调查一般采用口头报告形式

D. 书面报告的内容应具有科学性与逻辑性

二、多项选择题

1. 关于变更税务登记的说法，正确的有（　）。
   A. 纳税人因经营地点变动涉及改变税务登记机关的，先向原税务机关申报办理变更税务登记，再向迁达地税务机关申报办理设立税务登记
   B. 纳税人税务登记内容变化的，应当向原税务登记机关申报办理变更税务登记
   C. 纳税人按规定不需要在国家市场监督管理机关办理变更登记，应当自税务登记内容实际发生变化之日起30日内，或自有关机关批准或宣布变更之日起30日内，持相关证件到原税务登记机关申报办理变更税务登记
   D. 纳税人申报办理变更税务登记的，税务机关应当重新核发税务登记证件
   E. 纳税人被国家市场监督管理机关吊销营业执照的，应当办理变更税务登记

2. 以下属于纳税人变更税务登记适用范围的有（　）。
   A. 改变纳税人名称的
   B. 增减注册资金的
   C. 改变经济性质或企业类型的
   D. 因住所、经营地点或产权关系变更而涉及改变主管税务机关的
   E. 改变法定代表人的

3. 关于注销税务登记的说法，正确的有（　）。
   A. 纳税人发生解散、破产、撤销以及其他情形，依法终止纳税义务的，应当在向国家市场监督管理机关或者其他机关办理注销登记前，向税务机关办理注销税务登记
   B. 纳税人税务登记证件丢失的，应办理注销税务登记
   C. 纳税人依法终止纳税义务，按照规定不需要在国家市场监督管理机关办理注销登记的，应当自有关机关批准或者宣告终止之日起30日内，持有关证件向原税务登记机关申报办理注销税务登记
   D. 纳税人被国家市场监督管理机关吊销营业执照或被其他机关予以撤销登记的，应当自营业执照被吊销或者被撤销登记之日起15日内，向原税务登记机关申报办理注销税务登记
   E. 纳税人在办理注销税务登记前，应当向税务机关结清应纳税款、滞纳金等

4. 除按照规定不需要发给税务登记证件的外，纳税人必须持税务登记证件方可办理的事项有（　）。
   A. 开立银行账户
   B. 办理纳税申报
   C. 申请办理延期申报、延期缴纳税款
   D. 领购发票
   E. 申请开具外出经营活动税收管理证明

5. 关于账簿设置的说法，正确的有（　）。
   A. 扣缴义务人按照被代扣、代收税款的单位和个人，设置代扣代缴、代收代缴税款明细账
   B. 纳税人使用计算机记账的，应当在使用前将会计电算化系统的会计核算软件、使用说明书及有关资料报送主管税务机关审核
   C. 纳税人、扣缴义务人会计制度健全，能够通过计算机正确、完整计算其收入和所得或者代扣代缴、代收代缴税款情况的，其计算机储存的会计记录可视同会计账簿，不必打印成书面资料
   D. 从事生产、经营的纳税人自领取营业执照或者发生纳税义务之日起15日内设置账簿
   E. 纳税人会计制度不健全，不能通过计算机正确、完整计算其收入和所得的，应当建立总账及与纳税有关的明细账等其他账簿

6. 关于发票使用的说法，错误的有（　）。
   A. 纳税人进行电子商务必须开具或取得发票
   B. 发票要全联一次填写
   C. 发票一律不得跨省使用

D. 在我国，发票印制只能使用中文
E. 商品销售单位对外发生经营业务收取款项时，只能由收款方向付款方开具发票

7. 在我国，通行的纳税申报方式有（ ）。
   A. 自行申报　　B. 邮寄申报
   C. 汇总申报　　D. 代理申报
   E. 电子申报

8. 下列行为中，税务机关有权要求纳税人提供纳税担保的有（ ）。
   A. 纳税人办理延期纳税申报
   B. 欠缴税款的纳税人需要出境
   C. 税务机关有根据认为从事生产、经营的纳税人有逃避纳税义务行为的
   D. 纳税人同税务机关在纳税上发生争议而未缴清税款，需要申请行政复议的
   E. 欠缴税款的法定代表人需要出境的

9. 关于税款追征的说法，正确的有（ ）。
   A. 对偷税行为，税务机关追征偷税税款的期限为10年
   B. 因纳税人失误造成的未缴或少缴税款，追征期一般为5年
   C. 因扣缴义务人计算错误造成的少缴税款，追征期一般为3年
   D. 因税务机关的责任致使纳税人未缴或少缴税款的，追征期为5年，不加收滞纳金
   E. 由于纳税人的责任造成未缴或少缴税款的，税务机关除追征税款外，还要追征滞纳金

10. 以下属于"出口货物"一般应当具备的条件有（ ）。
    A. 必须是属于增值税征税范围货物，并取得增值税专用发票
    B. 属于消费税征税范围货物的，应取得增值税专用发票和由企业开具并经税务机关和银行签章的《出口货物消费税专用缴款书》
    C. 必须报关离境
    D. 援外出口货物
    E. 在财务上作出口销售

三、案例分析题

某私营企业于今年3月15日领取了工商营业执照，之后设置了账簿，进行会计核算。12月，企业感到自身会计核算很不规范，容易被查出问题，便将开业以来的账簿及发票进行销毁，后被主管税务机关发现，受到严厉处罚。

1. 下列该私营企业设置账簿的时间中符合规定的是（ ）。
   A. 5月15日　　B. 3月20日
   C. 4月15日　　D. 6月15日

2. 该私营企业应该设置的账簿有（ ）。
   A. 总账　　　　B. 明细账
   C. 日记账　　　D. 收支凭证粘贴簿

3. 纳税人账簿的保存期至少为（ ）年。
   A. 3　　　　　B. 5
   C. 8　　　　　D. 10

4. 该私营企业销毁账簿时必须做的工作有（ ）。
   A. 选择可靠的废旧收购部门
   B. 编造账簿销毁清册
   C. 报请主管部门和税务机关批准
   D. 经主管税务机关批准后将账簿拆散销售给废旧收购站

5. 鉴于该企业的财务核算情况，税务机关通常采用的税款征收方式可以是（ ）。
   A. 定期定额征收　　B. 查定征收
   C. 查账征收　　　　D. 自核自缴

同步系统训练参考答案及解析

一、单项选择题

1. C 【解析】自2016年10月1日起，工商营业执照、组织机构代码证、税务登记证、社会保险登记证和统计登记证"五证合一"。

2. A 【解析】本题考查注销税务登记。纳税

人被工商行政管理机关吊销营业执照或者被其他机关予以撤销登记的，应当自营业执照被吊销或者被撤销登记之日起15日内，向原税务登记机关申报办理注销税务登记。

3. C 【解析】本题考查停业、复业登记。选项A错误，采用定期定额征收方式的个体工商户停业期不得超过一年。选项B错误，若停业期间发生纳税义务时，应当按照规定申报缴纳税款。选项D错误，纳税人办理停业登记，税务机关收存其税务登记证件及副本、发票领购簿、未使用完的发票和其他税务证件。

4. D 【解析】选项D，从事生产、经营的纳税人未办理工商营业执照也未经有关部门批准设立的，应当自纳税义务发生之日起30日内申报办理税务登记，税务机关发放临时税务登记证及副本。

5. B 【解析】本题考查税务登记证的发放及使用。选项B错误，税务登记证件只限纳税人本人使用，不得转借、涂改、损毁、买卖或伪造。

6. A 【解析】本题考查税务登记的法律责任。选项A错误，纳税人不办理税务登记的，由税务机关责令限期改正；逾期不改正的，经税务机关提请，由工商行政管理机关吊销其营业执照。

7. D 【解析】本题考查发票管理的内容。选项D错误，全国统一发票监制章的式样和发票版面印刷的要求，由国务院税务主管部门规定。发票监制章由省、自治区、直辖市税务机关制作。

8. A 【解析】本题考查发票检查。发票检查方法包括对照检查法、票面逻辑推理法、顺向检查法、逆向检查法。

9. B 【解析】本题考查发票检查。选项A错误，税务机关有权查阅、复制与发票有关的凭证、资料。选项C错误，税务人员进行检查时，应当出示税务检查证。选项D错误，税务机关需要将空白发票调出查验

时，应当开具收据，经查无问题的，应当及时返还。

10. A 【解析】本题考查纳税申报。选项A错误，取得临时应税收入或发生应税行为的纳税人，在发生纳税义务后，应当立即向经营地税务机关办理纳税申报和缴纳税款。

11. B 【解析】本题考查税款征收的方式。查定征收即由纳税单位向税务机关报送纳税申请表，经税务机关审查核实，计算应征税额，开具纳税缴款书，由纳税人凭以缴纳入库的一种征收办法。一般适用于账册不够健全，但能够控制原材料或进销货的纳税单位。

12. C 【解析】本题考查纳税担保。选项C错误，纳税担保人是指在中国境内具有纳税担保能力的自然人、法人或者其他经济组织。

13. D 【解析】本题考查税收保全措施和税收强制执行措施。选项D错误，税收保全措施仅适用于从事生产经营的纳税人。

14. D 【解析】本题考查减免税的管理。选项A、B错误，纳税人既可以向主管税务机关申请减免税，也可以直接向有权审批的税务机关申请。选项C错误，纳税人申请的减免税材料不详或存在错误的，税务机关应当告知并允许纳税人更正。

15. A 【解析】本题考查减免税管理。法定减免是指在税收法律和行政法规中明确规定的减税、免税。

16. C 【解析】本题考查经济税源调查报告。选项C错误，专题性报告一般采用书面报告形式。

二、多项选择题

1. BC 【解析】本题考查变更税务登记。选项A错误，纳税人因经营地点变动涉及改变税务登记机关的，应当向原税务登记机关申报办理注销税务登记，向迁达地税务机关申报办理设立税务登记。选项D错误，纳税人税务登记表和税务登记证件中

的内容都发生变更的，税务机关按变更后的内容重新核发税务登记证件；纳税人税务登记表的内容发生变更而税务登记证件中的内容未发生变更的，税务机关不重新核发税务登记证件。选项 E 错误，纳税人被国家市场监督管理机关吊销营业执照的，应当办理注销税务登记。

2. ABCE　【解析】　本题考查变更税务登记的范围。纳税人因住所、经营地点变动，涉及改变税务登记机关的，应向原税务登记机关申报办理注销税务登记，并在规定的期限内向迁达地税务机关申报办理税务登记。

3. ADE　【解析】　本题考查注销税务登记。选项 B 错误，纳税人遗失税务登记证件的，应当在 15 日内登报声明作废；同时向主管税务机关提交书面报告的申请，经审核后予以补发。选项 C 错误，纳税人发生解散、破产、撤销以及其他情形，依法终止纳税义务的，按规定不需要在国家市场监督管理机关或者其他机关办理注销登记的，应当自有关机关批准或宣告终止之日 15 日内，办理注销税务登记。

4. ACDE　【解析】　本题考查税务登记证的发放及使用。除按照规定不需要发给税务登记证件的外，纳税人办理下列事项时，必须持税务登记证件：（1）开立银行账户；（2）申请减税、免税、退税；（3）申请办理延期申报、延期缴纳税款；（4）领购发票；（5）申请开具外出经营活动税收管理证明；（6）办理停业、歇业；（7）其他有关税务事项。

5. DE　【解析】　本题考查账簿管理。选项 A 错误，扣缴义务人应当自税收法律、行政法规规定的扣缴义务发生之日起 10 日内，按照所代扣、代收的税种，分别设置代扣代缴、代收代缴税款账簿。选项 B 错误，纳税人使用计算机记账的，应当在使用前将会计电算化系统的会计核算软件、使用说明书及有关资料报送主管税务机关备

案。选项 C 错误，纳税人、扣缴义务人会计制度健全，能够通过计算机正确、完整计算其收入和所得或者代扣代缴、代收代缴税款情况的，其计算机输出的完整的书面会计记录，可视为会计账簿。

6. CDE　【解析】　本题考查发票管理。选项 C 错误，除国务院税务主管部门规定的特殊情形外，发票限于领购单位和个人在本省、自治区、直辖市内开具。选项 D 错误，发票应当使用中文印制，民族自治地方的发票，可以加印当地一种通用的民族文字，有实际需要的，也可以同时使用中外文字印制。选项 E 错误，销售商品、提供服务以及从事其他经营活动的单位和个人，对外发生经营业务收取款项，收款方应当向付款方开具发票；在特殊情况下，由付款方向收款方开具发票。

7. ABDE　【解析】　本题考查纳税申报的方式。纳税人既可以采取数据电文、邮寄等方式申报，也可以直接到主管税务机关申报，或者委托有税务代理资质的中介机构或者他人代为办理纳税申报。

8. BCDE　【解析】　本题考查纳税担保。纳税担保的适用对象：（1）税务机关有根据认为从事生产、经营的纳税人有逃避纳税义务行为的；（2）欠缴税款的纳税人或他的法定代表人需要出境的；（3）纳税人同税务机关在纳税上发生争议而未缴清税款，需要申请行政复议的；（4）税收法律、行政法规规定可以提供纳税担保的其他情形。

9. CE　【解析】　本题考查税款追征与退还。对于偷税，税务机关追征未缴的税款、滞纳金，不受规定期限的限制。因纳税人失误造成的未缴或少缴税款，税务机关在 3 年内可追征税款、滞纳金，有特殊情况的，追征期可延长到 5 年。因税务机关的责任致使纳税人未缴或少缴税款的，追征期为 3 年，不得加收滞纳金。

10. ABCE　【解析】　本题考查出口退税管理。

"出口货物"具备3个条件：(1)必须是属于增值税、消费税征税范围货物，并取得增值税专用发票，属于征收消费税的还应取得由企业开具并经税务机关和银行签章的《出口货物消费税专用缴款书》；(2)必须报关离境；(3)在财务上做出口销售。

三、案例分析题

1. B 【解析】本题考查账簿管理。从事生产、经营的纳税人自领取营业执照之日起15日内设置账簿。

2. ABC 【解析】本题考查账簿管理。账簿包括总账、明细账、日记账、其他辅助性账簿。

3. D 【解析】本题考查账簿管理。账簿、收支凭证粘贴簿、进销货登记簿等资料，除另有规定者外，至少要保存10年，未经税务机关批准，不得销毁。

4. BC 【解析】本题考查账簿管理。账簿保管期满需要销毁时，应当编造销毁清册，报主管部门和税务机关批准，然后在其监督下销毁。

5. AB 【解析】本题考查税款征收的方式。对账册不健全的纳税人，采用查定征收。对无完整考核依据的纳税人，采用定期定额征收。

本章思维导图

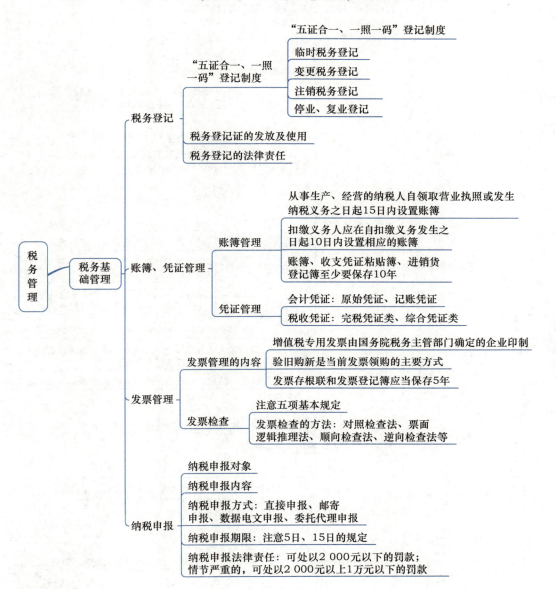

第7章 税务管理

- 税务管理
  - 税收征收管理
    - 税收征收管理的形式：行业管理、区域管理、按经济性质管理、巡回管理、驻厂管理
    - 税款征收的管理
      - 税款征收的方式：查账征收、查定征收、查验征收、定期定额征收
      - 税款征收的内容
      - 纳税担保
        - 具体形式：纳税担保人担保、纳税保证金担保、纳税担保物担保
      - 税收保全措施
        - 经县以上税务局（分局）局长批准
        - 个人及其所扶养家属维持生活必需的住房和用品不在范围之内
        - 税务机关对单价5000元以下的其他生活用品，不采取税收保全措施
      - 税收强制执行措施
        - 经县以上税务局（分局）局长批准
        - 对未缴纳的滞纳金同时强制执行
        - 个人及其所扶养家属维持生活必需的住房和用品不在范围之内
        - 税务机关对单价5000元以下的其他生活用品，不采取强制执行措施
      - 税款追征与退还
        - 因税务机关责任，3年内追征，不加收滞纳金
        - 因纳税人、扣缴义务人失误，3年内追征税款、滞纳金；特殊情况，延长至5年
        - 偷税、抗税、骗税的，追征税款、滞纳金不受期限限制
    - 减免税的管理
      - 减免税的种类：法定减免、特案减免、临时减免
      - 减免税管理规程
    - 出口退税的管理
      - 出口货物具备的条件：必须属于增值税、消费税征税范围，并取得专用发票；必须报关离境；在财务上作出口销售
      - 出口退税的范围
      - 出口退税的形式
        - 不征不退：保税区内加工企业出口货物
        - 免、抵、退
        - 先征后退
        - 实行出口退税电子化管理
  - 税收控制管理
    - 经济税源调查的目的和内容
    - 经济税源调查分析与报告

第8章 纳税检查

考情分析

本章主要讲解纳税检查的基本知识、各种税应纳税额的检查、错账的识别以及调整方法等内容。从历年考题来看,本章题型主要包括单项选择题、多项选择题和案例分析题,平均分值在 20 分左右。第四章、第五章的内容是学好本章内容的基础,建议考生先将这两章的内容牢固掌握,以便更好地学习本章的知识。

近年本章考点分布

考点	主要考查题型	考频指数	考查角度
纳税检查概述	选择题	★★★	会计凭证、会计账簿和会计报表的检查;账务调整的基本方法
增值税的检查	选择题	★★★★★	增值税会计科目的设置;销项税额的检查;进项税额的检查
消费税的检查	选择题	★★★★	销售收入的检查
企业所得税的检查	选择题	★★★★	年度收入总额的检查;税前准予扣除项目的检查;不得税前扣除项目的检查

重点、难点讲解及典型例题

▶ 考点一 纳税检查概述

(一)纳税检查的概念
1. 主体:税务机关。
2. 客体:纳税人、代扣代缴义务人、代收代缴义务人、纳税担保人。
3. 对象:(1)纳税人所从事的经济活动和各种应税行为;(2)纳税人履行纳税义务的情况。
4. 依据:(1)国家的各种税收法规、会计法规、企业财务制度;(2)发生冲突时,以税收法规为准。

(二)纳税检查的必要性
(1)行使财政监督职能的具体体现。
(2)当前经济形势的客观要求。
(3)搞好征管工作的有力保证。

(三)纳税检查的范围
存款账户:经**县以上税务局(分局)局长**批准,凭检查存款账户许可证明,方可查询。
储蓄账户:经**设区的市、自治州以上税务局(分局)局长**批准,可查询。

【例1·单选题】税务机关凭全国统一格式的检查存款账户许可证明,查询从事生产、经营的纳税人在银行的存款账户时,需( )。

A. 经税务所所长批准 B. 经县以上税务局(分局)局长批准
C. 经办案人员批准 D. 经银行批准

解析 本题考查纳税检查的内容。经县以上税务局(分局)局长批准，税务机关凭全国统一格式的检查存款账户许可证明，查询从事生产、经营的纳税人、扣缴义务人在银行或者其他金融机构的存款账户。

答案 B

▶ 考点二 纳税检查的基本方法（见表 8-1）

表 8-1 纳税检查的基本方法

划分依据		内容
检查范围、内容、数量、查账粗细	详查法	(1)对全部会计资料，进行全面、系统、细致的检查； (2)适用对象：经济业务简单、会计核算制度不健全和财务管理混乱的企业；立案侦查的经济案件
	抽查法	(1)部分资料有目的地重点检查； (2)效果取决于抽查对象的确定
查账顺序	顺查法	(1)顺序：会计凭证→账簿→报表→纳税情况； (2)评价：系统、全面，运用简单；工作量大，重点不突出
	逆查法	(1)顺序：报表→账簿→凭证；或从经济事项的结果逆向追查原始状况； (2)评价：分析对比有关资料，易发现线索，抓重点，目标明确，效果显著
与检查资料之间的相互关系	联系查法	(1)相关资料有联系的地方相互对照检查； (2)账证、账账、账表
	侧面查法	根据平时掌握的征管、信访资料和职工群众反映的情况，对账簿记录进行核查
分析法		(1)运用数理统计和逻辑思维推理； (2)揭露事物内部矛盾，不适合作为查账定案结论的依据； (3)分类：比较分析法、推理分析法、控制分析法
盘存法		(1)对实物资产盘点清查，对照账面余额，推算检查企业的生产经营成本和生产经营收入是否正确； (2)适用对象：货币资金、存货、其他物资

【例 2·多选题】 按照与检查资料之间的相互关系，纳税检查的基本方法分为(   )。

A. 顺查法 B. 分析法
C. 联系查法 D. 逆查法
E. 侧面查法

解析 本题考查纳税检查的基本方法。按照与检查资料之间的相互关系，可将纳税检查的基本方法分为联系查法和侧面查法。

答案 CE

▶ 考点三 会计凭证、会计账簿和会计报表的检查

(一)会计凭证的检查

1. 外来原始凭证和自制原始凭证的种类

(1)外来原始凭证：进货发票、进账单、汇款单、运费发票等。

(2)自制原始凭证：各种报销和支付款项的凭证。

对外：现金收据、实物收据等。

对内：收料单、领料单、支出证明单、差旅费报销单、成本计算单等。

2. 原始凭证的审查事项(见表8-2)

表8-2 原始凭证的审查事项

外来原始凭证	自制原始凭证
(1)审查凭证的合法性； (2)审查凭证的真实性； (3)审查凭证的完整性； (4)审查凭证手续是否完备； (5)对多联式发票，防止用其他联作报销	(1)内容是否符合规定，审批手续是否齐全，有无白条替代凭证现象； (2)内容真实，处理合规； (3)手续完备，附件齐全； (4)报销金额遵守开支标准和范围

3. 记账凭证的检查

(1)是否附有原始凭证，二者内容是否一致；
(2)会计科目及对应关系是否正确；
(3)会计记录反映的经济内容是否完整，是否及时处理。

(二)会计账簿的检查(见表8-3)

表8-3 会计账簿的检查

序时账		真实性；借贷发生额的对应账户；异常情况；银行存款收支业务
总分类账	账账	(1)总账账户的期末借方余额合计与贷方余额合计核对； (2)总账账户余额同其所控制的二级账户或明细账户余额合计核对
	账表	总账与资产负债表(关系密切)、损益表核对
	纵向	总账科目的本期与上期发生额、期初与期末余额比较
	横向	与纳税有关的账户
明细分类账		核对：总分类账；上下结算期；账户余额的借贷方向；账实相符

(三)会计报表的检查(见表8-4)

表8-4 会计报表的检查

资产负债表	应收账款、预付账款、应付账款、预收账款	(1)应付与预收：有无隐匿已实现的产品销售收入或其他业务收入； (2)应收与预付：有无不符合制度的任意核销或转销； (3)坏账准备：计算所得税时是否进行纳税调整
	存货项目	(1)检查项目：原材料、包装物、低值易耗品、自制半成品、产成品、发出商品； (2)填列依据：以上科目+在途物资、材料成本差异、委托加工物资、生产成本等的期末余额； (3)将材料成本差异科目的余额与其相关的科目余额加减后计存货
	递延资产	设立项目是否符合制度规定；发生额与经济内容是否一致；摊销是否均衡
	固定资产	(1)检查项目：固定资产原价、累计折旧、固定资产减值准备、固定资产净值、固定资产清理、在建工程、待处理财产损益； (2)注意：固定资产计提的减值准备不得在所得税前扣除
利润表	主营业务收入	(1)检查项目：账面销售收入额；销售收入净额；漏计的销售收入额； (2)将收入与计划或上年同期对比，判断是上升还是下降
	主营业务成本	分析产品成本、成本结构、成本项目或进销差价
	营业费用	必须与经营业务有关；费用性质；符合规定的开支范围和标准

【例 3·单选题】 下列凭证中，属于自制原始凭证的是(   )。
A. 进账单
B. 汇款单
C. 差旅费报销单
D. 运费发票

解析 本题考查会计凭证的检查。外来原始凭证包括进货发票、进账单、汇款单、运费发票等。自制原始凭证有收料单、领料单、支出证明单、差旅费报销单、成本计算单等。

答案 C

考点四 账务调整的基本方法（见表 8-5）

表 8-5 账务调整的基本方法

基本方法	内容	适用情形
红字冲销法	红字冲销原错误分录，蓝字编制正确，登记账簿	(1)会计科目用错； (2)科目正确但核算金额错误
补充登记法	编制转账分录，调整金额直接入账	(1)漏计； (2)错账科目正确，核算金额小于应计金额
综合账务调整法	红字冲销+补充登记法	错用会计科目，所得税纳税检查后的账务调整
	本年度所得：本年利润 上年度所得：以前年度损益调整	(1)会计分录借贷方，一方会计科目用错，另一方正确； (2)正确方不调整，错误方用错误科目转账调整，再补充正确的会计科目

考点五 增值税会计科目的设置

1. 应交增值税明细科目（应交增值税明细账的专栏见表 8-6）

借方专栏：进项税额、销项税额抵减、已交税金、减免税款、出口抵减内销产品应纳税额、转出未交增值税。

贷方专栏：销项税额、出口退税、进项税额转出。

表 8-6 应交增值税明细账的专栏

专栏	记录内容
进项税额	纳税人购进货物、加工修理修配劳务、服务、无形资产或不动产而支付或负担的、准予从当期销项税额中抵扣的增值税额
销项税额抵减	纳税人按规定因扣减销售额而减少的销项税额
已交税金	纳税人当月已交纳的应交增值税额
转出未交增值税/转出多交增值税	纳税人月度终了转出当月应交未交或多交的增值税额
减免税款	纳税人按规定准予减免的增值税额
出口抵减内销产品应纳税额	实行"免、抵、退"办法的一般纳税人按规定计算的出口货物的进项税额抵减内销产品的应纳税额
销项税额	纳税人销售货物、加工修理修配劳务、服务、无形资产或不动产应收取的增值税额
出口退税	纳税人出口货物、加工修理修配劳务、服务、无形资产按规定退回的增值税额
进项税额转出	纳税人购进货物、加工修理修配劳务、服务、无形资产或不动产等发生非正常损失以及其他原因而不应从销项税额中抵扣、按规定转出的进项税额

2. 未交增值税明细科目

核算纳税人月度终了从应交增值税或预交增值税明细科目转入当月应交未交、多交或预缴的增值税额以及当月交纳以前期间未交的增值税额。

3. 预交增值税明细科目

核算纳税人转让不动产、提供不动产经营租赁服务、提供建筑服务、采用预收款方式销售自行开发的房地产项目等，以及其他按现行增值税制度规定应预缴的增值税额。

月份终了，将当月预缴的增值税额自应交税费—预交增值税科目转入未交增值税科目。

4. 待抵扣进项税额明细科目

核算一般纳税人已取得增值税扣税凭证并经税务机关认证，按照现行增值税制度规定准予以后期间从销项税额中抵扣的进项税额。

5. 待认证进项税额明细科目

核算一般纳税人已申请稽核但尚未取得稽核相符结果的海关缴款书进项税额。

6. 待转销项税额明细科目

核算一般纳税人销售货物、加工修理修配劳务、服务、无形资产或不动产，已确认相关收入（或利得）但尚未发生增值税纳税义务而需于以后期间确认为销项税额的增值税额。

如跨年出租房产的业务，如果合同约定承租方在最后 1 年的期末支付全部租金，出租方收到租金后开具增值税专用发票，出租方在第 1 年的期末会计处理为：

借：应收账款/应收票据
　　贷：应交税费—待转销项税额
　　　　主营业务收入

7. 增值税留抵税额明细科目

8. 简易计税明细科目

核算一般纳税人采用简易计税方法发生的增值税计提、扣减、预缴、缴纳等业务。

9. 转让金融商品应交增值税明细科目

核算增值税纳税人转让金融商品发生的增值税额。

10. 代扣代缴增值税明细科目

核算纳税人购进在境内未设经营机构的境外单位和个人在境内的应税行为代扣代缴的增值税。

【例 4 · 单选题】增值税一般纳税人跨年出租房产的业务，如果合同约定承租方在最后 1 年的期末支付全部租金，出租方收到租金后开具增值税发票，出租方在第 1 年的期末会计处理为（　　）。

A. 借：银行存款
　　贷：主营业务收入

B. 借：应收账款/应收票据
　　贷：应交税费—未交增值税
　　　　主营业务收入

C. 借：应收账款/应收票据
　　贷：应交税费—应交增值税（销项税额）
　　　　主营业务收入

D. 借：应收账款/应收票据

贷：应交税费—待转销项税额
　　主营业务收入

解析 ▶ 本题考查增值税会计科目的设置。正确的会计处理为：
借：应收账款/应收票据
　　贷：应交税费—待转销项税额
　　　　主营业务收入

答案 ▶ D

▶ **考点六　一般销售方式下销项税额的检查**

(一)销售货物(见表 8-7)

表 8-7　销售货物

分类	销售实现条件		会计处理
交款提货	货款已收到，发票账单、提货单已交给买方		借：银行存款 　贷：主营业务收入 　　　应交税费—应交增值税(销项税额)
预收货款	企业发出产品(商品)	收到货款	借：银行存款 　贷：预收账款
		发出商品	借：预收账款 　贷：主营业务收入 　　　应交税费—应交增值税(销项税额)
		月底结转成本	借：主营业务成本 　贷：库存商品
分期收款	(1)书面合同规定的收款日期； (2)无论合同规定的收款日期是否收到货款，均应结转收入，计算应纳税款，同时按分期收款销售比例结转成本	销售实现	借：长期应收款 　贷：主营业务收入[不含税价款/(1+贴现率)^{年数}] 　　　未实现融资收益(不含税价款-主营业务收入) 　　　应交税费—待转销项税额(不含税价款×税率) 借：主营业务成本 　贷：库存商品
		收款日	借：银行存款 　贷：长期应收款 借：未实现融资收益 　贷：财务费用 借：应交税费—待转销项税额 　贷：应交税费—应交增值税(销项税额)

(二)销售服务

1. 纳税义务发生的时间(见表 8-8)

表 8-8　纳税义务发生的时间

项目	发生时间
销售服务	销售服务并收讫销售款项或取得索取销售款项凭据当天
先开发票的	开发票当天
采取预收款方式提供租赁服务	收到预收款当天
从事金融商品转让	金融商品所有权转移当天

2. 销售服务的会计处理(见表 8-9)

表 8-9 销售服务的会计处理

销售方式	会计处理
一般销售方式	借：银行存款/应收账款/应收票据 　　贷：主营业务收入 　　　　其他业务收入 　　　　应交税费—应交增值税(销项税额)
预收款方式(除租赁服务外)	收到预收款项时： 借：银行存款 　　贷：预收账款 发生服务时： 借：预收账款/银行存款 　　贷：主营业务收入 　　　　其他业务收入 　　　　应交税费—应交增值税(销项税额)

【注意】采取预收款方式提供租赁服务的企业，应在收到预收款时计提增值税销项税额(租赁服务预收款的会计处理见表 8-10)。

表 8-10 租赁服务预收款的会计处理

服务类型	会计处理
租赁服务	收到预收款时： 借：银行存款 　　贷：预收账款 　　　　应交税费—应交增值税(销项税额) 租赁期内每月月末，确认收入： 借：预收账款 　　贷：主营业务收入/其他业务收入

【例 5·单选题】某企业为增值税一般纳税人，2020 年 5 月 30 日采用缴款提货方式销售一批货物，收到货款 100 000 元、增值税税款 13 000 元，货物尚未发出，但发票和提货单已经交给购货方。则企业所作的账务处理中正确的是(　　)。

A. 借：银行存款　　　　　　　　　　　　　　　　　　　　　　　113 000
　　贷：主营业务收入　　　　　　　　　　　　　　　　　　　　　100 000
　　　　应交税费—应交增值税(销项税额)　　　　　　　　　　　　 13 000

B. 借：银行存款　　　　　　　　　　　　　　　　　　　　　　　113 000
　　贷：预收账款　　　　　　　　　　　　　　　　　　　　　　　113 000

C. 借：银行存款　　　　　　　　　　　　　　　　　　　　　　　113 000
　　贷：库存商品　　　　　　　　　　　　　　　　　　　　　　　113 000

D. 借：银行存款　　　　　　　　　　　　　　　　　　　　　　　113 000
　　贷：应付账款　　　　　　　　　　　　　　　　　　　　　　　100 000
　　　　应交税费—应交增值税(销项税额)　　　　　　　　　　　　 13 000

解析　本题考查一般销售方式的增值税检查。销售货物时发票和提货单已经交给购货方，销售一方需要进行销售收入确认，记入"主营业务收入"，同时，计算缴纳增值税销项税。　　答案　A

▶ **考点七　视同销售方式下销项税额的检查**

(一)委托代销

委托代销商品的销售收入实现时间为收到代销清单的当天。设置"委托代销商品"账户反映其情况(委托代销的会计处理见表8-11)。

表8-11　委托代销的会计处理

销售阶段	会计处理
发出商品	借：委托代销商品 　　贷：库存商品
收到代销清单	借：应收账款 　　贷：主营业务收入 　　　　应交税费—应交增值税(销项税额) 借：主营业务成本 　　贷：委托代销商品
收到扣除手续费后的货款	借：银行存款 　　销售费用 　　应交税费—应交增值税(进项税额) 　　贷：应收账款

(二)自产自用

企业将自产、委托加工的货物、服务、无形资产或不动产用于简易计税项目、集体福利、职工个人消费等方面要视同销售于<u>移送使用</u>时计算缴纳增值税。计税价格核定顺序为：

(1)纳税人最近时期同类货物、服务、无形资产或者不动产的平均销售价格；

(2)其他纳税人最近时期同类货物、服务、无形资产或者不动产的平均销售价格；

(3)组成计税价格。

$$组成计税价格 = 成本 \times (1 + 成本利润率)$$

【**注意**】(1)企业改变资产用途、不改变资产所有权属：可作为内部处置资产，不视同销售确认收入，不缴纳企业所得税。

(2)企业将资产移送他人(用于交际应酬、职工奖励或福利、股息分配、对外捐赠等)、改变资产所有权属：确认收入，缴纳企业所得税。

(三)将货物用于对外投资

企业将自产、委托加工或购买的货物作为投资提供给其他单位或者个体工商户，视同销售计算销项税额，纳税义务发生时间为<u>货物移送的当天</u>。

(四)将货物无偿赠送他人

企业将自产、委托加工或购买的货物无偿赠送他人，视同销售计算增值税销项税额，纳税义务及开具增值税专用发票的时间为<u>货物移送的当天</u>(将货物用于对外投资、无偿赠送他人的会计处理见表8-12)。

表 8-12　将货物用于对外投资、无偿赠送他人的会计处理

将货物用于对外投资	将货物无偿赠送他人
借：长期股权投资—其他股权投资 　　贷：主营业务收入 　　　　应交税费—应交增值税（销项税额） 借：主营业务成本 　　贷：库存商品	借：营业外支出 　　贷：库存商品/原材料 　　　　应交税费—应交增值税（销项税额）

【例6·单选题】 某服装厂（增值税一般纳税人）于2020年3月将自产服装100件直接捐赠给贫困山区，已知每件衣服的成本为500元，每件衣服不含税售价为800元。其正确的会计分录为（　　）。

A. 借：营业外支出　　　　　　　　　　　　　　　　　　　　　　60 400
　　贷：库存商品　　　　　　　　　　　　　　　　　　　　　　　50 000
　　　　应交税费—应交增值税（销项税额）　　　　　　　　　　　10 400

B. 借：营业外支出　　　　　　　　　　　　　　　　　　　　　　50 000
　　贷：库存商品　　　　　　　　　　　　　　　　　　　　　　　50 000

C. 借：营业外支出　　　　　　　　　　　　　　　　　　　　　　90 400
　　贷：库存商品　　　　　　　　　　　　　　　　　　　　　　　80 000
　　　　应交税费—应交增值税（销项税额）　　　　　　　　　　　10 400

D. 借：营业外支出　　　　　　　　　　　　　　　　　　　　　　80 000
　　贷：库存商品　　　　　　　　　　　　　　　　　　　　　　　80 000

解析 ▶ 本题考查视同销售方式下的增值税检查。正确的会计分录为：
借：营业外支出　　　　　　　　　　　　　　　　　　　　　　　　60 400
　　贷：库存商品　　　　　　　　　　　　　　　　　　　　　　　50 000
　　　　应交税费—应交增值税（销项税额）　　　　　　　　　　　10 400

答案 ▶ A

▶考点八　包装物销售的检查、销售额的检查

（一）包装物销售

（1）随同货物出售单独计价的：属于销售货物，记入**其他业务收入**科目，适用货物税率。

（2）周转使用、收取押金的：单独计账的，不并入销售额征税，记入**其他应付款**科目；逾期未收回包装物不再退还的押金，将押金换算为不含税价格，按所包装货物税率征税。

【注意】

（1）包装物押金不能混同于包装物租金。

（2）对销售除啤酒、黄酒以外的其他酒类产品而收取的包装物押金，无论是否返还及会计上如何核算，均并入当期销售额征税。

（二）销售额的检查（见表8-13）

表 8-13　销售额检查

不含税销售额	含税先换算，销售额=含税销售额/(1+税率)	
价外费用	手续费、补贴、基金、集资费、返还利润、奖励费、违约金(延期付款利息)、包装费、包装物租金、储备费、优质费、运输装卸费、代收款项、代垫款项	并入销售额计算应纳税额 核算科目：其他应付款、其他业务收入、营业外收入

▶ **考点九 增值税进项税额的检查**(见表8-14)

表8-14 增值税进项税额的检查

抵扣凭证	增值税专用发票、海关开具的增值税专用缴款书、代扣代缴税款的完税凭证、农产品收购凭证
准予抵扣	(1)从销售方取得的增值税专用发票上注明的增值税额； (2)从海关取得的海关进口增值税专用缴款书上注明的增值税额； (3)购进免税农业产品的按照农产品收购发票或者销售发票上注明的农产品买价和按9%的扣除率计算的进项税额； (4)自境外单位或者个人购进劳务、服务、无形资产或者境内的不动产，从税务机关或者扣缴义务人取得的代扣代缴税款的完税凭证上注明的增值税额 (5)纳税人购进国内旅客运输服务，其进项税额允许从销项税额中抵扣
不得抵扣(购进货物或应税劳务、服务、无形资产和不动产)	(1)未按规定取得并保存增值税抵扣凭证； (2)增值税抵扣凭证上未按规定注明增值税额等，或虽注明但不符合规定； (3)用于简易计税方法的计税项目； (4)用于免征增值税项目； (5)用于集体福利或个人消费； (6)非正常损失(因管理不善造成被盗窃、丢失、霉烂变质的损失)； (7)非正常损失的在产品、产成品所耗用的购进货物、劳务和交通运输服务

【注意】不得抵扣的进项税额如果在购进时已经抵扣的，要做进项税额转出处理。

借：应付职工薪酬/管理费用/待处理财产损溢(购进货物、劳务、服务、无产资产和不动产的成本与转出的进项税额之和)

贷：原材料/库存商品(成本)

应交税费——应交增值税(进项税额转出)(转出的进项税额)

▶ **考点十 消费税的检查**

(一)消费税销售收入的检查(见表8-15)

表8-15 消费税销售收入的检查

一般方式	考查内容同增值税	借：税金及附加 　　贷：应交税费——应交消费税	
视同销售	计税依据与检查方法：同增值税		
	计税价格	(1)纳税人最近同类货物的平均销售价格； (2)其他纳税人最近同类货物的平均销售价格； (3)组成计税价格=(成本+利润)/(1-比例税率)； (4)复合计税：组成计税价格=(成本+利润+自产自用数量×定额税率)/(1-比例税率)	
委托加工	检查受托方	于受托方交货时受托方代收代缴消费税	
		受托方的同类消费品的销售价格计算纳税	
		组成计税价格	从价定率：(材料成本+加工费)/(1-比例税率)
			复合计税：(材料成本+加工费+委托加工数量×定额税率)/(1-比例税率)
	检查委托方	检查委托加工收回时，受托方是否已代收了消费税款，其代收税款的计算是否正确	

(二)消费税销售数量的检查(见表8-16)

表8-16 消费税销售数量的检查

检查内容		(1)是否存在少开票、多发货、转移销售收入的情况； (2)是否存在账外结算、转移销售收入的情况
检查方法	以盘挤销倒挤法	本期产品销售数量＝上期产品结存数量＋本期产品完工数量－本期产品结存数量
	以耗核产，以产核销测定法	(1)本期应出产品数量＝本期实耗材料量÷单位产品材料消耗定额； (2)以产品主要零部件耗用数量来测定本期应出产品数量以倒挤本期产品销售数量； (3)适用企业：产品管理制度比较健全，应抓主要耗用材料进行核定

【例7·单选题】 关于以盘挤销倒挤法的说法，错误的是( )。

A. 先通过实地盘存计算出产成品的实际存量，再根据车间生产记录或产品检验入库资料倒挤出产品的销售数量

B. 本期产品销售数量＝本期产品完工数量－本期产品结存数量

C. 计算出的本期产品销售数量要与主营业务收入账户核算的产品销售数量核对

D. 适用于产成品管理制度不健全的企业

解析 ▶ 本题考查消费税销售数量的检查。选项B错误，根据以盘挤销倒挤法计算的本期产品销售数量＝上期产品结存数量＋本期产品完工数量－本期产品结存数量。 答案 ▶ B

▶ 考点十一 企业所得税年度收入总额的检查

(一)销售货物、提供劳务的收入检查(见表8-17、表8-18、表8-19、表8-20)

表8-17 销售货物、提供劳务的收入检查

会计核算	借：银行存款/库存现金/应收账款/应收票据 　贷：主营业务收入
收入确认条件	(1)销售合同已签订，已将商品所有权相关的主要风险和报酬转移给购货方； (2)对已售出的商品既没有保留通常与所有权相联系的继续管理权，也没有实施有效控制； (3)收入的金额能可靠地计量； (4)已发生或将发生的销售方的成本能可靠核算

表8-18 销售收入确认时间检查

销售方式	销售收入确认时间
托收承付	办妥托收手续时
预收款	发出商品时
销售商品需要安装、检验	(1)购买方接受商品及安装和检验完毕时； (2)安装程序简单，发出商品时
支付手续费方式委托代销	收到代销清单时

表8-19 销售货物收入的入账金额检查

价外费用	(1)有无加收价外费用； (2)重点检查其他应收款、其他应付款账户； (3)成本费用类账户，注意红字记录
关联企业	业务往来是否符合独立交易原则

	续表
隐匿收入	(1)产成品、库存商品、材料等明细账和仓库保管账相核对； (2)各种费用的消耗定额、单位成本各项目间的配比系数； (3)突击检查，是否存在账外经营、私设账簿

表 8-20　销售折让、折扣及销售退回检查

销售折让、折扣及销售退回处理	商业折扣	扣除商业折扣后的金额确定销售收入
	现金折扣	在实际发生时作为财务费用扣除

（二）其他方式的收入检查（见表8-21）

表 8-21　其他方式的收入检查

提供劳务		通过"主营业务收入"账户
转让财产	固定资产	固定资产清理、累计折旧、营业外收入、营业外支出
	有价证券、股权	交易性金融资产、可供出售金融资产的期初数、发生数及期末余额，对照现金日记账、银行日记账、其他应收账款明细账确定当年发生的投资收益和转让收益
股息、红利		按照被投资方作出利润分配决定的日期确认收入实现 交易性金融资产、可供出售金融资产、长期股权投资等借方发生额及上年借方余额
利息收入		(1)存款利息、贷款利息、债券利息、欠款利息； (2)收入确认：合同约定的债务人应付利息的日期； (3)银行存款、长期借款、短期借款、财务费用——借方红字发生额
租金收入		(1)提供固定资产、包装物及其他有形资产使用权取得的收入； (2)收入确认：合同约定的承租人应付租金的日期
特许权使用费收入		(1)提供专利权、非专利技术、商标权、著作权的使用权取得的收入； (2)收入确认：合同约定的特许权使用人应付特许权使用费的日期； (3)核算科目：其他业务收入
接受捐赠收入		收入确认：实际收到捐赠资产的日期
不征税收入		财政拨款、依法收取并纳入财政管理的行政事业性收费和政府性基金
免税收入		(1)国债利息收入； (2)符合条件的居民企业间的股息、红利等权益性投资收益； (3)在中国境内设立机构、场所的非居民企业从居民企业取得与该机构、场所有实际联系的股息、红利等权益性投资收益； (4)符合条件的非营利组织收入
其他收入		资产溢余收入、逾期未退包装物押金收入、确实无法偿付的应付款项、已做坏账损失处理后又收回的应收款项、债务重组收入、补贴收入、违约金收入、汇总收益等

【例8·多选题】检查销售货物收入的入账金额是否正确具体需要检查（　　）。

A. 隐匿收入　　　　　　　　　　　B. 价外费用
C. 关联企业之间的业务往来　　　　D. 销售合同的签订、执行
E. 销售业务实际发生情况

解析▶ 本题考查企业所得税销售收入的检查。销售货物收入的入账金额是否正确一般可以从以下三方面进行检查：(1)价外费用的检查；(2)关联企业之间业务往来的检查；(3)隐匿收入的检查。

答案▶ ABC

▶ 考点十二　税前准予扣除项目的检查（见表8-22）

表8-22　税前准予扣除项目的检查

成本项目	材料成本	外购材料	有无不属于材料成本开支范围的其他费用
		委托加工	(1)运杂费、加工费是否计入加工成本； (2)剩余材料及有回收价值的下脚料是否抵付加工费
	工资成本	应付职工薪酬	
	制造费用		(1)固定资产折旧：其入账价值、计提折旧范围、折旧年限、折旧方法； (2)对现金或银行存款直接支付的费用：制造费用明细账
成本计算	直接材料		(1)含义：直接用于产品生产并构成产品实体或主要成分的原料、主要材料、外购半成品、有助于产品形成的辅助材料，直接用于产品生产的各种燃料和动力费用； (2)检查： ①制造产品耗用的直接材料费用，直接计入：生产成本—基本生产成本； ②辅助生产车间的，计入：生产成本—辅助生产成本； ③共同耗用的，按一定的标准在各种产品之间分配
	直接人工		直接参加产品制造的生产工人的报酬及相关支出
	制造费用		车间为生产产品、提供劳务而发生的各项间接费用
	计算方法		大量大批单步骤生产企业——品种法； 大量大批多步骤生产企业——分步法； 单件小批生产的企业——分批法
期间费用	管理费用		行政部门为管理组织经营活动提供各项支援性服务发生的费用
	销售费用		种类：广告费、运输费、装卸费、包装费、展览费、保险费、销售佣金、代销手续费、经营性租赁费、销售部门发生的差旅费、工资、福利费
	财务费用		利息净支出、汇总净损失、金融机构手续费及其他资本化支出
税金	可扣除		消费税、城建税、关税、资源税、土地增值税、房产税、车船税、土地使用税、印花税、教育费附加
	不可扣除		企业所得税、允许抵扣的增值税
损失	内容		现金损失、存款损失、坏账损失、贷款损失、股权投资损失、固定资产和存货的盘亏、毁损、报废、被盗损失、自然灾害等不可抗力因素造成的损失
	检查		损失是否真实；金额是否准确
亏损弥补			(1)企业某一纳税年度发生的亏损可以用下一年度的所得弥补，下一年度所得不足弥补的，可以逐年延续弥补，最长不得超过5年； (2)企业连续发生年度亏损，下一年营利后，首先弥补以前年度亏损； (3)超过法定弥补年限（5年），未补足部分不得再弥补

【例9·单选题】　税务机关对某工业企业所得税纳税情况进行检查，该企业上年度销售收入1 600万元，检查发现在"管理费用—业务招待费"明细账上累计发生数12万元已全额扣除，该企业应调增应纳税所得额(　　)万元。

A. 4.8　　　　　　　　　　　　B. 7.2
C. 8　　　　　　　　　　　　　D. 12

解析　▶ 本题考查企业所得税税前准予扣除项目的检查。业务招待费的扣除限额＝min｛年销售收入的5‰，实际发生额的60%｝＝min｛1 600×5‰，12×60%｝＝7.2（万元），因此，业务招待费应调增应纳税所得额＝12－7.2＝4.8(万元)。

答案▶ A

▶考点十三　不得税前扣除项目的检查

(一)税前不允许扣除项目的检查(见表8-23)

表8-23　税前不允许扣除项目的检查

不允许扣除项目	检查科目/重点
资本性支出	低值易耗品、管理费用、制造费用、财务费用、长期借款、在建工程、应付债券
无形资产受让开发支出	(1)未形成资产的部分可作为支出扣除；已形成的无形资产不得直接扣除，按直线法摊销； (2)检查账户：管理费用、制造费用、无形资产
违法经营罚款和被没收财物损失	营业外支出、管理费用、其他业务成本
税收滞纳金、罚金、罚款	营业外支出
灾害事故损失赔偿	固定资产清理、待处理财产损益、营业外支出
非公益救济性捐赠	营业外支出
赞助支出	非广告性质的赞助支出不得税前列支

(二)企业所得税相关项目的税前扣除标准(见表8-24)

表8-24　企业所得税相关项目的税前扣除标准

项目		税前扣除标准
工资薪金		实际发放的扣除，计提的不能扣除
职工福利费		≤工资总额的14%
职工教育经费		(1)≤工资总额的8%； (2)超过部分，以后年度结转扣除
工会经费		(1)≤工资总额的2%，取得《工会经费拨缴款专用收据》； (2)超过部分，不允许在以后年度结转扣除
利息支出	可扣除	(1)非金融企业向金融企业借款的利息支出； (2)金融企业的各项存款利息支出； (3)同业拆借利息支出； (4)企业经批准发行债券的利息支出； (5)非金融企业向非金融企业借款的利息支出，不超过按金融企业同期同类贷款利率计算的数额部分
	不可扣除	(1)为对外投资而借入的资金发生的借款费用，计入投资成本，不得作为经营性费用税前扣除； (2)房地产开发业务的纳税人为开发房地产而借入资金所发生的借款费用，在完工前发生的，计入有关开发成本； (3)投资未到位而发生的利息支出
业务招待费		(1)与经营活动有关，发生额的60%扣除； (2)最高不得超过当年销售收入的5‰

项目	税前扣除标准
广告费和业务宣传费	(1)当期负担当期扣除； (2)≤当年销售(营业)收入15%的部分，准予扣除； (3)超过部分，准予以后年度结转扣除
公益性捐赠支出	≤年度利润总额的12%

【例10·多选题】某企业被工商部门处以10 000元罚款，正确的涉税会计处理有( )。

A. 记入"营业外支出"科目
B. 不得在税前列支
C. 记入"利润分配"科目
D. 不超过利润总额12%的部分，可以税前列支
E. 冲减"营业外收入"科目

解析 本题考查企业所得税不得税前扣除项目的检查。罚金属于禁止税前扣除的项目，记入"营业外支出"科目。

答案 AB

历年考题解析

一、单项选择题

1. 甲企业2016年12月末的"原材料"账户余额为100 000元，"材料成本差异"账户借方余额为10 000元，则在编制资产负债表时应计入"存货"项目的金额为( )元。

   A. 10 000   B. 90 000
   C. 100 000   D. 110 000

   解析 本题考查存货的检查。编制资产负债表应计入"存货"的金额为：100 000+10 000=110 000(元)。 **答案** D

2. 一般情况下，企业采用预收货款销售方式销售货物，收到货款时的正确账务处理为( )。

   A. 借：银行存款
         贷：预收账款
   B. 借：银行存款
         贷：主营业务收入
   C. 借：银行存款
         贷：主营业务收入
             应交税费—应交增值税(销项税额)
   D. 借：预收账款
         贷：主营业务收入
             应交税费—应交增值税(销项税额)

   解析 本题考查销项税额的检查。采用预收货款销售方式销售产品(商品)，企业收到货款时，其账务处理是：
   借：银行存款
       贷：预收账款 **答案** A

3. 某不动产租赁公司为增值税一般纳税人，2019年7月收到租赁预付款(含税)1 090 000元，款项已存入银行。其正确的账务处理为( )。

   A. 借：银行存款   1 090 000
         贷：预收货款   1 090 000
   B. 借：银行存款   1 090 000
         贷：主营业务收入   1 090 000
   C. 借：银行存款   1 090 000
         贷：预收账款   1 000 000
             应交税费—应交增值税(销项税额) 90 000
   D. 借：银行存款   1 090 000
         贷：主营业务收入   1 000 000

　　　　　应交税费—应交增值税（销
　　　　　　项税额）　　　　　　 90 000

解析 ▶ 本题考查增值税销项税额的检查。采取预收款方式提供租赁服务的，应在收到预收款项时，借记"银行存款"科目，贷记"预收账款"科目，计提增值税销项税额。

　　　　　　　　　　　　　答案 ▶ C

4. 某机床厂为增值税一般纳税人，本月有已逾期不再退还的包装物押金 20 000 元，已知该机床厂适用的增值税税率为 13%，则企业正确的账务处理为（　）。

　A. 借：其他应付款　　　　　20 000
　　　贷：营业外收入　　　　　　　20 000
　B. 借：其他应付款　　　　　20 000
　　　贷：其他业务收入　　　　　　20 000
　C. 借：其他应付款　　　　　20 000
　　　贷：其他业务收入　　　　　　17 400
　　　　　应交税费—应交增值税（销
　　　　　　项税额）　　　　　　 2 600
　D. 借：其他应付款　　　　　20 000
　　　贷：其他业务收入　　　　　　17 699
　　　　　应交税费—应交增值税（销
　　　　　　项税额）　　　　　　 2 301

解析 ▶ 本题考查销项税额的检查。逾期不再退还的包装物押金，借记"其他应付款"，贷记"其他业务收入""应交税费—应交增值税（销项税额）"。包装物押金为含税金额，所以销项税额为：20 000÷（1+13%）×13%＝2 301（元）。

　　　　　　　　　　　　　答案 ▶ D

5. 某企业为增值税一般纳税人，2019 年 7 月将前期购进的原材料（棉布）用于职工福利，已知原材料成本为 10 000 元，其进项税额已经进行了抵扣。企业正确的会计处理为（　）。

　A. 借：应付职工薪酬　　　　10 000
　　　贷：原材料　　　　　　　　　10 000
　B. 借：管理费用　　　　　　10 000
　　　贷：原材料　　　　　　　　　10 000
　C. 借：应付职工薪酬　　　　11 300
　　　贷：原材料　　　　　　　　　10 000
　　　　　应交税费—应交增值税（进项
　　　　　　税额转出）　　　　 1 300
　D. 借：管理费用　　　　　　11 300
　　　贷：原材料　　　　　　　　　10 000
　　　　　应交税费—应交增值税（销
　　　　　　项税额）　　　　　　 1 300

解析 ▶ 本题考查增值税进项税额的检查。将外购货物用于职工福利，其进项税额不得进行抵扣。对已经抵扣的进项税额要做转出处理。

　　　　　　　　　　　　　答案 ▶ C

6. 某企业新试制一批高档化妆品用于职工奖励，无同类产品的对外售价，已知其生产成本为 20 000 元，成本利润率为 5%，消费税税率为 15%。企业计提消费税的正确会计分录为（　）。

　A. 借：应付职工薪酬　　　　 3 000
　　　贷：应交税费—应交消费税　3 000
　B. 借：管理费用　　　　　　 3 000
　　　贷：应交税费—应交消费税　3 000
　C. 借：税金及附加　　　　3 705.88
　　　贷：应交税费—应交消费税
　　　　　　　　　　　　　　3 705.88
　D. 借：应付职工薪酬　　　3 705.88
　　　贷：应交税费—应交消费税
　　　　　　　　　　　　　　3 705.88

解析 ▶ 本题考查消费税销售收入的检查。该产品无同类产品的对外售价，因此要按组成计税价格计算，应纳消费税为：20 000×（1+5%）÷（1-15%）×15%＝3 705.88（元）。

　　　　　　　　　　　　　答案 ▶ C

7. 税务机关对某企业进行纳税检查时，发现该企业生产领用的原材料 5 000 元误记为 50 000 元，企业应做的账务调整为（　）。

　A. 红字借记"原材料"5 000 元
　B. 红字借记"原材料"45 000 元
　C. 红字贷记"原材料"5 000 元
　D. 红字贷记"原材料"45 000 元

解析 ▶ 本题考查账务调整的基本方法。会计科目正确，金额错误，即多记了 45 000 元，应该用红字冲销，即红字贷记 45 000 元。

　　　　　　　　　　　　　答案 ▶ D

8. 对于影响上年度的所得，在账务调整时可记入的会计科目为( )。
   A. 营业利润
   B. 本年利润
   C. 利润分配
   D. 以前年度损益调整

   解析 本题考查账务调整的基本方法。综合账务调整法将红字冲销法与补充登记法综合加以运用，一般适用于错用会计科目的情况，而且主要用于所得税纳税检查后的账务调整，如果涉及会计所得，对影响本年度的所得可以直接调整"本年利润"账户，而对影响上年度的所得可以直接调整"以前年度损益调整"账户。 **答案** D

9. 企业收取的包装物押金，应记入的会计科目为( )。
   A. 主营业务收入   B. 其他业务收入
   C. 其他应收款   D. 其他应付款

   解析 本题考查包装物的增值税检查。企业收取的包装物押金应记入"其他应付款"。 **答案** D

10. 企业销售货物发生的现金折扣，正确的账务处理为( )。
    A. 折扣发生时借记"财务费用"科目
    B. 折扣发生时借记"销售费用"科目
    C. 货物发出时借记"财务费用"科目
    D. 签订合同时借记"财务费用"科目

    解析 本题考查企业所得税销售收入的检查。对于折扣，首先要区分商业折扣和现金折扣，商品销售涉及商业折扣的，应按照扣除商业折扣后的金额确定销售商品收入金额，而现金折扣应在实际发生时作为财务费用扣除。 **答案** A

11. 企业委托加工材料发生的加工费，应记入的会计科目为( )。
    A. 管理费用   B. 销售费用
    C. 委托加工物资   D. 材料成本差异

    解析 本题考查企业所得税税前准予扣除项目的检查。企业委托加工材料发生的加工费，应记入"委托加工物资"。 **答案** C

12. 在对某企业的纳税检查中，发现该企业本月将购买的办公用品8 000元误记为80 000元，对此应做的会计账务调整分录为( )。
    A. 借：管理费用   8 000
        贷：银行存款   8 000
    B. 借：管理费用   80 000
        贷：银行存款   80 000
    C. 借：生产成本   72 000
        贷：银行存款   72 000
    D. 借：管理费用   72 000
        贷：银行存款   72 000

    解析 本题考查账务调整的基本方法。红字冲销法适用于会计科目用错及会计科目正确但核算金额错误的情况。本题应做的会计账务调整为：
    借：管理费用   72 000
        贷：银行存款   72 000
    答案 D

13. 在纳税检查中发现某企业当期有一笔属于职工福利费的费用支出30 000元记入到财务费用中，对此应做的会计账务调整分录为( )。
    A. 借：财务费用   30 000
        贷：银行存款   30 000
    B. 借：应付职工薪酬   30 000
        贷：银行存款   30 000
    C. 借：应付职工薪酬   30 000
        贷：财务费用   30 000
    D. 借：财务费用   30 000
        贷：应付工资   30 000

    解析 本题考查账务调整的基本方法。此笔账务处理的会计科目用错，账务调整为：
    借：应付职工薪酬   30 000
        贷：财务费用   30 000
    答案 C

14. 如果延期收取的货款具有融资性质，确定应纳税收入的金额为(　　)。
A. 合同价款的公允价值
B. 合同约定的收款金额
C. 合同约定价款的价值
D. 商品现销价格

解析 本题考查一般销售方式的增值税检查。如果延期收取的货款具有融资性质，其实质是企业向购货方提供免息的信贷时，企业应当按照应收的合同或协议价款的公允价值确定收入金额。应收的合同或协议价款的公允价值，通常应当按照其未来现金流量现值或商品现销价格计算确定。 **答案** A

15. 企业委托加工物资所支付的运输费用应记入的会计科目为(　　)。
A. 管理费用
B. 销售费用
C. 主营业务成本
D. 委托加工物资

解析 本题考查企业所得税税前准予扣除项目的检查。对于委托加工材料的检查，主要查看委托加工的运杂费、加工费是否记入加工成本，即"委托加工物资"科目。 **答案** D

16. 关于企业赞助支出的说法，错误的是(　　)。
A. 非广告性质的赞助支出不得税前扣除
B. 企业发生的赞助支出通过"营业外支出"科目核算
C. 不得税前扣除的赞助支出应通过"利润分配"科目核算
D. 不得税前扣除的赞助支出应全额调增应纳税所得额

解析 本题考查企业所得税不得税前扣除项目的检查。选项C错误，非广告性质的赞助支出在"营业外支出"科目核算，不得在税前列支，应全额调增应纳税所得额。 **答案** C

二、多项选择题

1. 关于纳税检查的说法，正确的有(　　)。
A. 纳税检查的主体是税务机关
B. 纳税检查的客体包括代扣代缴义务人
C. 查询从事生产、经营的纳税人的银行存款账户，需要经过税务所所长的批准
D. 查询从事生产、经营的纳税人的银行存款账户，需凭全国统一格式的检查存款账户许可证明
E. 经县税务局局长批准，可以查询案件涉嫌人员的储蓄存款

解析 本题考查纳税检查的概念。选项C，经县以上税务局(分局)局长批准，凭全国统一格式的检查存款账户许可证明，查询从事生产、经营的纳税人、扣缴义务人在银行或者其他金融机构的存款账户。选项E，税务机关在调查税收违法案件时，经设区的市、自治州以上税务局(分局)局长批准，可以查询案件涉嫌人员的储蓄存款。 **答案** ABD

2. 增值税一般纳税人在"应交增值税"明细账内设置的专栏包括(　　)。
A. 待认证进项税额
B. 待转销项税额
C. 已交税金
D. 出口退税
E. 代扣代缴增值税

解析 本本题考查增值税会计科目的设置。增值税一般纳税人应在"应交增值税"明细账内设置"进项税额""销项税额抵减""已交税金""转出未交增值税""转出多交增值税""减免税款""出口抵减内销产品应纳税额""销项税额""出口退税""进项税额转出"等专栏。 **答案** CD

3. 纳税检查的范围包括(　　)。
A. 纳税人应纳税的商品
B. 扣缴义务人的财产
C. 扣缴义务人代扣代缴税款账簿
D. 经税务所长批准，查询纳税人的银行存款账户
E. 经县以上税务局局长批准，查询案件涉嫌人员的储蓄存款

解析 本题考查纳税检查的概念。选项B不属于纳税检查的范围。选项D、E，经县以上税务局(分局)局长批准，凭全国统一格式的检查存款账户许可证明，查询从事生产、经营的纳税人、扣缴义务人在银行或者其他金融机构的存款账户；税务机关在调查税收违法案件时，经设区的市、自治州以上税务局(分局)局长批准，可以查询案件涉嫌人员的储蓄存款。

答案 AC

4. 生产成本的构成内容主要包括( )。
   A. 直接材料 B. 直接人工
   C. 制造费用 D. 管理费用
   E. 销售费用

解析 本题考查企业所得税税前扣除项目的检查。生产成本是指为制造产品或提供劳务而发生的成本，主要由直接材料、直接人工和制造费用三个项目构成。

答案 ABC

5. 纳税检查的客体包括( )。
   A. 纳税人 B. 负税人
   C. 代扣代缴义务人 D. 代收代缴义务人
   E. 纳税担保人

解析 本题考查纳税检查的概念。纳税检查的客体是纳税人，同时包括代扣代缴义务人、代收代缴义务人、纳税担保人等。

答案 ACDE

6. 存货项目包括( )。
   A. 原材料 B. 低值易耗品
   C. 自制半成品 D. 发出商品
   E. 递延资产

解析 本题考查会计报表的检查。各项存货项目，反映企业期末结存、在途和在加工过程中的各种存货的实际成本，包括原材料、包装物、低值易耗品、自制半成品、产成品、发出商品等。

答案 ABCD

三、案例分析题

(一)

甲企业为增值税一般纳税人，主要从事钢材生产及销售业务。2019年6月的部分财务资料如下：

(1) 采用分期收款方式销售一批钢材，不含税价款为1 000 000元，成本为800 000元，合同规定货款分别于2019年9月、2020年9月和2021年9月三次等额支付。已知该批钢材的现销价格为900 000元；

(2) 委托乙企业代销一批钢材，成本为800 000元，代销价格为1 000 000元(不含增值税)；

(3) 销售给丙企业一批钢材，收取货款时另向丙企业收取延期付款利息为100 000元，企业的账务处理为：
   借：银行存款　　　　　　　100 000
   　　贷：财务费用　　　　　　100 000

(4) 购入一栋办公楼，取得的增值税专用发票上注明价款为10 000 000元，增值税税款为1 000 000元，当月用银行存款支付了款项，办妥了相关产权转移手续，发票已认证通过；

(5) 企业购进一批材料用于职工食堂建设，取得的增值税专用发票上注明的价款100 000元，税款13 000元，款项已支付。

1. 企业采用分期收款方式发出商品时，其正确的会计分录为( )。
   A. 贷记"主营业务收入"1 000 000元
   B. 贷记"主营业务收入"900 000元
   C. 贷记"应交税费——应交增值税(销项税额)"130 000元
   D. 贷记"应交税费——待转销项税额"130 000元

解析 本题考查增值税的检查。企业延期收取的货款，应当按照其未来现金流量现值或者商品现销价格计算确定。收到货款前，贷记"应交税费——待转销项税额"。

答案 BD

2. 企业发出代销商品时，其正确的会计分录为( )。
   A. 借：委托代销商品　　　　800 000
   　　贷：库存商品　　　　　　　800 000
   B. 借：委托代销商品　　　1 000 000

贷：主营业务收入　　　1 000 000
　　C. 借：应收账款　　　1 130 000
　　　贷：主营业务收入　　　1 000 000
　　　　应交税费——应交增值税（销项
　　　　税额）　　　130 000
　　D. 借：委托代销商品　　　1 130 000
　　　贷：主营业务收入　　　1 000 000
　　　　应交税费——应交增值税（销项
　　　　税额）　　　130 000

解析 ▶ 本题考查增值税的检查。企业委托代销商品，发出商品时，账务处理为：
　　借：委托代销商品　　　800 000
　　　贷：库存商品　　　800 000
　　　　　　　　　　　　答案 ▶ A

3. 关于甲企业向丙企业收取延期付款利息的账务处理，正确的账务调整为（　　）。
　　A. 借：财务费用　　　100 000
　　　贷：主营业务收入　　　100 000
　　B. 借：财务费用　　　13 000
　　　贷：应交税费——应交增值税（销项
　　　　税额）　　　13 000
　　C. 借：财务费用　　　6 000
　　　贷：应交税费——应交增值税（销项
　　　　税额）　　　6 000
　　D. 借：财务费用　　　11 504.42
　　　贷：应交税费——应交增值税（销项
　　　　税额）　　　11 504.42

解析 ▶ 本题考查增值税的检查。根据《增值税暂行条例》的有关规定，延期付款利息属于价外费用，应计算销项税额。销项税额为：$100\,000 \div (1 + 13\%) \times 13\% = 11\,504.42$（元）。
　　借：财务费用　　　11 504.42
　　　贷：应交税费——应交增值税（销项税额）
　　　　　　　　　　　　11 504.42
　　　　　　　　　　　　答案 ▶ D

（二）
甲机械厂为增值税一般纳税人，适用的增值税税率为13%，2019年发生如下经济业务：

（1）销售一批零部件，取得含税收入234 000元，同时收取包装物租金20 000元，包装物押金50 000元。
（2）将自产的一台设备用于职工福利，已知其生产成本为100 000元，无同类产品对外售价，成本利润率为10%。
（3）2019年度发生广告费支出100万元，全年销售收入1 000万元。
（4）2019年度发生合同违约金支出5万元。

1. 企业收取的包装物租金，其正确的账务处理为（　　）。
　　A. 贷记"其他业务收入"17 699.12元
　　B. 贷记"其他业务收入"20 000元
　　C. 贷记"其他应付款"20 000元
　　D. 借记"其他业务收入"17 699.12元

解析 ▶ 本题考查增值税包装物销售的检查。收取的包装物租金为价外费用，应贷记"其他业务收入"，不含税金额 = $20\,000/(1+13\%) = 17\,699.12$（元）。　**答案** ▶ A

2. 企业收取的包装物押金，其正确的账务处理为（　　）。
　　A. 贷记"其他应付款"44 247.79元
　　B. 贷记"应交税费——应交增值税"5 752.21元
　　C. 贷记"其他应付款"50 000元
　　D. 贷记"其他业务收入"44 247.79元

解析 ▶ 本题考查增值税包装物销售的检查。包装物押金未逾期不征增值税，收取时贷记"其他应付款"50 000元。　**答案** ▶ C

3. 将自产设备用于职工福利，其正确的账务处理为（　　）。
　　A. 借记"应付职工薪酬"100 000元
　　B. 借记"应付职工薪酬"113 000元
　　C. 计提增值税销项税额13 000元
　　D. 计提增值税销项税额14 300元

解析 ▶ 本题考查增值税视同销售的检查。将自产设备用于职工福利，按组成计税价格计缴增值税，应纳税额 = $100\,000 \times (1+10\%) \times 13\% = 14\,300$（元）。　**答案** ▶ D

4. 企业发生的广告费支出，其正确的账务处理为（　　）。

A. 全额记入"销售费用"科目
B. 全额税前扣除
C. 不得税前扣除
D. 税前扣除金额为 15 万元

解析 本题考查企业所得税不得税前扣除的检查。广告费支出全额记入"销售费用"科目。企业每一纳税年度发生的符合条件的广告费和业务宣传费，除国务院财政、税务主管部门另有规定外，不超过当年销售(营业)收入 15%的部分，准予扣除；超过部分，准予在以后纳税年度结转扣除。当年销售(营业)收入的 15% = 1 000× 15% = 150(万元)，该企业 2019 年度发生的广告费支出为 100 万元，因此该企业发生的广告费支出税前可以全额扣除。 **答案** AB

5. 关于合同违约金的账务处理，正确的为( )。
   A. 记入"主营业务成本"科目
   B. 记入"营业外支出"科目
   C. 记入"利润分配"科目
   D. 记入"管理费用"科目

解析 本题考查企业所得税不得税前扣除的检查。企业支付的合同违约金计入"营业外支出"科目。 **答案** B

(三)

甲公司为增值税一般纳税人，生产并销售 A 产品，适用增值税税率为 13%。2020 年度有关涉税资料如下：

(1)销售 A 产品给小规模纳税人，价税合计收取 113 000 元，款项已收到。

(2)销售 A 产品给一般纳税人，取得不含税价款 200 000 元，税款 26 000 元。同时收取包装物押金 10 000 元。

(3)从小规模纳税人处购进原材料，取得普通发票，发票上注明金额 50 000 万元，款项以银行存款支付。

(4)将自产 A 产品用于本企业在建工程，该批产品的成本为 100 000 元，对外不含税售价为 120 000 元。

(5)企业转让一栋旧库房，取得转让收入 1 000 000 元，该库房的账面净值 100 000 元，转让过程中发生税费支出 55 000 元。

1. 甲企业销售 A 产品给小规模纳税人，正确的会计账务处理为( )。

   A. 借：银行存款　　　　　113 000
      贷：主营业务收入　　　　113 000
   B. 借：银行存款　　　　　113 000
      贷：主营业务收入　　　　100 000
         应交税费—应交增值税 13 000
   C. 借：银行存款　　　　　113 000.00
      贷：主营业务收入　　　109 708.74
         应交税费—应交增值税
                              3 291.26
   D. 借：银行存款　　　　　113 000
      贷：其他应付款　　　　　113 000

解析 本题考查销项税额的增值税检查。甲企业销售 A 产品给小规模纳税人，会计处理为：
借：银行存款　　　　　113 000
   贷：主营业务收入　　　100 000
      应交税费—应交增值税 13 000
答案 B

2. 甲企业销售 A 产品给一般纳税人所收取的包装物押金，正确的处理为( )。
   A. 应通过"其他应付款"科目核算
   B. 应计算缴纳增值税
   C. 应通过"主营业务收入"科目核算
   D. 应通过"其他业务收入"科目核算

解析 本题考查包装物销售的增值税检查。销售货物时收取的包装物押金，通过"其他应付款"科目核算，不计缴增值税。 **答案** A

3. 从小规模纳税人处购进的原材料，正确的会计账务处理为( )。
   A. 借：原材料　　　　　　50 000
         应交税费—应交增值税(进项税额)
                                6 500
      贷：银行存款　　　　　　56 500
   B. 借：原材料　　　　　　50 000
         应交税费—应交增值税(进项税额)
                                1 500

贷：银行存款　　　　　　　51 500
　C. 借：原材料　　　　　　　48 543.69
　　　　应交税费—应交增值税（进项税额）
　　　　　　　　　　　　　　　1 456.31
　　　贷：银行存款　　　　　　　50 000
　D. 借：原材料　　　　　　　　50 000
　　　贷：银行存款　　　　　　　50 000

解析 ▶ 本题考查增值税进项税额的检查。从小规模纳税人处购进货物，不得抵扣进项税。　　　　　　　　　**答案** ▶ D

4. 企业将 A 产品用于在建工程，正确的会计账务处理为（　　）。
　A. 借：在建工程　　　　　　　100 000
　　　贷：库存商品　　　　　　　100 000
　B. 借：在建工程　　　　　　　120 000
　　　贷：库存商品　　　　　　　120 000
　C. 借：在建工程　　　　　　　120 400
　　　贷：库存商品　　　　　　　100 000
　　　　应交税费—应交增值税（销项税额）　　　　　　　　　　20 400
　D. 借：在建工程　　　　　　　140 400
　　　贷：库存商品　　　　　　　120 000
　　　　应交税费—应交增值税（销项税额）　　　　　　　　　　20 400

【答案】 A

解析 ▶ 本题考查视同销售方式的检查。将自产产品用于在建工程，不视同销售，按成本价结转库存商品。

5. 企业转让库房，正确的处理为（　　）。
　A. 应缴纳企业所得税
　B. 应缴纳消费税
　C. 转让过程中发生的税收支出应通过"固定资产清理"科目核算
　D. 转让净收入应转入"营业外收入"科目

解析 ▶ 本题考查销售不动产的检查。销售不动产应缴纳企业所得税。销售不动产通过"固定资产清理"账户核算。转让净收入应转入"营业外收入"科目。　**答案** ▶ ACD

同步系统训练

一、单项选择题

1. 税务机关凭全国统一格式的检查存款账户许可证明，查询从事生产、经营的纳税人在银行的存款账户时，需（　　）。
　A. 经税务所所长批准
　B. 经县以上税务局（分局）局长批准
　C. 经办案人员批准
　D. 经银行批准

2. 纳税检查中，采用（　　）发现的问题，仅能揭露事物内部的矛盾，不能作为定案的依据。
　A. 详查法　　　　B. 抽查法
　C. 顺查法　　　　D. 分析法

3. 某企业当期应摊销无形资产 1 000 元，实际摊销 500 元。应做的账务调整分录为（　　）。
　A. 借：管理费用　　　　　　　1 000
　　　贷：累计摊销　　　　　　　1 000
　B. 借：管理费用　　　　　　　　500
　　　贷：累计摊销　　　　　　　　500
　C. 借：累计摊销　　　　　　　　500
　　　贷：管理费用　　　　　　　　500
　D. 借：累计摊销　　　　　　　1 000
　　　贷：管理费用　　　　　　　1 000

4. 关于"应交增值税"明细账内设置的相关专栏所记录的内容的说法，错误的是（　　）。
　A. "进项税额"专栏记录一般纳税人购进货物、加工修理修配劳务、服务、无形资产或不动产而支付或负担的、准予从当期销项税额中抵扣的增值税额
　B. "已交税金"专栏记录一般纳税人当月已交纳的应交增值税额
　C. "减免税款"专栏记录一般纳税人按现行规定准予减免的增值税额
　D. "销项税额抵减"专栏记录一般纳税人按规定计算的出口货物的进项税额抵减内销产品的应纳税额

5. 某商业企业为增值税一般纳税人，2020 年 5 月向消费者销售一批服装，开具的普通发票上注明价款为 10 000 元。款项已收到，企业账务处理为：

借：银行存款　　　　　　　　10 000
　　贷：资本公积　　　　　　　　10 000

企业上述账务处理会造成（　　）。

A. 少计提销项税额 1 300 元
B. 少计提销项税额 1 150.44 元
C. 少计提销项税额 300 元
D. 少计提销项税额 291.26 元

6. 本月大华商场（增值税一般纳税人，适用增值税税率为 13%）零售货物并以现金形式取得含税销售收入 339 000 元，其正确的账务处理为（　　）。

A. 借：现金　　　　　　　　　339 000
　　贷：应付账款　　　　　　　339 000
B. 借：现金　　　　　　　　　339 000
　　贷：应收账款　　　　　　　339 000
C. 借：现金　　　　　　　　　339 000
　　贷：主营业务收入　　　　　300 000
　　　　应交税费—应交增值税（销项税额）　　　　　　　　39 000
D. 借：主营业务收入　　　　　339 000
　　贷：应收账款　　　　　　　300 000
　　　　应交税费—应交增值税（进项税额）　　　　　　　　39 000

7. 某企业于 2018 年 9 月 1 日采用分期收款方式销售产品，不含税价款 110 250 元，合同规定货款于 2020 年、2021 年的 1 月 1 日两次等额支付，假定贴现率为 5%，则企业发出产品时，正确的账务处理为（　　）。

A. 借：长期应收款　　　　　　110 250
　　贷：主营业务收入　　　　　10 250
B. 借：长期应收款　　　　　　110 250
　　贷：主营业务收入　　　　　94 230.77
　　　　应交税费—应交增值税（销项税额）　　　　　　16 019.23
C. 借：长期应收款　　　　　124 582.5
　　贷：主营业务收入　　　　　102 500
　　　　未实现融资收益　　　　　7 750
　　　　应交税费—待转销项税额　　　　　　14 332.5
D. 借：长期应收款　　　　　　110 250
　　贷：财务费用　　　　　　　10 250
　　　　主营业务收入　　　　　100 000

8. 某建筑公司为增值税一般纳税人，2020 年 5 月中标某建筑工程项目，并签订了合同。5 月 30 日项目开工，同时收到业主的含税开工预付款 1 090 万元，款项已存入银行。该公司 5 月 30 日收到预付款时应做的会计分录正确的是（　　）。

A. 借：银行存款　　　　　　10 900 000
　　贷：预收账款—工程款　10 000 000
　　　　应交税费—应交增值税（销项税额）　　　　　　900 000
B. 借：银行存款　　　　　　10 900 000
　　贷：预收账款—工程款　10 900 000
C. 借：银行存款　　　　　　10 900 000
　　贷：应付账款　　　　　　10 900 000
D. 借：银行存款　　　　　　10 900 000
　　贷：主营业务收入　　　10 000 000
　　　　应交税费—应交增值税（销项税额）　　　　　　900 000

9. 某服装厂（增值税一般纳税人）于 2020 年 4 月将服装 1 000 件用于对外投资，已知每件衣服的对外不含税售价为 1 000 元，成本为 800 元。该企业未提取存货跌价准备。其会计处理为：

借：长期股权投资—其他股权投资
　　　　　　　　　　　　　800 000
　　贷：库存商品　　　　　　800 000

关于该业务的会计处理的说法，正确的是（　　）。

A. 造成少计提增值税销项税额 104 000 元
B. 账务调整分录为：
借：长期股权投资—其他股权投资
　　　　　　　　　　　　　330 000
　　主营业务成本　　　　　800 000
　　贷：主营业务收入　　　1 000 000

应交税费—应交增值税（销项税额）
　　　　　　　　　　　　130 000

C. 该服务厂改变衣服的用途但未改变所有权属，因此作为内部处置资产，不视同销售确认收入，不计算缴纳企业所得税

D. 应借记"营业外支出"1 130 000 元

10. 2020 年 8 月企业将包装物作为资产单独出租收取租金，记入"其他业务收入"科目，应按（　）征收增值税。

　　A. 11%　　　　　B. 13%
　　C. 6%　　　　　 D. 16%

11. 某服装企业为增值税一般纳税人，2019 年 12 月在销售产品的同时向购货方收取包装物押金 1 130 元，并分别核算。该项业务正确的账务处理为（　）。

　　A. 借：银行存款　　　　1 130
　　　　贷：其他应付款　　　　1 130
　　B. 借：银行存款　　　　1 130
　　　　贷：其他业务收入　　　1 130
　　C. 借：银行存款　　　　1 130
　　　　贷：其他应付款　　　　1 000
　　　　　　应交税费—应交增值税（销项税额）　　　　　　130
　　D. 借：银行存款　　　　1 130
　　　　贷：其他业务收入　　　1 000
　　　　　　应交税费—应交增值税（销项税额）　　　　　　130

12. 某企业为增值税一般纳税人，增值税税率为 13%。2020 年 6 月在收取货款时另向购买方收取包装物租金 400 000 元，企业应做的账务处理为（　）。

　　A. 借：银行存款　　　　400 000
　　　　贷：销售费用　　　　400 000
　　B. 借：银行存款　　　　452 000
　　　　贷：其他业务收入　　400 000
　　　　　　应交税费—应交增值税（销项税额）　　　　　52 000
　　C. 借：银行存款　　　　400 000
　　　　贷：其他业务收入　　353 982.3
　　　　　　应交税费—应交增值税（销项税额）　　　　　46 017.7
　　D. 借：银行存款　　　　400 000
　　　　贷：主营业务收入　　360 360.36
　　　　　　应交税费—应交消费税　　　　　　　　　39 639.64

13. 2019 年 12 月，某电器企业（增值税一般纳税人）在销售货物时另向购买方收取延期付款利息 20 000 元，企业作如下会计处理：

借：银行存款　　　　　20 000
　　贷：财务费用　　　　20 000

下列关于该笔会计处理的说法，正确的是（　）。

A. 该笔会计处理造成企业少缴增值税 1 200 元

B. 该笔会计处理造成企业少缴增值税 2 300.88 元

C. 该笔会计处理造成企业少缴增值税 3 200 元

D. 该笔会计处理造成企业少缴增值税 1 000 元

14. 某企业为增值税一般纳税人，增值税率为 13%。2020 年 6 月在销售货物时另向购买方收取优质费 100 000 元，企业应作的账务处理为（　）。

　　A. 借：银行存款　　　　100 000
　　　　贷：销售费用　　　　100 000
　　B. 借：银行存款　　　　100 000
　　　　贷：主营业务收入　　87 000
　　　　　　应交税费—应交增值税（销项税额）　　　　　13 000
　　C. 借：银行存款　　　　100 000
　　　　贷：主营业务收入　　88 495.58
　　　　　　应交税费—应交增值税（销项税额）　　　　　11 504.42
　　D. 借：银行存款　　　　100 000
　　　　贷：主营业务收入　　95 000
　　　　　　应交税费—应交增值税　5 000

15. 企业本期发生的如下业务中，原购进货物所含进项税额不得抵扣的是（　）。

A. 从小规模纳税人处购进原材料，取得税务机关代开的增值税专用发票
B. 从海关取得的专用缴款书上注明的增值税额
C. 某企业购入原材料用于免税项目
D. 某汽车经销商外购用于销售的小汽车

16. 某公司（增值税一般纳税人）2020 年 5 月从小规模纳税人处购进一批原材料，取得增值税普通发票，发票上注明价款113 000 元，货款通过银行转账支付，其正确的账务处理为（　　）。
    A. 借：原材料　　　　　　　113 000
         贷：银行存款　　　　　　　113 000
    B. 借：原材料　　　　　　　100 000
         应交税费—应交增值税（进项税额）
         　　　　　　　　　　　　 13 000
         贷：银行存款　　　　　　　113 000
    C. 借：原材料　　　　　　　109 709
         应交税费—应交增值税（进项税额）
         　　　　　　　　　　　　 3 291
         贷：银行存款　　　　　　　113 000
    D. 借：原材料　　　　　　　113 000
         贷：应付账款　　　　　　　113 000

17. 对于委托加工应税消费品业务，正确的涉税处理为（　　）。
    A. 委托方就加工收入计算缴纳消费税
    B. 受托方就加工收入计算缴纳消费税
    C. 委托方按照受托方的同类消费品的销售价格计算缴纳消费税
    D. 受托方按照委托方的同类消费品的销售价格计算缴纳消费税

18. 企业销售商品、产品、原材料、包装物、低值易耗品以及其他存货取得的收入是（　　）。
    A. 租金收入　　B. 销售货物收入
    C. 提供劳务收入　D. 利息收入

19. 对于大量大批的单步骤生产企业，计算产品成本时主要采用的方法为（　　）。
    A. 品种法　　　B. 分批法
    C. 步骤法　　　D. 综合法

20. 下列项目属于期间费用的是（　　）。
    A. 制造费用　　B. 销售费用
    C. 待摊费用　　D. 预提费用

21. 税务机关在对某企业进行所得税检查时，发现该企业在"营业外支出"科目列支对山区贫困地区的捐款 80 万元，在计算所得税时未做纳税调整。该企业本年度会计利润为 500 万元，则应补缴企业所得税（　　）万元。
    A. 5　　　　　　B. 10
    C. 20　　　　　D. 25

二、多项选择题

1. 在纳税检查中若发现以前年度有多计费用少计收入的现象，正确的会计处理方法有（　　）。
   A. 对于多计的费用，应调增"本年利润"科目的借方金额
   B. 对于多计的费用，应调增"以前年度损益调整"科目的贷方金额
   C. 对于少计的收入，应调增"本年利润"科目的借方金额
   D. 对于少计的收入，应调增"以前年度损益调整"科目的贷方金额
   E. 对于少计的收入，应调增"以前年度损益调整"科目的借方金额

2. 甲公司为增值税一般纳税人，在 2020 年 5 月 15 日与乙公司签订经营租赁合同，合同约定甲公司向乙公司出租一台机器设备，租期 10 个月，租赁开始日为 6 月 1 日，同时还约定乙公司要在 5 月 20 日向甲公司一次性支付全额租金。5 月 20 日，甲公司收到乙公司支付的不含税租金 10 万元和相应税款。甲公司收取预收款时的会计分录为：
   借：银行存款　　　　　　　113 000
   　　贷：预收账款　　　　　　　113 000
   关于该公司该项业务的会计处理的说法，正确的有（　　）。
   A. 该公司应于收到预收款的当天计提销项税额

B. 采取预收款方式销售租赁服务的企业，应于服务发生时，确认收入及补收款项，计提增值税销项税额

C. 甲公司5月20日应做的正确会计分录为：
借：银行存款　　　　　　　　113 000
　　贷：预收账款　　　　　　　100 000
　　　　应交税费——应交增值税（销项税额）
　　　　　　　　　　　　　　　13 000

D. 该公司出租机器设备属于提供有形动产租赁服务，适用13%税率

E. 从6月1日起，在租赁期限内的每月月末，甲公司应分别确认收入，会计分录为：
借：预收账款　　　　　　　　10 000
　　贷：其他业务收入　　　　　10 000

3. 税务机关检查某消费税应税消费品生产企业纳税情况时，发现该企业在销售应税消费品时，除了收取价款外，还向购货方收取了其他费用。下列费用应并入应税销售额计税的有（　　）。
A. 购货方延期付款而支付的利息
B. 向购买方收取的增值税税金
C. 因物价上涨，向购买方收取的差价补贴
D. 因采用新的包装材料而向购买方收取的包装费
E. 向购买方收取的啤酒包装物押金

4. 某合伙企业将自产的高档化妆品用于职工福利，该项行为应缴纳的税种包括（　　）。
A. 增值税　　　　B. 消费税
C. 企业所得税　　D. 城市维护建设税
E. 教育费附加

5. 某化妆品厂（增值税一般纳税人）2020年5月将一批新生产的高档化妆品发给职工，无同类产品的对外售价，已知该批产品的生产成本10 000元，当月无进项税额。企业账务处理为：
借：应付福利费　　　　　　　10 000
　　贷：库存商品　　　　　　　10 000
已知该化妆品的全国平均成本利润率为5%，消费税税率为15%，增值税税率为13%。关于该笔账务处理的说法，正确的有（　　）。
A. 少计算增值税1 600元
B. 少计算增值税1 680元
C. 少计算增值税1 605.88元
D. 少计算消费税1 575元
E. 少计算消费税1 852.94元

6. 以下可以在企业所得税前扣除的项目有（　　）。
A. 消费税　　　　B. 罚款
C. 企业违约金　　D. 印花税
E. 税收滞纳金

7. 以下属于企业销售费用的有（　　）。
A. 广告费　　　　B. 管理费
C. 运输费　　　　D. 包装费
E. 展览费

三、案例分析题

（一）

甲企业为增值税一般纳税人，主要生产M产品，每件产品的不含税售价为1 000元，成本为每件200元；购进原材料均能取得增值税专用发票，购销货物适用增值税13%税率（城市维护建设税及教育费附加不考虑）。2021年3月，税务机关对甲企业上年度的纳税情况进行检查，甲企业有关账务资料如下：

(1) 销售给A企业M产品10件，同时收取包装物租金1 000元，账务处理为：
借：银行存款　　　　　　　　12 300
　　贷：资本公积　　　　　　　11 300
　　　　其他业务收入　　　　　1 000

(2) 销售给B企业（小规模纳税人）M产品2件，账务处理为：
借：银行存款　　　　　　　　2 260
　　贷：其他应付款　　　　　　2 260

(3) 职工福利部门领用M产品5件，账务处理为：
借：应付职工薪酬　　　　　　1 000
　　贷：库存商品　　　　　　　1 000

(4) 在建办公大楼领用M产品10件（该项目

工程至今年 8 月尚未完工),账务处理为:
借:在建工程　　　　　　　　2 000
　　贷:库存商品　　　　　　　　2 000

1. 甲企业销售给 A 企业产品,正确的涉税处理为(　)。
   A. 依对外售价计算主营业务收入
   B. 计算增值税销项税额
   C. 外购原材料的进项税额不得抵扣
   D. 外购原材料的进项税额作转出处理

2. 甲企业向 A 企业收取的包装物租金应调增增值税销项税额(　)元。
   A. 0　　　　　　　　B. 50
   C. 115.04　　　　　D. 170

3. 甲企业销售给 B 企业产品应调增增值税销项税额(　)元。
   A. 0　　　　　　　　B. 70.2
   C. 260　　　　　　　D. 397.8

4. 甲企业职工福利部门领用产品应作的正确账务调整为(　)。
   A. 借:应付职工薪酬　　　　5 000
      　　贷:以前年度损益调整　　5 000
   B. 借:应付职工薪酬　　　　　650
      　　贷:应交税费—应交增值税(销项税额)　　　　　　　　650
   C. 借:应付职工薪酬　　　　5 650
      　　贷:以前年度损益调整　　5 650
   D. 借:应付职工薪酬　　　　　130
      　　贷:应交税费—应交增值税(销项税额)　　　　　　　　130

5. 甲企业在建办公大楼领用 M 产品应作的正确账务调整为(　)。
   A. 无须调整
   B. 借:在建工程　　　　　1 452.99
      　　贷:应交税费—应交增值税(销项税额)　　　　　　1 452.99
   C. 借:在建工程　　　　　　1 300
      　　贷:应交税费—应交增值税(销项税额)　　　　　　　1 300
   D. 借:在建工程　　　　　　1 300
      　　贷:应交税费—应交增值税(进项税额转出)　　　　　1 300

(二)
甲企业为增值税一般纳税人,适用税率为 13%,主要生产并销售 A 产品,A 产品对外含税售价为每件 800 元,成本为每件 500 元,原材料核算采用实际成本法。2020 年 8 月,甲企业的有关财务资料如下:
(1)采用预收款方式销售产品 100 件给小规模纳税人,本月收到预收款 80 000 元。
(2)将自产产品 200 件用于本企业在建厂房。
(3)销售产品 1 000 件给一般纳税人,同时收取包装物使用费 20 000 元。另外收取包装物押金 10 000 元,合同规定三个月后退回,款项已收到并送交银行。
(4)企业从小规模纳税人处购进原料,取得的普通发票上注明金额为 1 000 000 元。

1. 甲企业采用预收款方式销售产品给小规模纳税人,应做的账务处理为(　)。
   A. 贷记"预收账款"80 000 元
   B. 贷记"主营业务收入"77 669.9 元
   C. 贷记"主营业务收入"70 796.46 元
   D. 贷记"应交税费—应交增值税(销项税额)"9 203.54 元

2. 甲企业将自产产品用于本企业在建厂房,应做的账务处理为(　)。
   A. 贷记"主营业务收入"160 000 元
   B. 贷记"库存商品"100 000 元
   C. 贷记"应交税费—应交增值税(销项税额)"25 600 元
   D. 贷记"应交税费—应交增值税(销项税额)"18 407.08 元

3. 甲企业收取的包装物使用费,应做的账务处理为(　)。
   A. 贷记"应交税费—应交增值税"1 000 元
   B. 贷记"应交税费—应交增值税(销项税额)"3 200 元
   C. 贷记"应交税费—应交增值税(销项税额)"582.52 元
   D. 贷记"应交税费—应交增值税(销项税额)"2 300.88 元

4. 甲企业收取的包装物押金,应做的账务处理为( )。
   A. 借记"银行存款"10 000元
   B. 贷记"其他应付款"10 000元
   C. 贷记"其他应付款"8 547元
   D. 贷记"应交税费—应交增值税(销项税额)"1 300元

5. 甲企业从小规模纳税人购进原材料,应做的财务处理为( )。
   A. 借记"应交税费—应交增值税(进项税额)"130 000元
   B. 借记"应交税费—应交增值税(进项税额)"160 000元
   C. 借记"应交税费—应交增值税(进项税额)"30 000元
   D. 借记"原材料"1 000 000元

(三)

某中外合资家电生产企业,2020年销售产品取得不含税收入2 500万元,会计利润600万元,已预缴所得税150万元。经税务师事务所审核,发现以下问题:

(1)期间费用中,广告费450万元、业务招待费15万元、研究开发费用20万元。

(2)营业外支出50万元,包括通过公益性社会团体向贫困山区捐款30万元,直接捐赠6万元。

(3)计入成本、费用中的实发工资总额150万元、拨缴职工工会经费3万元、支付职工福利费29万元。

(4)7月购置并投入使用的安全生产专用设备企业未进行账务处理,购置设备的投资额为81.9万元,预计使用10年,假定不考虑其他因素。

(5)在A国设有分支机构,A国分支机构当年应纳税所得额300万元,其中,生产经营所得200万元,A国税率20%;特许权使用费所得100万元,A国税率30%;从A国分得税后利润230万元,尚未入账处理。

1. 广告费、业务招待费不得税前扣除( )万元。
   A. 9   B. 75
   C. 81   D. 87.5

2. 对外捐赠支出应调增应纳税所得额( )万元。
   A. 6   B. 30
   C. 36   D. 99.19

3. 工会经费、职工福利费调增应纳税所得额( )万元。
   A. 0   B. 3
   C. 8   D. 32

4. 境内所得的应纳税所得额为( )万元。
   A. 596.59   B. 600
   C. 676.73   D. 676.59

5. A国分支机构在我国应补缴企业所得税( )万元。
   A. 0   B. 5
   C. 70   D. 75

同步系统训练参考答案及解析

一、单项选择题

1. B 【解析】本题考查纳税检查的内容。经县以上税务局(分局)局长批准,税务机关凭全国统一格式的检查存款账户许可证明,查询从事生产、经营的纳税人、扣缴义务人在银行或者其他金融机构的存款账户。

2. D 【解析】本题考查纳税检查的分析法。分析法仅能揭露事物内部的矛盾,不宜作为查账定案的依据。

3. B 【解析】本题考查补充登记法。补充登记法适用于漏记或错账所涉及的会计科目正确,但核算金额小于应计金额的情况。
   账务调整分录为:
   借:管理费用   500
     贷:累计摊销   500

4. D 【解析】本题考查增值税会计科目的设置。选项 D 错误,"销项税额抵减"专栏记录一般纳税人按现行增值税制度规定因扣减销售额而减少的销项税额。

5. B 【解析】本题考查一般销售方式的增值税检查。该企业销售服装以不含税价款为依据,计算增值税销项税额,销项税额 = 10 000/(1+13%)×13% = 1 150.44(元)。

6. C 【解析】本题考查增值税一般销售方式的检查。销售商品取得收入贷记"主营业务收入"科目。大华商场零售货物应该缴纳增值税,计算销项税额。增值税销项税额 = 339 000/(1+13%)×13% = 39 000(元)。

7. C 【解析】本题考查增值税一般销售方式的检查。采取分期收款方式销售货物,增值税纳税义务发生时间为书面合同约定的收款日期当天。发出商品时不计缴增值税。延期收取的货款具有融资性质,其未实现融资收益 = 110 250 − 110 250÷2÷(1+5%) − 110 250÷2÷(1+5%)^2 = 7 750(元)。

8. A 【解析】本题考查销售服务的增值税检查。该公司采用预收款方式提供建筑服务,纳税义务发生时间为收到预收款的当天,该公司应于 5 月 30 日对收到的预付款计提销项税额,销项税额 = 1 090/(1+9%)×9% = 90(万元)。会计分录为:

借:银行存款　　　　　　10 900 000
　贷:预收账款—工程款　　10 000 000
　　　应交税费—应交增值税(销项税额)
　　　　　　　　　　　　　　900 000

9. B 【解析】本题考查视同销售方式的增值税检查。企业将自产产品用于对外投资,应视同销售计算增值税销项税额,销项税额 = 1 000×1 000×13% = 130 000(元)。正确的会计处理为:

借:长期股权投资—其他股权投资
　　　　　　　　　　　　1 130 000
　贷:主营业务收入　　　1 000 000
　　　应交税费—应交增值税(销项税额)
　　　　　　　　　　　　　　130 000

借:主营业务成本　　　　　800 000
　贷:库存商品　　　　　　800 000

10. B 【解析】本题考查包装物的增值税检查。营改增后,出租包装物属于有形动产租赁业务,租金收入按照 13% 的税率征收增值税。

11. A 【解析】本题考查包装物的增值税检查。周转使用的包装物收取的押金,单独记账核算的,不并入销售额征税。

12. C 【解析】本题考查包装物的增值税检查。销售货物时收取的包装物租金,通过其他业务收入科目核算,并入销售额计算缴纳增值税销项税,包装物租金是含税价格,因此要先换算成不含税价格,增值税销项税 = 400 000/(1+13%)×13% = 46 017.7(元)。

13. B 【解析】本题考查增值税销售额的检查。收取货款时向对方收取的延期支付利息属于价外费用,应计算缴纳增值税。正确的会计处理为:

借:银行存款　　　　　　　20 000
　贷:财务费用　　　　　　17 699.12
　　　应交税费—应交增值税(销项税额)
　　　　　　　　　　　　　2 300.88

因此,本题少缴增值税 = 20 000/(1+13%)×13% = 2 300.88(元)。

14. C 【解析】本题考查增值税销售额的检查。销售货物时收取的优质费属于价外费用,应计算缴纳增值税。增值税销项税额 = 100 000/(1+13%)×13% = 11 504.42(元)。

15. C 【解析】本题考查增值税进项税额的检查。选项 C 用于免税项目的购进货物所属的增值税进项税额不得抵扣。

16. A 【解析】本题考查增值税进项税额的检查。取得增值税普通发票,进项税不能抵扣,应计入原材料中。

17. C 【解析】本题考查委托加工方式的消费税检查。委托加工应税消费品,按照受托方的同类消费品的销售价格计算缴纳消费税，没有同类消费品销售价格的，按组成计税价格计缴消费税。

18. B 【解析】本题考查企业所得税销售收入的检查。销售货物收入是指企业销售商品、产品、原材料、包装物、低值易耗品以及其他存货取得的收入。

19. A 【解析】本题考查企业所得税税前准予扣除项目的检查。对于大量大批的单步骤生产企业，主要采用品种法来计算产品成本，由于其产品生产不分步骤，生产周期短，一般产品成本均记入完工产品成本。

20. B 【解析】本题考查企业所得税税前准予扣除项目的检查。期间费用包括管理费用、销售费用和财务费用。

21. A 【解析】本题考查企业所得税不得税前扣除项目的检查。企业发生的公益性捐赠支出，不超过年度利润总额12%的部分准予扣除。允许税前扣除的限额 = 500×12% = 60（万元），应调增应纳税所得额 = 80 - 60 = 20（万元），应补缴企业所得税 = 20×25% = 5（万元）。

二、多项选择题

1. BD 【解析】本题考查账务调整的基本方法。对于以前年度多计的费用、少计的收入，应调增"以前年度损益调整"科目的贷方金额。

2. ACDE 【解析】本题考查销售服务的增值税检查。选项 B 错误，采取预收款方式提供租赁服务的企业，其纳税义务发生时间为收到预收款的当天，应在收到预收款时就计提增值税销项税额。

3. ACD 【解析】本题考查一般销售方式的消费税检查。向购买方收取的增值税、啤酒的包装物押金不属于消费税计税依据。

4. ABDE 【解析】本题考查消费税视同销售方式的检查。将自产的化妆品用于职工福利需要缴纳增值税、消费税、城建税和教育费附加。本题的纳税人是合伙企业，合伙企业不是企业所得税的纳税人，不缴纳企业所得税。

5. CE 【解析】本题考查消费税视同销售方式的检查。将自产产品用于职工福利，无同类产品对外售价的，按组成计税价格计算增值税、消费税。组成计税价格 = 10 000×（1+5%）/（1-15%）= 12 352.94（元）。应纳增值税 = 12 352.94×13% = 1 605.88（元），应纳消费税 = 12 352.94×15% = 1 852.94（元）。

6. ACD 【解析】本题考查企业所得税税前准予扣除项目的检查。税收滞纳金、罚金和罚款不得在税前扣除。

7. ACDE 【解析】本题考查企业所得税税前准予扣除项目的检查。销售费用是指应由企业负担的为销售商品而发生的费用，包括广告费、运输费、装卸费、包装费、展览费、保险费、销售佣金、代销手续费、经营性租赁费及销售部门发生的差旅费、工资、福利费等费用。

三、案例分析题

（一）

1. AB 【解析】本题考查增值税的检查。生产 A 产品所用的外购原材料的进项税额可以抵扣，不需要作转出处理。

2. C 【解析】本题考查增值税的检查。货物销售收取的包装物租金，为价外费用，并入销售额按所包装货物适用税率计缴增值税。应调增增值税销项税额 = 1 000÷1.13×13% = 115.04（元）。

3. C 【解析】本题考查增值税的检查。调增增值税销项税额 = 2×1 000×13% = 260（元）。

4. B 【解析】本题考查增值税的检查。将自产产品用于职工福利，视同销售，按同类产品市场价格计算增值税，增值税销项税额 = 5×1 000×13% = 650（元）。

5. A 【解析】本题考查增值税的检查。将自产产品用于在建办公大楼，不视同销售，不计缴增值税。

（二）

1. A 【解析】本题考查增值税的检查。企业

采用预收货款销售货物的,增值税纳税义务发生时间为发出商品的当天。会计处理为:

借:银行存款　　　　　　　80 000
　　贷:预收账款　　　　　　　　80 000

2. B 【解析】本题考查增值税的检查。将自产产品用于在建工程,不视同销售,按成本价结转库存商品。

3. D 【解析】本题考查增值税的检查。甲企业销售货物时收取的包装物使用费是价外费用,应并入销售额,按货物的适用税率计算缴纳增值税。包装物使用费的销项税额=20 000/(1+13%)×13%=2 300.88(元)。相应的账务处理为:

借:银行存款　　　　　　　20 000
　　贷:应交税费—应交增值税(销项税额)
　　　　　　　　　　　　　2 300.88
　　　　其他业务收入　　　　17 699.12

4. AB 【解析】本题考查增值税的检查。纳税人为销售货物而出租出借包装物收取的押金,单独记账核算的,不并入销售额征税;对因逾期未收回包装物不再退还的押金,应按所包装货物的适用税率征收增值税。相应的账务处理为:

借:银行存款　　　　　　　10 000
　　贷:其他应付款—包装物押金 10 000

5. D 【解析】本题考查增值税进项税额的检查。一般纳税人从小规模纳税人处购买货物,取得的是增值税普通发票,其进项税不得抵扣。因此,账务处理为:

借:原材料　　　　　　　1 000 000
　　贷:银行存款　　　　　　1 000 000

(三)

1. C 【解析】本题考查企业所得税的税前扣除。不得税前扣除的广告费=450-2 500×15%=450-375=75(万元)。允许税前扣除的业务招待费=min{2 500×5‰,15×60%}=9(万元)。不得税前扣除的业务招待费=15-9=6(万元)。广告费和业务招待费合计不得税前扣除额=75+6=81(万元)。

2. A 【解析】本题考查企业所得税的税前扣除。专用设备本年折旧额=81.9÷10÷12×5=3.41(万元)。调整后的会计利润总额=600-3.41+230=826.59(万元)。公益捐赠本年度扣除限额=826.59×12%=99.19(万元),大于实际公益捐赠30万元,公益捐赠不需纳税调整。直接捐赠的6万元不得税前扣除。因此,对外捐赠应调增应纳税所得额6万元。

3. C 【解析】本题考查企业所得税的税前扣除。工会经费扣除限额=150×2%=3(万元),无须调整。职工福利费扣除限额=150×14%=21(万元),应调增应纳税所得额8万元。

4. D 【解析】本题考查企业所得税的计算。研究开发费用可加计扣除75%,即20×75%=15(万元),可以调减所得额。境内应纳税所得额=600(调整前会计利润)-3.41(设备折旧)+81(广告费和业务招待费调增额)+6(对外捐赠调增额)-15(研发费用加计扣除)+8(职工福利费调增额)=676.59(万元)。

5. B 【解析】本题考查企业所得税的源泉扣缴。在A国的分支机构在境外实际缴纳税额=200×20%+100×30%=70(万元)。境外所得的税收抵免限额=300×25%=75(万元)。75>70,因此,只能抵免70万元。设在A国的分支机构的所得在我国应补缴企业所得税额=75-70=5(万元)。

本章思维导图

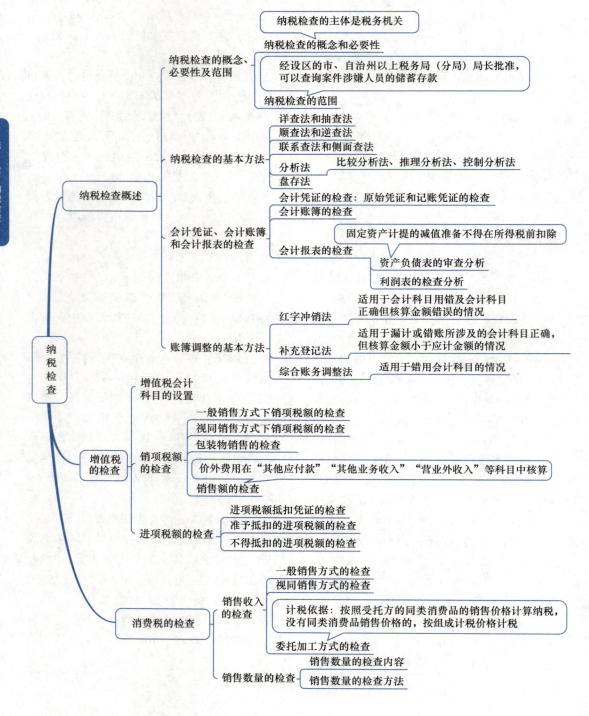

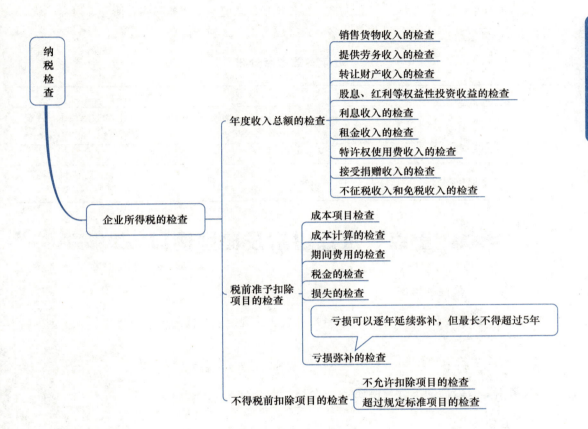

第9章 公 债

考情分析

本章主要讲解公债的含义、公债制度、公债市场、政府直接债务和或有债务等内容。从历年考题来看，本章题型以单项选择题、多项选择题为主，平均分值在5分左右。

近年本章考点分布

考点	主要考查题型	考频指数	考查角度
公债概述	选择题	★★★	公债的发行、偿还、管理权限、收入使用、持有者、流通
公债市场	选择题	★★★	公债市场的分类、功能
政府直接债务和或有债务	选择题	★★	政府直接债务和或有债务概念、防范和化解其风险

重点、难点讲解及典型例题

▶ 考点一 公债的含义

1. 公债：政府或政府机构以债务人身份，按法律规定或合同约定，与相关各方发生的特定的债权债务关系。
2. 公债产生的基本条件：(1)财政支出的需要；(2)存在社会闲置资金。

▶ 考点二 公债的发行与偿还

(一)公债的发行

含义：公债售出和被企业或个人认购的整个过程。

1. 公债发行原则(见表9-1)

表9-1 公债发行原则

原则	含义
景气发行	发行公债要依据经济状况而定，要有利于经济稳定、经济发展
稳定市场秩序	发行公债不应该让证券市场产生巨大波动，尤其要维持债券市场价格稳定
发行成本最小	尽量节约证券的利息支出、发行费用支出，尽量降低筹资成本
发行有度	发行量要适度，要考虑财政资金运用的需要和社会、居民的应债能力

2. 发行方式

(1)直接发行方式：直接向个人或机构投资者销售。

(2)承购包销方式：发行主体与承销人协商确定，签订承销合同，承销人向投资者分销。
(3)公募招标方式(主导发行方式)：发行条件通过金融市场公开招标、投标确定。
(4)连续发行方式：发行条件由发行网点和代销机构相机确定，并可随时调整。

(二)公债的偿还

含义：政府按期偿还公债本金和支付利息。

1. 公债偿还的资金来源

(1)通过预算安排；(2)设置偿债基金；(3)举借新债。

2. 偿还本金的方式(见表9-2)

表9-2 偿还公债本金的方式

方式	含义
市场购销偿还法	政府按市价从债券市场收回公债
抽签偿还法	政府在发行公债时规定将定期抽签，分期分批偿还
比例偿还法	政府将公债总额分为若干份，逐年按既定份额偿还
到期一次偿还法	在债券到期日按票面额一次全部偿清本金和利息
调换偿还法	发行新债券以偿还即将到期的旧债券

3. 公债的付息(见表9-3)

表9-3 公债的付息

付息方式	含义	适用情形
按期分次支付法	在债券存在期限内，债券应付利息分次支付	(1)期限较长的债券；(2)在持有期限内不准兑现的债券
到期一次支付法	在债券到期时一次支付债券应付利息	(1)期限较短的债券；(2)超过一定期限后随时可兑现的债券

【例1·单选题】在公债偿还本金的方式中，政府按照市价从债券市场收回公债券，从而使公债免除指的是( )。

A. 市场购销偿还法　　　　　　B. 抽签偿还法
C. 比例偿还法　　　　　　　　D. 到期一次偿还法

解析　本题考查公债偿还本金的方式。市场购销偿还法指政府按照市价从债券市场收回公债券，从而使公债免除。

答案　A

▶考点三　公债的发行管理权限、收入使用

(一)公债的发行管理权限

1. 公债发行管理权限规定的中心问题：是否授予地方政府公债发行权和管理权。
2. 财政管理体制中设置财政机构的原则：一级政权一级财政。
3. 政府对非政府债务提供担保，涉及的问题：
(1)是否允许政府为非政府债务提供担保。
(2)允许哪一级政府为非政府债务提供担保，是否允许各级政府对所属国有企业债务实行"自动"担保。
4. 2018年修订的《预算法》中关于地方政府债务的规定：

(1)地方各级预算按照量入为出、收支平衡的原则编制，除另有规定外，不列赤字。

(2)经国务院批准的省、自治区、直辖市的预算中必需的建设投资的部分资金，可以在国务院确定的限额内，通过发行地方政府债券举借债务的方式筹措。

(3)地方政府按规定举借的债务的规模，由国务院报全国人大或其常委会批准。

(4)地方政府按规定举借的债务，应当有偿还计划和稳定的偿还资金来源，只能用于公益性资本支出，不得用于经常支出。

(5)除上述规定外，地方政府及其所属部门不得以任何方式举借债务。

(6)除法律另有规定外，地方政府及其所属部门不得为任何单位和个人的债务以任何方式提供担保。

(7)国务院建立地方政府债务风险评估和预警机制、应急处置机制以及责任追究制度。国务院财政部对地方政府债务实施监督。

(二)公债的收入使用

1. 从世界各国来看，公债最早产生是为了弥补国家的财政赤字。

2. 20世纪50年代，我国公债理论提出：公债应用于生产性目的。

3. 20世纪80年代，我国每年发行公债的依据是当年国库券条例。

4. 从1992年至今，发行国库券是为了集中社会资金，进行社会主义现代化建设。

5. 从1992年起，我国开始实行复式预算，建设性预算不需在年内平衡，赤字可用公债筹集的资金弥补。

▶ 考点四　公债的持有者、公债流通

(一)公债的持有者

1. 含义：政府的债权人或公债的发行对象。

2. 持有者：中央银行、商业银行、非银行金融机构、政府机构、公司(企业)和个人。

3. 中央银行直接承购公债，容易引发较为严重的通货膨胀。各国一般禁止中央银行直接认购公债或直接承办发行公债。但允许中央银行持有一定量的公债，这些公债是央行通过公开市场业务，在公开市场上购买取得的。

4. 允许和鼓励商业银行参与公债市场的原因

(1)有利于商业银行进行有效的资产管理；(2)有助于公债一级市场的形成；(3)商业银行持有公债是央行实施公开市场操作的前提条件之一。

5. 机构持有公债的好处：

(1)减少公债销售的环节；(2)降低公债的发行成本；(3)其目的是投资，长期持有则有利于稳定公债市场。

6. 居民个人是公债资金的主要来源。鼓励居民购买公债的好处包括：

(1)充分发挥公债吸收社会闲散资金、变个人消费资金为国家生产建设资金的作用；

(2)为个人提供了理想的投资渠道。

7. 目前，我国尚未允许外国投资者参与国内公债市场，而是利用境外借款或发行债券的方式举借外债。

(二)公债流通(见表9-4)

表9-4　公债流通

含义	(1)广义：公债发行(通过流通市场)、转让和偿还(购销法)的全过程； (2)狭义：公债在流通市场上的转让

内容	公债流通制度包括对公债流通范围、办法、渠道以及价格决定方式的规定
不可转让公债	(1)不能在金融市场上交易转让的公债； (2)公债的补充形式，一般有特定的用途； (3)按期限分类： ①**短期不可转让公债**：主要形式为预付税款券，发行对象为工商企业，期限≤1年，按面额打折发行； ②**中长期不可转让公债**：包括对居民家庭发行的储蓄债券(只对居民个人发行，为小额储蓄者设计，不在公开市场发售)和对特定金融机构发行的专用债券

【例2·多选题】 关于短期不可转让公债的说法，正确的有( )。
A. 主要形式是预付税款券　　　　　B. 以工商企业为发行对象
C. 期限不超过一年　　　　　　　　D. 按票面额溢价发行
E. 到期日通常为企业各种重要税收的缴款日期

解析 ▶ 本题考查公债流通。选项D错误，短期不可转让公债按票面额打折扣发行。

答案 ▶ ABCE

▶ **考点五　公债市场**

(一)分类
1. 发行市场：一级市场、初级市场；销售新债券，**创造新资产**；是流通市场存在的前提。
2. 流通市场：二级市场；分为证券交易所交易和场外交易。

(二)功能
1. 实现公债的顺利发行和偿还。
2. 合理有效地调节社会资金的运行，提高社会资金效率。

【例3·单选题】 下列不属于公债市场功能的是( )。
A. 实现公债的顺利发行　　　　　　B. 实现公债的顺利偿还
C. 合理有效调节社会资金的运行　　D. 调节收入分配

解析 ▶ 本题考查公债市场的功能。公债市场的功能：(1)实现公债的顺利发行和偿还；(2)合理有效调节社会资金的运行，提高社会资金效率。

答案 ▶ D

▶ **考点六　政府直接债务和或有债务的概念**

1. 直接债务：在任何情况下都要承担的债务。
2. 或有债务：由某一或有事项引发的债务。
3. 显性债务：被法律或者合同所认可的政府债务。
4. 隐性债务：反映公众和利益集团压力的政府道义上的债务。

【注意】 两类债务风险：
(1)直接债务风险：直接显性债务。
(2)间接债务风险：直接隐性债务、或有显性债务、或有隐性债务。

▶ **考点七　我国政府直接债务和或有债务**

1. 直接显性债务
公债、欠发职工工资而形成的债务、粮食收购和流通中的亏损挂账、乡镇财政债务。

2. 直接隐性债务

社会保障资金缺口所形成的债务，养老保险资金的缺口是较为严重的问题。

3. 或有显性债务

公共部门的债务、公债投资项目的配套资金。

4. 或有隐性债务

金融机构不良资产、国有企业未弥补亏损、对供销社系统及对农村合作基金会的援助。

【例4·多选题】以下属于当前我国政府直接显性债务的有（　　）。

A. 乡镇财政债务　　　　　　　　B. 粮食收购和流通中的亏损挂账

C. 欠发职工工资而形成的债务　　D. 金融机构不良资产

E. 国有企业未弥补亏损

解析 ▶ 本题考查我国政府的直接显性债务。从我国的情况来看，政府除了公债以外，其他的直接显性债务包括：（1）欠发职工工资而形成的债务；（2）粮食收购和流通中的亏损挂账；（3）乡镇财政债务。

答案 ▶ ABC

▶考点八　积极防范和化解直接隐性债务与或有债务风险

1. 提高防范和化解这两类债务风险的认识。

【注意】直接隐性债务和或有债务在多数情况下是由国家预算之外的一些非确定因素引发的，而且在法律上政府只承担担保或道义的责任，但往往它会现实地转化为直接显性债务并最终要由政府来承担，且一旦积累到一定的程度就可能成为债务风险和财政危机爆发的导火线。

2. 采取防范和化解这两类债务风险的措施。

（1）进一步深化金融体制改革。

（2）进一步完善社会保障制度。

（3）加快国有企业改革（基础环节）。

（4）加快资本市场建设。

（5）完善科学规范的统计指标体系和管理体系。

历年考题解析

一、单项选择题

1. 根据社会经济状况且利于社会经济稳定和发展的公债发行原则是（　　）。

   A. 景气发行原则
   B. 干预市场秩序原则
   C. 发行成本最小原则
   D. 发行有度原则

   解析 ▶ 本题考查公债发行的原则。所谓景气发行原则，是指发行公债应根据社会经济状况而定，必须有利于社会经济的稳定和发展。

   答案 ▶ A

2. 下列政府债务中，构成政府直接隐性债务的是（　　）。

   A. 粮食收购和流通中的亏损挂账
   B. 乡镇财政债务
   C. 政策性金融债券
   D. 养老保险资金的缺口

   解析 ▶ 本题考查我国政府直接债务和或有债务。直接隐性债务主要是社会保障资金缺口所形成的债务，目前随着我国老龄化社会的形成，养老保险资金的缺口是较为严重的问题。

   答案 ▶ D

3. 根据《预算法》，我国对地方政府发行公债管理权限的规定是(　　)。
   A. 地方政府可以自行发行公债
   B. 地方政府发行公债的规模经国务院确定
   C. 地方政府所属部门可根据实际情况发行
   D. 地方公债用于解决本地区财政经费的不足

   解析 本题考查公债的发行管理权限。经国务院批准的省、自治区、直辖市的预算中必需的建设投资的部分资金，可以在国务院确定的限额内，通过发行地方政府债券举借债务的方式筹措。举借债务的规模，由国务院报全国人民代表大会或者全国人民代表大会常务委员会批准。
   答案 B

4. 社会保障资金的缺口所形成的政府债务属于(　　)。
   A. 直接显性债务　　B. 直接隐性债务
   C. 或有显性债务　　D. 或有隐性债务

   解析 本题考查我国政府直接隐性债务。我国政府直接隐性债务主要是社会保障资金缺口所形成的债务。
   答案 B

二、多项选择题

1. 关于公债制度的说法，正确的有(　　)。
   A. 我国地方公债由四级组成
   B. 发行有度是发行公债应遵循的原则之一
   C. 商业银行持有公债是成熟的公债市场的主要标志之一
   D. 居民个人也是公债资金的主要来源
   E. 地方政府可以为国有企业的债务提供担保

   解析 本题考查公债制度。选项A错误，在我国，根据一级政权一级财政的原则，地方财政主要由省(自治区、直辖市)、市(自治州)、县(自治县、县级市)和乡(镇)四级财政组成。但是，乡(镇)财政建立时间比较短，业务上对县级财政依赖性较强，财政管理水平也比较低，所以一般认为地方公债的发行管理权限应扩展到县一级比较合适。选项E错误，除法律另有规定外，地方政府及其所属部门不得为任何单位和个人的债务以任何方式提供担保。
   答案 BCD

2. 政府直接显性债务包括(　　)。
   A. 政府性金融债券
   B. 乡镇财政债务
   C. 欠发公办学校教师工资
   D. 金融机构不良资产
   E. 国有企业未弥补亏损

   解析 本题考查我国政府直接债务和或有债务。从我国的情况来看，政府除了公债以外，还有一些较明显的直接显性债务：(1)欠发职工工资而形成的债务。(2)粮食收购和流通中的亏损挂账。(3)乡镇财政债务。
   答案 BC

同步系统训练

一、单项选择题

1. 公债是政府及政府所属机构以(　　)的身份，按照国家法律的规定或合同的约定，同有关各方发生的特定的债权债务关系。
   A. 债权人　　　　B. 债务人
   C. 所有者　　　　D. 管理者

2. 公债发行量要适度，既要考虑到财政资金运用的需要，也要考虑到社会、居民的应债能力，指的是公债发行的(　　)原则。
   A. 景气发行　　　B. 稳定市场秩序
   C. 发行成本最小　D. 发行有度

3. 发行公债不应导致证券市场的巨大波动，特别是要维持债券市场价格的稳定，指的是公债发行的(　　)原则。
   A. 景气发行　　　B. 稳定市场秩序
   C. 发行成本最小　D. 发行有度

4. 发行主体与承销人共同协商发行条件，签订承销合同，明确双方权利义务关系，由承销人向投资者分销的公债发行方式是(　　)。
A. 直接发行方式　　B. 承购包销方式
C. 公募招标方式　　D. 连续发行方式

5. 当今世界各国主导的公债发行方式是(　　)。
A. 直接发行方式　　B. 承购包销方式
C. 公募招标方式　　D. 连续发行方式

6. 在公债偿还本金的方式中，将公债总额分为若干份，逐年按既定份额偿还的是(　　)。
A. 市场购销偿还法
B. 抽签偿还法
C. 比例偿还法
D. 到期一次偿还法

7. 在公债偿还本金的方式中，政府发行新债券以偿还即将到期的旧债券指的是(　　)。
A. 调换偿还法　　B. 抽签偿还法
C. 比例偿还法　　D. 到期一次偿还法

8. 在公债偿还本金的方式中，政府对发行的公债实行在债券到期日按票面金额一次偿清本金和利息的方法是(　　)。
A. 市场购销偿还法
B. 抽签偿还法
C. 比例偿还法
D. 到期一次偿还法

9. 在公债的付息方式中，适用于期限较短或者超过一定期限后随时可以兑现的债券的是(　　)。
A. 按期分次支付法
B. 到期一次支付法
C. 抽签支付法
D. 调换支付法

10. 允许和鼓励(　　)参与公债市场是各市场经济国家的通行做法。
A. 中央银行
B. 商业银行
C. 非银行机构投资者
D. 个人

11. 狭义的公债流通指的是(　　)。
A. 公债的发行
B. 公债在流通市场上的转让
C. 公债的偿还
D. 公债的回购

12. 公债市场中，被称为一级市场或初级市场的是(　　)。
A. 发行市场　　B. 流通市场
C. 次级市场　　D. 普通市场

13. 以下不属于我国或有隐性债务的是(　　)。
A. 金融机构不良资产
B. 国有企业未弥补亏损
C. 公共部门的债务
D. 对供销社系统及对农村合作基金会的援助

二、多项选择题

1. 公债产生应具备的基本条件有(　　)。
A. 财政支出需要
B. 财政收入需要
C. 社会闲置资金的存在
D. 社会保障制度的健全
E. 公债相关法律制度的完善

2. 以下属于公债发行原则的有(　　)。
A. 景气发行原则
B. 稳定市场秩序原则
C. 发行成本最小原则
D. 发行有度原则
E. 普遍发行原则

3. 以下属于世界各国通用的公债发行方式的有(　　)。
A. 直接发行方式　　B. 承购包销方式
C. 公募招标方式　　D. 连续发行方式
E. 景气发行方式

4. 以下属于偿还公债资金来源的有(　　)。
A. 举借新债
B. 向中央银行借款
C. 通过预算安排
D. 政府长期投资的收益
E. 设置偿债基金

5. 以下属于公债偿还本金方式的有(　　)。
A. 市场购销偿还法
B. 抽签偿还法
C. 固定金额偿还法

D. 到期一次偿还法
E. 调换偿还法

6. 以下属于公债付息方式的有(　　)。
   A. 按期分次支付法
   B. 到期一次支付法
   C. 随时支付法
   D. 抽签支付法
   E. 调换支付法

7. 关于公债发行市场与公债流通市场的说法，正确的有(　　)。
   A. 公债发行市场以公债流通市场为前提
   B. 只有公债发行市场才能创造出新的资产

C. 公债流通市场分为证券交易所交易和场外交易
D. 公债流通市场是公债交易的第二阶段
E. 证券交易所交易是指在指定的交易所营业厅和证券公司柜台从事的交易

8. 以下属于公债二级市场上的交易的有(　　)。
   A. 政府与证券承销机构的交易
   B. 公债承购机构与认购者的交易
   C. 公债持有者与政府的交易
   D. 公债持有者与公债认购者的交易
   E. 证券承销机构之间的交易

同步系统训练参考答案及解析

一、单项选择题

1. B 【解析】本题考查公债的含义。公债是政府及政府所属机构以债务人的身份，按照国家法律的规定或合同的约定，同有关各方发生的特定的债权债务关系。

2. D 【解析】本题考查公债的发行原则。公债发行的发行有度原则是指公债发行量要适度，既要考虑到财政资金运用的需要，也要考虑到社会、居民的应债能力。

3. B 【解析】本题考查公债的发行原则。公债发行的稳定市场秩序原则是指发行公债不应导致证券市场的巨大波动，特别是要维持债券市场价格的稳定。

4. B 【解析】本题考查公债发行方式。在公债发行的承购包销方式中，发行主体与承销人共同协商发行条件，签订承销合同，明确双方权利义务关系，由承销人向投资者分销。

5. C 【解析】本题考查公债发行方式。公募招标方式：招标、投标方式是通过市场机制确定发行条件，具有较强的适应性和生命力，已经成为当今世界各国的主导公债发行方式。

6. C 【解析】本题考查公债偿还本金的方式。比例偿还法指将公债总额分为若干份，逐年按既定份额偿还。

7. A 【解析】本题考查公债偿还本金的方式。调换偿还法即政府发行新债券以偿还即将到期的旧债券。

8. D 【解析】本题考查公债偿还本金的方式。到期一次偿还法指政府对发行的公债，实行在债券到期日按票面金额一次全部偿清本金和利息的方法。

9. B 【解析】本题考查公债的付息方式。到期一次支付法多适用于期限较短或者超过一定期限后随时可以兑现的债券。

10. B 【解析】本题考查公债的持有者。允许和鼓励商业银行参与公债市场是各市场经济国家的通行做法。

11. B 【解析】本题考查公债流通。狭义的公债流通仅指公债券在流通市场上的转让。

12. A 【解析】本题考查公债市场的分类。发行市场也称一级市场或初级市场。

13. C 【解析】本题考查我国政府直接债务和或有债务。我国政府的或有隐性债务包括：(1)金融机构不良资产；(2)国有企业未弥补亏损；(3)对供销社系统及对农村合作基金会的援助。

二、多项选择题

1. AC 【解析】本题考查公债的含义。公债的产生需要具备两个基本条件：一是财政支出需要；二是社会闲置资金的存在。

2. ABCD 【解析】本题考查公债的发行原则。公债的发行原则主要包括景气发行原则、稳定市场秩序原则、发行成本最小原则、发行有度原则。

3. ABCD 【解析】本题考查公债发行方式。世界各国通用的公债发行方式主要有：(1)直接发行方式；(2)承购包销方式；(3)公募招标方式；(4)连续发行方式。

4. ACE 【解析】本题考查公债偿还的资金来源。公债偿还的资金来源主要有：(1)通过预算安排；(2)设置偿债基金；(3)举借新债。

5. ABDE 【解析】本题考查公债偿还本金的方式。公债偿还本金的方式主要有：(1)市场购销偿还法；(2)抽签偿还法；(3)比例偿还法；(4)到期一次偿还法；(5)调换偿还法。

6. AB 【解析】本题考查公债的付息方式。公债的付息方式分为两类：一是按期分次支付法；二是到期一次支付法。

7. BCD 【解析】本题考查公债市场的分类。选项 A 错误，公债发行市场的存在是公债流通市场存在的前提条件。选项 E 错误，证券交易所交易是在指定的交易所营业厅从事的交易。

8. BCD 【解析】本题考查公债市场。公债二级市场一般是公债承购机构与认购者之间的交易，也包括公债持有者与政府或者公债认购者之间的交易。

本章思维导图

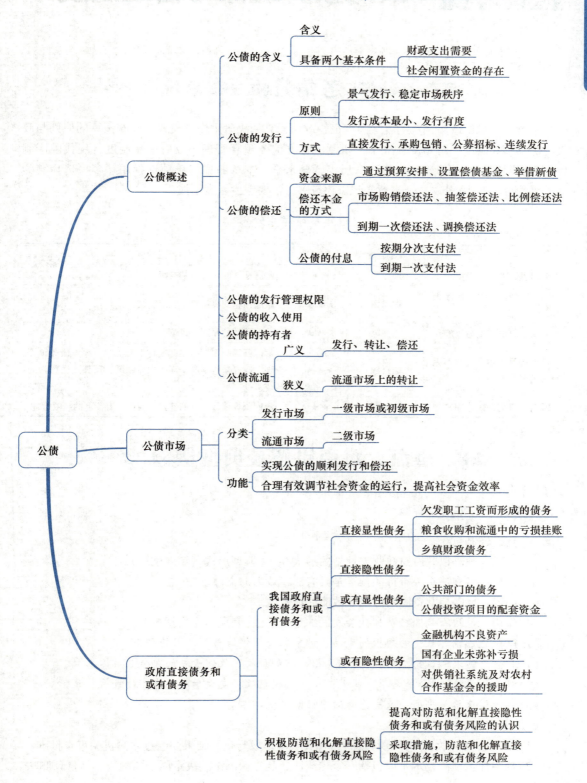

第10章 政府预算理论与管理制度

考情分析

本章主要讲解政府预算的含义及特征、政府预算的决策程序及模式、政府预算的原则与政策、部门预算制度、跨年度预算平衡机制、地方债务预算管理、政府采购制度、现代国库制度、政府预算的绩效管理等内容。从历年考题来看，本章题型以单项选择题、多项选择题为主，平均分值在10分左右。本章知识点比较多，需要考生认真掌握。

近年本章考点分布

考点	主要考查题型	考频指数	考查角度
政府预算的含义与特征	选择题	★★	政府预算的含义、基本特征
政府预算的决策程序及模式	选择题	★★★	政府预算的决策程序、编制模式
政府预算的原则与政策	选择题	★★★	政府预算的原则、政策
政府预算的编制、执行及审批监督制度	选择题	★★★	部门预算制度、跨年度预算平衡机制、地方债务预算管理、政府采购制度、现代国库制度、预算违法行为的法律责任
政府预算的绩效管理	选择题	★★	政府预算绩效管理的前提、我国政府预算的绩效管理

重点、难点讲解及典型例题

▶ 考点一 政府预算概述

（一）含义的要点
(1) 形式：预算以政府财政收支计划的形式存在（典型形式是年度预算）。
(2) 性质：经立法机关审批的预算是具有法律效力的文件。
(3) 内容：反映公共资源的分配和政府职能范围。
(4) 作用：是政府调控经济和社会发展的重要手段（表现为逆周期调节）。
【注意】通过预算收支的规模的变动，调节社会总供给与总需求的平衡：
(1) 社会总需求＞社会总供给：紧缩支出、增加税收，收大于支的盈余政策。
(2) 社会总供给＞社会总需求：扩大支出、减少税收，支大于收的赤字政策。
(3) 社会供求总量平衡：收支平衡的中性政策。

（二）基本特征
(1) 法律性（现代预算的鲜明特征）：预算收支形成与执行结果要经过立法机关审查批准。
(2) 预测性：预测技术手段包括专家预测法、趋势预测法、决定因子预测法、计量预测法。

(3)集中性：从国家整体利益出发，统筹安排，集中分配。
(4)综合性：政府预算是各项财政收支的汇集点和枢纽，综合反映国家财政收支活动的全貌。

【例1·多选题】 政府预算的调控作用主要表现在(　　)。
A. 实现社会总供给和总需求的平衡
B. 调节国民经济和社会发展中的各种比例关系
C. 控制市场投资的总量
D. 公平社会分配
E. 筹集财政资金，健全财政政策

解析 ▶ 本题考查政府预算的调控作用。政府预算的调控作用主要表现在：(1)通过预算收支规模的变动，调节社会总供给与总需求的平衡；(2)通过调整政府预算支出结构，调节国民经济和社会发展中的各种比例关系结构；(3)公平社会分配。　　答案 ▶ ABD

▶ **考点二　现代政府预算的多重研究视角**（见表10-1）

表10-1　现代政府预算的多重研究视角

经济学	(1)注重：预算配置和资金使用效率； (2)解决的问题：怎样通过非市场化决策确定公共资源配置
政治学	(1)角度：分析公共政策的决策过程及预算如何执行； (2)研究重点：预算过程的政治性； (3)考察政治制度、政治行为与预算过程和结果之间的因果关系
法学	(1)出发点：立法机构规范政府预算行为； (2)预算法治化是财政行为法治化的基本途径、公共财政的基本形式
管理学	(1)强调财政预算的功能性特征； (2)代表人物：美国学者史蒂文·科恩、威廉·埃米克
社会学	(1)强调预算与社会间的关系，将预算放在社会背景下讨论； (2)重视并发挥社团在公共预算改革中的积极作用

▶ **考点三　政府预算相关利益主体及其行为特征**（见表10-2）

表10-2　政府预算相关利益主体及其行为特征

相关利益主体	内容	行为特征
需求方	政府部门和组织、财政拨款的事业单位和部分享受政府垄断管制或财政补贴的企业、享受政府转移支付的居民个人	(1)追求自身利益最大化； (2)追求预算规模最大化
供给方	政府预算部门	(1)双重委托—代理关系； (2)有诱发设租寻租收益的可能
监督制衡方	立法监督机构	(1)代表人民的利益(最基本)； (2)具有委员会决策机制的特点； (3)面临偏好加总的困难及组织协调的交易成本

考点四 政府预算的决策程序

(一)决策程序的法定性
(1)预算决策依据的特征和决策程序的法定性。
(2)预算方案编制、审议的通过和调整必须遵循法定程序。

(二)决策过程的实质是对公共偏好的选择

1. 政府预算决策的对象是公共偏好

预算决策是对公共偏好的选择；公共偏好以个人为评价基础，由国家进行归集；公共偏好采取政治程序决策。

2. 政府预算的政治决策程序具有强制性

表现为：偏好表达、投票规则、政策意志、决策结果的强制性。

(三)优化政府预算决策程序的路径
(1)以民主方式改进政治决策程序。
(2)以市场化方式弥补预算决策政治缺陷。
(3)明确权力边界，建立制衡机制。

考点五 政府预算编制模式

(一)按编制结构分类(见表10-3)

表10-3 按编制结构分类

单式预算	全部收入、支出汇编总预算，形成收支安排对照表，不区分各项收支性质		
	优点	(1)反映预算的整体性、统一性；(2)体现政府财政收支规模和基本结构；(3)便于立法机构审议和公众监督	
	缺点	(1)不能反映财政收支的经济性质；(2)不利于监督和管理；(3)不利于体现政府在不同领域活动的性质、特点	
复式预算	把预算年度内的全部财政收支按收入来源和支出性质，分别编成两个或两个以上的预算，形成两个或两个以上的收支对照表		
	典型形式：双重预算	经常预算	政府以管理者的身份取得的一般收入和用于维护政府活动的经常费用
		主要来源：税收	
		内容	(1)用于国家政权建设的政府日常行政经费支出；(2)教育、科学、卫生、文化等各项事业费；(3)社会保障支出
		保持收支平衡并略有结余，结余额转入资本预算的收入项目	
		资本预算	国家以资产所有者的身份取得的收入，及国家特定用于投资方面的某些收入和直接用于国家投资方面的支出
		资本性支出	政府对国有企业的投资、对公共工程项目的投资、战略物资储备、政府贷款、偿还公债等支出
		资本预算收入	国有资产经营收益、资产处置收入、债务收入、经常预算结余转入
	形成	国家职能发展、政府职责范围、预算收支规模增大、收支性质复杂化	
	代表	丹麦+瑞典(最早)、英国、法国、印度	

(二)按编制方法分类(见表10-4)

表10-4　按编制方法分类

基数预算	以上年度或基期收支为基数,考虑预算年度国家政策变化、财力增加额及支出实际需要量,确定增减调整比例,测算预算年度有关收支指标	
	预算年度某项收支数额=上年度或基期该项收支的基数×(1±变化率%)	
	优点	(1)简便易行; (2)在数据资料有限、工作人员知识水平较低、预算管理的科学性和规范性要求不高的条件下,可满足财政决策和预算编制的需要
	缺点	(1)收支基数的科学性、合理性难以界定; (2)依靠编制人员的主观判断,主观随意性大,缺乏科学依据
零基预算	根据当年政府预算的政策要求、财力状况、经济与社会事业发展需要,不考虑以前年度	
	优点	(1)预算收支安排不受以往年度收支的约束,回旋余地大; (2)突出当年政府经济社会政策重点,充分发挥预算政策调控功能; (3)防止预算收支结构僵化和财政拖累
	缺点	不适用所有的收支项目,如公债还本付息支出、公务员工资福利支出在一定时期内具有刚性

(三)按编制的政策导向分类(见表10-5)

表10-5　按编制的政策导向分类

投入预算	(1)严格遵守预算控制规则,限制、禁止资金在不同项目之间转移; (2)反映的是投入,政府对资源的使用,而不是结果或产出; (3)政策重点:如何控制资源的投入和使用,保证预算按预定的规则运行; (4)优点:预算管理规范化、制度化,便于立法机关审议; (5)不足:不能有效控制行政机构和人员膨胀,预算支出效率低下
绩效预算	(1)绩效预算要求政府每笔支出必须符合**绩、预算、效**三要素的要求。 ①绩:是指请求财政拨款是为了达到某一具体目标或计划,即**绩效目标**。 ②预算:完成业绩所需的**拨款额或公共劳务成本**。 ③效:使用财政性资金所带来的**产出和结果指标**,包括量和质的考核指标。 (2)绩效预算强调预算投入与产出及结果的关系,是**结果导向预算**。 (3)更强调财政支出活动取得的成绩、产生的效果,重视预算的外部关系、公众利益和反馈、公共支出所提供与获得的有效公共服务。 (4)新绩效预算与美国早期绩效预算,相同点:都强调预算支出的绩效;不同点:早期绩效预算强调产出,新绩效预算强调支出的最终结果

(四)按政府预算编制的时间跨度分类(见表10-6)

表10-6　按政府预算编制的时间跨度分类

类型	时间长度	内容
年度预算	1年	历年制、跨历年制
多年预算	3~5年	核心是确立支出限额

【例2·单选题】有利于防止预算收支结构僵化的预算编制模式是(　　)。

A. 单式预算　　　　　　　　　　B. 复式预算
C. 基数预算　　　　　　　　　　D. 零基预算

解析 本题考查政府预算编制模式。零基预算的优点在于预算收支安排不受以往年度收支的约束，预算编制有较大的回旋余地，可突出当年政府经济社会政策重点，充分发挥预算政策调控功能，防止出现预算收支结构僵化和财政拖累。

答案 D

> ### 考点六　我国全口径预算模式的选择

全口径预算管理体系：一般公共预算、政府性基金预算、国有资本经营预算、社会保险基金预算。

（一）一般公共预算

财政收入以税收为主，支出重点为政权建设、事业发展、公共投资、分配调节领域。

（二）政府性基金预算

（1）应根据基金项目收入情况和实际支出需要，按基金项目编制，以收定支。

（2）对政府性基金预算结转资金规模超过该项基金当年收入30%的部分，应补充预算稳定调节基金，统筹使用。

（三）国有资本经营预算

含义：对国有资本收益做出支出安排的收支预算。

目标：国有资产的宏观运营。

反映：国家作为资产所有者代表与国有企业之间的收益分配和再投资关系。

1. 国有资本经营预算与一般公共预算的区别（见表10-7）

表10-7　国有资本经营预算与一般公共预算的区别

项目	一般公共预算	国有资本经营预算
分配主体	政府：社会管理者	政府：生产资料所有者的代表
分配目的	满足社会公共需要	国有资产的宏观经营并取得宏观经济效益
分配手段	凭借政治权力，强制性与无偿性	资产所有权
分配形式	税收为主要收入，供给型预算	经营型预算
收支规模	大	小 范围：国有资本：（1）自然垄断行业；（2）一般竞争性领域的经营性企业的国有资产

2. 国有资本经营预算制度（见表10-8）

表10-8　国有资本经营预算制度

实施原则	统筹兼顾、适度集中	企业上缴的利润比例按行业差异化
	相对独立、相互衔接	与一般公共预算相互独立、相互衔接
	分级编制、逐步实施	与国有资产分级管理体制相适应
收支范围	收入	（1）国有独资企业上缴国家的利润（最主要）； （2）国有控股、参股企业国有股权的股利、股息； （3）企业国有产权转让收入； （4）国有独资企业清算收入； （5）国有控股、参股企业国有股权的公司清算收入
	支出	补充公共财政、费用性支出、资本性支出（国有企业资本金注入）、其他支出

加大国有资本经营预算与一般公共预算的统筹力度	（1）完善国有资本经营预算制度，提高国有资本收益上缴公共财政的比例； （2）加强国有资本经营预算支出与一般公共预算支出的统筹使用

（四）社会保险基金预算

1. 编制社会保障预算的国际模式（见表10-9）

表10-9 编制社会保障预算的国际模式

模式	内容
基金预算 （美国、新加坡）	（1）不在政府公共预算内。收入来源是社会保障税、捐款、联邦基金的拨款，社会保障预算支出绝大部分用于福利； （2）优点：独立于政府预算，接受社会公众监督，依法运营，透明度高，政府参与程度低，有利于财政运行； （3）缺点：政府可能失去对社会保障事业的控制，使其成为独立性很大的单纯的社会福利事业
政府公共预算 （英国、瑞典）	（1）资金纳入政府公共预算内，国家全面担负社会保障事业的财政责任； （2）优点：切实保障每位公民的基本生活，体现较高的福利水平；政府能控制社会保障事业的进程，直接参与具体管理； （3）缺点：政府参与过多，在福利支出刚性的影响下，易于给财政造成较大的负担
一揽子社会保障预算	（1）优点：反映社会保障资金收支情况，体现国家社会保障水平，减轻财政负担； （2）缺点：涉及部门利益的重新调整，实施难度很大；具体编制方法较复杂
政府公共预算下的二级预算	（1）编制公共预算时，将社会保障资金收支单独划出来，编制一个子预算； （2）优点：具有一定独立性，能够相对完整地反映社会保障资金收支情况； （3）缺点：社会保障预算管理权限不明，未触动原有社会保障基金管理体制的弊端，容易使社会保障预算的编制流于形式

2. 我国的社会保险基金预算（见表10-10）

我国自2010年起试行社会保险基金预算，条件成熟后，再逐步推行。

表10-10 我国的社会保险基金预算

含义	根据国家社会保险和预算管理法律法规建立、反映各项社会保险基金收支的年度计划
建立原则	（1）依法建立，规范统一； （2）统筹编制，明确责任：按统筹层次及社会保险项目分别编制； （3）专项基金，专款专用； （4）相对独立，有机衔接； （5）收支平衡，留有结余
编制范围	按险种编制：基本养老保险基金、失业保险基金、基本医疗保险基金、工伤保险基金、保险基金利息及财政补贴等预算内容

【例3·多选题】以下属于我国全口径预算管理体系的有（ ）。
A. 一般公共预算　　　　　　　　B. 国有资本经营预算
C. 社会保险基金预算　　　　　　D. 产出预算
E. 投入预算

解析　本题考查我国全口径预算管理体系。我国全口径预算管理体系包括一般公共预算、

政府性基金预算、国有资本经营预算、社会保险基金预算。 答案 ▶ ABC

▶ 考点七 政府预算的原则

预算原则的发展：控制性（早期）→周密性→功能性→现代预算原则见表10-11。

表10-11 现代预算原则

原则	内容
公开性	预算是公开性的法律文件
可靠性	运用科学计算方法，数据确实，不得假定、估算
完整性	一切财政收支都要在政府预算中反映
统一性	预算收支按统一的程序编制，收支要以总额列入预算，不应只列净额；要求各级政府只能编制一个统一的预算
年度性	预算周期为一年，包括： (1) 历年制：每年的1月1日至12月31日，中国、法国； (2) 跨年制：本年的4月1日至次年的3月31日，英国、日本、印度；本年的10月1日至次年的9月30日，美国

▶ 考点八 政府预算政策（见表10-12）

表10-12 政府预算政策

类型	内容	代表人物
健全财政政策	资本主义自由竞争时期，节减支出，力求年度预算收支平衡	亚当·斯密 巴斯坦布尔
功能财政预算政策	(1) 健全财政+运用财政支出、税收、债务等工具； (2) 采用相机抉择方式实现政策目标	美国：勒纳
周期平衡预算政策	在一个完整的经济周期内保持收支平衡	美国：阿尔文·汉森
充分就业预算平衡政策	条件：充分就业	—
预算平衡政策	政府不应干预经济，不应把预算收支作为干预经济的工具	自由主义的经济学家

我国《预算法》规定：各级政府应当建立跨年度预算平衡机制。

【例4·单选题】 根据经济社会发展的政策目标，采用相机抉择方式安排预算收支的政策称为（ ）。

A. 健全财政政策
B. 功能财政预算政策
C. 周期平衡预算政策
D. 充分就业预算平衡政策

解析 ▶ 本题考查政府预算的政策。按照功能财政预算政策的要求，政府行政部门和立法部门应当根据经济周期的不同状况，灵活机动地采取一定的政策和措施，而这些措施的选择应以价格稳定和充分就业的政策目标为依据，采用相机抉择方式来实现政策目标。 答案 ▶ B

考点九 部门预算(见表10-13)

(一)部门预算的含义、原则

表10-13 部门预算

含义		总预算的基础,由各预算部门编制
		市场经济国家财政预算管理的基本组织形式
	基本含义	(1)预算编制的基础单元为部门; (2)预算落实到每个部门,预算管理以部门为依托; (3)预算部门资质要求严格,限定与财政直接发生经费领拨关系的一级预算单位
原则	合法性	符合《中华人民共和国预算法》
	真实性	以国家社会经济发展计划和履行部门职能的需要为依据
	完整性	所有收入和支出全部纳入
	科学性	预测和安排预算的方向、程序设置、编制方法、核定要科学
	稳妥性	量入为出,收支平衡,不得编制赤字预算
	重点性	(1)先保证基本支出,后安排项目支出; (2)先重点、急需项目,后一般项目
	透明性	预算分配标准化
	绩效性	将部门和单位预算收支全面纳入绩效管理,赋予部门和资金使用单位更多的管理自主权。对预算的决策、编制、执行过程及完成结果实行全面的追踪问效

(二)部门预算的基本内容(见表10-14)

表10-14 部门预算的基本内容

收入预算		上年结转资金、财政拨款收入、上级补助收入、事业收入、事业单位经营收入、下级单位上缴收入、用事业基金弥补收支差额
支出预算	基本支出预算	人员经费和日常公用经费
		部门支出预算的主要组成部分
		原则 综合预算,优先保障,定员定额管理
	项目支出预算	年度项目支出计划
		基本建设、有关事业专项发展、专项业务、大型修缮、大型购置、大型会议等支出
		原则 综合预算,科学论证、合理排序,追踪问效

【例5·多选题】部门预算中,项目支出预算的编制原则有( )。

A. 综合预算原则
B. 定员定额原则
C. 追踪问效原则
D. 科学论证、合理排序原则
E. 按项目申报时间排序原则

解析 ▶ 本题考查部门预算。部门预算中项目支出预算的编制原则有:追踪问效原则,综合预算原则,科学论证、合理排序的原则。 **答案** ▶ ACD

▶考点十 跨年度预算平衡机制

（一）年度预算平衡与跨年度预算平衡（见表 10-15）

表 10-15　年度预算平衡与跨年度预算平衡

年度预算平衡	（1）含义：每一年的财政收支结果应是平衡的预算； （2）缺点： ①容易忽略潜在财政风险； ②在年度预算中，各项收支已由预算确定，具有法律性，在年度内进行收支结构调整受到限制，与年度内的不确定因素产生矛盾； ③限制了政府对未来更长远的考虑
跨年度预算平衡	（1）含义：预算收支的对比关系应在一定的经济周期内保持平衡，而不是在一个特定的财政年度内保持平衡； （2）优点：有利于政策的长期可持续性，使决策者尽早地发现问题，鉴别风险，采取措施

（二）构建跨年度预算平衡机制（见表 10-16）

表 10-16　构建跨年度预算平衡机制

预算超收及短收的平衡机制	（1）超收收入：冲减赤字或化解债务后用于补充预算稳定调节基金； （2）短收：采取调入预算稳定调节基金或其他预算资金进行补充、削减支出等实现平衡，如果仍不能平衡则通过调整预算增列赤字； （3）不是否定年度预算平衡，而是在坚持量入为出、严控支出规模的基础上，对确因社会发展及政策调控等特殊需要未能实现年度预算平衡的，可以按规定启动跨年度预算平衡机制
预算赤字的弥补机制	经法定程序按规定的弥补方式办理
实施中期财政规划管理	（1）我国中期财政规划的类型：按照三年滚动方式编制，更接近于中期财政框架； （2）分年度看：中期财政规划的第一年规划约束对应年度预算，后两年规划指引对应年度预算；分级次看：全国中期财政规划对中央年度预算编制起约束作用，对地方中期财政规划和年度预算编制起指导作用

▶考点十一　地方债务预算管理（见表 10-17）

表 10-17　地方债务预算管理

适度准予地方政府举借债务	（1）《预算法》规定：经国务院批准的省、自治区、直辖市的预算中必需的建设投资的部分资金，可以在国务院确定的限额内，通过发行地方政府债券举借债务的方式筹措； （2）举借的债务应当有偿还计划和稳定的偿还资金来源，只能用于公益性资本支出，不得用于经常性支出； （3）除上述规定外，地方政府及其所属部门不得以任何方式举借债务。除法律另有规定外，地方政府及其所属部门不得为任何单位和个人的债务以任何方式提供担保
地方政府债务纳入预算管理	（1）一般债务收支纳入一般公共预算管理； （2）专项债务收支纳入政府性基金预算管理； （3）政府与社会资本合作项目中的财政补贴等支出按性质纳入相应政府预算管理

▶考点十二　政府采购制度

（一）政府采购的含义与原则

1. 政府采购的含义及政府采购制度

(1)政府采购

依据是《政府采购法》,主体包括国家机关、事业单位、团体组织,使用的是财政性资金,对象包括货物、工程、服务。

(2)政府采购制度

政府颁布采购法令、法规以及一系列政策、规章的统称,最早由英国政府创建。

自 2015 年 3 月 1 日起施行的《中华人民共和国政府采购法实施条例》明确,财政性资金是指纳入预算管理的资金。

2. 政府采购的原则(见表 10-18)

表 10-18　政府采购的原则

原则	内容
公开透明	信息、法律、政策、程序、采购过程要公开
公平竞争	(1)市场经济运行的基本法则; (2)政府采购的基本规则
公正	建立回避制度,下列人员应当回避: (1)参加采购活动前 3 年内与供应商存在劳动关系; (2)参加采购活动前 3 年内担任供应商的董事、监事; (3)参加采购活动前 3 年内是供应商的控股股东或实际控制人; (4)与供应商的法定代表人或者负责人有夫妻、直系血亲、三代以内旁系血亲或者近姻亲关系; (5)与供应商有其他可能影响政府采购活动公平、公正进行的关系
诚实信用	民事活动的基本原则

(二)政府采购的基本方式(见表 10-19)

表 10-19　政府采购的基本方式

招标采购	按招标公开程度分类	公开	邀请所有有意向的供应商参加投标
		选择性	通过资格审查的供应商参加招标;确定特定采购项目在一定期限内的候选供应商
		限制性	不刊登公告,直接邀请一家或两家以上的供应商参加投标
	按投标人的范围分类	国际竞争性	发布招标公告邀请所有符合要求的供应商参加竞标
		国内竞争性	
		国际限制性	不发布公告,直接邀请供应商参加
		国内限制性	
非招标采购	单一来源采购		(1)直接采购、无竞争采购; (2)所采购商品来源渠道单一,或属专利、首次制造、合同追加、原有项目的后续扩充,只能由一家供应商供货
	竞争性谈判采购		(1)与多家供应商谈判,最后决定中标者; (2)适用紧急情况;涉及高科技应用产品和服务
	国内、外询价采购		(1)先向供应商发出询价单,比较报价确定中标者; (2)采购的货物规格、标准统一,现货货源充足且价格变化幅度小

(三)我国政府采购的方式

我国政府采购实行集中采购(纳入集中采购目录或在采购限额标准以上的政府采购项目)和分散采购相结合。

政府采购的主要方式：**公开招标**(主要)、邀请招标、竞争性谈判、单一来源采购、询价采购等。

【例6·单选题】通过公开程序，邀请供应商提供资格文件，只有通过资格审查的供应商才能参加后续招标，这种采购方式称为(　　)。

A. 公开招标采购　　　　　　　　　　B. 选择性招标采购
C. 限制性招标采购　　　　　　　　　　D. 非竞争性招标采购

解析 ▶ 本题考查政府采购制度。选择性招标采购是通过公开程序，邀请供应商提供资格文件，只有通过资格审查的供应商才能参加后续招标。　　　　　　　**答案** ▶ B

▶ 考点十三　现代国库制度

(一)国库集中收付管理(见表10-20)

表10-20　国库集中收付管理

内涵		现代国库管理的基本制度
		建立国库单一账户体系，规范财政资金收入和支付运行机制
	内容	(1)完善的国库单一账户体系； (2)规范的资金收付程序和方式； (3)对财政收支活动进行监控
我国财政国库管理制度改革		2001年推行，以国库单一账户体系为基础、资金缴拨以国库集中收付为主要形式
	内容	改革账户管理体系	国库单一账户体系
		改革资金收缴方式	直接缴库、集中汇缴
		改革资金支付方式	财政直接支付、财政授权支付，通过国库单一账户体系直接将资金支付给收款人

(二)公债管理(见表10-21)

表10-21　公债管理

含义		在控制公债规模和公债风险的前提下，以最小成本满足财政筹资的需要
我国发展情况		公债发行的市场化程度不断提高
		公债期限结构逐步多样化
		公债交易方式不断创新
公债规模控制分类	公债余额管理	(1)公债限额管理； (2)预算差额管理； (3)我国从2006年开始实行公债余额管理
	公债发行额管理	—
作用		公债管理是现代国库管理制度负债管理职能的重要体现，与国库现金管理相配合，提高资产负债管理的效率和效益

(三)国库现金管理(见表10-22)

表10-22　国库现金管理

含义	前提	国库现金支付需要
	目标	国库闲置现金最小化、投资收益最大化

对象	库存现金、活期存款、与现金等价的短期金融资产
操作方式	(1) 初期主要方式：商业银行定期存款、买回公债； (2) 公债回购和逆回购

【例7·多选题】公债余额管理包括(   )。

A. 公债限额管理

B. 公债全额管理

C. 预算差额管理

D. 公债发行额管理

E. 公债储备额管理

解析▶ 本题考查公债管理。公债余额管理分为公债限额管理和预算差额管理。答案▶ AC

▶ 考点十四　政府预算的审查、批准和监督

(一) 政府预算的审查和批准(见表10-23)

表10-23　政府预算的审查和批准

预算审批	财政部门审查		
	立法机关审查、批准	预算草案具有法律性、权威性	
我国预算审批	预算审批部门	各级人民代表大会	
	审批程序	初审	人代会召开前，人代会相关部门初审
		终审	人代会对草案审查、批准

(二) 政府预算监督

1. 含义

【注意】政府预算监督的最基本表现形式之一是对财政收支的审计。

广义和狭义的政府预算监督的比较的具体内容见表10-24。

表10-24　广义和狭义的政府预算监督的比较

相同点	监督对象一致，为接受财政管理的相关组织，包括国家机关、事业单位、国有企业和其他组织
不同点	(1) 两者的监督主体不完全相同； (2) 由监督主体的不同引出两者监督方式和监督内容不同

2. 特点

监督体系层次性；监督主体多元性；监督对象广泛性；监督过程全面性；监督依据法律性；监督形式多样性。

【例8·单选题】我国法定的预算审批部门是(   )。

A. 财政部

B. 国务院

C. 各级人大

D. 各级人民政府

解析▶ 本题考查政府预算的审查和批准。我国各级人民代表大会是法定的预算审批部门。

答案▶ C

考点十五　预算违法行为的法律责任

(1)现代公共预算制度最重要、最基本的核心功能：法定授权。
(2)法律责任具有国家强制性。
(3)我国《预算法》规定的法律责任主要是行政责任，也包括刑事责任。具体包括：
①追究行政责任。
②给予降级、撤职、开除处分。
③给予撤职、开除处分。
④依法给予处分。
⑤依法追究刑事责任。

考点十六　政府预算的绩效管理

(一)政府预算绩效管理的内涵
(1)融入市场经济的基本理念。
(2)以结果为导向的预算管理。
(3)宗旨：降低政府提供公共物品的成本，提高财政支出效率，约束政府支出扩张。
(二)政府预算绩效管理的前提(见表10-25)

表 10-25　政府预算绩效管理的前提

	年度绩效计划	将来对该部门或项目绩效评价的依据	
构建绩效评价框架体系	提交绩效报告	月报、年中报	澳大利亚、新西兰
		年报	大多数国家
	进行绩效评价	公民取向的绩效观，报告向社会公布，由公众评价	
	反馈绩效评价结果	绩效评价与预算分配无非常直接的联系	美国、荷兰、澳大利亚
		绩效评价与预算分配有非常直接的联系	新西兰、新加坡
赋予部门管理者充分的自主权	对支出部门实施内部控制或结果控制，支出部门在预算限额范围内拥有实施部门内部的资源分配与再分配的广泛权力		
强化部门管理者的责任	前提：给予管理者优化使用预算资源的决策自由		
以权责发生制计量政府成本	改良或修正的权责发生制	美国、加拿大、法国	
	完全的权责发生制	澳大利亚、新西兰、英国	
	澳大利亚、新西兰将权责发生制应用到预算管理上		
建立绩效预算管理的制度和组织保障(新西兰)	完善法律体系	《国家部门法案》	明确部长与CEO职责，绩效协议
		《公共财政法案》	预算绩效作为公共领域改革的重要组成部分，要求CEO对自己部门的财务管理负责
		《财政责任法案》	各部门定期提交财政报告，实现中长期预算，在政府会计和预算中引入权责发生制
	调整部门职能		

(三)我国政府预算的绩效管理(见表10-26)
我国《预算法》首次将"讲求绩效"写入了预算的原则。

表 10-26 我国政府预算的绩效管理

指导文件	《预算绩效管理工作考核办法(试行)》(2011 年 7 月财政部)
全面实施绩效管理的三个维度	(1)构建全方位预算绩效管理格局。 ①实施政府预算绩效管理。将各级政府收支预算**全面纳入绩效管理；** ②实施部门和单位预算绩效管理。将部门和单位预算收支全面纳入绩效管理，赋予部门和资金使用单位更多的**管理自主权；** ③实施政策和项目预算绩效管理。将政策和项目**全面纳入绩效管理**。对实施期超过一年的重大政策和项目实行全周期跟踪问效，建立动态评价调整机制。 (2)建立全过程预算绩效管理链条。 ①建立绩效评估机制； ②强化绩效目标管理； ③做好绩效运行监控； ④开展绩效评价和结果应用。 (3)完善全覆盖预算绩效管理体系。 ①建立一般公共预算绩效管理体系； ②建立其他政府预算绩效管理体系
健全预算绩效管理制度	(1)完善预算绩效管理流程(建立专家咨询机制)； (2)健全预算绩效标准体系(建立健全定量和定性相结合的共性绩效指标框架)
强化预算绩效管理约束	(1)明确绩效管理责任约束。 地方各级政府、各部门、各单位分别是预算绩效管理的**责任主体**。 (2)强化绩效管理激励约束。 建立绩效评价结果与预算安排和政策调整的**挂钩机制**，将本级部门整体绩效与部门预算安排挂钩，将下级政府财政运行综合绩效与转移支付分配挂钩

【例9·单选题】关于政府预算绩效管理的说法，错误的是( )。

A. 政府预算绩效管理是以结果为导向的预算管理
B. 政府预算绩效管理融入了市场经济的一些基本理念
C. 部门绩效报告必须经多家机构联合审计
D. 新西兰的《国家部门法案》明确了部长和首席执行官的职责，要求部长与首席执行官之间签订绩效协议

解析 ▶ 本题考查政府预算绩效管理。选项 C 错误，部门绩效报告一般要经过独立机构进行审计。　　　　　　　　　　　　　　　　　　　　　　　　　　　　　　　**答案** ▶ C

历年考题解析

一、单项选择题

1. 从性质上来看，政府预算是( )。
   A. 政府财政收支计划
   B. 具有法律效力的文件
   C. 反映公共资源分配的工具
   D. 政府调控经济的手段

   解析 ▶ 本题考查政府预算的含义。从性质上来看，经立法机关审批的预算是具有法律效力的文件。　　**答案** ▶ B

2. 关于预算资金需求方行为特征的说法，正确的是( )。
   A. 预算资金需求方具有集体决策机制的特点
   B. 预算资金需求方具有双重的委托代理关系
   C. 预算资金需求方有追求预算资金规模最

大化的倾向

D. 预算资金需求方有诱发设租寻租的可能

解析 本题考查政府预算管理中的共同治理。预算资金需求方的主要行为特征有：(1)总体上是追求自身利益的最大化，即预算规模的最大化的利益集团。(2)有追求预算规模的最大化内在冲动。 **答案** C

3. 下列方法中，能够以适当的市场化方式弥补预算决策政治缺陷的是( )。

   A. 绩效预算　　　B. 复式预算
   C. 国库集中支付　D. 政府采购

   解析 本题考查政府预算的决策程序。适当以市场化方式弥补预算决策政治缺陷，运用计划规划预算、零基预算、绩效预算等方法选择效率方案，提高决策的科学化程序，最终实现政治决策和市场决策方式的统一。 **答案** A

4. 关于地方政府举借债务的说法，错误的是( )。

   A. 地方政府所需的建设资金都可以通过债务形式融资
   B. 地方政府举借的债务要列入本级预算调整方案
   C. 地方政府举借债务只能通过发行地方政府债券筹措
   D. 地方政府债券只能用于公益性资本支出

   解析 本题考查地方债务预算管理。经国务院批准的省、自治区、直辖市的预算中必需的建设投资的部分资金，可以在国务院确定的限额内，通过发行地方政府债券举借债务的方式筹措。 **答案** A

5. 政府采购中，适用于紧急情况(如招标后没有供应商投标等特殊情况)或涉及高科技应用产品和服务的采购方式称为( )。

   A. 单一来源采购　B. 选择性招标采购
   C. 竞争性谈判采购 D. 限制性招标采购

   解析 本题考查政府采购制度。竞争性谈判采购是指采购主体通过与多家供应商谈判，最后决定中标者的方法。适用于紧急情况(如招标后没有供应商投标等特殊情况)或涉及高科技应用产品和服务的采购。 **答案** C

6. 当社会总供给小于总需求时，政府预算的调控手段是( )。

   A. 紧缩支出、增加税收的盈余政策
   B. 减少税收、增加支出的赤字政策
   C. 增加收费、减少税收的收入政策
   D. 收入与支出平衡的中性政策

   解析 本题考查政府预算的含义。当社会总需求大于社会总供给时，预算可采取紧缩支出和增加税收的办法，通过收大于支的盈余政策进行调节，以减少社会需求，使供求之间的矛盾得以缓解。 **答案** A

7. 预算资金的监督制衡方最基本的行为特征是( )。

   A. 代表人民的利益
   B. 具有委员会决策机制特点
   C. 面临不同偏好加总的困难
   D. 需要组织协调的交易成本

   解析 本题考查政府预算管理中的共同治理。代表人民利益是预算资金监督制衡方最基本的行为特征。 **答案** A

8. 政府预算决策的对象是( )。

   A. 程序合理　　　B. 依据合法
   C. 公共偏好　　　D. 政府需要

   解析 本题考查政府预算的决策程序。政府预算决策的对象是公共偏好。 **答案** C

9. 就预算年度来说，属于历年制的是( )。

   A. 1月1日至12月31日
   B. 4月1日至次年3月31日
   C. 7月1日至次年6月30日
   D. 10月1日至次年9月30日

   解析 本题考查政府预算的原则。历年制按公历计，自每年的1月1日起至12月31日止。 **答案** A

10. 关于部门预算编制范围的说法，正确的是( )。

    A. 部门预算只包括预算内资金

B. 部门预算只包括财政性资金
C. 部门预算按财政资金性质归口管理
D. 不同性质来源的资金统一编入部门预算

解析 本题考查部门预算。选项A、B、C错误，部门预算的完整性原则要求应将所有收入和支出全部纳入部门预算，对单位的各项财政资金和其他收入，统一管理，统筹安排，统一编制综合财政预算。

答案 D

11. 当社会总供给大于总需求时，政府预算的调控手段是( )。
    A. 紧缩支出、增加税收的盈余政策
    B. 减少税收、增加支出的赤字政策
    C. 增加收费、减少税收的收入政策
    D. 收入与支出平衡的中性政策

    解析 本题考查政府预算的含义。当社会总供给大于社会总需求时，可以适当减少税收及扩大预算支出，采取支大于收的赤字政策进行调节，以增加社会总需求。

    答案 B

12. 现代预算最鲜明的特征是( )。
    A. 预测性　　　B. 综合性
    C. 法律性　　　D. 集中性

    解析 本题考查政府预算的基本特征。现代预算的鲜明特征是它的法律性。

    答案 C

13. 就其性质来说，行政事业性国有资产更适于纳入( )。
    A. 一般公共预算
    B. 政府性基金预算
    C. 国有资本经营预算
    D. 社会保险基金预算

    解析 本题考查一般公共预算。对于行政事业性资产，由于主要由财政拨款形成，不追逐市场利润，因此一般适宜采取由相应的公共行政机构管理的体制，纳入一般公共预算的范畴。

    答案 A

14. 从预算发展来说，早期的预算原则比较注重( )。

A. 功能性　　　B. 周密性
C. 控制性　　　D. 公开性

解析 本题考查政府预算的原则。早期的预算原则比较注重控制性，即将预算作为监督和控制政府的工具；而后随着财政收支内容的日趋复杂，开始强调预算的周密性，即注重研究预算技术的改进；自功能预算理论发展后，政府预算的功能趋于多样化，由此，预算原则又更注重发挥预算的功能性作用，即正确、合理地运用预算功能来实现国家的整体利益。

答案 C

15. 一般公共预算中出现超收收入的通常处理方式是( )。
    A. 冲减赤字或化解债务后用于补充预算稳定调节基金
    B. 直接计入政府性基金
    C. 补充预算周转资金
    D. 增加预备费

    解析 本题考查构建跨年度预算平衡机制。根据跨年度预算平衡机制，对于一般公共预算执行中出现的超收收入，在冲减赤字或化解债务后用于补充预算稳定调节基金；出现短收则采取调入预算稳定调节基金或其他预算资金进行补充、削减支出等实现平衡，如若仍不能平衡则通过调整预算增列赤字。

    答案 A

16. 有利于提高现代国库资产负债管理效益的举措是( )。
    A. 公债管理与国库集中收付相结合
    B. 公债管理与国库现金管理相结合
    C. 公债管理与财政直接支付相结合
    D. 公债管理与财政授权支付相结合

    解析 本题考查现代国库制度。公债管理是现代国库管理制度负债管理职能的重要体现，它与国库现金管理密切配合，可以大大提高资产负债管理的效率和效益。

    答案 B

二、多项选择题

1. 最早实行复式预算的国家有( )。

A. 中国 B. 英国
C. 丹麦 D. 瑞典
E. 印度

解析 本题考查政府预算编制模式。最早实行复式预算的国家是丹麦和瑞典。

答案 CD

2. 国际上社会保障预算编制的模式主要有( )。
   A. 基金预算
   B. 政府公共预算
   C. 一揽子社会保障预算
   D. 资本预算下的二级预算
   E. 公共预算下的二级预算

解析 本题考查社会保险基金预算。从国际上来看，目前有关社会保障预算编制的模式大致有四种：基金预算；政府公共预算；一揽子社会保障预算；政府公共预算下的二级预算，即半独立性质预算。

答案 ABCE

3. 政府预算政治决策程序的强制性主要表现在( )。
   A. 预算标准的强制性
   B. 偏好表达的强制性
   C. 投票规则的强制性
   D. 政策意志的强制性
   E. 决策结果的强制性

解析 本题考查政府预算的决策程序。政府预算的政治决策程序具有强制性：(1)偏好表达的强制性；(2)投票规则的强制性；(3)政策意志的强制性；(4)决策结果的强制性。

答案 BCDE

4. 下列原则中，属于基本支出预算的编制原则的有( )。
   A. 综合预算的原则
   B. 成本效益的原则
   C. 优先保障的原则
   D. 追踪问效的原则
   E. 定员定额管理的原则

解析 本题考查部门预算的基本内容。基本支出预算的编制原则：(1)综合预算的原则；(2)优先保障的原则；(3)定员定额管理的原则。

答案 ACE

5. 预算资金供给方的行为特征包括( )。
   A. 有追求预算资金最大化的冲动
   B. 具有双重委托—代理关系
   C. 可以为各方提供充分交换意见的平台
   D. 具有委员会决策机制的特点
   E. 预算分配中有诱发设租寻租收益的可能

解析 本题考查政府预算管理中的共同治理。预算资金供给方的主要行为特征：(1)具有双重委托—代理关系；(2)政府预算管理活动中有诱发设租寻租收益的可能。

答案 BE

6. 属于部门预算原则的有( )。
   A. 真实性原则 B. 及时性原则
   C. 完整性原则 D. 重点性原则
   E. 透明性原则

解析 本题考查部门预算的原则。部门预算的原则：(1)合法性原则；(2)真实性原则；(3)完整性原则；(4)科学性原则；(5)稳妥性原则；(6)重点性原则；(7)透明性原则；(8)绩效性原则。

答案 ACDE

同步系统训练

一、单项选择题

1. 政府预算的收支形成和执行结果都要经过立法机关审查批准体现了政府预算的( )特征。
   A. 集中性 B. 法律性
   C. 计划性 D. 年度性

2. 政府预算是各项财政收支的汇集点和枢纽，这体现了政府预算的( )特征。
   A. 预测性 B. 法律性
   C. 集中性 D. 综合性

3. ( )在进行政府预算研究时,从分析公共政策的决策过程以及预算如何执行入手。
   A. 经济学 B. 政治学
   C. 管理学 D. 法学

4. 关于不同视角下的政府预算研究的说法,错误的是( )。
   A. 经济学最为注重政府预算配置和资金使用"效率"问题的研究
   B. 管理学的研究强调政府预算的功能性特征
   C. 法学学者认为,依靠政府的自我意识和自我约束便可实现政府谨慎并正确地运用自身权力的目标
   D. 社会学的研究强调预算与整个社会之间的互动关系

5. 关于政府预算管理中的共同治理的说法,错误的是( )。
   A. 政府预算资金供给方是政府预算部门
   B. 政府预算资金需求方即各政府部门、财政拨款的事业单位
   C. 预算资金需求方总体上是追求自身利益最大化的利益集团
   D. 预算资金监督制衡方面临加总众多社会成员偏好的困难

6. 关于政府预算决策程序的说法,错误的是( )。
   A. 政府预算决策程序具有法定性
   B. 政府预算决策过程的实质是对公共偏好的选择
   C. 公共偏好以社会集体为评价基础
   D. 政府预算的政治决策程序具有强制性

7. 投入预算的政策重点是( )。
   A. 是否实现政府的政策目标
   B. 控制资源的投入和使用
   C. 资金投入与产出比率
   D. 资金使用结果

8. 目前,我国国有企业上缴国有资本经营预算的利润比例按( )确定。
   A. 行业 B. 企业
   C. 地区 D. 性质

9. 关于社会保险基金预算的说法,错误的是( )。
   A. 按统筹地区编制执行
   B. 专项基金、专款专用、收支平衡、留有结余
   C. 可用于平衡一般公共预算
   D. 按险种分别编制,不包括社会福利与救济

10. 一切财政收支都要在政府预算中反映,体现了政府预算的( )原则。
    A. 真实性 B. 完整性
    C. 公开性 D. 统一性

11. 要求预算部门的收支应以总额列入预算,而不应当只列入收支相抵后的净额,体现了政府预算的( )原则。
    A. 可靠性 B. 完整性
    C. 统一性 D. 年度性

12. 主张运用财政支出、税收、债务作为调节经济重要工具的预算政策是( )。
    A. 健全财政政策
    B. 功能财政预算政策
    C. 充分就业预算政策
    D. 预算平衡政策

13. 关于政府预算政策的说法,错误的是( )
    A. 亚当·斯密主张力求保持年度预算收支的平衡
    B. 勒纳提出的是功能财政预算政策
    C. 巴斯坦布尔主张将财政支出、税收等作为调节经济的重要工具
    D. 阿尔文·汉森主张周期平衡预算政策

14. 部门基本支出预算应优先保障( )。
    A. 基本支出的合理需要
    B. 国务院已研究确定的项目支出
    C. 各项事业发展所需的项目支出
    D. 新增项目支出

15. 下列属于跨年度预算平衡的优点的是( )。
    A. 容易忽略潜在的财政风险
    B. 容易在决策的合理性和资金保证上出现偏差
    C. 有利于政策的长期持续性

D. 限制了政府对未来的更长远的考虑
16. 我国构建的跨年度预算平衡机制不包括( )。
   A. 预算超收及短收的平衡机制
   B. 预算赤字的弥补机制
   C. 实施中期财政规划管理
   D. 地方债务预算管理
17. 根据《预算法》，地方政府要将一般债务收支纳入( )管理。
   A. 政府性基金预算
   B. 国有资本经营预算
   C. 社会保险基金预算
   D. 一般公共预算
18. 我国《政府采购法》中建立的回避制度符合政府采购的( )原则。
   A. 公开透明   B. 公平竞争
   C. 公正   D. 诚实信用
19. 我国政府采购的主要方式是( )。
   A. 竞争性谈判采购
   B. 询价采购
   C. 邀请招标采购
   D. 公开招标
20. 现代国库管理的基本制度是( )。
   A. 税收征管制度
   B. 财政收入的划分和报解办法
   C. 国库款的支拨程序
   D. 国库集中收付管理
21. 关于国库现金管理的说法，错误的是( )。
   A. 当出现季节性财政资金缺口时，通常发行为期几天的现金券来弥补
   B. 国库现金管理对象包括库存现金、活期存款、与现金等价的短期金融资产
   C. 国库现金管理的操作方式主要包括商业银行定期存款、买回公债、公债回购和逆回购等
   D. 国库现金管理的前提是确保国库现金支付需要
22. 关于政府预算绩效管理要素的说法，错误的是( )。
   A. 政府预算绩效管理要求政府每笔支出必须符合绩、预算、效的要求
   B. 预算是完成业绩所需的拨款额，或公共劳务成本
   C. 效是业绩的考核和业绩与预算挂钩方式
   D. 绩是业绩目标，这些目标必须量化或指标化
23. 在政府会计模式的选择上，采用修正的权责发生制预算会计的国家是( )。
   A. 美国   B. 英国
   C. 澳大利亚   D. 新西兰

二、多项选择题
1. 关于政府预算的说法，正确的有( )。
   A. 政府预算是政府年度财政收支计划
   B. 政府预算必须经过国家行政机关批准后据以执行
   C. 政府预算是具有法律效力的文件
   D. 政府预算反映政府集中支配财力的分配过程
   E. 政府预算是政府调控经济和社会发展的重要手段
2. 政府预算的基本特征包括( )。
   A. 公平性   B. 法律性
   C. 预测性   D. 集中性
   E. 综合性
3. 按预算的编制方法分类，政府预算可分为( )。
   A. 绩效预算   B. 零基预算
   C. 计划项目预算   D. 部门单位预算
   E. 基数预算
4. 以下属于零基预算优点的有( )。
   A. 预算收支安排不受以往年度收支的约束
   B. 可以充分发挥预算政策的调控功能
   C. 编制工作简便易行
   D. 可突出当年政府的经济社会政策重点
   E. 预算编制有较大的回旋余地
5. 关于我国全口径预算管理体系中的各预算间资金往来关系的说法，正确的有( )。
   A. 一般公共预算可以补助社会保险基金

预算

B. 国有资本经营预算必要时可部分用于社会保障支出

C. 社会保险基金预算可以用于平衡一般公共预算

D. 国有资本经营预算必要时可以安排赤字

E. 国有企业上缴利润列入一般公共预算中

6. 以下属于我国一般公共预算支出重点的有( )。
   A. 政权建设　　B. 事业发展
   C. 公共投资　　D. 社会保障
   E. 分配调节

7. 政府预算的原则随社会经济的发展而不断变化,在预算制度发展的各个阶段重点强调的预算原则包括( )。
   A. 控制性　　B. 周密性
   C. 年度性　　D. 分类性
   E. 功能性

8. 关于部门预算的说法,正确的有( )。
   A. 部门预算是总预算的基础
   B. 部门仅指与财政直接发生经费领拨关系的一级预算单位
   C. 部门预算是市场经济国家财政预算管理的基本组织形式
   D. 部门预算是一个综合预算
   E. 政府基金预算收支计划不包括在部门预算中

9. 关于地方债务预算管理的说法,正确的有( )。
   A. 经国务院批准的省、自治区、直辖市的预算中必需的建设投资的部分资金,可以在国务院确定的限额内,通过发行地方政府债券举借债务的方式筹措
   B. 地方政府及其所属部门不得以任何方式举借债务
   C. 地方政府举借的债务应当有偿还计划和稳定的资金来源,只能用于公益性资本支出,不得用于经常性支出
   D. 国务院建立地方政府债务风险评估和预警机制、应急处置机制及责任追究制度
   E. 地方政府应将专项债务收支纳入政府性基金预算管理

10. 我国《政府采购法》确立的政府采购的基本原则有( )。
    A. 公开透明　　B. 公平竞争
    C. 公正　　　　D. 诚实信用
    E. 招标采购

11. 根据政府采购的回避制度,在政府采购活动中应当回避的采购人员有( )。
    A. 参加采购活动前3年内是供应商的控股股东或实际控制人
    B. 参加采购活动前3年内与供应商存在劳动关系
    C. 与供应商的法定代表人或者负责人有夫妻、直系血亲、三代以内旁系血亲或者近姻亲关系
    D. 参加采购活动前3年内担任供应商的董事、监事
    E. 参加采购活动前3年内买卖过供应商的股票

12. 以下属于现代国库管理制度核心内容的有( )。
    A. 国库集中收付管理
    B. 公债管理
    C. 财政管理
    D. 国库现金管理
    E. 中央财政收入管理

13. 我国国库管理制度改革的主要内容有( )。
    A. 改革账户管理体系
    B. 改革税收管理制度
    C. 改革资金收缴方式
    D. 改革资金支付方式
    E. 改革资产管理方式

14. 政府预算监督的特点包括( )。
    A. 预算监督体系的层次性
    B. 预算监督过程的重点性
    C. 预算监督对象的广泛性
    D. 预算监督主体的多元性
    E. 预算监督依据的法律性

15. 政府预算绩效管理的前提有( )。
    A. 构建绩效评价框架体系
    B. 赋予部门管理者充分的自主权
    C. 强化部门管理者的责任
    D. 以收付实现制计量政府成本
    E. 建立绩效预算管理的制度和组织保障

同步系统训练参考答案及解析

一、单项选择题

1. B 【解析】本题考查政府预算的基本特征。政府预算的法律性特征是指政府预算的收支形成和执行结果都要经过立法机关审查批准。

2. D 【解析】本题考查政府预算的特征。综合性是指政府预算是各项财政收支的汇集点和枢纽，综合反映国家财政收支活动的全貌，反映政府活动的范围和方向，是国家的基本财政收支计划。

3. B 【解析】本题考查现代政府预算的多重研究视角。政治学从分析公共政策的决策过程以及预算如何执行入手进行政府预算研究。

4. C 【解析】本题考查现代政府预算的多重研究视角。选项 C 错误，从法学角度研究政府预算的学者认为，要实现政府谨慎并正确地运用自身权力的目标，仅仅依靠政府的自我意识和自我约束是远远不够的。具有法律权威的政府预算将能直接规范、约束与控制政府的具体活动，以将政府行为和财政行为纳入法治化的轨道。

5. B 【解析】本题考查政府预算管理中的共同治理。选项 B 错误，政府预算管理的资金需求方主要包括政府部门和组织、财政拨款的事业单位和部分享受政府垄断管制或财政补贴的企业、享受政府转移支付的居民个人。

6. C 【解析】本题考查政府预算的决策程序。选项 C 错误，政府预算决策的对象是公共偏好，公共偏好以个人为评价基础。

7. B 【解析】本题考查政府预算编制模式。投入预算的政策重点是控制资源的投入和使用，保证预算按预定的规则运行，而不是强调是否达到政府的政策目标，投入与产出比较的效率如何。

8. A 【解析】本题考查国有资本经营预算。目前我国国有企业上缴国有资本经营预算的利润比例是按行业差异化的。

9. C 【解析】本题考查社会保险基金预算。社会保险基金不能用于平衡一般公共预算，一般公共预算可补助社会保险基金。

10. B 【解析】本题考查政府预算的原则。完整性原则要求一切财政收支都要在政府预算中反映。

11. C 【解析】本题考查政府预算的原则。统一性原则要求预算收支按照统一的程序来编制，任何单位的收支都要以总额列入预算，不应当只列入收支相抵后的净额。

12. B 【解析】本题考查政府预算的政策。功能财政预算政策由美国经济学家勒纳提出，勒纳认为政府不应只保持健全财政的观点，还应当运用财政支出、税收、债务等作为调节经济的重要工具。

13. C 【解析】本题考查政府预算的政策。选项 C 错误，巴斯坦布尔提倡健全财政政策，主张尽量节减政府支出，力求保持年度预算收支的平衡，并以此作为衡量财政是否健全的标志。

14. A 【解析】本题考查部门预算。部门基本支出预算的优先保障编制原则要求，优先保障基本支出的合理需要，然后安排各项事业发展所需的项目支出。

15. C 【解析】本题考查跨年度预算平衡机制。跨年度预算平衡突出的优点就是有利于政策的长期可持续性，使决策者能够尽早地发现问题，鉴别风险，采取措施，防患于未然。

16. D 【解析】本题考查跨年度预算平衡机制。我国构建跨年度预算平衡机制有：预算超收及短收的平衡机制；预算赤字的弥补机制；实施中期财政规划管理。

17. D 【解析】本题考查地方债务预算管理。地方政府要将一般债务收支纳入一般公共预算管理。

18. C 【解析】本题考查政府采购制度。我国《政府采购法》中建立的回避制度符合公正原则。

19. D 【解析】本题考查政府采购制度。我国《政府采购法》规定，政府采购实行集中采购和分散采购相结合。政府采购的主要方式有公开招标、邀请招标、竞争性谈判、单一来源采购、询价采购等，其中主要的采购方式是公开招标。

20. D 【解析】本题考查国库集中收付管理。国库集中收付管理是现代国库管理的基本制度。

21. A 【解析】本题考查国库现金管理。选项A错误，当出现季节性财政资金缺口时，通常发行1年期以下的短期公债予以弥补，必要时，还可以发行期限为几天的现金管理券弥补临时性的资金缺口。

22. D 【解析】本题考查政府预算绩效管理的内涵与要素。选项D错误，绩，即业绩指标，这些目标应尽量量化或指标化，以便编制预算并考核效果。

23. A 【解析】本题考查政府预算绩效管理的前提。在政府会计模式的选择上，美国、法国、加拿大等国已经有选择地采用了改良的或修正的权责发生制；澳大利亚、新西兰和英国三个国家则实行完全的权责发生制。

二、多项选择题

1. ACDE 【解析】本题考查政府预算的含义。选项B错误，政府预算必须经过国家立法机关批准后据以执行。

2. BCDE 【解析】本题考查政府预算的基本特征。政府预算的基本特征包括法律性、预测性、集中性、综合性。

3. BE 【解析】本题考查政府预算编制模式。按政府预算编制的方法划分，可分为零基预算和基数预算。

4. ABDE 【解析】本题考查零基预算的优点。零基预算的优点是预算收支安排不受以往年度收支的约束，预算编制有较大回旋余地，可突出当年政府经济社会政策重点，充分发挥预算政策的调控功能，防止出现预算收支结构僵化和财政拖累。

5. AB 【解析】本题考查我国全口径预算管理体系。选项C错误，我国社会保险基金预算不能用于平衡一般公共预算。选项D错误，国有资本经营预算以收定支，不列赤字。选项E错误，国有企业上缴利润列入国有资本经营预算。

6. ABCE 【解析】本题考查一般公共预算。全口径预算管理体系中的一般公共预算支出的重点应集中于政权建设、事业发展、公共投资及分配调节四大领域。

7. ABE 【解析】本题考查政府预算的原则。早期的预算原则比较注重控制性；随着财政收支内容的日趋复杂，开始强调周密性；功能预算理论发展后，预算原则又注重发挥预算的功能性作用。

8. ABCD 【解析】本题考查部门预算。选项E错误，部门预算是一个综合预算，既包括一般预算收支计划，又包括政府基金预算收支计划。

9. ACDE 【解析】本题考查地方债务预算管理。选项B错误，《预算法》规定：经国务院批准的省、自治区、直辖市的预算中必需的建设投资的部分资金，可以在国务院确定的限额内，通过发行地方政府债券举借债务的方式筹措，除上述规定外，地方政府及其所属部门不得以任何方式举借债务。

10. ABCD 【解析】本题考查政府采购制度。我国《政府采购法》确立的政府采购的基本原则有公开透明原则、公平竞争原则、公正原则、诚实信用原则。

11. ABCD 【解析】本题考查政府采购制度。选项 E 不属于在政府采购活动中应当回避的采购人员及相关人员。

12. ABD 【解析】本题考查现代国库制度。国库集中收付管理、公债管理和国库现金管理构成现代国库管理制度的核心内容。

13. ACD 【解析】本题考查国库集中收付管理。我国国库管理制度改革的主要内容有改革账户管理体系、改革资金收缴方式、改革资金支付方式。

14. ACDE 【解析】本题考查政府预算监督的特点。政府预算监督的特点：(1)预算监督体系的层次性；(2)预算监督主体的多元性；(3)预算监督对象的广泛性；(4)预算监督过程的全面性；(5)预算监督依据的法律性；(6)预算监督形式的多样性。

15. ABCE 【解析】本题考查政府预算绩效管理的前提。政府预算绩效管理的前提包括：(1)构建绩效评价框架体系；(2)赋予部门管理者充分的自主权；(3)强化部门管理者的责任；(4)以权责发生制计量政府成本；(5)建立绩效预算管理的制度和组织保障。

本章思维导图

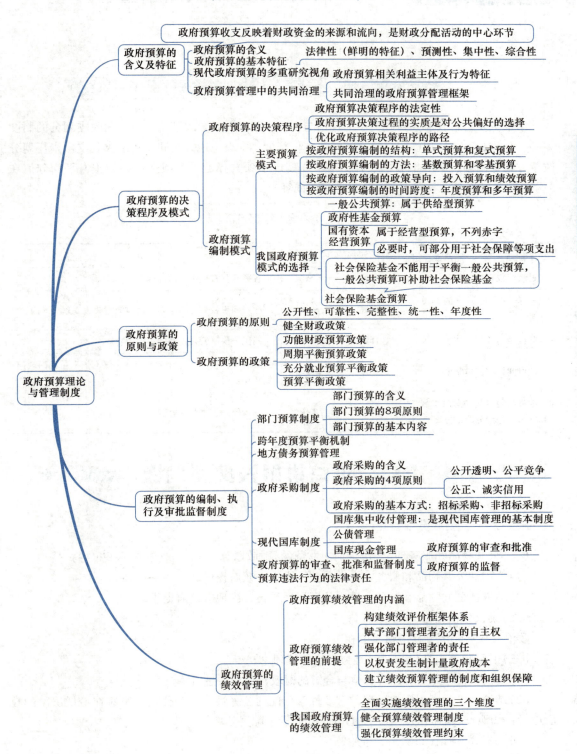

第11章 政府间财政关系

考情分析

本章主要讲解政府间财政关系的理论与实务,包括财政分权理论、政府间收支划分的制度安排、分税制财政管理体制、政府间转移支付制度、中央与地方共同财政事权和支出责任划分改革方案等内容。从历年考题来看,本章题型以单项选择题、多项选择题为主,平均分值在5分左右。建议考生掌握本章的知识点细节内容。

近年本章考点分布

考点	主要考查题型	考频指数	考查角度
财政分权理论	选择题	★	各财政分权理论的研究内容
政府间收支划分的制度安排	选择题	★★	政府间事权划分的原则、政府间财政收支划分的内容
分税制财政管理体制	选择题	★★	我国分税制管理体制的主要内容
政府间转移支付制度	选择题	★★★	政府间转移支付的含义、特点、理论依据;我国政府间转移支付制度
中央与地方共同财政事权和支出责任划分改革方案	选择题	★★	基本原则、主要内容

重点、难点讲解及典型例题

▶ 考点一 财政分权理论

(一)公共物品和服务理论(沃伦斯·欧茨的《财政联邦主义》、查尔斯·提布特)

(1)全国性公共物品和服务:全国受益,由中央政府提供。

(2)地方性公共物品和服务:地方辖区居民受益,由地方政府提供。

(二)集权分权理论

政治分权→经济分权→财政分权

(三)财政联邦主义(提布特《地方支出的纯理论》)

(1)精髓:使地方政府拥有合适与合意的财政自主权并进行决策。

(2)结论:①为实现资源配置的有效性与分配的公平性,某些公共决策应在最低层次的政府进行;②地方政府间的竞争,更有利于提高资本配置效率。

(四)俱乐部理论(布坎南、蒂鲍特)

研究非纯公共物品的供给、需求与均衡数量的理论。论证了地方政府的适当规模问题。

【例 1·单选题】 查尔斯·提布特提出地方政府之间竞争理论的著作是(　　)。

A.《国富论》
B.《财政联邦主义》
C.《地方支出的纯理论》
D.《政府间财政关系：理论与实践》

解析 ▶ 本题考查财政分权理论。查尔斯·提布特提出地方政府之间竞争理论的著作是《地方支出的纯理论》。

答案 ▶ C

▶ 考点二　政府间事权的划分

(一)政府预算管理体制

预算管理体制：具体体现政府间财政关系；是确定各级预算收支范围和管理职权的根本制度；划分中央与地方各级政府的收支范围和管理职权；是财政管理体制的主导环节，占有核心地位。

(二)政府间事权的划分(见表 11-1)

表 11-1　政府间事权的划分

地位		具体体现政府职能在各级政府间的分工，是财政分权管理体制的基本内容和制度保障	
原则	外部性	中央政府	全国性基础设施项目、其他全国性公共物品及其全面协调
		地方政府	辖区内的基础设施项目和地方公共物品及其协调
	信息复杂性	中央政府	信息处理简便的事务
		地方政府	信息处理复杂、易造成信息不对称的事务
			应由地方政府管理的事务，同时又具有跨地区的外部性，可由地方政府管理，中央政府提供帮助，如义务教育
	激励相容		所有的参与人按自己的利益去运作，也能导致整体利益最大化；各级政府按划定的职能尽力做好自己的事情，就可以使全局利益最大化
具体做法	国防事务	中央	立法权、行政权(直接管辖为主)
		地方	组织地方武装力量，协助征集兵员，负责所管辖地域的国防
	外交事务		绝大部分归中央
	公安事务	中央	事关国家主权，如国籍管理、出入境管理
		中央与地方	维护国家安全和秩序的工具，如警察
	内政事务	中央	中央机构的建制
		地方	地方机构的建制
	司法事务	高度集权	中央
		集权为主	立法权归中央，司法制度、机关的建制由中央立法并主要由中央实施
		分权	二元司法制度，或同时并存两套司法系统、两套法律制度
	经济事务	中央	全国范围的产业事项、基层设施、事关国际关系和国家主权的产业部门、行业制度、财政金融
		地方	局部范围
	文化教育事务		各国家各异

【例 2·单选题】 根据政府间事权划分的原则，对义务教育管理的正确做法是( )。
A. 完全由地方政府管理
B. 完全由中央政府管理
C. 地方政府管理为主，中央政府提供帮助
D. 中央政府管理为主，地方政府提供帮助

解析 本题考查政府间事权划分的原则。根据信息复杂性原则，应该由地方政府来管理的事务，但同时又具有跨地区的外部性，那么可以由地方政府管理，中央政府提供帮助，如义务教育。

答案 C

▶ 考点三 政府间财政支出的划分（见表 11-2）

表 11-2 政府间财政支出的划分

原则	与事权相对称	先明确中央与地方的事权，再依据各自的权责确定财力
	公平性	中央与地方纵向均衡，地方之间横向均衡
	权责结合	(1)在地方组织的收入中解决其支出的需要，收支挂钩； (2)各级财政要为各级政府履行自己的事权提供财力支撑； (3)各级地方保持财政收支平衡
我国的具体做法	统收统支	地方全部收入上缴中央，地方所需支出统一由中央拨给
	收入分类分成	预算收入按项目分为中央固定收入、地方固定收入、中央与地方分成收入，地方支出与收入挂钩
	总额分成	收支挂钩
	定额上缴/补助	中央核定地方预算收支，收入大于支出，余额上缴中央；支出大于收入，中央定额补助
	分税制	划分中央与地方各自收入以解决支出需要

▶ 考点四 政府间收入的划分（见表 11-3）

绝大多数国家的税收收入占财政收入的比重≥90%。

表 11-3 政府间收入的划分

原则	效率	以征税效率的高低为标准
	适应	以税基的宽窄为标准，宽—中央，窄—地方
	恰当	以税收负担的分配是否公平为标准
	经济利益	以增进经济利益为标准
方式	分割税额	(1)统一征税，按比例分割，收入分享； (2)我国以前实施的"总额分成"
	分割税率	按税源分率计征，税收寄征
	分割税种	按税种划分中央、地方、中央与地方共享
	分割税制	分别设立中央税和地方税，中央和地方均享有税收权限
	混合型	综合运用
	税收优惠措施	税收扣除、税收抵免、税收免征

续表

具体做法	中央政府	(1)与稳定国民经济有关、收入再分配有关的税种； (2)税基流动性大； (3)与自然资源有关，地区间分布不均匀； (4)进出口关税和其他收费	企业所得税、个人所得税、增值税、遗产赠予税、资源税、关税
	地方	(1)税基流动性小； (2)税源分布广； (3)与自然资源有关，地区间分布均匀	房产税、土地增值税

▶ **考点五　政府间的财政管理权的划分**

（一）我国的五级预算（见表11-4）

表11-4　我国的五级预算

管理级次	我国五级预算	一级政府一级预算	
		中央预算	
		地方预算	(1)省、自治区、直辖市预算； (2)设区的市、自治州预算； (3)县、自治县、不设区的市、市辖区预算； (4)乡、民族乡、镇预算

【注意】

（1）全国预算由中央预算和地方预算组成，地方预算由各省、自治区、直辖市总预算组成。

（2）地方各级总预算由本级预算和汇总的下一级总预算组成；下一级只有本级预算的，下一级总预算指下一级的本级预算。没有下一级预算的，总预算指本级预算。

（二）我国政府预算管理权限的划分（见表11-5）

表11-5　我国政府预算管理权限划分

权力机关（各级人民代表大会）：审批预决算	各级人大	(1)审查总预算草案及总预算执行情况的报告； (2)批准本级预算和本级预算执行情况的报告
	各级人大常委会	(1)监督预算执行； (2)审批预算调整方案； (3)审批决算
	各级人大财经委（专门委员会、有关工作机构）	初步审查预算草案初步方案及上一年预算执行情况、预算调整初步方案和决算草案，提出初步审查意见
国家行政机关（各级人民政府）		(1)编制预算、决算草案；编制预算调整方案；组织预算执行； (2)向本级人大作关于预算草案的报告； (3)决定预算预备费的动用； (4)监督预算执行

职能部门(各级财政部门)	(1)具体编制预算草案、决算草案、预算的调整方案； (2)具体组织预算的执行； (3)提出预算预备费的动用方案； (4)定期报告预算的执行情况等
各部门	(1)编制本部门预算、决算草案； (2)组织和监督本部门预算的执行； (3)定期向本级政府财政部门报告预算的执行情况
各单位	(1)编制本单位的预算、决算草案； (2)按规定上缴预算收入，安排预算支出； (3)接受有关部门监督

【例3·多选题】下列各项预算管理职权中，属于各级人民政府的有（　　）。

A. 组织预算的执行　　　　　　　　B. 决定预算预备费的动用

C. 编制预算调整方案　　　　　　　D. 编制预算、决算草案

E. 初步审查预算草案初步方案

解析 ▶ 本题考查政府间财政管理权的划分。各级人民政府是预算管理的国家行政机关，主要职权有：编制预算、决算草案；向本级人民代表大会作关于预算草案的报告；组织预算的执行；决定预算预备费的动用；编制预算调整方案；监督预算执行等。　　答案 ▶ ABCD

▶ 考点六　分税制的基本问题

（一）内涵

分税制是财政分权管理体制的典型代表，是市场经济国家推行的财政管理体制模式。四层含义：

（1）分事：在各级政府间划分社会、经济管理权，确定各级政府的预算支出范围；

（2）分税：在中央与地方之间划分税种；

（3）分权：中央与地方各有税收权限，并赋予地方开征地方性新税的权力；

（4）分管：建立中央与地方两级税收征管体系，设置两套税收征管机构。

（二）分税的方法

1. 按税种划分

（1）完全形式。

（2）不完全形式：附加式（伊朗的所得税、关税）、返还式（巴西的所得税、工业制成品税）、比例分成式（德国的个人所得税）。

2. 按照税源实行分率分征（美国）

联邦主体税种是所得税，州政府主要税种是销售税和总收入税，地方政府主体税种是财产税。

【例4·单选题】分税制的含义中，以各级政府按要求划分的社会管理权和经济管理权为依据确定各级政府的预算支出范围指的是（　　）。

A. 分事　　　　　　　　　　　　　B. 分税

C. 分权　　　　　　　　　　　　　D. 分管

解析 ▶ 本题考查分税制的含义。"分事"是按照一定社会管理和经济体制的要求，在各级

政府间划分社会管理权和经济管理权,并以此为依据确定各级政府的预算支出范围。**答案** ▶ A

▶ 考点七　我国分税制管理体制的主要内容

(一)中央与地方政府事权和支出责任划分(见表 11-6)

依据:我国的现实、外部性、信息复杂性和激励相容原则。

表 11-6　中央与地方政府事权和支出责任的划分

项目	中央管理	地方管理
社会保障	养老保险	(1)医疗保险(地方管理为主,中央提供帮助); (2)工伤、生育、失业保险
公共卫生	传染病、免疫业务	普通的公共卫生支出和管理
教育	高等教育和科研支出	义务教育支出
跨区域重大项目的建设和维护	(1)跨境重点交通建设项目; (2)海域和流域管理、航运、水利调度、大江大河治理、全流域国土整治、全国性生态和环保重点项目建设	地方性交通基础设施建设项目
涉及全国市场统一标准的管理	全国范围内销售的食品、药品	—
关系国家安全的支出	国防、边境安全、界河管理	—
司法支出	跨地区民事、重度刑事和高级官员贪污渎职等犯罪行为由最高人民法院(含巡回法院)审理,同时相应建立独立于地方的中央直属检察和公安体系	—

(二)中央与地方政府的收入划分

(1)中央税:维护国家权益、实施宏观调控所必需的税种。

(2)中央与地方共享税:同经济发展直接相关的税种。

(3)地方税:适合地方征管的税种。

(4)当前我国中央政府财力集中度并不高。

(三)中央财政对地方财政税收返还数额的确定

(1)税收返还包括基数返还和递增返还。

(2)就性质而言,是一种转移支付,是年年都有的经常性收入返还。

【例 5·单选题】我国的分税制管理体制将维护国家权益、实施宏观调控所必需的税种划分为(　　)。

A. 中央税　　　　　　　　　　　　B. 中央与地方共享税
C. 地方税　　　　　　　　　　　　D. 中央与地方共管税

解析 ▶ 本题考查中央与地方政府的收入划分。我国的分税制管理体制将维护国家权益、实施宏观调控所必需的税种划分为中央税。　　　　　　　　　　　　　　　**答案** ▶ A

▶ 考点八　政府间转移支付概述

(一)政府间转移支付(见表 11-7)

庇古最早提出转移支付的概念。

表 11-7　政府间转移支付

必要性	解决财政的纵向不均衡和横向不均衡	
与财政关系	（1）前提：中央与地方政府实行真正的分级管理； （2）规范的转移支付制度是实施分税制管理体制的保障	
内容	纵向转移支付	（1）上级政府对下级政府的各项补助； （2）下级政府向上级政府的上解收入； （3）共享税的分配
	横向转移支付	发达地区对不发达地区的补助
特点	范围只限于政府之间	各级政府间的财政资金转移
	无偿支出	按均等化原则分配，非等价交换
	并非政府的终极支出	（1）不创造新价值，不增加资金供给量，不影响市场供求； （2）只改变资金使用权

（二）政府间转移支付的理论依据（见表 11-8）

表 11-8　政府间转移支付的理论依据

纠正政府间的纵向财政失衡	某一级政府赤字，其他级次政府财政盈余
纠正政府间的横向财政失衡	发达地区向落后地区转移财力
纠正某些公共物品和服务的外部性	（1）地方性公共物品和服务的受益或受损范围很可能会超过地方政府辖区的界限，使其他地区在受益或受损的同时并不承担任何成本或没有得到补偿； （2）义务教育、公共卫生等地方性公共物品出现数量不足、质量不佳的问题
加强中央财政对地方财政的宏观调控	（1）经济繁荣时，减少对地方的转移支付； （2）经济萧条时，增加对地方的转移支付； （3）地方遭到严重自然灾害时，中央政府有条件非配套转移支付

（三）政府间转移支付的种类（见表 11-9）

表 11-9　政府间转移支付的种类

划分依据	类型	内容		
地方政府使用补助资金权限的大小	无条件	（1）收入分享、一般性转移支付； （2）解决下级政府的财政收入与责任不对称问题		
	有条件	（1）上级政府对下级政府定向支援或委托下级政府办理某项公共服务供给的； （2）受助者必须按指定的条件使用补助金； （3）配套补助和非配套补助		
政府间的关系	纵向	自上而下		
		共享税，税收分成		
		拨付补助金	一般补助金	使下级同层次的预算主体具有大体均衡的公共服务水平
			专项补助金	特定用途的补助
	横向	地区间的互助形式，发达地区向落后地区转移财力，调整横向失衡		
	混合	纵向转移支付为主，横向转移支付为辅		

(四)政府间转移支付的一般方法
(1)财政收入能力均等化模式。
(2)支出均衡模式。
(3)收支均衡模式。
(4)有限的财政收入能力—支出需求均衡模式。

【例6·单选题】 关于政府间转移支付制度理论依据的说法，错误的是( )。
A. 纠正政府间的纵向财政失衡
B. 纠正政府间的横向财政失衡
C. 赋予地方政府更大的自主权
D. 纠正某些公共物品和服务的外部性

解析 本题考查政府间转移支付概述。选项C错误，应该是加强中央财政对地方财政的宏观调控。

答案 C

▶ 考点九 我国政府间转移支付制度(见表11-10)

财政转移支付应当规范、公平、公开，以推进地区间基本公共服务均等化为主要目标。

表11-10 我国政府间转移支付制度

中央对地方转移支付类型	一般性转移支付	(1)均衡地区间财力差距的均衡性转移支付、民族地区转移支付； (2)作为国家增支减收政策配套措施的调整工资转移支付、农村税费改革转移支付
	专项转移支付	(1)中央政府对地方政府承担中央委托事务、中央地方共同事务以及符合中央政策导向事务进行的补助，享受拨款的地方政府需要按照规定用途使用资金，实行专款专用； (2)基础设施建设、农业、教育卫生、社会保障、环境保护等方面设立专项转移支付项目； 按事权与支出责任，分为委托类、共担类、引导类、救济类、应急类； 委托类，中央政府足额安排预算；共担类，中央、地方按各自分担数额安排资金；引导类、救济类、应急类，中央政府严控资金规模
中央对地方转移支付制度的改革和完善		(1)优化转移支付结构：一般性转移支付为主体； (2)完善一般性转移支付制度： ①清理整合一般性转移支付；②建立一般性转移支付稳定增长机制；③加强一般性转移支付管理。 (3)从严控制专项转移支付、规范专项转移支付分配和使用： ①严格控制新设专项；②规范资金分配；③建立健全专项转移支付定期评估和退出机制；④取消地方资金配套要求；⑤严格资金使用。 (4)强化转移支付预算管理： ①及时下达预算；②推进信息公开；③做好绩效评价

【例7·单选题】 下列各项中，不属于我国一般性转移支付的是( )。
A. 均衡性转移支付
B. 民族地区转移支付
C. 调整工资转移支付
D. 环境保护转移支付

解析 本题考查我国政府间转移支付制度。一般性转移支付有：(1)均衡地区间财力差距的均衡性转移支付、民族地区转移支付；(2)作为国家增支减收政策配套措施的调整工资转移支付、农村税费改革转移支付。

答案 D

考点十 中央与地方共同财政事权和支出责任划分改革方案

(一)基本公共服务领域中央与地方财政事权和支出责任划分改革方案

1. 基本原则

(1)坚持以人民为中心。
(2)坚持财政事权划分由中央决定。
(3)坚持保障标准合理适度。
(4)坚持差别化分担。
(5)坚持积极稳妥推进。

2. 主要内容

(1)明确基本公共服务领域中央与地方共同财政事权范围。中央与地方共同财政事权范围,目前,暂定为8大类18项(见表11-11)。

表11-11 中央与地方共同财政事权范围

类别	内容
义务教育	公用经费保障、免费提供教科书、家庭经济困难学生生活补助、贫困地区学生营养膳食补助
学生资助	中等职业教育国家助学金、中等职业教育免学费补助、普通高中教育国家助学金、普通高中教育免学杂费补助
基本就业服务	基本公共就业服务
基本养老保险	城乡居民基本养老保险补助
基本医疗保障	城乡居民基本医疗保险补助、医疗救助
基本卫生计生	基本公共卫生服务、计划生育扶助保障
基本生活救助	困难群众救助、受灾人员救助、残疾人服务
基本住房保障	城乡保障性安居工程

(2)制定基本公共服务保障国家基础标准。

制定义务教育公用经费保障、免费提供教科书、家庭经济困难学生生活补助、贫困地区学生营养膳食补助、中等职业教育国家助学金、城乡居民基本养老保险补助、城乡居民基本医疗保险补助、基本公共卫生服务、计划生育扶助保障9项基本公共服务保障的国家基础标准。

(3)规范基本公共服务领域中央与地方共同财政事权的支出责任分担方式。

①分档分担:中等职业教育国家助学金、中等职业教育免学费补助、普通高中教育国家助学金、普通高中教育免学杂费补助、城乡居民基本医疗保险补助、基本公共卫生服务、计划生育扶助保障7个事项,实行中央分档分担办法(见表11-12)。

表11-12 中央分档分担办法的具体内容

档次	范围	内容
第一档	内蒙古、广西、重庆、四川、贵州、云南、西藏、陕西、甘肃、青海、宁夏、新疆	中央分担80%
第二档	河北、山西、吉林、黑龙江、安徽、江西、河南、湖北、湖南、海南	中央分担60%
第三档	辽宁、福建、山东	中央分担50%

续表

档次	范围	内容
第四档	天津、江苏、浙江、广东4个省(市)和大连、宁波、厦门、青岛、深圳5个计划单列市	中央分担30%
第五档	北京、上海	中央分担10%

注：按照保持现有中央与地方财力格局总体稳定的原则，上述分担比例调整涉及的中央与地方支出基数划转，按预算管理有关规定办理。

②比例分担：义务教育公用经费保障等6个按比例进行分担(见表11-13)。

表11-13　按比例分担的具体内容

事项	具体内容
义务教育公用经费保障	第一档为8：2，第二档为6：4，其他为5：5
家庭经济困难学生生活补助	中央与地方均为5：5，对人口较少民族寄宿生增加安排生活补助所需经费，由中央财政承担
城乡居民基本养老保险补助	中央确定的基础养老金标准部分，中央对第一档和第二档承担全部支出责任，其他为5：5
免费提供教科书	中央财政：国家规定课程教科书和小学一年级的正版学生字典 地方财政：地方课程教科书
贫困地区学生营养膳食补助	中央财政：国家试点 地方财政：地方试点，中央财政给予生均定额奖补
受灾人员救助	对遭受重大自然灾害的省份，中央财政按标准给予适当补助，其余资金由地方财政承担

③基本公共就业服务、医疗救助、困难群众救助、残疾人服务、城乡保障性安居工程5个事项，中央分担比例主要依据地方财力状况、保障对象数量等因素确定。

(4)调整完善转移支付制度。

在一般性转移支付下设立共同财政事权分类分档转移支付。

(5)推进省以下支出责任划分改革。

(二)医疗卫生领域中央与地方财政事权和支出责任划分改革方案

1. 基本原则

(1)坚持政府主导，促进人人公平享有。

(2)坚持遵循规律，适度强化中央权责。

(3)坚持问题导向，统筹兼顾突出重。

(4)坚持积极稳妥，分类施策扎实推进。

2. 主要内容

(1)公共卫生方面：主要包括基本公共卫生服务和重大公共卫生服务，划分为中央财政事权、中央与地方共同财政事权两类。

①基本公共卫生服务：中央与地方共同财政事权，由中央财政和地方财政共同承担支出责任。

②重大公共卫生服务：全国性或跨区域的重大传染病防控等重大公共卫生服务划为中央财政事权，由中央财政承担支出责任。

(2)医疗保障方面：包括城乡居民基本医疗保险补助和医疗救助，为中央与地方共同财政事权，由中央财政和地方财政共同承担支出责任。

(3)计划生育方面：为中央与地方共同财政事权，由中央财政和地方财政共同承担支出责任。

(4)能力建设方面：

主要包括：①医疗卫生机构改革和发展建设。②卫生健康能力提升。③卫生健康管理事务。④医疗保障能力建设。⑤中医药事业传承与发展。

【例8·单选题】下列关于中央与地方共同财政事项和支出责任划分基本原则的说法，表述错误的是( )。

A. 坚持以人民为中心
B. 坚持财政事权划分由中央和地方政府共同决定
C. 坚持差别化分担
D. 坚持积极稳妥推进

解析 本题考查中央与地方共同财政事权和支出责任划分改革方案。选项B是错误的，应该坚持财政事权划分由中央决定。 **答案** B

历年考题解析

一、单项选择题

1. 下列财政支出中，不属于转移支付的是( )。
   A. 补助支出   B. 投资支出
   C. 捐赠支出   D. 债务利息支出

   解析 本题考查政府间转移支付制度。我国的财政理论界和实践部门一般把转移支付理解为政府单方面的无偿支出，主要包括补助支出、捐赠支出和债务利息支出。 **答案** B

2. 关于财政转移支付的说法，错误的是( )。
   A. 政府间转移支付只限于政府之间
   B. 政府间转移支付是无偿的支出
   C. 政府间转移支付不是政府的最终支出
   D. 政府间转移支付只是上级政府对下级政府的补助

   解析 本题考查政府间转移支付的特点。政府间转移支付包括上级政府对下级政府的各项补助、下级政府向上级政府的上解收入、共享税的分配以及发达地区对不发达地区的补助等。 **答案** D

3. 根据《预算法》，我国政府一般性转移支付要逐步提高，应达到的比例是( )。
   A. 40%以上   B. 50%以上
   C. 60%以上   D. 70%以上

   解析 本题考查我国政府间转移支付制度。增加一般性转移支付规模和比例，逐步将一般性转移支付占比提高到60%以上。 **答案** C

4. 中央政府对地方政府的专项转移支付，应在全国人大批准预算后的( )日内下达。
   A. 20   B. 30
   C. 45   D. 90

   解析 本题考查我国政府间转移支付制度。中央对地方一般性转移支付在全国人大批准预算后30日内下达，专项转移支付在90日内下达。 **答案** D

5. 精髓在于使地方政府拥有合适与合意的财政决策自主权的理论是( )。
   A. 公共物品及服务理论
   B. 重商主义理论
   C. 财政联邦主义
   D. 俱乐部理论

解析 本题考查财政分权理论。财政联邦主义是指各级政府间财政收入和支出的划分以及由此产生的相关制度。其精髓在于使地方政府拥有合适与合意的财政自主权进行决策。 **答案** C

6. 下列原则中，不属于财政支出原则的是（ ）。
   A. 与事权相对称原则
   B. 公平性原则
   C. 总额分成原则
   D. 权责结合原则

   解析 本题考查财政支出划分的原则。财政支出划分的原则：(1)与事权相对称原则；(2)公平性原则；(3)权责结合原则。 **答案** C

7. 下列权力中，不属于各级人民代表大会常务委员会权力的是（ ）。
   A. 预算审批权
   B. 预算调整权
   C. 预算编制权
   D. 预算撤销权

   解析 本题考查政府间财政管理权的划分。各级人大常委会：监督预算的执行；审查和批准预算的调整方案；审查和批准决算。 **答案** C

8. 能够使各级政府在按照所赋职能做好自己事情的同时，又能使全局利益最大化的政府间事权划分原则是（ ）。
   A. 外部性原则
   B. 内部性原则
   C. 激励相容原则
   D. 信息复杂性原则

   解析 本题考查政府间事权划分的原则。从政府角度而言，如果在某种制度安排下，各级政府都按划定的职能尽力做好自己的事情，就可以使全局利益最大化，那么这种制度安排就是激励相容的。激励不相容，局部利益可能损害整体利益。 **答案** C

9. 具有稳定经济功能，被称为"自动稳定器"的税种是（ ）。
   A. 增值税
   B. 消费税
   C. 房产税
   D. 所得税

   解析 本题考查政府间收入的划分。所得税采用累进税率制度，具有稳定经济功能，被称为"自动稳定器"。 **答案** D

10. 以税收负担的分配是否公平为标准划分中央与地方收入的原则是（ ）。
    A. 效率原则
    B. 适应原则
    C. 恰当原则
    D. 经济利益原则

    解析 本题考查政府间收入的划分。恰当原则以税收负担的分配是否公平为标准来划分中央与地方收入。 **答案** C

11. 适合地方政府管理的事权及支出责任的是（ ）。
    A. 外交
    B. 跨境高速公路
    C. 边境安全
    D. 义务教育

    解析 本题考查我国分税制管理体制。对于义务教育支出来讲，由于中小学教育信息极度复杂，根据信息复杂性原则，应该由地方政府管理。 **答案** D

二、多项选择题

1. 在多级政府体系中，政府间事权划分的基本依据有（ ）。
   A. 外部性原则
   B. 俱乐部理论
   C. 信息复杂性原则
   D. 公共财政理论
   E. 激励相容原则

   解析 本题考查政府间事权的划分。政府间事权划分的原则有外部性原则、信息复杂性原则、激励相容原则。 **答案** ACE

2. 我国《预算法》对规范专项转移支付的规定包括（ ）。
   A. 建立专项转移支付稳定增长机制
   B. 建立专项转移支付定期评估机制
   C. 建立专项转移支付退出机制
   D. 规范资金分配
   E. 取消地方资金配套要求

   解析 本题考查我国政府间转移支付制度。从严控制专项转移支付、规范专项转移支付分配和使用的措施有：(1)严格控制新设专项；(2)规范资金分配；(3)建立健全专项转移支付定期评估和退出机制；(4)取消地方资金配套要求；(5)严格资金使用。 **答案** BCDE

同步系统训练

一、单项选择题

1. 阐述财政分权理论的经典著作《财政联邦主义》的作者是（　　）。
   A. 沃伦斯·欧茨　　B. 查尔斯·提布特
   C. 洛伦兹　　　　D. 亚当·斯密

2. 论证了地方政府适当规模问题的财政分权理论是（　　）。
   A. 俱乐部理论
   B. 集权分权理论
   C. 财政联邦主义
   D. 公共物品和服务理论

3. 由控制着某一公共服务提供的效益与成本内部化的最小地理区域的辖区提供该公共服务，体现了政府间事权划分的（　　）原则。
   A. 外部性　　　　B. 信息复杂性
   C. 激励相容　　　D. 公平性

4. 根据政府间事权划分的原则，解决外部性的基本思路是（　　）。
   A. 政府管制
   B. 外部性内部化
   C. 给予市场主体税收优惠
   D. 加强产权管理

5. 以征税效率的高低作为标准来划分中央与地方收入的原则是（　　）。
   A. 适应原则　　　B. 效率原则
   C. 恰当原则　　　D. 经济利益原则

6. 以下税种应划归地方政府的是（　　）。
   A. 税基流动性大
   B. 税源分布较分散
   C. 与收入再分配有关
   D. 与自然资源相关且在各地区分布不均

7. 关于划分税收收入具体做法的说法，正确的是（　　）。
   A. 税基流动性较小的、税源分布较广的税种归中央政府
   B. 进出口关税划归地方政府
   C. 在地区间分布不均匀的与自然资源有关的税种归地方政府
   D. 与稳定国民经济有关以及与收入再分配有关的税种，划归中央政府

8. 决定动用本级政府预备费的权力属于（　　）。
   A. 上级人大　　　B. 本级人大
   C. 上级政府　　　D. 本级政府

9. 在分税制的基本含义中，（　　）指中央与地方都对属于自己的税种有开停征权、调整税目税率和减免税权，同时赋予地方开征地方性新税的权力。
   A. 分事　　　　　B. 分税
   C. 分权　　　　　D. 分管

10. 关于分税制财政管理体制的说法，错误的是（　　）。
    A. 分税制财政管理体制是市场经济国家普遍推行的一种财政管理体制模式
    B. 在分税制下，开征新税的权力由中央拥有
    C. 美国实行的分税方法是按照税源实行分率分征
    D. 美国联邦主体税种是所得税，地方政府主体税种是财产税

11. 我国的分税制管理体制将同经济发展直接相关的主要税种划分为（　　）。
    A. 中央税
    B. 中央与地方共享税
    C. 地方税
    D. 中央与地方共管税

12. 关于我国分税制管理体制的说法，错误的是（　　）。
    A. 司法支出应集中到中央
    B. 国际比较来看，当前我国中央政府财力集中度比较高，应适当地下放
    C. 中央财政对地方税收返还包括基数返还和递增返还
    D. 由于普通的公共卫生支出和管理信息处理比较复杂，影响范围有限，因此较

为适宜由地方政府负担

13. 根据政府间事权划分的原则，我国养老保险的管理方式为（　）。
   A. 中央政府管理
   B. 地方政府管理
   C. 地方政府管理为主，中央提供帮助
   D. 中央与地方政府按比例划分责任

14. 若某个地区出现义务教育提供不足，需要进行政府间转移支付，其理论依据是（　）。
   A. 纠正政府间的纵向财政失衡
   B. 纠正政府间的横向财政失衡
   C. 纠正公共物品和服务的外部性
   D. 加强中央对地方的宏观调控

15. 内蒙古地区的基本公共卫生服务支出，中央分担（　）。
   A. 80%   B. 60%
   C. 30%   D. 50%

二、多项选择题

1. 下列属于财政分权理论的有（　）。
   A. 政府活动扩张法则
   B. 俱乐部理论
   C. 集权分权理论
   D. 财政联邦主义
   E. 公共物品和服务理论

2. 关于财政联邦主义的说法，正确的有（　）。
   A. 政治上一定实行联邦主义
   B. 财政联邦主义从某种意义上来说就是财政分权
   C. 财政联邦主义是指各级政府间财政收入和支出的划分以及由此产生的相关制度
   D. 为了实现资源配置的有效性与分配的公平性，某些公共决策应该在最低层次的政府进行
   E. 地方政府间的竞争有利于资源配置效率的提高

3. 政府间财政支出划分的原则有（　）。
   A. 效率性原则
   B. 公平性原则
   C. 权责结合原则
   D. 与事权相对称的原则
   E. 考虑支出性质特点的原则

4. 以下属于税收分割方式的有（　）。
   A. 分割税额   B. 分割税率
   C. 分割税种   D. 分割税制
   E. 分割税基

5. 以下属于中央税的有（　）。
   A. 与稳定国民经济有关的税种
   B. 与收入再分配有关的税种
   C. 税基流动性小的税种
   D. 税源分布较广的税种
   E. 与自然资源有关且地区间分布不均匀的税种

6. 关于政府间转移支付的说法，正确的有（　）。
   A. 最早提出转移支付概念的是庇古
   B. 政府转移支付中的财政资金不创造新的价值，不增加资金供给量，不影响市场的供需关系
   C. 政府转移支付横向均衡的目标是减少发达地区和落后地区地方政府之间的财政差异
   D. 无条件转移支付重点解决下级政府的财政收入与责任不对称的问题
   E. 混合转移支付以横向转移支付为主，辅之以纵向转移支付

7. 以下属于政府间转移支付特点的有（　）。
   A. 范围只限于政府之间
   B. 范围仅限于中央与地方之间
   C. 是无偿的支出
   D. 范围仅限于地方之间
   E. 并非政府的终极支出

8. 我国改革和完善中央对地方转移支付制度的措施有（　）。
   A. 优化转移支付结构
   B. 完善专项转移支付制度
   C. 从严控制一般性转移支付、规范资金分配和使用
   D. 强化转移支付预算管理
   E. 合理划分中央与地方事权与支出责任

9. 下列选项属于中央与地方共同财政事项和支出责任划分基本原则的有（ ）。
   A. 坚持以人民为中心
   B. 坚持财政事权划分由中央决定
   C. 坚持保障标准合理适度
   D. 坚持公平分担原则
   E. 坚持积极稳妥推进

同步系统训练参考答案及解析

一、单项选择题

1. A 【解析】本题考查财政分权理论。欧茨在《财政联邦主义》中提出，并非所有公共物品和服务都具有相似的空间特征，一些公共物品和服务可以使整个国家受益，而另一些公共物品和服务只能使某一地区受益。

2. A 【解析】本题考查财政分权理论。俱乐部理论论证了地方政府的适当规模问题，即在理论上能够断定，如果存在多个地方政府，就可以通过人们在不同辖区之间进行移居来提高资源配置的效率。

3. A 【解析】本题考查政府间事权划分。外部性原则要求，各项公共服务的提供，应该由控制着这一服务提供的效益与成本内部化的最小地理区域的辖区来进行。

4. B 【解析】本题考查政府间事权划分。解决外部性的基本思路是让外部性内部化，即通过制度安排，使经济主体通过经济活动所产生的社会收益或社会成本，转为私人收益或私人成本。

5. B 【解析】本题考查政府间收入的划分。效率原则是以征税效率的高低作为标准来划分中央与地方收入的原则。

6. B 【解析】本题考查政府间收入的划分。税源分布较分散的税种适于划归地方政府。

7. D 【解析】本题考查政府间收入的划分。税基流动性较小的、税源分布较广的税种归地方政府；进出口关税归中央政府；与自然资源有关的税种，如果在地区间分布不均匀则归中央政府。

8. D 【解析】本题考查政府间财政管理权的划分。各级人民政府决定预算预备费的动用。

9. C 【解析】本题考查分税制财政管理体制的基本问题。分权是指中央与地方都对属于自己的税种有开停征权、调整税目税率和减免税权，同时赋予地方开征地方性新税的权力。

10. B 【解析】本题考查分税制财政管理体制。分税制中的分权是指中央与地方都对属于自己的税种有开停征权、调整税目税率和减免税权，同时赋予地方政府开征地方性新税的权力。

11. B 【解析】本题考查我国分税制管理体制。根据分税制财政管理体制的规定，将同经济发展直接相关的主要税种划分为中央与地方共享税。

12. B 【解析】本题考查我国分税制管理体制。选项B错误，从国际比较来看，当前我国中央政府财力集中度并不高，在以调整事权和支出责任划分为改革基本方向的前提下，仍需要进行税制改革以及对收入划分进行必要的调整。

13. A 【解析】本题考查我国分税制管理体制的内容。从我国现实来看，养老保险由地方管理会阻碍劳动力的合理流动，也不利于收入公平分配，并且由于养老保险信息复杂程度低且容易收集，所以适合由中央管理，但必须有制度约束。

14. C 【解析】本题考查政府间转移支付概述。某些地方性公共物品和服务出现提供数量不足和质量不佳的问题，如义务教育、公共卫生等，其实行政府间转移支付的依据是纠正公共物品和服务的外部性。

15. A 【解析】本题考查中央与地方共同财政事权和支出责任划分改革方案。中等职业教育国家助学金、中等职业教育免学费补助、普通高中教育国家助学金、普通高中教育免学杂费补助、城乡居民基本医疗保险补助、基本公共卫生服务、计划生育扶助保障7个事项，实行中央分档分担办法：第一档包括内蒙古、广西、重庆、四川、贵州、云南、西藏、陕西、甘肃、青海、宁夏、新疆12个省（区、市），中央分担80%。

二、多项选择题

1. BCDE 【解析】本题考查财政分权理论。财政分权理论包括：（1）公共物品和服务理论；（2）集权分权理论；（3）财政联邦主义；（4）俱乐部理论。

2. BCDE 【解析】本题考查财政联邦主义。选项A错误，财政联邦主义本来源于财政学者对于联邦制国家财政分权体制的分析，后来也被广泛应用于各种国家制度下财政体制的分析，特别是被应用于福利国家改革与发展中国家的财政体制改革等问题的探讨。

3. BCD 【解析】本题考查财政支出划分的原则。政府间财政支出划分的原则包括：（1）与事权相对称的原则；（2）公平性原则；（3）权责结合原则。

4. ABCD 【解析】本题考查政府间收入的划分。税收分割的方式主要包括分割税额、分割税率、分割税种、分割税制和混合型。

5. ABE 【解析】本题考查政府间收入的划分。税基流动性较小的、税源分布较广的税种，如房产税、土地增值税等，划归地方政府。

6. ABCD 【解析】本题考查政府间转移支付概述。选项E错误，混合转移支付是纵向转移支付和横向转移支付的结合，以纵向转移支付为主，辅之以横向转移支付。

7. ACE 【解析】本题考查政府间转移支付的特点。政府间转移支付的特点有范围只限于政府之间，是无偿的支出，并非政府的终极支出。

8. AD 【解析】本题考查我国政府间转移支付制度。改革和完善中央对地方转移支付制度的措施：（1）优化转移支付结构；（2）完善一般性转移支付制度；（3）从严控制专项转移支付、规范专项转移支付分配和使用；（4）强化转移支付预算管理。

9. ABCE 【解析】本题考查中央与地方共同财政事项和支出责任划分改革方案。中央与地方共同财政事项和支出责任划分改革基本原则：（1）坚持以人民为中心；（2）坚持财政事权划分由中央决定；（3）坚持保障标准合理适度；（4）坚持差别化分担；（5）坚持积极稳妥推进。

本章思维导图

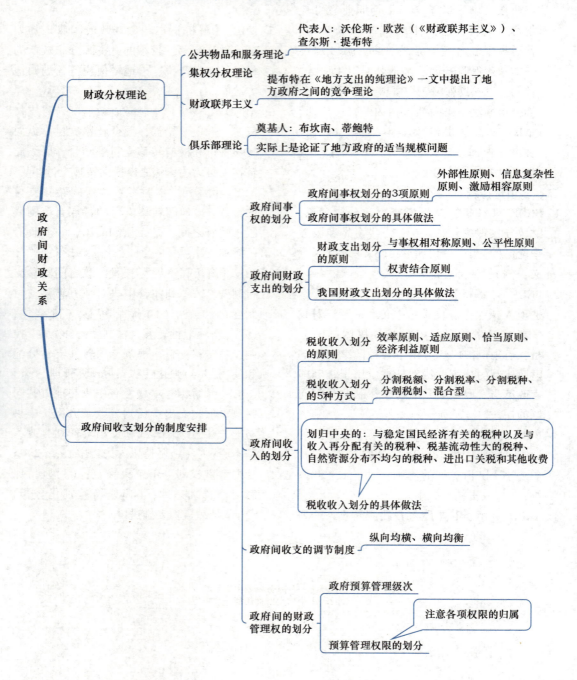

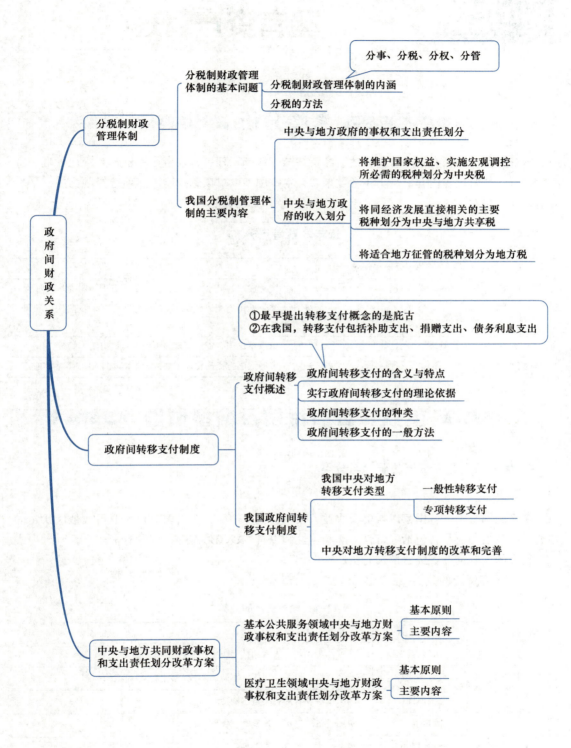

第12章 国有资产管理

考情分析

本章主要讲解国有资产管理概述、经营性国有资产管理、行政事业单位国有资产管理、资源性国有资产管理等内容。从历年考题来看，本章题型以单项选择题、多项选择题为主，平均分值在 5 分左右。

近年本章考点分布

考点	主要考查题型	考频指数	考查角度
国有资产管理概述	选择题	★★	国有资产的概念、分类；国有资产管理体制的基本内涵
经营性国有资产管理	选择题	★★	经营性国有资产管理的主要内容、深化我国国有企业改革
行政事业单位国有资产管理	选择题	★★	行政单位国有资产管理、事业单位国有资产管理
资源性国有资产管理	选择题	★★★	资源性国有资产管理主要内容、基本原则、管理体制

重点、难点讲解及典型例题

▶ 考点一 国有资产的概念与分类

（一）概念

广义的国有资产：国家以投资及收益、拨款、接受馈赠、凭借国家权力取得或依法认定的各类财产或财产权利，包括经营性、非经营性和以自然资源形态存在的国有资产。

狭义的国有资产：经营性国有资产。

（二）国有资产的分类（见表 12-1）

表 12-1 国有资产的分类

划分依据	类型	内容
性质	经营性	国家作为投资，投入到社会再生产领域
	行政事业性	非经营性，机关、团体、军队、学校、医院、科研机构拥有
	资源性	国家依法拥有的各类自然资源
存在的形态	固定资产	机器设备、厂房、建筑物、铁路、桥梁
	流动资产	现金、银行存款、短期投资、应收及预付款项、存货
	无形资产	专利权、商标权、著作权、土地使用权、非专利技术、商誉
	其他资产	特准储备物资、银行冻结存款、冻结物资、待处理财产

续表

划分依据	类型	内容
管理体制	中央	国务院代表国家履行出资人职责所管理的资产
	地方	省级人民政府，设区的市、自治州级人民政府分别代表国家对国有及国有控股、国有参股企业，履行出资人职责，所管理的资产
存在于境内境外	境内	存在于我国境内
	境外	国有企业开展跨国经营、在国外投资形成的，政府在国外有关机构拥有的

【例1·多选题】 国有流动资产的具体形态包括( )。

A. 机器设备　　　　　　　　　B. 银行存款
C. 短期投资　　　　　　　　　D. 存货
E. 待处理财产

解析 本题考查国有资产的分类。流动资产是指可以在1年内或长于1年的一个营业周期内变现或运用的资产，一般包括现金、银行存款、短期投资、应收及预付款项、存货等。机器设备属于固定资产，待处理财产属于其他资产。　　　　　　　　　　　　**答案** BCD

▶ **考点二　国有资产管理体制的基本内涵**

(一)国有资产管理体制的含义

国有资产管理体制是指在中央与地方之间及地方各级政府之间划分国有资产管理权限，建立国有资产经营管理机构与体系的一项根本制度。

2003年，国务院国有资产监督管理委员会(国资委)成立，由国务院授权代表国家履行出资人职责。

(二)国有资产管理体制的主要内容(见表12-2)

依据：2003年国务院颁布实施的《企业国有资产监督管理暂行条例》。

表12-2　国有资产管理体制的主要内容

划分中央与地方国有资产管理权限	国务院	对关系国民经济命脉和国家安全的大型国有及国有控股、参股企业，重要基础设施和重要自然资源领域的国有及国有控股、参股企业，履行出资人职责
	地方各级人民政府	对其他国有及国有控股、参股企业，履行出资人职责
国有资产监督管理机构：出资人职责	代表国务院	属国务院
	代表本级政府	属省、自治区、直辖市、设区的市、自治州人民政府
	上级政府国有资产监督管理机构依法对下级政府的国有资产监督管理进行指导和监督	
国有资产管理部门资产的监管内容	对企业负责人、重大事项进行管理，对企业国有资产进行管理并监督	
企业组织形式	国有独资企业	(1)关系国防、经济安全，或不适合其他企业组织形式但又要求政府控制； (2)如：军工企业、邮政企业、重要的公用企业
	国有控股企业	控制掌握国民经济命脉、关系国计民生的重要行业和领域
	国家参股企业	(1)在股份有限公司或有限责任公司中； (2)一般竞争领域

(1)推进国有经济布局优化和结构调整,增强国有经济竞争力、创新力、控制力、影响力、抗风险能力,做强做优做大国有资本。

(2)形成以管资本为主的国有资产监管体制。围绕"管资本"主线,从总体要求、重点措施、主要路径、支撑保障四个维度,构建以管资本为主加快国有资产监管职能转变的工作体系。

【例2·单选题】( )的成立标志着我国经营性国有资产管理体制建设进入了一个新的历史阶段。

A. 银保监会
B. 国资委
C. 财政部
D. 证监会

解析 本题考查国有资产管理体制。国务院国有资产监督管理委员会(国资委)的成立,标志着我国经营性国有资产管理体制建设进入了一个新的历史阶段。 答案 B

▶ 考点三　经营性国有资产管理的主要内容(见表12-3)

表12-3　经营性国有资产管理的主要内容

基础管理	(1)整个国有资产管理的基础; (2)包括:产权界定、产权登记、清产核资、统计
投资管理	(1)投资是形成国有资产的起点; (2)内容:投资资金来源管理,投资方向、规模、结构管理
运营管理	(1)目的:合理配置国有资产,实现资产运用效益最大化,资产保值、增值; (2)内容:经营方式的选择、处置管理; (3)方式:股份制运营、独资运营、转让运营、授权运营、承包运营、租赁运营; (4)国有资产处置:根据规定程序,将一部分闲置或国有企业不再经营的国有资产,按市场价格有偿转让给境内外法人、自然人或其他组织
收益管理	(1)本质:劳动者当年创造的剩余产品价值的一部分; (2)作用:体现国家的所有者地位,实现其价值管理; (3)形式:利润、租金、股息、红利、资产占用费
绩效评价	(1)含义:在管理过程中所得与所费之间的对比关系; (2)指标:宏观、微观效益指标体系,绩效评价制度

【注意】

(1)国有资产中最重要的部分:经营性国有资产,约占我国全部国有资产总量的2/3。

(2)国有资产管理中最重要的核心内容:对经营性国有资产的管理。

【例3·单选题】经营性国有资产占我国全部国有资产总量的( )左右。

A. 2/3
B. 1/3
C. 1/2
D. 3/5

解析 本题考查经营性国有资产管理。经营性国有资产占我国全部国有资产总量的2/3左右,是我国国有资产中最重要的组成部分。 答案 A

▶ 考点四　深化我国国有企业改革

(一)国有经济战略性调整

我国国有经济和国有资产集中的重点区域有:

(1)国家安全行业:军事装备制造、航天航空、邮政通信、金融保险。

(2)自然垄断行业：供电、供水、供气、公共交通、道路、桥梁等公用事业。
(3)提供重要公共物品和服务的行业：科技、教育、文化、社会保障、环境保护等公共服务。
(4)重要的资源行业：石油、天然气、有色金属、黑色金属。
(5)支柱产业和高新技术产业的骨干企业。

(二)国有经济战略性调整与国有资产运营
(1)加强国有产权转让管理。企业国有产权应在依法设立的产权交易机构公开进行转让。权属关系不明确或存在权属纠纷的不得转让。
(2)打破行业自然垄断，引入社会资本竞争，缩短国有经济过长的战线。鼓励跨行政区域的市政公用基础设施共享，**特许经营期限最长不得超过 30 年**。

(三)继续深化国有企业改革
深化国有企业改革的基本方向：**发展混合所有制经济**。
1. 颁布《关于深化国有企业改革的指导意见》
(1)国有企业存在的亟待解决的问题
①一些企业市场主体地位尚未真正确立，现代企业制度还不健全，国有资产监管体制有待完善，国有资本运行效率需要进一步提高。
②一些企业管理混乱，内部人控制、利益输送、国有资产流失等问题突出，企业办社会职能和历史遗留问题还未完全解决。
③一些企业党组织管党治党责任不落实、作用被弱化等。
(2)深化国有企业改革的目标
到 2020 年，在国有企业改革的重要领域和关键环节取得决定性成果。
(3)深化国有企业改革明确的几个重要问题
①经营性国有资产要实行统一监管。
②商业类国有企业和公益类国有企业实行不同的考核方法。
③明确董事会的独立权利。
④对国有企业负责人要进行分类分层管理。
⑤明确了国有资本形态转化的问题。
⑥要保障混合所有制改革企业中小股东的权益。
⑦不搞全员持股。
2. 发布《关于国有企业发展混合所有制经济的意见》
①内容：国有资本、集体资本、非公有资本等交叉持股、相互融合的混合所有制经济，是基本经济制度的重要实现形式。
分类、分层推进国有企业混合所有制改革的基本路径，鼓励各类资本，包括非公有资本、集体资本、外资等均可以有序参与国有企业混合所有制改革，推广政府和社会资本合作模式。同时，也鼓励国有资本以多种方式入股非国有企业，探索完善优先股和国家特殊管理股方式以及实行混合所有制企业员工持股。
②深化改革必须坚持以下基本原则：要坚持政府引导，市场运作原则；要坚持完善制度，保护产权原则；要坚持严格程序，规范操作原则；要坚持宜改则改，稳妥推进原则。
3. 颁发《关于国有企业功能界定与分类的指导意见》
按照主营业务和核心业务范围，将国有企业界定为商业类和公益类两种类型。

(1)商业类国有企业：

①主业处于充分竞争行业和领域的企业：实行公司制股份制改革，国有资本可以绝对控股、相对控股或参股。

②主业处于关系国家安全、国民经济命脉的重要行业和关键领域、主要承担重大专项任务的企业：保持国有资本控股地位，支持非国有资本参股。

③处于自然垄断行业的企业：网运分开、放开竞争性业务。

(2)公益类国有企业：引入市场机制；既可采取国有独资形式，也可推行投资主体多元化，还可通过购买服务、特许经营、委托代理等方式，鼓励非国有企业参与经营。

【例4·多选题】虽然自改革开放以来，国有企业改革发展不断取得重大进展，但国有企业仍然存在一些亟待解决的突出矛盾和问题，具体表现为(　　)。

A. 一些企业市场主体地位尚未真正确立，现代企业制度还不健全

B. 国有资产监管体制有待完善

C. 一些企业管理混乱，内部人控制、利益输送、国有资产流失等问题突出

D. 企业办社会职能和历史遗留问题还未完全解决

E. 存在政企不分开的问题

解析 本题考查深化我国国有企业改革。国有企业存在的亟待解决的问题有：(1)一些企业市场主体地位尚未真正确立，现代企业制度还不健全，国有资产监管体制有待完善，国有资本运行效率需要进一步提高。(2)一些企业管理混乱，内部人控制、利益输送、国有资产流失等问题突出，企业办社会职能和历史遗留问题还未完全解决。(3)一些企业党组织管党治党责任不落实、作用被弱化等。

答案 ABCD

考点五　创新经营性国有资产配置方式

1. 优化国有资本布局

推动国有资本向关系国家安全、国民经济命脉和国计民生的重要行业和关键领域、重点基础设施集中，向前瞻性战略性产业集中，向具有核心竞争力的优势企业集中。

2. 完善国有资本授权经营体制

建立以管资本为主的国有资产监管体系，改革国有资本授权经营体制，改组组建国有资本投资、运营公司，开展政府直接授权国有资本投资、运营公司履行出资人职责的试点。

3. 建立健全国有资本形态转换机制

必须坚持以管资本为主，以提高国有资本流动性为目标，积极推动经营性国有资产证券化。

4. 规范经营性国有资产处置和收益分配

企业重大资产转让应依托统一的公共资源交易平台公开进行。逐步提高国有资本收益上缴公共财政比例，划转部分国有资本充实社保基金。

5. 强化国有资本基础管理

必须守住防止国有资产流失的底线。实现维护出资人权益和尊重企业自主经营权的有效结合。

考点六 推进国有资本投资、运营公司改革试点（见表12-4）

表12-4 推进国有资本投资、运营公司改革试点

意义	深化国有企业改革的重要组成部分，改革和完善国有资产管理体制的重要举措
内容	（1）功能定位。国有资本投资、运营公司均为国有独资公司； ①国有资本投资公司：以服务国家战略、优化国有资本布局、提升产业竞争力为目标； ②国有资本运营公司：以提升国有资本运营效率、提高国有资本回报率为目标。 （2）组建方式。采取改组和新设方式设立。 （3）授权机制。国有资产监管机构授予出资人职责，政府直接授予出资人职责。 （4）治理结构。设立党组织、董事会、经理层，充分发挥党组织的领导作用、董事会的决策作用、经理层的经营管理作用。 （5）运行模式。包括公司的组织架构、履职行权方式、选人用人机制、财务监管、收益管理及考核机制。 （6）监督与约束机制。完善监督体系，实施绩效评价

考点七 完善国有金融资本管理（见表12-5）

表12-5 完善国有金融资本管理

国有金融资本的含义	（1）国家及其授权投资主体直接或间接对金融机构出资所形成的资本和应享有的权益； （2）凡凭借**国家权力和信用支持**的金融机构所形成的资本和应享有的权益，纳入国有金融资本管理，法律另有规定的除外
基本原则	（1）坚持服务大局； （2）坚持统一管理； （3）坚持权责明晰； （4）坚持问题导向； （5）坚持党的领导
主要目标	需要建立健全国有金融资本管理的"四梁八柱"，优化国有金融资本战略布局，理顺国有金融资本管理体制，增强国有金融机构活力与控制力，促进国有金融资本保值增值，更好地实现服务实体经济、防控金融风险、深化金融改革三大基本任务。要做到法律法规更加健全、资本布局更加合理、资本管理更加完善总体要求
体制	（1）优化国有金融资本配置格局； （2）明确国有金融资本出资人职责； （3）加强国有金融资本统一管理； （4）明晰国有金融机构的权利与责任； （5）以管资本为主加强资产管； （6）防范国有金融资本流失

【例5·单选题】下列选项中，不属于完善国有金融资本管理的基本原则的是（　　）。

A. 坚持服务大局　　　　　　　　　　B. 坚持分散经营

C. 坚持权责明晰　　　　　　　　　　D. 坚持问题导向

解析 ▶ 本题考查完善国有金融资本管理。完善国有金融资本管理的基本原则包括：（1）坚持服务大局；（2）坚持统一管理；（3）坚持权责明晰；（4）坚持问题导向；（5）坚持党的领导。

答案 ▶ B

▶ **考点八　行政单位国有资产管理**

行政事业单位国有资产的性质：<u>非营利性</u>。

行政事业单位国有资产要实现的目标：在保证完成行政事业单位职能和任务的前提下，有效、合理、节约地使用国有资产。

标志性文件：2006年颁布《行政单位国有资产管理暂行办法》和《事业单位国有资产管理暂行办法》。

(一)行政单位和行政单位国有资产

1. 行政单位

行政单位是履行国家职能、管理国家事务的各种机关的统称，包括权力机关、行政机关、审判机关和检察机关、其他机关。

2. 行政单位国有资产

由各级行政单位占有、使用的，依法确认为国家所有，能以货币计量的各种经济资源的总称，即行政单位的国有(公共)财产，包括：(1)用国家财政性资金形成的资产；(2)国家调拨的资产；(3)按照国家规定组织收入形成的资产；(4)接受捐赠；(5)其他经法律确认的国家所有的资产。

(二)行政单位国有资产管理

1. 管理体制

管理体制：国家统一所有，政府分级监管，单位占有、使用。财政部门实行综合管理；行政单位实施具体管理。

2. 行政单位国有资产管理的内容(见表12-6)

表12-6　行政单位国有资产管理内容

配置	原则	(1)严格执行法律、法规和有关规章制度； (2)与行政单位履行职能需要相适应； (3)科学合理，优化资产结构； (4)勤俭节约，从严控制
	做法	(1)有规定配备标准的，按标准配备； (2)无规定配备标准的，从实际需要出发，从严控制，合理配备； (3)能通过调剂解决的，原则上不重新购置； (4)纳入政府采购范围的，依法实施政府采购； (5)对购置资产进行验收、登记，并及时进行账务处理
使用		(1)建立健全使用管理制度，规范使用行为； (2)做好使用管理工作，物尽其用，发挥使用效益；保障其安全完整； (3)定期清查盘点，做到账、卡、实相符，防止流失； (4)建立严格的国有资产管理责任制，管理责任落实到个人； (5)不得用国有资产对外担保，法律另有规定的除外； (6)不得以任何形式占有、使用的国有资产举办经济实体； (7)行政单位拟将占有、使用的国有资产对外出租、出借的，必须事先上报同级财政部门审核批准，未经批准，不得对外出租、出借。同级财政部门严格控制，从严审批； (8)出租、出借的国有资产，其所有权性质不变，仍归国家所有；所形成的收入，按非税收入管理的规定，实行"收支两条线"管理； (9)对行政单位中超标配置、低效运转或长期闲置的国有资产，同级财政部门有权调剂使用或处置

处置	含义	行政单位国有资产产权的转移及核销，包括无偿转让、出售、置换、报损、报废
	范围	(1)闲置资产； (2)因技术原因并经科学论证，确需报废、淘汰的资产； (3)因单位分立、撤销、合并、改制、隶属关系改变等原因发生的产权或使用权转移的资产； (4)盘亏、呆账或非正常损失的资产； (5)超过使用年限无法使用的资产
	审批	行政单位资产管理部门会同财务部门、技术部门审核鉴定，提出意见，按审批权限报送审批
	原则	公开、公正、公平
	收入	变价收入和残值收入，按非税收入管理，"收支两条线"
	行政单位分立、撤销、合并、改制或隶属关系发生改变时，应对其占有、使用的国有资产进行清查登记，编制清册，报送财政部门审核、处置，及时办理资产转移手续	
评估	情形	(1)行政单位取得的没有原始价格凭证的资产； (2)拍卖、有偿转让、置换国有资产
	方法	核准制和备案制，委托具有资产评估资质的资产评估机构进行
产权纠纷调处	含义	由于财产所有权、经营权、使用权归属不清而发生的争议
	情形	行政单位之间：当事人协商，不成的由财政部门或同级政府调解、裁定
		行政单位与非行政单位、组织或个人：由行政单位提出处理意见，报财政部门同意后，与对方当事人协商解决；不成的，依司法程序处理
统计报告	(1)报告真实、准确、及时、完整； (2)对其占有、使用、变动、处置等情况作出文字分析说明	
监督检查	依法维护国有资产的安全、完整。 坚持单位内部监督与财政监督、审计监督、社会监督相结合，事前监督、事中监督、事后监督相结合，日常监督与专项检查相结合	

【例6·单选题】 行政单位与非行政单位、组织或者个人之间发生产权纠纷，由（ ）提出处理意见。

A. 非行政单位　　　　　　　　　　B. 本级政府
C. 行政单位　　　　　　　　　　　D. 财政部门

解析 ▶本题考查行政单位国有资产管理。行政单位与非行政单位、组织或者个人之间发生产权纠纷，由行政单位提出处理意见。　　　　　　　　　　　　　　　　　　　　**答案** ▶C

▶考点九　事业单位国有资产管理

（一）事业单位国有资产概述

事业单位国有资产包括：国家拨给的资产、按国家规定运用国有资产组织收入形成的资产、接受捐赠、其他经法律确认为国家所有的资产。

管理原则：资产管理与预算管理相结合，所有权和使用权相分离，资产管理与财务管理、实物管理与价值管理相结合。

管理体制：国家统一所有，政府分级监管，单位占有、使用。各级财政部门实施综合管理，事业单位的主管部门实施监督管理，事业单位实施具体管理。

(二)事业单位国有资产管理的主要内容(见表12-7)

表12-7 事业单位国有资产管理的主要内容

配置	含义	财政部门、主管部门、事业单位通过购置或调剂等方式配备资产
	条件	(1)现有资产无法满足事业单位履行职能的需要; (2)难以与其他单位共享、共用相关资产; (3)难以通过市场购买产品或服务的方式代替资产配置,或采用市场购买方式的成本过高
使用	方式	单位自用、对外投资、出租、出借、担保
	做法	(1)可行性论证,提出申请,经主管部门审核同意后,报同级财政部门审批; (2)专项管理,在财务会计报告中披露; (3)对外投资收益及资产出租、出借、担保等收入纳入单位预算,统一核算,统一管理
处置	方式	出售、出让、转让、对外捐赠、报废、报损、货币性损失核销
	操作	(1)履行审批手续; (2)事业单位占有的、使用的房屋建筑物、土地、车辆的处置,货币性资产损失的核销,单位价值或批量价值: ①在规定限额以上的资产处置,经主管部门审核后报同级财政部门审批; ②限额以下的报主管部门审批,主管部门将审批结果定期报同级财政部门备案。 (3)财政或主管部门的批复是重新安排资产配置预算项目的参考依据,是事业单位调整相关会计账目的凭证
	原则	公开、公正、公平
		数量多、价值高的,通过拍卖等市场竞价方式公开处置
		处置收入归国家所有,按政府非税收入,"收支两条线"管理
产权登记	产权登记证	(1)国家享有所有权,单位享有占有、使用权的法律凭证,财政部统一印制; (2)法人年检、改制、资产处置,利用国有资产对外投资、出租、出借、担保等应出具"产权登记证"
		各级财政部门在资产动态管理信息系统和变更产权登记的基础上,定期检查
		(1)占有登记:新设立的事业单位; (2)变更登记:发生分立、合并、部分改制,及隶属关系、单位名称、住所、单位负责人等产权登记内容发生变化的事业单位; (3)注销登记:因依法撤销或整体改制等原因被清算、注销的事业单位
产权纠纷处理	与其他国有单位	(1)先协商; (2)协商不成,可向同级或共同上一级财政部门申请调解或裁定; (3)必要时报有管辖权的人民政府处理
	与非国有单位或个人	(1)事业单位提出拟处理意见,经主管部门审核并报同级财政部门批准后,与对方当事人协商解决; (2)协商不成,依照司法程序处理

续表

评估	应评估	(1) 整体或部分改制为企业； (2) 以非货币性资产对外投资； (3) 合并、分立、清算； (4) 资产拍卖、转让、置换； (5) 整体或部分资产租赁给非国有单位； (6) 确定涉讼资产价值
	不评估	(1) 经批准事业单位整体或部分资产无偿划转； (2) 行政、事业单位下属的事业单位之间的合并、资产划转、置换和转让； (3) 国家设立的研究开发机构、高等院校将其持有的成果转让、许可或者作价投资给国有全资企业的； (4) 发生其他不影响国有资产权益的特殊产权变动行为，报经同级财政部门确认可以不进行资产评估的
	委托有资产评估资质的评估机构进行	
	核准制和备案制	同行政单位
清查	清查情形	(1) 被纳入统一组织的资产清查范围的； (2) 进行重大改革或整体、部分改制为企业的； (3) 遭受重大自然灾害等不可抗力造成资产严重损失的； (4) 会计信息严重失真或国有资产出现重大流失的； (5) 会计政策发生重大更改，涉及资产核算方法发生重要变化； (6) 同级财政部门认为应当进行资产清查的其他情形
	操作	向主管部门提出申请，报同级财政部门批准
	内容	基本情况清理、账务清理、财产清查、损益认定、资产核实、完善制度
信息管理与报告		(1) 及时将资产变动信息录入管理信息系统，动态管理； (2) 信息报告是事业单位财务会计报告的重要组成部分； (3) 事业单位国有资产占有、使用状况，是主管部门、财政部门编制、安排事业单位预算的重要参考依据
监督检查		财政部门、主管部门、事业单位及其工作人员，依法维护其安全完整，提高国有资产使用效益

(三) 规范和加强行政事业单位国有资产管理

(1) 管理体制：国家统一所有，政府分级监管，单位占有、使用。

(2) 近几年颁布的措施要点

①依据行政事业单位职能及工作性质，按完成职能的最低限度和最优标准配置资产。

②组织摸清全国行政事业单位国有资产情况。

③将行政事业单位国有资产报告工作纳入制度化、规范化管理轨道。

④建立国务院向全国人大常委会报告国有资产管理情况制度。

⑤加强资产全生命周期管理，强化资产配置与资产使用、处置的统筹管理，探索建立长期低效运转、闲置资产的共享共用和调剂机制，建立和完善单位资产管理与财务管理部门之间的协同工作机制等。

⑥贯彻落实提高科技成果转化效率，健全有关责任追究制度。

【例7·单选题】事业单位国有资产处置收入属于( )所有。
A. 该事业单位　　　　　　　　　B. 事业单位主管部门
C. 本级政府　　　　　　　　　　D. 国家

解析 本题考查事业单位国有资产管理。事业单位国有资产处置收入属于国家所有。

答案 D

▶ 考点十　资源性国有资产管理

(一)资源性国有资产概述

(1)属于典型的稀缺性经济资源；**所有权归国家，由全民共同拥有**。

(2)特点：天然性、有用性、有限性、可计量性、垄断性、价值多重性。

(3)管理原则：重要资源属于国家所有，统一规划、综合利用、开源节流与提高效益，保护环境与生态平衡。

(4)管理体制：国有资产专司机构综合管理与财政部门专项管理、资源主管部门专业管理相结合。

(5)我国资源性国有资产归国家统一所有，以国家统一管理为主。

(二)资源性国有资产管理(见表12-8)

表12-8　资源性国有资产管理

产权管理	(1)核心，其他国有资产管理的基础； (2)自然资源属国家所有，即全民所有； (3)任何国家机关、社会团体和个人，都不能是其所有权的主体
勘察管理	(1)是对资源进行综合利用和保护的基础； (2)依法登记，取得勘察权； (3)由独立经济核算的勘察单位、凭批准的勘察计划，填写勘察申请登记书，办理登记手续，领取勘察许可证
开发利用管理	(1)依法申请取得开采使用权； (2)开采权不得买卖、出租，不得用作抵押
保护管理	"谁开发谁保护，谁污染谁治理，谁破坏谁受罚"

(三)自然资源资产负债表

(1)编表目的：推动建立健全科学规范的自然资源统计调查制度，努力摸清自然资源资产的家底及其变动情况，为推进生态文明建设、有效保护和持续利用自然资源提供信息基础、监测预警和决策支持。

(2)试点地区：内蒙古自治区呼伦贝尔市、浙江省湖州市、湖南省娄底市、贵州省赤水市、陕西省延安市。

【例8·多选题】编制自然资源资产负债表试点工作首批试点选择在(　　)。

A. 呼伦贝尔市　　　　　　　　B. 赤水市
C. 湖州市　　　　　　　　　　D. 长沙市
E. 延安市

解析 本题考查自然资源资产负债表。根据自然资源的代表性和有关工作基础，编制自然资源资产负债表试点工作首批试点地区选择在内蒙古自治区呼伦贝尔市、浙江省湖州市、湖南省娄底市、贵州省赤水市、陕西省延安市。

答案 ABCE

历年考题解析

一、单项选择题

1. 我国经营性国有资产的主要来源是（ ）。
   A. 清产核资　　B. 社会集资
   C. 自然形成　　D. 国家投资

   解析 本题考查经营性国有资产的概念。经营性国有资产，是指国家作为投资者，投入到社会再生产领域，从事生产经营活动的各类资产。 **答案** D

2. 根据《中共中央关于全面深化改革若干重大问题的决定》，未来我国国有企业改革的指导思想是（ ）。
   A. 推进国有资产交易平台建设
   B. 推进混合所有制经济
   C. 推进国有资产产权登记全面开展
   D. 推进市场经济主体共同发展

   解析 本题考查深化我国国有企业改革。《中共中央关于全面深化改革若干重大问题的决定》明确了我国国有企业改革的指导思想，即推进混合所有制经济。 **答案** B

3. 2017年1月出台的《关于创新政府配置资源方式的指导意见》中，要求经营性国有资产重大资产转让行为应当依托的平台是（ ）。
   A. 统一的公共资源交易平台
   B. 公开的电商平台
   C. 公开的财政部网络平台
   D. 公开的国务院国资委网络平台

   解析 本题考查深化我国国有企业改革。《关于创新政府配置资源方式的指导意见》中，企业重大资产转让应依托统一的公共资源交易平台公开进行。 **答案** A

4. 在我国，代表国家对国有资产履行出资人职责的机构是各级（ ）。
   A. 统计局　　B. 税务局
   C. 发改委　　D. 国资委

   解析 本题考查国有资产管理体制的内涵。国务院国有资产监督管理机构是代表国务院履行出资人职责、负责监督管理企业国有资产的直属特设机构。省、自治区、直辖市人民政府国有资产监督管理机构，设区的市、自治州级人民政府国有资产监督管理机构是代表本级政府履行出资人职责、负责监督管理企业国有资产的直属特设机构。 **答案** D

5. 关于深化国有企业改革的说法，错误的是（ ）。
   A. 到2020年，我国将在国有企业改革的重要领域和关键环节取得决定性成果
   B. 改革要坚持和完善基本经济制度
   C. 经营性国有资产要实行分级监管
   D. 国有企业负责人应实行分类分层管理

   解析 本题考查深化我国国有企业改革。选项C错误，《关于深化国有企业改革的指导意见》要求经营性国有资产要实行统一监管。 **答案** C

6. 事业单位可不进行资产评估的情况是（ ）。
   A. 以非货币性资产对外投资
   B. 单位分立或合并
   C. 经批准整体或部分无偿划转
   D. 整体或部分改制为企业

   解析 本题考查事业单位国有资产管理。事业单位有下列情形之一的，可以不进行资产评估：（1）经批准事业单位整体或者部分资产无偿划转。（2）行政、事业单位下属的事业单位之间的合并、资产划转、置换和转让。（3）国家设立的研究开发机构、高等院校将其持有的成果转让、许可或者作价投资给国有全资企业的。（4）发生其他不影响国有资产权益的特殊产权变动行为，报经同级财政部门确认可以不进行资产评估的。 **答案** C

7. 国家投资到社会再生产领域，从事生产经

营活动的资产是( )。
A. 资源性国有资产
B. 行政性国有资产
C. 经营性国有资产
D. 事业性国有资产

解析 本题考查国有资产的分类。经营性国有资产是指国家作为投资人，投入到社会再生产领域，从事生产经营活动的各类资产。

答案 C

8. 衡量国有资产管理目标实现程度的工具是( )。
A. 国有资产管理绩效评价
B. 国有资产清产核资
C. 国有资产统计分析
D. 国有资产产权界定

解析 本题考查经营性国有资产管理的主要内容。国有资产管理绩效评价是衡量国有资产管理目标实现程度的重要手段。

答案 A

9. 同经营性国有资产相比，行政事业单位国有资产具有的独特性质是( )。
A. 盈利性   B. 非营利性
C. 竞争性   D. 非公益性

解析 本题考查行政事业单位国有资产管理。同经营性国有资产相比，行政事业单位国有资产具有其独特的性质，即非营利性。

答案 B

二、多项选择题

1. 行政单位国有资产需要进行资产评估的情况有( )。
A. 资产拍卖   B. 资产有偿转让
C. 资产使用   D. 资产置换
E. 资产购置

解析 本题考查行政单位国有资产管理。行政单位有下列情形之一的，应当对相关资产进行评估：(1)行政单位取得的没有原始价格凭证的资产。(2)拍卖、有偿转让、置换国有资产。(3)依照国家有关规定需要进行资产评估的其他情形。

答案 ABD

2. 国有企业取得的下列收入中，属于国有资产收益的有( )。
A. 各项税收   B. 企业利润
C. 资产租金   D. 投资分红
E. 资产占用费

解析 本题考查经营性国有资产管理的主要内容。国有资产收益收缴的形式有：利润、租金、股息、红利以及上缴资产占用费等方式。

答案 BCDE

3. 国有资产管理部门对国有资产管理的主要内容包括( )。
A. 对企业负责人进行管理
B. 对企业重大事项进行管理
C. 对企业日常经营进行直接管理
D. 对企业国有资产进行管理
E. 对企业国有资产进行监督

解析 本题考查国有资产管理体制的基本内涵。国有资产管理部门对国有资产管理的主要内容包括：(1)对企业负责人进行管理；(2)对企业重大事项进行管理；(3)对企业国有资产进行管理；(4)对企业国有资产进行监督等。

答案 ABDE

同步系统训练

一、单项选择题

1. 将国有资产划分为经营性国有资产、行政事业性国有资产及资源性国有资产的依据是( )。
A. 国有资产的性质
B. 国有资产存在的形态
C. 管理体制
D. 国有资产存在于境内境外

2. 国务院国有资产监督管理机构是代表( )履行出资人职责、负责监督管理企业国有资产的直属特设机构。
A. 本级政府   B. 上级政府

C. 人民代表大会 D. 国务院

3. 在国有资产企业的组织形式中，大体处在一般性竞争领域的是（ ）。
   A. 国有独资企业 B. 国有控股企业
   C. 国家参股企业 D. 国家主导企业

4. 关于经营性国有资产的说法，错误的是（ ）。
   A. 是国有资产管理中最为重要的核心内容
   B. 是我国国有资产中最重要的组成部分
   C. 国有资产投资是形成国有资产的起点
   D. 国有资产的处置管理是国有资产投资管理的内容

5. 整个经营性国有资产管理的基础是（ ）。
   A. 国有资产投资管理
   B. 国有资产基础管理
   C. 国有资产运营管理
   D. 国有资产管理绩效评价

6. 关于深化国有企业改革的说法，错误的是（ ）。
   A. 以管资本为主推进经营性国有资产集中统一监管
   B. 重点考核商业类国有企业的成本控制、产品服务质量等
   C. 对国有企业负责人进行分类分层管理
   D. 不搞全员持股，推行骨干员工持股

7. 国有经济战略性调整中，鼓励跨行政区域的市政公用基础设施共享，特许经营期限最长不得超过（ ）年。
   A. 10 B. 20
   C. 30 D. 50

8. 下列关于行政单位国有资产使用的说法，错误的是（ ）。
   A. 除法律另有规定外，行政单位不得用国有资产对外担保
   B. 行政单位应当建立健全国有资产使用管理制度
   C. 行政单位出租、出借国有资产所形成的收入归行政单位支配
   D. 行政单位拟将占有、使用的国有资产对外出租、出借的，必须事先上报同级财政部门审核批准

9. 关于行政单位国有资产使用的说法，错误的是（ ）。
   A. 经批准后，行政单位可以用占有、使用的国有资产举办经济实体
   B. 行政单位不得用国有资产对外担保，法律另有规定的除外
   C. 超标配置、低效运转或者长期闲置的国有资产，同级财政部门有权调剂使用或者处置
   D. 行政单位对所占有、使用的国有资产应当定期清查盘点，防止国有资产流失

10. 关于行政单位国有资产处置的说法，错误的是（ ）。
    A. 处置包括各类国有资产的无偿转让、出售、置换、报损、报废等
    B. 行政单位应及时处置闲置资产
    C. 国有资产处置的变价收入和残值收入，归行政单位所有
    D. 行政单位处置国有资产应当严格履行审批手续，未经批准不得处置

11. 关于事业单位国有资产管理体制的说法，错误的是（ ）。
    A. 国家统一所有，政府分级监管，单位占有、使用
    B. 各级财政部门是政府负责事业单位国有资产管理的职能部门
    C. 各级人民政府实施综合管理
    D. 事业单位的主管部门实施监督管理

12. 关于资源性国有资产管理的说法，错误的是（ ）。
    A. 其是经营性与非经营性国有资产管理的基础
    B. 其内容包括资源产权管理、勘察管理、开发利用管理和资源保护管理四项工作
    C. 勘察资源必须依法登记，取得勘察权
    D. 经批准取得的开采权不得买卖、出租，经同级财政部门批准，可以用作抵押

13. 资源性国有资产管理的核心是（ ）。

A. 资源产权管理
B. 资源勘察管理
C. 资源开发利用管理
D. 资源保护管理

14. 我国资源性国有资产归国家所有，以（　）管理为主。
A. 本级政府　　B. 财政部
C. 国家统一　　D. 国土资源局

二、多项选择题

1. 以下属于国有固定资产具体形态的有（　）。
A. 机器设备　　B. 银行存款
C. 短期投资　　D. 存货
E. 厂房

2. 国有无形资产包括（　）。
A. 专利权　　B. 土地使用权
C. 商标权　　D. 非专利技术
E. 应收及预付款项

3. 经营性国有资产的基础工作主要有（　）。
A. 国有资产的产权界定
B. 国有资产的产权登记
C. 国有资产的清产核资
D. 国有资产的处置管理
E. 国有资产的统计

4. 在国有经济的战略调整中，我国国有经济和国有资产集中的重点区域有（　）。
A. 国家安全行业
B. 自然垄断行业
C. 投资额大的行业
D. 重要的资源行业
E. 支柱产业和高新技术产业中的骨干企业

5. 现阶段，我国国有资产战略性调整的任务有（　）。
A. 加强国有产权转让管理
B. 维护国有产权主体地位
C. 提高国有资产的盈利能力
D. 将国有资产集中化管理
E. 打破行业的自然垄断，引入社会资本进行竞争

6. 我国行政单位国有资产管理实行（　）的管理体制。

A. 各级政府所有　　B. 政府分级监管
C. 单位占有　　D. 政府使用
E. 国务院财政部门综合管理

7. 关于事业单位国有资产使用的说法，正确的有（　）。
A. 事业单位对国有资产的使用，应当建立健全资产购置、验收、保管、使用等内部管理制度
B. 财政部门和主管部门应当加强对事业单位利用国有资产对外投资、出租等行为的风险控制
C. 事业单位对外投资收益应当单独核算
D. 事业单位对本单位用于对外投资、出租的资产实行统一管理
E. 事业单位利用国有资产对外投资，应当提出申请，经主管部门审核同意后，报同级财政部门审批

8. 以下情形中，事业单位应进行国有资产清查的有（　）。
A. 经批准事业单位整体或者部分资产无偿划转
B. 会计信息严重失真或者国有资产出现重大流失
C. 进行重大改革或者整体、部分改制为企业
D. 遭受重大自然灾害等不可抗力造成资产严重损失
E. 会计政策发生重大更改，涉及资产核算方法发生重要变化

9. 以下属于资源性国有资产特点的有（　）。
A. 天然性　　B. 有用性
C. 可计量性　　D. 垄断性
E. 价值单一性

10. 关于资源性国有资产管理的说法，正确的有（　）。
A. 资源的所有权由国家管理，各单位行使
B. 勘察资源时征求有关部门的同意后即可勘察
C. 资源的开采权不得买卖、出租，但可

以抵押给政府部门

D. 乡镇集体企业和个人开采自然资源，应依法申请批准

E. 自然资源由全民所有

同步系统训练参考答案及解析

一、单项选择题

1. A 【解析】本题考查国有资产的分类。按国有资产的性质划分，国有资产可分为经营性国有资产、行政事业性国有资产及资源性国有资产。

2. D 【解析】本题考查国有资产管理体制。国务院国有资产监督管理机构是代表国务院履行出资人职责、负责监督管理企业国有资产的直属特设机构。

3. C 【解析】本题考查国有资产管理体制。国家参股企业大体处在一般性竞争领域。

4. D 【解析】本题考查经营性国有资产。选项 D 错误，国有资产运营管理的主要内容包括国有资产运营管理方式的选择、国有资产的处置管理。

5. B 【解析】本题考查经营性国有资产管理。国有资产基础管理是整个经营性国有资产管理的基础，包括国有资产的产权界定、产权登记、清产核资和统计等工作。

6. B 【解析】本题考查深化我国国有企业改革。选项 B 错误，对商业类国有企业，重点考核其业绩指标、国有资产保值增值和市场竞争能力。

7. C 【解析】本题考查深化我国国有企业改革。鼓励跨行政区域的市政公用基础设施共享，特许经营期限最长不得超过 30 年。

8. C 【解析】本题考查行政单位国有资产管理。选项 C 错误，行政单位出租、出借国有资产所形成的收入，按照政府非税收入管理的规定，实行"收支两条线"管理。

9. A 【解析】本题考查行政单位国有资产管理。选项 A 错误，行政单位不得以任何形式用占有、使用的国有资产举办经济实体。

10. C 【解析】本题考查行政单位国有资产管理。选项 C 错误，行政单位处置国有资产的变价收入和残值收入，要按照政府非税收入管理的规定，实行"收支两条线"管理。

11. C 【解析】本题考查事业单位国有资产管理。选项 C 错误，各级财政部门对事业单位的国有资产实施综合管理。

12. D 【解析】本题考查资源性国有资产管理。选项 D 错误，经批准取得的开采权不得买卖、出租，不得用作抵押。

13. A 【解析】本题考查资源性国有资产管理。资源产权管理是资源性国有资产管理的核心，也是其他国有资产管理的基础。

14. C 【解析】本题考查资源性国有资产管理。我国资源性国有资产归国家统一所有，以国家统一管理为主。

二、多项选择题

1. AE 【解析】本题考查国有资产的分类。固定资产是指使用年限在 1 年以上，单位价值在规定限额以上的劳动资料，如机器设备、厂房、建筑物、铁路、桥梁等。

2. ABCD 【解析】本题考查国有资产的分类。国有无形资产包括专利权、商标权、著作权、土地使用权、非专利技术、商誉等。

3. ABCE 【解析】本题考查经营性国有资产管理。国有资产基础管理是整个国有资产管理的基础，包括国有资产的产权界定、产权登记、清产核资和统计等工作。选项 D 是经营性国有资产运营管理的内容。

4. ABDE 【解析】本题考查深化我国国有企业改革。在国有经济的战略调整中，我国国有经济和国有资产集中的重点区域有：国家安全行业、自然垄断行业、提供重要

公共物品和服务的行业、重要的资源行业、支柱产业和高新技术产业中的骨干企业。

5. AE 【解析】本题考查深化我国国有企业改革。现阶段，我国国有资产战略性调整的任务有：加强国有产权转让管理；打破行业的自然垄断，引入社会资本进行竞争，缩短国有经济过长的战线。

6. BC 【解析】本题考查行政单位国有资产管理。我国行政单位国有资产管理，实行国家统一所有，政府分级监管，单位占有、使用的管理体制。

7. ABE 【解析】本题考查事业单位国有资产管理。选项C错误，事业单位对外投资收益以及利用国有资产出租、出借和担保等取得的收入应当纳入单位预算，统一核算，统一管理。选项D错误，事业单位应当对本单位用于对外投资、出租和出借的资产实行专项管理，并在单位财务会计报告中对相关信息进行充分披露。

8. BCDE 【解析】本题考查事业单位国有资产管理。事业单位国有资产清查的情形有：(1)被纳入统一组织的资产清查范围的；(2)进行重大改革或整体、部分改制为企业的；(3)遭受重大自然灾害等不可抗力造成资产严重损失的；(4)会计信息严重失真或国有资产出现重大流失的；(5)会计政策发生重大更改，涉及资产核算方法发生重要变化；(6)同级财政部门认为应当进行资产清查的其他情形。

9. ABCD 【解析】本题考查资源性国有资产管理。资源性国有资产的特点包括天然性、有用性、有限性、可计量性、垄断性、价值多重性。

10. DE 【解析】本题考查资源性国有资产管理。选项A错误，资源的所有权只能由国家统一行使，除非国家授权，任何单位或个人无权行使资源所有权。选项B错误，勘察资源必须依法进行登记，取得勘察权。选项C错误，经批准取得的资源的开采权不得买卖、出租，不得用作抵押。

本章思维导图

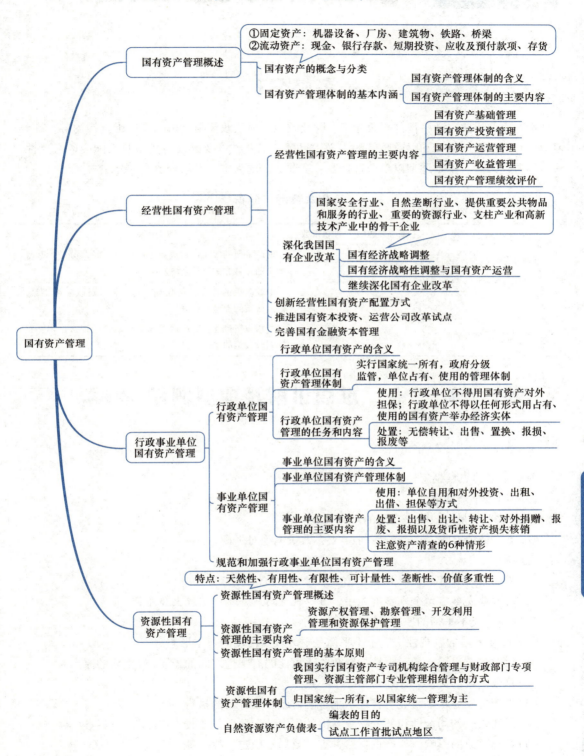

第13章 财政平衡与财政政策

考情分析

本章主要讲解财政平衡与财政赤字、财政政策、财政政策与货币政策的配合等内容。在学习中注意掌握财政平衡和财政政策的含义、目标、工具，以及财政与货币政策配合的必要性。从历年考题来看，本章题型以单项选择题、多项选择题为主，平均分值在5分左右。

近年本章考点分布

考点	主要考查题型	考频指数	考查角度
财政平衡与财政赤字	选择题	★★	财政平衡的含义；财政赤字的计算口径及分类；财政赤字的弥补方式及其经济效应
财政政策	选择题	★★★	财政政策的含义；财政政策的目标；财政政策工具；财政政策的类型与效应
财政政策与货币政策的配合	选择题	★★★	货币政策概述；财政政策与货币政策的配合运用；我国财政政策的实践

重点、难点讲解及典型例题

▶ 考点一 财政平衡的含义

财政政策的焦点是怎样处理财政平衡问题。

（一）财政平衡的含义

1. 财政平衡是财政收支之间的对比关系。

收＞支，结余；收＜支，赤字；收＝支，数量上绝对平衡。

【注意】

(1)现实中不太可能出现收支数量上绝对平衡的情况。

(2)财政收支略有结余或略有赤字，可以视作财政基本平衡或大体平衡。

2. 财政收支不平衡的原因。

财政收支矛盾的客观性决定了不平衡是财政收支活动的基本形态。

(1)对财政支出需要的无限性与财政收入可能的有限性之间的矛盾(最主要的原因)。

(2)财政决策的失误、计划与实际不一致。

(3)生产力发展水平与经济管理水平影响财政收支计划的执行。

(4)财政收入的均衡性和部分财政支出的集中性，导致财政收支在时间上不一致。

(5)意外事故的影响，如严重自然灾害、政局不稳定、战争等。

【注意】在制定和实施具体的财政政策过程中，应坚持"收支平衡，略有结余"。

(二)坚持财政收支平衡在财政管理实践中的重要意义
(1)社会总需求和总供给平衡的保证。
(2)利于实现无通货膨胀的经济运行。

【注意】
(1)财政赤字和信用膨胀是造成通货膨胀的重要原因。
(2)坚持财政收支平衡能防止从财政渠道引发通货膨胀。

【例1·单选题】充分利用财政资源,但又要防止从财政渠道引发通货膨胀的做法就是要坚持( )。

A. 财政收入大于财政支出　　　　　B. 财政支出大于财政收入
C. 财政收支平衡　　　　　　　　　D. 货币供求平衡

解析　本题考查财政平衡的含义。坚持财政收支平衡,能防止从财政渠道引发通货膨胀。

答案　C

考点二　财政赤字(见表13-1)

表13-1　财政赤字

定义		财政赤字是财政支出大于财政收入而形成的差额,是财政收支未能实现平衡的一种表现
计算口径	硬赤字	(1)用债务收入弥补收支差额以后仍然存在的赤字; (2)硬赤字=(经常收入+债务收入)-(经常支出+债务支出); (3)弥补赤字来源:只能通过向中央银行借款或透支; (4)危害明显,在银行信贷资金紧张的情况下,构成通货膨胀
	软赤字	(1)未经债务收入弥补的赤字; (2)软赤字=经常收入-经常支出; (3)弥补赤字经济来源:举债,赤字债务化; (4)不造成社会需求总量和供给总量的失衡,不引发通货膨胀; (5)目前,世界上多数国家都采用; (6)注意问题: ①赤字和债务保持适度规模,不能超越经济和财政承受能力; ②严格控制债务收入投向,限于经济建设投资
分类	财政收支统计口径	(1)硬赤字; (2)软赤字
	赤字起因	(1)主动赤字:政府推行赤字财政政策扩张经济的必然结果,又称赤字政策; (2)被动赤字:客观原因,非人为因素
	赤字在财政年度出现时间	(1)预算赤字:预算编制时; (2)决算赤字:预算执行结果
	赤字的出现和经济周期的关系	(1)充分就业赤字:在经济实现充分就业的前提下,仍存在的赤字,又称为结构性赤字; (2)周期性赤字: ①在经济未实现充分就业条件下所新增的赤字; ②周期性赤字=总赤字-充分就业赤字

【例2·单选题】按照赤字的起因不同,赤字分为( )。

A. 主动赤字和被动赤字　　　　　　B. 硬赤字和软赤字

C. 周期性赤字和充分就业赤字　　　　D. 预算赤字和决算赤字

解析 ▶ 本题考查财政赤字的分类。按照赤字的起因不同，赤字分为主动赤字和被动赤字。

答案 ▶ A

▶ 考点三　财政赤字的弥补方式

(一)增收减支

此方式是理想选择，但使用余地不大。对于财政部门主动减收增支所形成的赤字，此方法不能用。

(二)动用结余

此方式是理想选择，不适用于连年赤字的财政。

(三)向中央银行透支或借款

虽然操作简单，但相当于通过货币发行，凭空创造购买力来弥补赤字，对货币流通的影响很大。

一般情况下政府不会采用此方法，我国法律规定，中央银行不得向政府提供借款或透支。

(四)发行公债

政府发行公债为赤字融资，称为赤字债务化。

发行公债弥补赤字通常只是购买力的转移，不会凭空增加购买力，是最为理想的方法，是各国弥补财政赤字的普遍做法。

【例3·单选题】 西方经济学家将通过发行公债来弥补财政赤字的方法称为（　　）。

A. 债务平衡化　　　　B. 赤字债务化　　　　C. 债务软化　　　　D. 债务硬化

解析 ▶ 本题考查财政赤字的弥补方式。政府通过发行公债为赤字融资，称为债务融资或赤字债务化。

答案 ▶ B

▶ 考点四　财政赤字的经济效应

(一)财政赤字与货币供给(见表13-2)

表13-2　财政赤字与货币供给

弥补方式		对货币供给的影响
增收减支		只改变了国民收入的分配结构，不影响货币供给量
动用结余		结余未被信贷部门使用，不增加货币供给量；反之，增加
向中央银行借款或透支		增加基础货币投放量，在货币乘数的作用下增加货币供应总量，导致物价上涨，通货膨胀
发债	家庭认购	购买力转移，不增加货币供给量
	企业认购	(1)一般不增加货币供给量； (2)企业若出现流动资金严重不足，增加对商业银行的流动资金贷款需求，一旦商业银行不能实现信贷收支平衡，则迫使央行增加基础货币投放，从而增加货币供给量
	商业银行认购	货币供给量增加与否，取决于商业银行认购公债后能否实现信贷收支平衡 信贷平衡则货币供给量不增加，信贷不平衡则向央行贷款，增加货币供给量
	中央银行认购	如同直接透支，增加货币供应量

(二)财政赤字的排挤效应(见表13-3)

表13-3 财政赤字的排挤效应

含义		由于财政赤字的弥补而导致私人经济部门投资以及个人消费减少的现象
实现机制	行政手段强制实现	行政摊派发行
	非强制方式实现	自愿认购
途径	直接	政府有意识地通过提高公债利率或降低发行价格,吸引认购,减少投资消费
	间接	政府发债,增加货币需求,在货币供给一定的条件下,导致利率上升,减少企业投资、个人消费
影响因素	货币需求对利率的弹性	(1)其他条件不变,利率水平很低,货币需求对利率富有弹性时,排挤效应小,甚至可能没有排挤效应; (2)利率水平很高,货币需求对利率缺乏弹性时,排挤效应大,甚至是完全的排挤效应
	投资对利率的弹性	其他条件不变,在投资对利率富有弹性时,财政赤字的排挤效应明显,反之,不明显

(三)通货膨胀税

连年的财政赤字通常是造成通货膨胀的重要原因。

政府收入包括:GDP正常增量的分配所得;价格再分配所得(通货膨胀税)。

【例4·单选题】假定其他条件不变,在投资对利率富有弹性时,财政赤字的排挤效应( )。

A. 明显　　　　　　B. 不明显　　　　　　C. 无效　　　　　　D. 不变

解析 ▶ 本题考查财政赤字弥补方式的经济效应。假定其他条件不变,在投资对利率富有弹性时,财政赤字的排挤效应明显;反之,则不明显。　　　　　　答案 ▶ A

▶考点五　财政政策概述

(一)财政政策的含义

财政政策是指国家为实现一定的宏观经济目标,而调整财政收支规模与财政收支平衡的基本原则及措施的总称。

(二)财政政策的特点

(1)直接性:国家通过财政政策直接干预和调节社会经济生活和各种活动。

(2)强制性:财政政策通过立法形式制定和颁布实施,具有法律效力。

(三)财政政策体系

一个完整的财政政策体系包括税收政策、支出政策、预算平衡政策、公债政策等。

(四)财政政策的功能(见表13-4)

表13-4 财政政策的功能

导向功能	通过对物质利益的调整,发挥对个人和企业的经济行为及国民经济发展方向的引导作用		
	直接作用对象	财政收支及其平衡关系	
	表现	(1)提出明确的调控目标; (2)规定什么应该做,什么不应该做,通过利益机制,引导怎样做更好	
	作用形式	直接导向	加速折旧的税收政策
		间接导向	对某些行业实行低税政策

协调功能		协调各经济主体的经济利益关系
	决定因素	财政本身的调节职能
	实现条件	财政政策体系的全面性和配套性
控制功能	决定因素	财政政策的规范性
	突出特征	间接性
稳定功能	主要特征 反周期性	(1) 自动发挥作用; (2) 繁荣,税收增加,转移性支出减少; (3) 衰退,税收减少,转移性支出增加
	补偿性	根据总供给等于总需求的原则,一定的 GDP 水平来自一定数目的有效需求

(五) 财政政策的主体

财政政策的主体是指财政政策的制定者和执行者。

财政政策的主体只能是各级政府,主要是中央政府。

【例 5 · 多选题】财政政策作为政府的经济管理手段,主要功能包括( )。

A. 导向功能　　　　　　　　　　B. 监督功能

C. 协调功能　　　　　　　　　　D. 控制功能

E. 稳定功能

解析 本题考查财政政策的功能。财政政策作为政府的经济管理手段,主要功能包括导向功能、协调功能、控制功能和稳定功能。

答案 ACDE

考点六　财政政策的目标

财政政策目标是指财政政策所要实现的期望值。财政政策目标的具体内容见表 13-5。

表 13-5　财政政策的目标

目标	具体内容
经济适度增长	(1) 一国国民收入的实际总量增长或一国人均国民收入的实际增长; (2) 评价指标:质(可持续发展);量(国民收入、人口、人均占有国民收入指标)
物价基本稳定	(1) 物价总水平的基本稳定,在短期内没有显著或急剧的波动; (2) 财政政策稳定功能的基本要求。要求价格总水平不能过高,也不能过低
收入公平分配	满足两个条件: (1) 人们用以维持最低生活的收入必须得到满足; (2) 机会均等,特别是受教育的机会以及自由选择职业和就业的机会必须得到保障
充分就业 (首要目标)	充分就业不意味着消除失业,将失业率控制在一定程度内
国际收支平衡	国际收支平衡是经常项目、资本项目、遗漏与误差三个项目的总的收支对比状况

【例 6 · 单选题】下列选项中,不属于财政政策目标的是( )。

A. 经济适度增长　　　　　　　　B. 物价基本稳定

C. 实现完全就业　　　　　　　　D. 国际收支平衡

解析 本题考查财政政策目标。财政政策目标主要有:经济适度增长、物价基本稳定、收入公平分配、充分就业、国际收支平衡。

答案 C

▶ 考点七 财政政策工具

（一）政府预算（见表13-6）

处于**核心地位**，能系统、明显地反映政府财政政策的意图和目标，具有综合性、计划性、法律性特点。

表13-6 政府预算

经济情形	预算措施	效果
总需求＞总供给	收大于支的预算结余	收缩总需求
总需求＜总供给	收小于支的预算赤字	扩张总需求
总需求＝总供给	收支平衡	中性

（二）税收

增加税收，收缩需求；减少税收，扩张需求。税收的调节作用通过税率确定、税负分配、税收优惠、税收惩罚等体现出来。

税收在资源配置中的作用：调节资源在积累和消费间的分配；调节产业结构。

税收在实现收入公平分配中的作用：调节企业的利润水平（统一税制，公平税负，征收资源税、土地使用税等）；调节居民的个人收入水平（个人所得税、社会保障税）。

（三）公债

公债是发达国家调节金融市场的重要手段，通过增加或减少公债的发行、调整公债的利率和贴现率，可以调节资金供求和货币流通量。

（四）政府投资

政府投资是财政用于资本项目的建设支出，**最终形成各类固定资产**，是进行国家重点建设和其他大中型项目的主要资金来源，是形成国有资产的主要物质基础。

（五）公共支出

公共支出是政府满足纯公共需要的一般性支出，包括购买性支出（政府的直接消费支出）、转移性支出（社会保障、财政补贴）。

（六）财政补贴

财政补贴作为财政政策手段的最主要优点是其**灵活性和针对性**。

【例7·单选题】在金融市场中，调节货币流通量的重要手段是（　　）。

A. 预算　　　　　　　　　　　　B. 税收
C. 公债　　　　　　　　　　　　D. 补贴

解析 ▶ 本题考查财政政策工具。在发达国家中，公债（或国债）是调节金融市场的重要手段，可以有效地调节资金供求和货币流通量。

答案 ▶ C

▶ 考点八 财政政策的传导机制（见表13-7）

表13-7 财政政策的传导机制

传导媒介体	传导路径
收入分配	改变货币收入者实得货币收入或货币收入者的实际购买力→影响企业的生产经营行为或居民个人的消费、储蓄和投资行为

续表

传导媒介体	传导路径
货币供应	财政盈余或赤字→货币供应量→市场利率→市场总供给和总需求
价格	终端产品价格→改变下游产业的生产成本和消费者的选择→相关行业的发展或产业结构调整

▶ 考点九 财政政策的类型与效应（见表13-8）

表13-8 财政政策的类型与效应

划分依据	类型		内容
作用对象	宏观财政政策：即经济稳定政策	作用对象	经济总量，调节社会总供求
		经济总量	就业率、物价水平、投资、消费、国际收支、货币供应量、经济增长率
		最基本	社会总供给、社会总需求
	中观财政政策	作用对象	产业结构，实现其合理化
		产业结构合理化	各个产业之间应保持适当比例关系，各产业部门协调发展
		产业结构升级	附加值较低的产业处于相对落后地位，附加值较高的产业处于相对上升地位
	微观财政政策	作用对象	个体的经济行为、活动
		作用因素	相对价格
对经济周期的调节作用	自动稳定财政政策	自动稳定器	累进税制度	(1)经济衰退，税收收入下降，预算支出不变，出现赤字，抑制国民生产下降； (2)经济繁荣，税收收入增加，预算支出不变，出现结余，抑制经济过热
			转移支付制度	(1)经济衰退，增加支出，抑制总需求下降； (2)经济繁荣，减少支出，抑制总需求过旺
	相机抉择财政政策	(1)斟酌使用的财政政策； (2)政府有意识地运用政策手段调节社会总供求，是政府利用国家财力有意识干预经济运行的行为； (3)财政发生不平衡是可能且允许的	
在国民经济总量方面的不同功能	扩张性		增加和刺激社会总需求，总需求不足时适用
		措施	减税、增加财政支出规模
			积极、赤字政策
	紧缩性		减少和抑制总需求，总需求过旺时适用
		措施	增加税收、减少财政支出
			盈余财政政策
	中性		财政分配对社会总供求的影响保持中性
其他依据	调节客体		存量财政政策、增量财政政策
	调节手段		税收、公债、财政支出、财政投资、财政补贴、固定资产折旧、国有资产管理政策
	作用期限		长期、中期、短期

【例8·单选题】通过财政分配活动减少和抑制社会总需求的财政政策是( )。
A. 扩张性财政政策　　　　　　　　B. 紧缩性财政政策
C. 平衡财政政策　　　　　　　　　D. 综合财政政策

解析 ▶ 本题考查财政政策的类型。通过财政分配活动减少和抑制社会总需求的财政政策，属于紧缩性财政政策。　　　　　　　　　　　　　　　　　　　　**答案** ▶ B

▶ **考点十　货币政策**

货币政策由中央银行制定，体系由信贷政策、利率政策、汇率政策构成，内容包括政策目标、政策工具、政策传导机制等。

(一)目标

四个最终目标：物价稳定、充分就业、经济增长、国际收支平衡。

我国货币政策的基本目标：**保持货币币值的稳定，并以此促进经济增长**。(《中国人民银行法》)

(二)货币政策工具(见表13-9)

表13-9　货币政策工具

一般性政策工具	法定存款准备金率	(1)影响商业银行的贷款能力和派生存款能力； (2)降低→增加货币供应量；提高→减少货币供应量； (3)做法比较严厉，一般不宜经常使用，更不宜大幅度调整
	再贴现率	(1)再贴现率影响商业银行贷款数量、流通中的货币供应量； (2)提高→商业银行提高贷款利率→紧缩企业贷款需求→减少贷款量和货币需求量； (3)可经常使用
	公开市场业务	(1)央行在金融市场上买卖有价证券； (2)放松银根买进证券→刺激证券需求，提高证券价格，鼓励投资，增加商业银行可贷资金来源，扩大贷款； (3)传导过程短，央行直接控制货币供应量，在金融市场较发达的国家，中央银行多使用； (4)西方国家中央银行最经常使用、最为灵活、有效的手段
选择性政策工具	消费信用控制	(1)控制不动产以外的各种耐用消费品的销售融资； (2)措施：分期付款首次付款的最低限额、消费信贷最长期限、消费信贷购买耐用消费品的种类； (3)情形：消费信用膨胀和通货膨胀时使用
	不动产信用控制	(1)限制金融机构在房地产方面放款； (2)措施：房地产贷款的最高限额、最长期限、首次付款和分摊还款的最低限额
	证券市场信用控制	(1)控制信用方式购买证券，规定法定保证金比率； (2)直接、灵活且效果明显，避免对其他领域的负面影响
	优惠利率	国家鼓励、重点发展的经济部门或产业
	预缴进口保证金	抑制进口过快增长
直接信用控制		(1)行政命令方式； (2)措施：利率最高限、信用配额、流动性比率和直接干预，最高贷款限额

间接信用指导	(1)通过道义劝告、窗口指导等办法； (2)央行利用自己的权威和声望，口头、书面通知的方式

（三）货币政策传导机制

含义：中央银行运用货币政策手段或工具影响中介目标进而实现最终目标的途径和机能。

中央银行→金融机构和金融市场→企业和个人的投资与消费→产量、物价和就业的变化

（四）货币政策的类型(见表13-10)

分类依据：总量调节。

表13-10 货币政策的类型

类型	操作	效果
扩张性	货币供应量>实际需要量	刺激社会总需求的增长
紧缩性	货币供应量<实际需要量	抑制社会总需求的增长
中性	货币供应量=实际需要量	对总供求对比状况不产生影响

【例9·单选题】中央银行运用货币政策手段影响中介目标进而实现最终目标的途径和机能是（ ）。

A. 货币政策目标　　　　　　　　B. 货币政策工具
C. 货币政策影响力　　　　　　　D. 货币政策传导机制

解析▶ 本题考查货币政策传导机制。货币政策传导机制，是指中央银行运用货币政策手段或工具影响中介目标进而实现最终目标的途径和机能。　　　　答案▶ D

考点十一　财政政策与货币政策配合的必要性

（一）财政政策与货币政策的相同点

(1)调控目标一致，都属于宏观经济调控目标；

(2)二者都是需求管理政策；

(3)从经济运行的统一性来看，财政、信贷和货币发行之间有着不可分割的内在联系，任何一方的变化，都会引起其他方面的变化，最终引起总供给与总需求的变化。

（二）财政政策与货币政策的不同点

1. 政策工具与调节范围

政策工具：财政政策——税收、预算收支、公债、财政补贴、财政贴息；货币政策——法定存款准备金率、再贴现率、公开市场业务、贷款限额、存贷款利率、汇率。

调节范围：财政政策——经济领域、非经济领域；货币政策——经济领域，其他领域居次要地位。

2. 在国民收入分配中所起的作用

财政政策：起直接作用，从收入、支出方面影响社会总需求的形成。

货币政策：起间接作用，银行对货币资金的再分配是在国民收入分配和财政分配基础上的一种再分配。银行信贷通过信贷规模的伸缩影响消费需求和投资需求的形成。

3. 对需求调节的作用方向

财政政策：通过财政支出影响社会消费需求，通过个人所得税影响个人消费需求，通过调整产业结构、国民经济结构的合理化影响投资需求的形成。

货币政策：银行信贷对社会消费需求的形成无能为力，银行间接影响个人消费需求的形成，通过调整总量和产品结构影响投资需求的形成。

4. 扩大和紧缩需求方面的作用

财政政策：通过信贷机制的传导。

货币政策：银行自身可直接通过信贷规模的扩张和收缩起到扩张或紧缩需求的作用。

5. 两者的时滞性不同（见表13-11）

表13-11　财政政策与货币政策的时滞性比较

时滞类型	财政政策	货币政策
决策时滞	长	短
执行时滞	长	短
效果时滞	短	长

【例10·单选题】关于财政政策与货币政策调节范围的说法，正确的是(　　)。

A. 财政政策主要的调节范围包括经济领域与非经济领域
B. 货币政策主要的调节范围包括经济领域与非经济领域
C. 财政政策的调节范围侧重于非经济领域
D. 货币政策的调节范围侧重于非经济领域

解析　本题考查财政政策与货币政策配合的必要性。财政政策的调节范围不仅包括经济领域，而且还包括非经济领域。货币政策的调节范围基本上限于经济领域，其他领域属于次要地位。

答案　A

▶ 考点十二　财政政策与货币政策的配合运用（见表13-12）

"松"的政策措施：减税、增加政府支出、降低准备金率与利率、扩大信贷支出。

"紧"的政策措施：增税、减少财政支出、提高准备金率与利率、压缩信贷支出。

表13-12　财政政策与货币政策的配合运用

项目	财政政策	货币政策	适用情形	效果
"双松"	降低税收，扩大政府支出	降低法定存款准备金率、利率	总需求严重不足，生产能力未得到充分利用	刺激经济增长，扩大就业；配合不好，或放松幅度不适当，会带来通货膨胀
"双紧"	增加税收，减少政府支出	调高法定存款准备金率、利率	严重通货膨胀	有效地抑制需求膨胀与通货膨胀；若控制力度过猛，导致经济衰退、失业增加
紧财政松货币	抑制需求，防止经济过旺，制止通货膨胀	经济适度增长	供需大体平衡，但消费偏旺而投资不足	抑制通货膨胀，保持经济适度增长；若货币政策过松，难制止通货膨胀
松财政紧货币	刺激需求，克服萧条	避免过高的通货膨胀率	供需大体相适应，投资过旺、消费不足	保持经济适度增长、避免通货膨胀；若长期使用，财政将积累起大量赤字

▶ 考点十三　我国财政政策的实践（见表 13-13）

表 13-13　我国财政政策的实践

时间	政策类型	原因	效果
1993—1997 年	适度从紧的财政货币政策	经济高速发展，投资总需求居高不下，消费需求快速增长，抑制通货膨胀	国民经济"软着陆"，抑制通货膨胀和经济过热，经济保持较高的发展速度
1998—2004 年 2008 年第 4 季度	积极财政+适度宽松的货币政策	东南亚金融危机、美国次贷危机，通货膨胀趋势出现，经济增长率下滑	拉动社会总需求，促进经济稳定快速增长
2005—2008 年第 3 季度	稳健的财政政策+稳健的货币政策	经济并非全面过热，经济社会发展中有许多薄弱环节亟待加强	控制赤字、调整结构、推进改革、增收节支
2008—2009 年	刺激经济发展政策	国际金融危机	—
2011 年开始	积极财政+稳健货币	体制性矛盾和结构性问题相互叠加	—
2013 年下半年以来	"稳增长、促改革、调结构、惠民生"政策	国内外环境变化以及宏观经济的复杂性，经济下行趋势十分明显	—
2015 年	供给侧改革	—	—
2016 年	积极财政+稳健货币	供给侧改革深入推进	—
2017 年	积极财政+稳健货币	深化供给侧结构性改革	—
2018 年	积极财政+稳健货币	—	—
2019 年	积极财政+稳健货币	适时预调微调，稳定总需求	—

（1）2016 年的五大任务：去产能、去库存、去杠杆、降成本、补短板。

（2）2020 年的经济要坚持稳中求进工作总基调，坚持以供给侧结构性改革为主线，推动高质量发展。要继续实施**积极的财政政策和稳健的货币政策**。

历年考题解析

一、单项选择题

1. 财政管理体制中居于核心地位的是（　　）。
   A. 预算管理体制
   B. 税收管理体制
   C. 投资管理体制
   D. 债务管理体制

   解析　本题考查财政政策工具。政府预算作为一种控制财政收支及其差额的机制，在各种财政政策手段中居于核心地位，它能系统地、明显地反映政府财政政策的意图和目标，具有综合性、计划性和法律性等特点。
   答案　A

2. 关于财政政策的说法，错误的是（　　）。
   A. 财政政策运用不当会引起经济波动
   B. 财政政策是国家宏观调控的重要杠杆
   C. 财政政策具有导向功能
   D. 财政政策不具有控制功能

   解析　本题考查财政政策的功能。财政政策作为政府的经济管理手段，其功能有导向功能、协调功能、控制功能、稳定功能。
   答案　D

3. 关于物价稳定的说法，错误的是（　　）。
   A. 物价稳定就是指物价固定不变
   B. 物价稳定就是指物价水平短期内没有显著波动
   C. 物价稳定是指物价总水平基本稳定

D. 物价稳定是把价格总水平控制在社会可以承受的限度内

解析 本题考查财政政策的目标。物价基本稳定并不是要求物价固定不动，而是说应把价格总水平控制在社会经济稳定发展可以容纳的限度内，以避免和抑制通货膨胀。

答案 A

4. 关于税收在资源配置中所起作用的说法，错误的是( )。
   A. 税收调节积累和消费的比例
   B. 税收调节产业之间的资源配置
   C. 税收调节资源在国际间的配置
   D. 税收调节资源在政府部门和非政府部门之间的配置

解析 本题考查财政政策工具。税收在资源配置中的作用表现在：(1)调节资源在积累和消费之间的分配。(2)调节资源在产业之间的配置。(3)调节资源在政府部门和非政府部门(企业和居民)之间的配置。

答案 C

5. 关于公债调节作用的说法，错误的是( )。
   A. 公债可以调节国民收入的使用结构
   B. 公债可以调节产业结构
   C. 公债可以调节资金供求和货币流通
   D. 公债可以调节居民个人收入

解析 本题考查财政政策工具。公债的调节作用主要表现在：(1)公债可以调节国民收入的使用结构。(2)公债可以调节产业结构。(3)公债可以调节资金供求和货币流通。

答案 D

6. 下列弥补财政赤字的方式中，属于凭空创造购买力的方式是( )。
   A. 发行公债
   B. 向中央银行借款或透支
   C. 动用结余
   D. 增收节支

解析 本题考查财政赤字的弥补方式。向中央银行透支或借款弥补财政赤字实际相当于通过货币发行，凭空创造购买力来弥补赤字，对货币流通的影响很大。

答案 B

7. 当政府过多发行债券时，有可能对市场产生的影响是( )。
   A. 马太效应 B. 木桶效应
   C. 破窗效应 D. 排挤效应

解析 本题考查财政赤字弥补方式的经济效应。财政赤字的排挤效应是指由于财政赤字的弥补而导致私人经济部门投资以及个人消费减少的现象。

答案 D

8. 政府利用加速折旧的税收政策促使企业进行设备投资，发挥财政政策的( )。
   A. 协调功能 B. 控制功能
   C. 稳定功能 D. 导向功能

解析 本题考查财政政策的功能。财政政策导向功能的作用形式有两种，即直接导向与间接导向。直接导向是财政政策对其调节对象直接发生作用。例如，加速折旧的税收政策，可以大大提高企业对设备投资的欲望，加速固定资产的更新改造。间接导向是财政政策对非直接调节对象的影响。

答案 D

9. 在一般性政策工具中，最为灵活的货币政策工具是( )。
   A. 法定存款准备金率
   B. 公开市场业务
   C. 再贴现政策
   D. 消费者信用控制

解析 本题考查货币政策概述。公开市场业务是不少西方国家中央银行最经常使用、最为灵活、最为有效的调节货币供应量的重要手段。

答案 B

10. 弥补财政赤字时，不宜采用的方式是( )。
    A. 通过增收减支弥补
    B. 通过向中央银行透支或借款弥补
    C. 通过发行公债弥补
    D. 动用结余弥补

解析 本题考查财政赤字的弥补方式。向中央银行透支或借款弥补财政赤字实际相当于通过货币发行,凭空创造购买力来弥补赤字,对货币流通的影响很大。一般情况下,政府不会通过向中央银行透支或借款来弥补赤字,不少国家甚至通过有关法律直接规定,财政不能通过向中央银行透支或借款弥补赤字。

答案 B

11. 因弥补财政赤字而导致私人部门投资以及个人消费的减少,这种现象被称为财政赤字的( )。
   A. 收入效应 B. 替代效应
   C. 木桶效应 D. 挤出效应

   解析 本题考查财政赤字弥补方式的经济效应。财政赤字的挤出效应是指由于财政赤字的弥补而导致私人经济部门投资以及个人消费减少的现象。 **答案** D

12. 一般来说,造成通货膨胀的重要原因是( )。
   A. 连年的财政赤字
   B. 累积的财政结余
   C. 持续的财政紧缩
   D. 阶段性的货币政策

   解析 本题考查财政赤字弥补方式的经济效应。一般来说,连年的政府财政赤字通常是造成通货膨胀的重要原因。 **答案** A

13. 西方经济学者把政府从价格再分配中取得的收入称为( )。
   A. 挤出税
   B. 通货膨胀税
   C. 价格税
   D. 通货紧缩税

   解析 本题考查财政赤字弥补方式的经济效应。政府收入通常可分为两部分:一部分是 GDP 正常增量的分配所得;另一部分是价格再分配所得。后者就是西方经济学者所说的通货膨胀税。 **答案** B

二、多项选择题

1. 下列政策工具中,属于财政政策的工具有( )。
   A. 利息率
   B. 政府预算
   C. 税收
   D. 再贴现率
   E. 公共支出

   解析 本题考查财政政策工具。政府运用的财政政策工具主要有政府预算、税收、公债、政府投资、公共支出、财政补贴等。选项 A、D 属于货币政策工具。 **答案** BCE

2. 属于内在稳定器的财政政策有( )。
   A. 增加财政支出
   B. 减少税收收入
   C. 累进税制度
   D. 失业保险制度
   E. 调整财政补贴

   解析 本题考查财政政策的类型。自动稳定的财政政策主要是累进税制度和转移支付制度,它们被称为"自动稳定器"或"内在稳定器"。选项 D、E 属于转移支付制度。 **答案** CDE

3. 政府运用的财政政策工具主要有( )。
   A. 税收 B. 利率
   C. 政府预算 D. 公债
   E. 信贷

   解析 本题考查财政政策工具。政府运用的财政政策工具主要有政府预算、税收、公债、政府投资、公共支出、财政补贴等,它们都是经由一定的途径和方式作用于政策目标的。 **答案** ACD

4. 财政政策对国民经济运行调节的特点有( )。
   A. 间接性 B. 直接性
   C. 自愿性 D. 强制性
   E. 挤出性

   解析 本题考查财政政策的含义。财政政策对国民经济运行的调节具有两个明显特点:直接性和强制性。 **答案** BD

同步系统训练

一、单项选择题

1. 财政收支矛盾的客观性，决定了财政收支活动的基本形态是( )。
   A. 收支平衡　　　B. 收支不平衡
   C. 收入大于支出　D. 支出大于收入

2. 关于财政平衡的说法，错误的是( )。
   A. 财政收支在数量上的绝对平衡才是财政平衡
   B. 财政政策的焦点是怎样处理财政平衡问题
   C. 在现实生活中不太可能出现财政收支数量上绝对平衡的情况
   D. 财政收支平衡是指财政收支之间的对比关系

3. 未经债务收入弥补的赤字是( )。
   A. 软赤字　　　B. 硬赤字
   C. 周期性赤字　D. 结构性赤字

4. 目前，世界上多数国家统计本国财政赤字的口径是( )。
   A. 硬赤字　　　B. 软赤字
   C. 周期性赤字　D. 主动赤字

5. 在经济实现充分就业目标的前提下仍然存在的财政赤字是( )。
   A. 结构性赤字　B. 周期性赤字
   C. 硬赤字　　　D. 软赤字

6. 按照赤字的出现和经济周期的关系，财政赤字分为( )。
   A. 主动赤字和被动赤字
   B. 硬赤字和软赤字
   C. 周期性赤字和充分就业赤字
   D. 预算赤字和决算赤字

7. 在财政连年赤字的情况下，不适合采用的弥补赤字的方法是( )。
   A. 动用结余
   B. 增收减支
   C. 发行公债
   D. 向中央银行透支或借款

8. 关于弥补财政赤字对货币供给影响的说法，错误的是( )。
   A. 通过增收减支弥补财政赤字，货币供给量不受影响
   B. 通过动用结余弥补财政赤字，会增加货币供给量
   C. 通过向中央银行借款弥补财政赤字，会增加货币供给量，形成通货膨胀
   D. 通过发行公债弥补财政赤字，认购者为家庭时，不会增加货币供给量

9. 财政政策的主体是( )。
   A. 中国人民银行　B. 行政事业单位
   C. 国家主席　　　D. 各级政府

10. 政府进行宏观经济调控的首要目标是( )。
    A. 充分就业　　B. 物价基本稳定
    C. 经济适度增长　D. 国际收支平衡

11. 在各种财政政策工具中，( )是进行国家重点建设和其他大中型项目的主要资金来源，也是形成国有资产的主要物质基础。
    A. 政府投资　B. 政府预算
    C. 公共支出　D. 财政补贴

12. 在各种财政政策工具中，能系统地、明显地反映政府财政政策的意图和目标的是( )。
    A. 政府预算　B. 税收
    C. 政府投资　D. 财政补贴

13. 作为财政政策手段，财政补贴最主要的优点在于( )。
    A. 刚性和普遍性
    B. 刚性和针对性
    C. 灵活性和针对性
    D. 灵活性和普遍性

14. 被称为"斟酌使用的财政政策"的是( )。
    A. 自动稳定的财政政策
    B. 周期性财政政策
    C. 相机抉择的财政政策
    D. 微观财政政策

15. 通过财政分配活动刺激社会总需求的财政政策称为( )。
    A. 紧缩性财政政策
    B. 扩张性财政政策
    C. 中性财政政策
    D. 混合财政政策

16. 中央银行组织和调节货币流通的出发点和归宿点是( )。
    A. 货币政策目标
    B. 货币政策工具
    C. 货币政策传导机制
    D. 货币政策中介

17. 一般不宜经常使用、更不宜大幅调整的货币政策工具是( )。
    A. 再贷款
    B. 法定存款准备金率
    C. 再贴现率
    D. 公开市场业务

18. 下列货币政策手段中,属于直接信用控制的是( )。
    A. 调整法定存款准备金率
    B. 信用配额
    C. 调整再贴现率
    D. 公开市场业务

19. 关于货币政策的说法,错误的是( )。
    A. 我国货币政策的基本目标是保持货币币值稳定,并以此促进经济增长
    B. 货币政策由中央银行制定
    C. 扩张性货币政策的功能是刺激社会需求的增长
    D. 当货币供应量小于经济过程对货币的实际需要量时,应采取性货币政策

20. 关于财政政策与货币政策对需求调节作用方向的说法,正确的是( )。
    A. 财政在个人消费中起决定作用
    B. 银行直接影响个人消费需求的形成与扩大
    C. 财政在形成投资需求方面的作用主要是调整产业结构、国民经济结构的合理化
    D. 银行的作用主要在于促成个人消费与社会消费的形成

21. 关于财政政策与货币政策时滞性的说法,正确的是( )。
    A. 财政政策的决策时滞比货币政策的短
    B. 财政政策的决策时滞与货币政策的相同
    C. 财政政策的执行时滞比货币政策的短
    D. 财政政策的效果时滞优于货币政策

22. 以下属于"紧"的财政政策的是( )。
    A. 减少政府投资
    B. 减税
    C. 压缩信贷支出
    D. 提高法定存款准备金率

23. 在总需求与总供给大体平衡,但消费偏旺而投资不足时可以采用( )政策。
    A. "双紧"
    B. "双松"
    C. 紧财政、松货币
    D. 松财政、紧货币

24. 当社会的总需求明显大于社会的总供给时,为尽快抑制社会总需求的增加,应当采取( )政策。
    A. 松财政、紧货币
    B. "双松"
    C. "双紧"
    D. 紧财政、松货币

25. 关于我国财政政策的说法,错误的是( )。
    A. 在2015年宏观经济减速增长的特殊时期,国家提出了供给侧改革的重要思路
    B. 去产能、去库存、去杠杆、降成本、补短板是我国2016年的五大任务
    C. 2017年,我国实施的是积极的财政政策和积极的货币政策
    D. 为应对东南亚金融危机的影响,我国实行的是积极的财政政策和适度宽松的货币政策

二、多项选择题

1. 财政管理实践中坚持财政收支平衡的意义有( )。
    A. 保证社会总需求和总供给平衡

B. 有利于实现无通货膨胀的经济运行
C. 保证财政收入的及时取得
D. 能够增加债务收入
E. 有利于减少汇兑损失

2. 关于财政赤字计算口径的说法，正确的有( )。
   A. 目前，我国财政部统计公布的财政赤字是软赤字
   B. 硬赤字可以通过发行公债来弥补
   C. 软赤字的经济后果是向社会投放没有物资保证的货币购买力，构成通货膨胀
   D. 目前，世界上大多数国家都采用软赤字的计算口径来统计本国的财政赤字
   E. 软赤字的弥补方法是"赤字债务化"

3. 关于财政赤字的说法，正确的有( )。
   A. 硬赤字和软赤字是根据统计口径的不同对财政赤字进行的分类
   B. 主动赤字是政府推行赤字财政政策的必然结果
   C. 预算执行结果收不抵支会产生决算赤字
   D. 总赤字与充分就业赤字的差额是周期性赤字
   E. 决算赤字只能通过举借债务来弥补

4. 一般来讲，财政赤字的排挤效应是否明显主要受( )的制约。
   A. 货币供给
   B. 货币需求对利率的弹性大小
   C. 投资规模
   D. 投资对利率的弹性大小
   E. 私人投资的有效性

5. 以下属于一个完整的财政政策体系所含内容的有( )。
   A. 税收政策   B. 货币政策
   C. 预算平衡政策 D. 公债政策
   E. 信贷政策

6. 关于财政政策的说法，正确的有( )。
   A. 财政政策在宏观经济管理中发挥重要的作用
   B. 市场经济的发展，增加了财政政策运用的难度

C. 财政政策是一个独立的政策体系
D. 财政政策一定能促进经济的发展
E. 现代市场经济条件下，税收、预算、公债、补贴等都是财政政策手段

7. 关于财政政策目标的说法，错误的有( )。
   A. 为避免通货膨胀，政府应通过行政手段将物价控制在较低水平
   B. 物价基本稳定是财政政策稳定功能的基本要求
   C. 充分就业就是实现百分之百的就业
   D. 国际收支平衡是指经常项目、资本项目、遗漏与误差、官方平衡项目的总收支对比平衡状况
   E. 只有一国人口的增长速度低于国民收入的增长速度时，才能认为经济有了真正的增长

8. 关于财政政策工具的说法，正确的有( )。
   A. 政府预算具有综合性、计划性和法律性特点
   B. 税收在资源配置和实现收入公平分配中发挥作用
   C. 公债可以调节国民收入的使用结构、产业结构、资金供求与货币流通
   D. 政府投资所产生的效应是自身的投资收益
   E. 作为财政政策工具的公共支出即是转移性支出

9. 关于财政政策类型的说法，正确的有( )。
   A. 中观财政政策的调节对象是产业结构
   B. 当总需求与总供给不平衡时，应使用扩张性财政政策缩小二者的差距
   C. 增加税收、减少支出可以缓解总需求过旺的情形
   D. 中性财政政策要求财政收支保持平衡
   E. 将财政政策分为自动稳定财政政策和相机抉择财政政策的依据是其对经济周期的调节作用

10. 为控制通货膨胀可采取的财政政策有( )。
    A. 减少公共支出
    B. 推行赤字预算

C. 增加税收
D. 在公开市场上回购国债
E. 提高法定存款准备金率

11. 财政政策发挥作用最重要的传导媒介体有（　　）。
   A. 收入分配　　B. 价格
   C. 货币供应　　D. 财政支出
   E. 利率

12. 以下属于货币政策体系构成的有（　　）。

   A. 信贷政策　　B. 国债回购政策
   C. 利率政策　　D. 汇率政策
   E. 货币发行政策

13. 以下属于一般性货币政策工具的有（　　）。
   A. 再贴现率
   B. 再贷款
   C. 公开市场业务
   D. 法定存款准备金率
   E. 信贷规模

同步系统训练参考答案及解析

一、单项选择题

1. B 【解析】本题考查财政平衡的含义。财政收支矛盾的客观性，决定了收支不平衡是财政收支活动的基本形态。

2. A 【解析】本题考查财政平衡的含义。所谓财政平衡，是指财政收支之间的对比关系。一般来讲，财政收支略有结余或略有赤字，可以视作财政基本平衡或大体平衡。

3. A 【解析】本题考查财政赤字的计算口径。软赤字是指未经债务收入弥补的赤字。

4. B 【解析】本题考查财政赤字的计算口径。目前，世界上多数国家都采用软赤字的计算口径来统计本国的财政赤字。

5. A 【解析】本题考查财政赤字的分类。在经济实现充分就业目标的前提下，仍然存在的赤字称为充分就业赤字或结构性赤字。

6. C 【解析】本题考查财政赤字的分类。按照赤字的出现和经济周期的关系，财政赤字分为周期性赤字和充分就业赤字。

7. A 【解析】本题考查财政赤字的弥补方法。动用结余弥补赤字对于连年赤字的财政不适用。

8. B 【解析】本题考查财政赤字弥补方式的经济效应。选项B错误，通过动用结余弥补财政赤字，如果结余未被信贷部门使用，不会增加货币供给量；反之，会增加

货币供给量。

9. D 【解析】本题考查财政政策的主体。财政政策的主体是指财政政策的制定者和执行者。财政政策的主体只能是各级政府，主要是中央政府。

10. A 【解析】本题考查财政政策的目标。充分就业是政府进行宏观经济调控的首要目标。

11. A 【解析】本题考查财政政策工具。政府投资是指财政用于资本项目的建设支出，最终形成各种类型的固定资产。它既是进行国家重点建设和其他大中型项目的主要资金来源，也是形成国有资产的主要物质基础。

12. A 【解析】本题考查财政政策工具。政府预算能系统地、明显地反映政府财政政策的意图和目标，具有综合性、计划性和法律性等特点。

13. C 【解析】本题考查财政政策工具。财政补贴作为财政政策手段的最主要优点就是其灵活性和针对性。

14. C 【解析】本题考查财政政策的类型。相机抉择的财政政策被称为"斟酌使用的财政政策"。

15. B 【解析】本题考查财政政策的类型。扩张性财政政策通过财政分配活动来增加和刺激社会的总需求。

16. A 【解析】本题考查货币政策的目标。

货币政策目标是中央银行组织和调节货币流通的出发点和归宿点。

17. B 【解析】本题考查货币政策工具。法定存款准备金率的做法比法严厉，一般不宜经常使用，更不宜大幅调整。

18. B 【解析】本题考查货币政策工具。直接信用控制是指从质和量两个方面，以行政命令或其他方式，直接对金融机构尤其是商业银行的信用活动所进行的控制。其手段包括利率最高限、信用配额、流动性比率和直接干预。

19. D 【解析】本题考查货币政策。选项 D 错误，当货币供应量小于经济过程对货币的实际需要量时，应采取扩张性货币政策，刺激社会总需求的增长。

20. C 【解析】本题考查财政政策与货币政策配合的必要性。选项 A 错误，财政在社会消费中起决定作用。选项 B 错误，银行对个人消费需求的形成只有间接影响。选项 D 错误，银行的作用主要在于调整总量和产品结构。

21. D 【解析】本题考查财政政策与货币政策配合的必要性。财政政策的决策时滞较长；货币政策决策时滞比较短。财政政策的执行时滞一般比货币政策要长。从效果时滞来看，财政政策就可能优于货币政策。

22. A 【解析】本题考查财政政策与货币政策的配合运用。选项 B 属于"松"的财政政策，选项 C、D 属于货币政策。

23. C 【解析】本题考查财政政策与货币政策的配合运用。紧的财政政策可以抑制社会总需求，防止经济过旺和制止通货膨胀；松的货币政策可以保持经济的适度增长。这种政策搭配在总需求与总供给大体平衡，但消费偏旺而投资不足时可采用。这种政策组合的效应就是在抑制通货膨胀的同时，保持经济的适度增长。

24. C 【解析】本题考查财政政策与货币政策的配合运用。当社会的总需求明显大于社会的总供给时，为尽快抑制社会总需求的增加，应采用"双紧"政策。

25. C 【解析】本题考查我国财政政策的实践。选项 C 错误，2017 年，我国实施的是积极的财政政策和稳健的货币政策。

二、多项选择题

1. AB 【解析】本题考查财政平衡的含义。坚持财政收支平衡在财政管理实践中具有重要意义：（1）坚持财政收支平衡，是社会总需求和总供给平衡的保证；（2）坚持财政收支平衡，有利于实现无通货膨胀的经济运行。

2. ADE 【解析】本题考查财政赤字的计算口径。选项 B、C 错误，对于硬赤字，财政只能通过向中央银行借款或透支来弥补。在银行信贷资金紧张的情况下，硬赤字的经济后果将是向社会投放没有物资保证的货币购买力，从而构成通货膨胀，引起物价上涨，冲击经济的正常运行。

3. ABCD 【解析】本题考查财政赤字的分类。选项 E 错误，赤字的弥补方式有多种：增收减支、动用结余、向央行透支或借款、发行公债等。

4. BD 【解析】本题考查财政赤字的排挤效应。一般来讲，财政赤字的排挤效应是否明显主要受货币需求和投资对利率的弹性大小的制约。

5. ACD 【解析】本题考查财政政策。一个完整的财政政策体系包括税收政策、支出政策、预算平衡政策、公债政策等。

6. ABCE 【解析】本题考查财政政策的含义。选项 D 错误，在市场经济条件下，财政功能的正常发挥主要取决于财政政策的适当运用。如果财政政策运用恰当，就可以促进经济的持续、稳定、协调发展，反之，则会引起经济的失衡和波动。

7. ACD 【解析】本题考查财政政策目标。选项 A 错误，物价稳定是物价水平在短期内没有显著或者急剧的波动。选项 C 错误，充分就业不意味着消除失业。选项 D 错误，国际收支平衡是指经常项目、资本项目、遗漏与误差三个项目的总的收支对比状况。

8. ABC 【解析】本题考查财政政策工具。选项 D 错误，政府投资所产生的效应不应局限于自身的投资收益。选项 E 错误，公共支出包括购买性支出和转移性支出两部分。

9. ACDE 【解析】本题考查财政政策的类型。选项 B 错误，当总需求不足时，通过扩张性财政政策使总需求与总供给的差距缩小乃至平衡；当需求过旺时，通过紧缩性财政政策消除通货膨胀的缺口，以达到供求平衡。

10. AC 【解析】本题考查财政政策的类型。控制通货膨胀可采取紧缩性财政政策，措施有减少公共支出和增加税收。

11. ABC 【解析】本题考查财政政策的传导机制。财政政策发挥作用最重要的传导媒介体是收入分配、货币供应、价格。

12. ACD 【解析】本题考查货币政策概述。货币政策体系由信贷政策、利率政策、汇率政策等构成。

13. ACD 【解析】本题考查货币政策工具。一般性货币政策工具包括法定存款准备金率、再贴现率和公开市场业务。

本章思维导图

- 财政平衡与财政政策
  - 财政平衡与财政赤字
    - 财政平衡的含义
      - 财政收支略有结余或略有赤字可以视作财政基本平衡或大体平衡
      - 收支不平衡的最主要原因：对财政支出需要的无限性与财政收入可能的有限性之间的矛盾
      - 坚持财政收支平衡，是社会总需求和总供给平衡的保证
      - 坚持财政收支平衡，有利于实现无通货膨胀的经济运行
    - 财政赤字的计算口径及分类
      - 财政赤字的含义
      - 财政赤字的计算口径
        - 硬赤字
        - 软赤字
      - 财政赤字的分类
        - 财政收支统计口径：硬赤字和软赤字
        - 赤字的起因：主动赤字和被动赤字
        - 赤字在财政年度出现时间的早晚：预算赤字和决算赤字
        - 赤字的出现和经济周期的关系：充分就业赤字（或结构性赤字）和周期性赤字
    - 财政赤字的弥补方式及其经济效应
      - 财政赤字的弥补方式
        - 增收减支
        - 动用结余
        - 向中央银行透支或借款
        - 发行公债
      - 财政赤字弥补方式的经济效应
        - 财政赤字的排挤效应是否明显主要受货币需求和投资对利率的弹性大小的制约
        - 通货膨胀税即价格再分配所得
  - 财政政策
    - 财政政策的含义
      - 特点：直接性、强制性
      - 一个完整的财政政策体系包括税收政策、支出政策、预算平衡政策、公债政策
      - 功能：导向、协调、控制、稳定功能
    - 财政政策的主体：只能是各级政府，主要是中央政府
    - 财政政策的目标
      - 经济适度增长
      - 物价基本稳定
      - 收入公平分配
      - 充分就业
      - 国际收支平衡
      - 财政政策作为一种期望值，其取值受社会、政治、经济、文化等环境和条件的影响，同时也取决于公众的偏好与政府的行为
    - 财政政策工具
      - 政府预算
        - 在各种财政政策手段中居于核心地位
        - 具有综合性、计划性和法律性的特点
      - 税收
        - 其调节作用主要通过税率确定、税负分配、税收优惠和税收惩罚等体现出来
        - 其实现收入公平分配的作用主要是通过调节企业的利润水平和居民的个人收入水平来实现
      - 公债：它是调节金融市场的重要手段
      - 政府投资：投资项目为基础性产业、公共设施、新兴高科技主导产业
      - 公共支出：最主要优点：灵活性和针对性
      - 财政补贴：包括价格补贴、企业亏损补贴、财政贴息、房租补贴、职工生活补贴
    - 财政政策的传导机制——媒介体：收入分配、货币供应与价格
    - 财政政策的类型与效应
      - 按政策作用的对象：宏观、中观、微观财政政策
      - 按对经济周期的调节作用：自动稳定的、相机抉择的财政政策
      - 按在国民经济总量方面的不同功能：扩张性、紧缩性和中性财政政策

第13章 财政平衡与财政政策

- 财政平衡与财政政策
  - 货币政策概述
    - 货币政策目标
      - 物价稳定、充分就业、经济增长、国际收支平衡
      - 我国的基本目标是保持货币币值的稳定,并以此促进经济增长
    - 货币政策工具
      - 一般性的:法定存款准备金率、再贴现率、公开市场业务
      - 选择性的:消费者信用控制、不动产信用控制、证券市场信用控制、优惠利率、预缴进口保证金
      - 直接信用控制:利率最高限、信用配额、流动性比率和直接干预
      - 间接信用指导:道义劝告、窗口指导
    - 货币政策传导机制
    - 货币政策类型:扩张性、紧缩性、中性的货币政策
  - 财政政策与货币政策的配合
    - 财政政策与货币政策配合的必要性
      - 两者的政策工具和调节范围不同
      - 两者在国民收入分配中所起的作用不同
      - 两者对需求调节的作用方向不同
      - 两者在扩大和紧缩需求方面的作用不同
      - 两者的时滞性不同
    - 财政政策与货币政策的配合运用
      - "双松"政策:总需求严重不足
      - "双紧"政策:严重通货膨胀时期
      - 紧的财政政策与松的货币政策:消费偏旺而投资不足
      - 松的财政政策与紧的货币政策:投资过旺、消费不足
    - 我国财政政策的实践
      - 从1993年开始,适度从紧的财政货币政策
      - 1998年,积极的财政政策
      - 2005年,稳健的财政政策和货币政策
      - 自2011年起,积极的财政政策和稳健的货币政策
      - 2015年,供给侧改革
      - 2016年,积极的财政政策和稳健的货币政策
      - 2017年,积极的财政政策和稳健的货币政策
      - 2020年,积极的财政政策和稳健的货币政策

第 2 部分

全真模拟试题及答案解析

智慧启航

　　执着追求并从中得到最大快乐的人，才是成功者。

——梭罗

2020年财政税收专业知识与实务（中级）模拟试题及答案解析

模拟试题（一）

一、单项选择题（共60题，每题1分。每题的备选项中，只有1个最符合题意）

1. 关于公共物品的说法，错误的是（ ）。
   A. 公共物品的特征是同私人物品的特征相比较而得出的
   B. 依据受益范围的大小，可以将公共物品分为全国性和地区性的公共物品
   C. 根据萨缪尔森的定义，每个人消费这种物品不会导致他人对该物品消费减少的物品是纯公共物品
   D. 公共物品是西方经济学中的一个具有特定意义的概念，它与私人物品的区别主要在于物品的所有制性质

2. 在市场经济体制下，在资源配置方面起决定性作用的是（ ）。
   A. 政府　　　　　B. 市场
   C. 计划　　　　　D. 财政

3. 国际收支平衡是指（ ）。
   A. 经常项目收支合计大体平衡
   B. 经常项目和外汇储备收支合计大体平衡
   C. 经常项目和资本项目收支合计大体平衡
   D. 经常项目、资本项目和外汇储备收支合计大体平衡

4. 当政府的购买性支出增加时，对经济产生的影响是（ ）。
   A. 市场价格水平下降
   B. 企业利润率下降
   C. 所需生产资料增多
   D. 社会总供给减少，总需求增加

5. "经济发展阶段论"认为，经济发展进入成熟阶段后，财政支出增长速度大大加快的是（ ）。
   A. 基础设施支出
   B. 基础产业支出
   C. 对私人企业的补贴支出
   D. 教育支出

6. 瓦格纳认为公共支出不断增长的原因是（ ）。
   A. 经济发展阶段导致
   B. 政府活动扩张导致
   C. 公共收入增长导致
   D. 经济发展不平衡导致

7. 关于财政支出效益分析的说法，不正确的是（ ）。
   A. 由于社会资源的有限性，财政支出必须讲求效益
   B. 在编制国家预算之初就要对财政支出效益进行评价
   C. 只有政府自身实际所得大于直接投入的各项费用时，财政支出活动才是有效益的
   D. 要分析社会为某项财政支出所付出的代价和所获得的利益

8. 政策性银行资本金的主要来源是（ ）。
   A. 商业银行的存款
   B. 中央银行的贷款
   C. 政府预算投资
   D. 大型国有企业存款

9. 关于社会保障的说法，错误的是（ ）。
   A. 社会保险是社会保障的核心内容
   B. 社会保障存在的前提条件是良好的经济环境
   C. 社会保障制度具有"内在稳定器"的作用
   D. 社会保障制度由德国的俾斯麦政府于

19 世纪 80 年代首创

10. 威廉·配第提出的三条税收原则是( )。
    A. 公平、公正、公开
    B. 公平、简便、节省
    C. 公平、效率、节省
    D. 公平、简便、效率

11. 以下属于我国税法非正式渊源的是( )。
    A. 国际税收协定
    B. 自治条例
    C. 税收通告
    D. 部委规章和有关规范性文件

12. 关于累进税率的说法,错误的是( )。
    A. 在全额累进税率下,一定征税对象的数额只适用一个等级的税率
    B. 在累进税率下,征税对象数额越大,适用税率越高
    C. 在超额累进税率下,一定征税对象的数额会同时适用几个等级的税率
    D. 速算扣除数是大于零的数

13. 某企业年度收入总额为 1 000 万元,利润总额为 200 万元,缴纳企业所得税 30 万元,该企业的所得税税收负担率为( )。
    A. 3%   B. 15%
    C. 25%   D. 30%

14. 关于税收管辖权的说法,正确的是( )。
    A. 实行居民管辖权的国家有权对非本国居民来自本国境内的所得征税
    B. 实行地域管辖权的国家有权对本国居民取得的境外所得征税
    C. 税收管辖权的交叉会产生国际重复征税
    D. 一国政府不能同时行使居民管辖权和地域管辖权

15. L公司是甲国居民纳税人,2019 年度的所得为 100 万元,其中来自甲国所得为 80 万元,来自乙国所得为 20 万元。甲国实行居民管辖权,所得税税率为 30%,对境外所得实行扣除法;乙国实行地域管辖权,所得税税率为 20%。L 公司 2019 年度在甲国应纳所得税税额为( )万元。
    A. 4.0   B. 20.0
    C. 26.0   D. 28.8

16. 关于增值税制中的兼营行为的说法,错误的是( )。
    A. 纳税人的经营范围既包括销售货物和劳务,又包括销售服务、无形资产或不动产,但销售货物、劳务、服务、无形资产或不动产不同时发生在同一项销售行为中
    B. 纳税人兼营免税、减税项目,未分别核算免税、减税项目的销售额的,不得免税、减税
    C. 纳税人兼营销售货物、劳务、服务、无形资产或不动产,适用不同税率或征收率的,应分别核算销售额
    D. 纳税人兼营销售货物、劳务、服务、无形资产或不动产,适用不同税率或征收率,未分别核算销售额的,适用平均税率

17. 关于增值税征税范围的说法,错误的是( )。
    A. 只要是报关进口的应税货物,均属于增值税征税范围,在进口环节缴纳增值税
    B. 从事货物的生产、批发或者零售的单位和个体工商户的混合销售行为,按照销售货物缴纳增值税
    C. 从事货物的生产、批发或零售为主,并兼营销售服务的单位和个体工商户,按照销售服务缴纳增值税
    D. 纳税人既销售货物又销售服务,但货物与服务不同时发生在同一项销售行为中的,不属于混合销售行为

18. 下列增值税应税行为中,不适用 9% 税率的是( )。
    A. 保险服务
    B. 转让建筑物有限产权
    C. 兼营销售不动产和工业设计服务,未分别核算销售额的
    D. 出租车公司向使用本公司自有出租车的出租车司机收取的管理费用

19. 某生产企业属于增值税小规模纳税人，2019年6月对部分资产盘点后进行处理：销售边角废料，由税务机关代开增值税专用发票，取得不含税收入160 000元；销售自己使用过的小汽车1辆，小汽车原值为130 000元，销售后取得含税收入36 000元。该企业上述业务应缴纳增值税为（　　）元。

   A. 699.03　　　　　B. 5 499.03
   C. 4 800.00　　　　D. 21 499.03

20. 关于消费税计税依据的说法，错误的是（　　）。

   A. 卷烟由于接装过滤嘴、改变包装或是其他原因提高销售价格后，应该按照新的销售价格确定征税类型和适用税率
   B. 用于抵债的应税消费品应做销售处理，发出货物的一方按应税消费品的最高价计征增值税、消费税
   C. 纳税人将自产的应税消费品与外购或自产的非应税消费品组成套装销售的，以套装产品的销售额（不含增值税）为计税依据
   D. 对酒类产品生产企业销售酒类产品（黄酒、啤酒除外）而收取的包装物押金，无论押金是否返还及会计如何核算，均需并入酒类产品销售额中，依酒类产品的适用税率征收消费税

21. 某企业2019年4月将一台账面原值80万元、已提折旧38万元的进口设备运往境外修理，当月在海关规定的期限内复运入境。经海关审定的境外修理费4万元、料件费12万元、运费1万元。假定该设备的进口关税税率为20%。则该企业应纳关税（　　）万元。

   A. 3.2　　　　　　B. 3.4
   C. 8.4　　　　　　D. 12.0

22. 对设在西部地区的鼓励类产业企业减按15%的税率征收企业所得税，该鼓励类产业企业的主营业务收入应占其收入总额的（　　）以上。

   A. 50%　　　　　B. 60%
   C. 70%　　　　　D. 80%

23. 根据企业所得税法，企业受托加工制造船舶以及从事建筑、安装、装配工程业务或者提供其他劳务时，持续时间超过12个月，按照（　　）确认收入的实现。

   A. 实际收款日期
   B. 纳税年度内完成的工作量
   C. 船舶交付日期
   D. 船舶完工日期

24. 企业重组的税务处理区分不同条件分别适用一般性税务处理规定和特殊性税务处理规定。其中，适用特殊性税务处理规定的企业重组，重组交易对价中非股权支付金额不得高于交易支付总额的（　　）。

   A. 15%　　　　　B. 25%
   C. 75%　　　　　D. 85%

25. 孙经理本月发生的下列收入中，直接按20%的税率计算缴纳个人所得税的是（　　）。

   A. 工资收入1.5万元
   B. 体育彩票中奖收入5万元
   C. 劳务报酬收入30万元
   D. 兼职工资和奖金收入3万元

26. 下列人员中属于个人所得税居民个人的是（　　）。

   A. 2019年在中国境内居住时间为156天的台湾同胞
   B. 自2019年7月12日至2019年12月31日，在中国境内工作的外籍专家
   C. 在中国境内无住所且不居住的外籍人员
   D. 在北京开设小卖部的个体工商户中国居民王某

27. 李某在北京拥有一套临街商铺，由于急需用钱将商铺卖给王某，由于王某长期居住在天津，随将商铺交给其朋友刘某使用，目前该商铺的房产税纳税人是（　　）。

   A. 李某　　　　　B. 王某
   C. 刘某　　　　　D. 王某和刘某

28. 居民甲将一套价值100万元的住房与居民乙的住房进行交换，并支付给乙差价款

20万元，当地规定的契税税率为3%。关于契税缴纳的说法，正确的是（　　）。
A. 甲需要缴纳契税0万元
B. 甲需要缴纳契税0.6万元
C. 乙需要缴纳契税3万元
D. 甲、乙均不需要缴纳契税

29. 某公司与市政府机关共同使用一栋楼房，该楼房占地面积2 000平方米，该公司与市政府的占用比例为4∶1。当地规定城镇土地使用税每平方米5元。市政府机关应缴纳城镇土地使用税（　　）元。
A. 0   B. 1 000
C. 2 000   D. 10 000

30. 自2018年1月1日至2020年12月31日，对金融机构与小型企业、微型企业签订的借款合同的印花税的处理是（　　）。
A. 免征
B. 减半征收
C. 由税务机关酌情减免
D. 减按30%征收

31. 下列情形中，纳税人需要到税务机关申报办理注销税务登记的是（　　）。
A. 增设或撤销分支机构的
B. 改变生产经营期限和隶属关系的
C. 改变开户银行和账号的
D. 改变住所或经营地点需要改变主管税务机关的

32. 纳税人未按规定的期限办理税务登记手续，情节严重的，可处以（　　）的罚款。
A. 2 000元以下
B. 2 000元以上，1万元以下
C. 1 000元以上，5 000元以下
D. 5 000元以上，2万元以下

33. 关于账簿设置的说法，错误的是（　　）。
A. 纳税人、扣缴义务人会计制度健全，能够通过计算机正确、完整计算其收入和所得或者代扣代缴、代收代缴税款情况的，其计算机输出的完整的书面会计记录，可视同会计账簿
B. 账簿、收支凭证粘贴簿、进销货登记簿等资料应一律保存10年以上，未经财政主管部门批准，不得销毁
C. 扣缴义务人应当在自税收法律、行政法规规定的扣缴义务发生之日起10日内，按照所代扣、代收的税种，分别设置代扣代缴、代收代缴税款账簿
D. 生产经营规模小又确无建账能力的纳税人，若聘请专业机构或者人员有实际困难的，经县以上税务机关批准，可以按照规定建立收支凭证粘贴簿，进货销货登记簿或者税控装置

34. 某公司拖欠上年度增值税42万元，催缴无效，经县税务局局长批准，今年3月税务机关书面函告通知其所在开户银行暂停支付存款42万元，这一行政行为属于（　　）。
A. 提供纳税担保   B. 税收保全措施
C. 强制征收措施   D. 税务行政协助

35. 关于税款追征的说法，错误的是（　　）。
A. 因税务机关责任，致使纳税人少缴纳税款的，税务机关在5年内可要求补缴税款，但不加收滞纳金
B. 因税务机关责任，致使纳税人少缴纳税款的，税务机关在3年内可要求补缴税款，但不得加收滞纳金
C. 对于纳税人偷税、抗税和骗取税款的行为，税务机关可无限期追征税款、滞纳金，不受规定期限的限制
D. 因纳税人计算等失误，未缴或少缴税款的，税务机关在3年内可以追征税款、滞纳金；有特殊情况的，追征期可延长至5年

36. 关于纳税检查的说法，错误的是（　　）。
A. 纳税检查的对象是纳税人所从事的经济活动和各种应税行为、履行纳税义务的情况等
B. 纳税检查的范围包括纳税人的账簿、记账凭证、报表
C. 税务机关不得对纳税担保人进行纳税检查

D. 纳税检查的依据是国家的各种税收法规、会计法规和企业财务制度

37. 关于增值税会计科目的设置的说法，错误的是( )。

   A. "未交增值税"明细科目，核算一般纳税人月度终了从"应交增值税"或"预交增值税"明细科目转入当月应交未交、多交或预缴的增值税额，以及当月交纳以前期间未交的增值税额

   B. "应交增值税"明细科目，核算一般纳税人已取得增值税扣税凭证并经税务机关认证，按照现行增值税制度规定准予以后期间从销项税额中抵扣的进项税额

   C. 月份终了，将当月预缴的增值税额自"应交税费—预交增值税"科目转入"未交增值税"科目

   D. "待转销项税额"明细科目，核算一般纳税人销售货物、加工修理修配劳务、服务、无形资产或不动产，已确认相关收入(或利得)但尚未发生增值税纳税义务而需于以后期间确认为销项税额的增值税额

38. 某宾馆为增值税一般纳税人，2019年5月提供住宿服务取得含税收入212万元，按照适用税率开具了增值税专用发票，款项已结清并存入银行。该企业的会计处理如下：
   借：银行存款　　　　　　2 120 000
       贷：应付账款　　　　　　2 120 000
   关于该宾馆此业务的会计处理的说法，正确的有( )。

   A. 应贷记"主营业务收入"2 120 000元
   B. 应计提增值税销项税额30.8万元
   C. 应做的账务调整为：
   借：应付账款　　　　　　2 120 000
       贷：主营业务收入　　　　2 000 000
           应交税费—应交增值税(销项税额)
                            120 000
   D. 应借记"应交税费—应交增值税(销项税额)"120 000元

39. 企业销售应税消费品，计提消费税时应记入的科目为( )。

   A. 管理费用　　　B. 销售费用
   C. 税金及附加　　D. 主营业务成本

40. 在按当月发放工资进行费用分配的情况下，如果企业期末"应付工资"账户出现贷方余额时，它对当期损益的影响是( )。

   A. 扩大成本，增加利润
   B. 扩大成本，减少利润
   C. 减少成本，增加利润
   D. 减少成本，减少利润

41. 税务机关对某企业上年度企业所得税纳税情况进行审查，发现该企业向非金融机构的借款利息支出为20万元，按照金融机构同期同类贷款利率计算的利息应为14万元，则在计算应纳税所得额时，允许扣除利息( )万元。

   A. 0　　　　　　B. 6
   C. 14　　　　　 D. 20

42. 关于公债发行的说法，错误的是( )。

   A. 公债发行是公债售出和被个人或企业认购的过程
   B. 决定公债发行条件的过程和关键环节是公债的发行方式
   C. 公债制度是公债经济工作的依据和规范
   D. 承购包销方式是当今世界各国发行公债的主导方式

43. 公债发行管理权限规定的中心问题是( )。

   A. 是否授予地方政府以公债发行权和相应的管理权
   B. 地方政府发行公债的审批机构的确定
   C. 地方政府发行公债筹措的资金用途的确定
   D. 地方政府发行公债的投资者范围的确定

44. 中长期不可转让公债包括储蓄债券和专用债券。关于专用债券的说法，错误的是( )。

   A. 是专门用于从特定金融机构筹集财政资金的债券

B. 通常向个人推销

C. 一般不向除特定金融机构以外的单位推销

D. 其推销方法在很多国家都带有强制性

45. 关于政府预算资金供给方行为特征的说法，正确的是（ ）。

A. 有追求预算规模最大化的冲动

B. 在预算管理活动中有诱发设租寻租收益的可能

C. 有委员会决策机制的特点

D. 面临不同偏好加总的困难

46. 关于社会保障预算编制模式的说法，错误的是（ ）。

A. 基金预算模式容易成为独立性很大的单纯的社会福利事业

B. 政府公共预算模式下，政府参与不充分

C. 一揽子社会保障预算能够全面反映社会保障资金收支情况和资金规模，体现国家整体的社会保障水平

D. 政府公共预算下的二级预算容易使社会保障预算的编制流于形式

47. 关于政府预算政策的说法，错误的是（ ）。

A. 功能财政预算政策强调，为保持国民经济整体的平衡，采用相机抉择的方式来实现政策目标

B. 周期平衡预算政策强调财政应在一个完整的经济周期内保持收支平衡

C. 充分就业预算平衡政策要求按充分就业条件下估计的国民收入规模来安排预算收支

D. 健全财政政策将多年预算平衡作为衡量财政是否健全的标志

48. 部门预算编制首先要保证基本支出需要，体现的原则是（ ）。

A. 合法性原则　　B. 科学性原则

C. 稳妥性原则　　D. 重点性原则

49. 我国现行的公债规模管理方法是（ ）。

A. 公债发行额管理

B. 公债回购管理

C. 公债总额管理

D. 公债余额管理

50. 下列理论中，研究非纯公共物品的供给、需求与均衡数量的理论是（ ）。

A. 公共物品和服务理论

B. 集权分权理论

C. 财政联邦主义

D. 俱乐部理论

51. 税收收入划分的恰当原则把（ ）作为划分中央与地方收入的标准。

A. 征税效率的高低

B. 税基的宽窄

C. 税收负担的分配是否公平

D. 纳税人的属性

52. 关于政府预算管理权的说法，错误的是（ ）。

A. 审批预决算的权力机关是全国人大

B. 各级人大财经委初步审查预算调整方案和决算草案

C. 各级财政部门提出预算预备费用动用方案

D. 各级财政部门是预算管理的职能部门

53. 关于我国专项转移支付的说法，错误的是（ ）。

A. 享受拨款的地方政府应按规定用途使用资金，实行专款专用

B. 委托类专项是属于中央的事权，中央委托地方实施而设立的专项转移支付

C. 属于共担类专项转移支付，中央政府要严格控制资金规模

D. 属于地方事权而设立的专项转移支付有引导类、救济类、应急类

54. 在中央与地方以及地方各级政府之间，划分国有资产管理权限的根本制度是（ ）。

A. 财政管理体制

B. 国有资产分类

C. 税收管理体制

D. 国有资产管理体制

55. 国有资产产权登记工作属于经营性国有资产的（ ）。

A. 投资管理　　　B. 基础管理

C. 运营管理　　D. 收益管理

56. 我国对行政事业单位国有资产实行综合管理的职能部门是(　)。
    A. 财政部门
    B. 中国人民银行
    C. 国有资产监督管理委员会
    D. 海关总署

57. 用债务收入弥补收支差额后仍然存在的赤字被称为(　)。
    A. 实赤字　　B. 虚赤字
    C. 硬赤字　　D. 软赤字

58. 通过立法制定财政政策具有法律效力，在执行中具有的特点是(　)。
    A. 强制性　　B. 直接性
    C. 间接性　　D. 固定性

59. 某国政府根据社会经济运行的不同情况有选择地使用相应的措施来调节经济，该国政府所运用的财政政策是(　)。
    A. 自动稳定的财政政策
    B. 相机抉择的财政政策
    C. 扩张性财政政策
    D. 功能财政政策

60. 在总供给与总需求大体相适应时，(　)政策可以解决投资过旺、消费不足的问题。
    A. "双紧"
    B. "双松"
    C. 紧财政、松货币
    D. 松财政、紧货币

二、多项选择题(共20题，每题2分。每题的备选项中，有2个或2个以上符合题意，至少有1个错项。错选，本题不得分；少选，所选的每个选项得0.5分)

61. 调节居民个人收入水平的财政手段有(　)。
    A. 财产税　　B. 社会保障支出
    C. 财政补贴支出　　D. 违章罚款
    E. 个人所得税

62. 关于文教、科学、卫生、事业费支出的说法，正确的有(　)。
    A. 科学支出属于生产性支出
    B. 教育支出是消费性支出
    C. 义务教育的经费应当由政府提供和保证
    D. 高等教育的经费不能全部由政府财政承担
    E. 基础科学的研究经费应当由政府承担

63. 关于社会保障制度的说法，正确的有(　)。
    A. 社会保险是现代社会保障制度的核心内容
    B. 社会福利的资金来源大部分是国家预算拨款
    C. 社会优抚是对革命军人及其家属提供的社会保障
    D. 对"五保户"的生活保障属于社会救助的内容
    E. 发放失业救济金属于社会优抚的内容

64. 关于税收制度基本要素的说法，正确的有(　)。
    A. 纳税人是直接负有纳税义务的单位和个人，规定了税款的直接承担者
    B. 所有纳税人缴纳相同的税种
    C. 征税对象是一种税区别于另一种税的主要标志
    D. 凡是列入征税范围的，都应征税
    E. 体现征税广度的是税目

65. 关于税负转嫁形式的说法，正确的有(　)。
    A. 前转多发生在货物和劳务征税上
    B. 前转形式下，税收负担者实际上是货物或劳务的出售者
    C. 税收资本化多发生在资本品的交易中
    D. 当市场供求条件不允许纳税人提高商品价格时，逆转便会发生
    E. 通过改善经营管理，将税负自行消化的形式是消转

66. 关于增值税计税依据的说法，正确的有(　)。
    A. 受托加工应征消费税的消费品所代收代缴的消费税不包括在增值税销售额中
    B. 延期付款利息、包装费属于价外费用
    C. 纳税人采用折扣方式销售货物，以折扣后的销售额为计税依据

D. 采取以旧换新的方式销售除金银首饰以外的货物,按新货物的同期销售价格确定销售额

E. 纳税人销售货物时出租出借包装物而收取的单独核算的押金,逾期不退还的,并入销售额征收增值税

67. 根据消费税条例,以纳税人同类应税消费品的最高销售价格作为计税依据计算消费税的有( )。

A. 用于馈赠的应税消费品

B. 用于抵债的应税消费品

C. 用于换取生产资料的应税消费品

D. 用于换取消费资料的应税消费品

E. 用于投资入股的应税消费品

68. 关于企业所得税税前扣除项目的说法,正确的有( )。

A. 企业发生的合理的工资、薪金支出,准予扣除

B. 企业拨缴的工会经费,不超过工资薪金总额2%的部分,准予扣除

C. 企业发生的职工教育经费支出,不超过工资薪金总额10%的部分,准予扣除

D. 企业支付的补充保险不超过工资薪金总额5%的部分,准予扣除

E. 非金融企业向非金融企业借款的利息支出,不超过按照金融企业同期同类贷款利率计算的数额的部分,准予扣除

69. 下列各项中,适用5%–35%的超额累进税率计征个人所得税的有( )。

A. 个体工商户的生产经营所得

B. 个人独资企业的生产经营所得

C. 对企事业单位的承包经营所得

D. 合伙企业的生产经营所得

E. 工资薪金所得

70. 采取从量定额征收方式征收资源税的,纳税人不能准确提供应税产品销售数量的,可以作为课税数量确定依据的有( )。

A. 应税产品的产量

B. 应税产品产量的50%

C. 主管税务机关确定的折算比换算成的数量

D. 应税产品的销售额

E. 应税产品的销售额乘以折算率

71. 关于土地增值税税收优惠的说法,正确的有( )。

A. 纳税人建造高级公寓出售,增值额未超过扣除项目金额20%的,免征土地增值税

B. 对企事业单位、社会团体以及其他组织转让旧房作为改造安置住房房源,且增值额未超过扣除项目金额20%的,免征土地增值税

C. 因国家建设需要依法征用、收回的房地产,免征土地增值税

D. 因城市实施规划、国家建设的需要而搬迁,由纳税人自行转让原房地产的,免征土地增值税

E. 自2008年11月1日起,对居民个人销售住房免征土地增值税

72. 关于税务机关实施税收强制执行措施的说法,正确的有( )。

A. 税收强制执行措施仅限于从事生产、经营的纳税人

B. 在执行强制执行措施时,对纳税人未缴纳的滞纳金可以同时强制执行

C. 冻结纳税人的存款时,其数额要以相当于纳税人应纳税款的数额为限

D. 个人及其扶养家属维持生活必需的住房和用品,不在税收强制执行措施范围内

E. 税务机关对单价5 000元以下的其他生活用品,不在强制执行措施范围内

73. 下列会计凭证中,属于外来原始凭证的有( )。

A. 购货发票　　B. 进账单

C. 领料单　　　D. 差旅费报销单

E. 汇款单

74. 根据企业所得税法,销售收入确认的条件包括( )。

A. 收入的金额能够可靠地计量

B. 已发生或将发生的销售方的成本能够可靠地核算
C. 企业已在财务账上做销售处理
D. 相关经济利益流入
E. 销售合同已签订，并将商品所有权相关的主要风险和报酬转移给购货方

75. 关于政府直接债务和或有债务的说法，正确的有（ ）。
    A. 直接债务是在任何情况下都要承担的债务
    B. 虽然或有债务政府不能完全控制，但最终会完全转化为财政负担
    C. 日益加重的失业救济负担属于我国政府的直接隐性债务
    D. 国有企业未弥补亏损属于我国政府的或有隐性债务
    E. 公债属于政府直接显性债务

76. 政府预算的决策是对公共偏好的选择，其特征有（ ）。
    A. 公共偏好以个人偏好为基础
    B. 公共偏好以国家偏好为基础
    C. 公共偏好由公民直接决策
    D. 公共偏好由政治程序决策
    E. 公共偏好由国家进行归集

77. 关于国有资本经营预算与一般公共预算区别的说法，正确的有（ ）。
    A. 一般公共预算的分配主体是作为社会管理者的政府
    B. 国有资本经营预算的分配主体是作为生产关系代表的政府
    C. 一般公共预算以资本所有权为分配依据
    D. 一般公共预算在性质上属于经营型预算
    E. 与一般公共预算相比，目前国有资本经营预算的收支规模还很小

78. 分税制的含义包括（ ）。
    A. 分事   B. 分税
    C. 分权   D. 分管
    E. 分利

79. 以下情形中，事业单位应当对相关国有资产进行评估的有（ ）。

A. 整体或部分改制为企业
B. 以非货币性资产对外投资
C. 合并、分立、清算
D. 整体或部分资产租赁给国有单位
E. 确定涉讼资产价值

80. 以下属于选择性货币政策工具的有（ ）。
    A. 消费者信用控制
    B. 不动产信用控制
    C. 优惠汇率
    D. 预缴出口保证金
    E. 证券市场信用控制

三、案例分析题（共20题，每题2分。由单选和多选组成。错选，本题不得分；少选，所选的每个选项得0.5分）

（一）

某生产性企业为增值税一般纳税人，主要生产高档自行车，适用增值税税率为13%，2019年5月份有关会计资料如下：
（1）采取分期收款方式销售自行车1 000辆，每辆不含税价格为1 000元，按合同规定本月应收总价款的50%。但是由于对方企业资金紧张，企业未收到货款。
（2）销售自行车100辆给小规模纳税人，同时收取包装费10 000元，单独记账核算的包装物押金20 000元，合同规定三个月后包装物退回时返还押金。
（3）采用以旧换新的方式销售自行车10辆，旧货折价每辆100元。
（4）企业购进原材料，取得的增值税专用发票上注明价款为100 000元，税款为13 000元。
（5）从小规模纳税人处购进原材料，取得的普通发票上注明价款为20 000元。
（6）为购进上述原材料发生运费支出，取得增值税专用发票，注明运费为2 500元，增值税为225元。款项已支付。

81. 该企业当月的应税销售额包括（ ）。
    A. 分期收款方式销售合同规定的本月应收款
    B. 销售自行车收取的包装费

C. 销售自行车收取的包装物押金
D. 购进原材料发生的运费支出

82. 本月销项税额为( )元。
    A. 20 152.99　　B. 20 400
    C. 54 400　　　D. 80 450.44

83. 当月的全部进项税额为( )元。
    A. 13 000　　　B. 13 140
    C. 13 225　　　D. 20 045.98

84. 当月应纳增值税( )元。
    A. 2 842.99　　B. 36 842.99
    C. 37 260　　　D. 67 225.44

85. 关于增值税的说法，正确的有( )。
    A. 一般纳税人从小规模纳税人处购买的商品，进项税额一律不得扣除
    B. 一般纳税人购买货物支付的运费，进项税额按7%扣除率计算
    C. 目前，一般纳税人与小规模纳税人的界限越来越模糊
    D. 一般纳税人收购农产品，取得农产品收购发票，按9%的税率计算进项税额

（二）

一家在北京设立的高新技术企业，2019年实际支付合理的工资薪金总额300万元，实际发生职工福利费60万元，职工教育经费20万元。另外，企业为全体员工购买补充养老保险支付50万元，购买补充医疗保险支付20万元。

86. 不考虑其他因素，该企业适用的企业所得税税率为( )。
    A. 10%　　　B. 15%
    C. 20%　　　D. 25%

87. 该企业本年度不得税前扣除的职工福利费为( )万元。
    A. 0　　　B. 18
    C. 42　　　D. 60

88. 该企业本年度准予税前扣除的职工教育经费为( )万元。
    A. 4.5　　B. 6
    C. 7.5　　D. 20

89. 该企业本年度针对补充养老保险费的纳税调整金额为( )万元。
    A. 0　　　B. 15
    C. 35　　　D. 50

90. 该企业本年度允许税前扣除的补充医疗保险费金额为( )万元。
    A. 7.5　　B. 10
    C. 12　　　D. 15

（三）

王某2019年2月购入一套95平方米的住房，属于家庭唯一住房，买价为300万元。10月购入一套150平方米的房产，买价为500万元，11月将该套房产出租给个人居住，租金每月1万元（当地契税税率5%）。11月将某上市公司股票卖出，取得股权转让书据，所载售价为8万元，随后购买了封闭式证券投资基金10万元。已知：证券（股票）交易印花税税率为0.1%。

91. 王某购入第一套房产需缴纳契税( )万元。
    A. 0　　　B. 3.0
    C. 4.5　　D. 7.5

92. 王某购入第二套房产需缴纳契税( )万元。
    A. 0　　　B. 5.0
    C. 7.5　　D. 10.0

93. 王某2019年需缴纳房产税( )万元。
    A. 0　　　B. 0.08
    C. 0.24　　D. 15.00

94. 王某卖出股票应缴纳印花税( )元。
    A. 0　　　B. 24
    C. 40　　　D. 80

95. 王某购买基金应缴纳印花税( )元。
    A. 0　　　B. 30
    C. 50　　　D. 100

（四）

某零部件生产企业为增值税一般纳税人，每件产品的不含税售价为1 000元，每件产品的成本为800元。购进原材料均能取得增值税专用发票，购销货物适用增值

税税率均为13%(城市维护建设税及教育费附加暂不考虑)。2019年8月,税务机关对该企业上年度的纳税情况进行检查,有关账务资料如下:

(1)销售给A企业产品10件,同时收取包装物押金1 000元,包装物于一年后返还,包装物租金2 000元。

(2)企业购进原材料,取得的增值税专用发票上注明价款10 000元,税款1 300元。同时支付运费500元,取得增值税专用发票。

(3)企业在建工程部门领用产品5件(该项工程至今年8月尚未完工),企业账务处理为:

借:在建工程　　　　　　　4 000
　　贷:库存商品　　　　　　4 000

(4)企业以前月份购进的原材料被盗,已知该批原材料成本10 000元。

96. 向A企业收取的包装物押金,正确的会计和税务处理为(　　)。
   A. 应记入"其他应付款"科目
   B. 应记入"主营业务收入"科目
   C. 不用缴纳增值税
   D. 应计提增值税销项税额

97. 向A企业收取的包装物租金,正确的税务处理为(　　)。
   A. 应计提增值税销项税额260元
   B. 应计提增值税销项税额230.09元
   C. 不用缴纳增值税
   D. 应缴纳消费税100元

98. 企业购进原材料支付的运费,应计提增值税进项税额(　　)元。
   A. 0　　　　　　　B. 45
   C. 72.65　　　　 D. 85

99. 企业在建工程领用本企业生产的产品,正确的会计处理为(　　)。
   A. 借:在建工程　　　　　　4 000
      　　贷:库存商品　　　　　4 000
   B. 借:在建工程　　　　　　4 650
      　　贷:库存商品　　　　　4 000

         应交税费—应交增值税(销项税额)　　　　　　　　650
   C. 借:在建工程　　　　　　5 650
      　　贷:主营业务收入　　　5 000
         应交税费—应交增值税(销项税额)　　　　　　　　650
   D. 借:在建工程　　　　　　4 520
      　　贷:库存商品　　　　　4 000
         应交税费—应交增值税(进项税额转出)　　　　　520

100. 企业原材料被盗,正确的会计处理为(　　)。
   A. 借:待处理财产损益　　11 300
      　　贷:原材料　　　　　10 000
         应交税费—应交增值税(进项税额转出)　　　　1 300
   B. 借:待处理财产损益　　10 000
      　　贷:原材料　　　　　10 000
   C. 借:营业外支出　　　　10 000
      　　贷:原材料　　　　　10 000
   D. 借:营业外支出　　　　11 300
      　　贷:原材料　　　　　10 000
         应交税费—应交增值税(销项税额)　　　　　　　1 300

模拟试题(一)参考答案及解析

一、单项选择题

1. D 【解析】本题考查公共物品。选项D错误,公共物品与私人物品主要是就消费该物品的不同特征来加以区别的,并不是指物品的所有制性质。

2. B 【解析】本题考查财政的资源配置职能。在市场经济体制下,起决定性作用的是市场资源配置。

3. C 【解析】本题考查财政经济稳定职能。国际收支平衡是指一国在进行国际经济交往时,其经常项目和资本项目的收支合计大体保持平衡。

4. C 【解析】本题考查购买性支出对经济的影响。当政府购买性支出增加时，政府对货物和劳务的需求增加，导致市场价格水平上升，生产企业利润率提高，企业扩大生产，就业人数增加，社会需求膨胀，经济繁荣。

5. D 【解析】本题考查财政支出规模的增长趋势。"经济发展阶段论"认为，在经济发展的成熟阶段，公共支出逐步转向以教育、保健和社会福利为主的支出结构。

6. B 【解析】本题考查财政支出规模的增长趋势。瓦格纳得出结论，政府活动不断扩张所带来的公共支出不断增长，是社会经济发展的一个客观规律。

7. C 【解析】本题考查财政支出的效益分析。选项C错误，对于微观经济组织来说，所得大于所费，即可以说其生产经营活动是有效益的。而在衡量财政支出效益时，必须确定经济效益与社会效益并重的标准。

8. C 【解析】本题考查财政投融资制度。财政投融资是一种政府投入资本金的政策性融资。一般来说，政策性银行的资本金，主要应由政府预算投资形成。

9. B 【解析】本题考查社会保障支出。选项B错误，经济社会要正常运行，除了必须保证有持续稳定的经济增长率来提供越来越丰富的物质财富外，还必须有一个安定的社会环境，这便是社会保障存在的前提条件。

10. B 【解析】本题考查税收原则理论的形成与发展。威廉·配第提出的税收原则包括公平、简便、节省。

11. C 【解析】本题考查税法的渊源。在我国，税法的非正式渊源主要是指习惯、判例、税收通告等。

12. D 【解析】本题考查税制要素。选项D错误，第一级的速算扣除数为0。

13. B 【解析】本题考查税收负担的衡量指标。企业所得税税收负担率＝企业在一定时期实际缴纳的所得税税额/同期实现的利润总额×100%＝30/200×100%＝15%。

14. C 【解析】本题考查税收管辖权。选项A错误，实行居民管辖权的国家只对本国居民的全部所得拥有征税权力。选项B错误，实行地域管辖权的国家只对来自或被认为是来自本国境内的所得拥有征税权力。选项D错误，在实行收入来源地管辖权的同时也可以实行居民管辖权。

15. D 【解析】本题考查国际重复征税的产生与免除。扣除法是居住国政府对其居民取得的国内外所得汇总征税时，允许其居民将其在国外已纳的所得税视为费用在应纳税所得额中予以扣除，就扣除后的部分征税。L公司在乙国已纳所得税＝20×20%＝4(万元)。L公司在甲国的应纳税所得额＝100－4＝96(万元)。L公司在甲国应纳所得税＝96×30%＝28.8(万元)。

16. D 【解析】本题考查增值税的征税范围。选项D错误，纳税人兼营销售货物、劳务、服务、无形资产或不动产，适用不同税率或征收率，未分别核算适用不同税率或征收率的销售额的，按照以下方法适用税率或征收率：(1)兼有不同税率的销售货物、劳务、服务、无形资产或不动产，从高适用税率。(2)兼有不同征收率的销售货物、劳务、服务、无形资产或不动产，从高适用征收率。(3)兼有不同税率和征收率的销售货物、劳务、服务、无形资产或不动产，从高适用税率。

17. C 【解析】本题考查增值税的征税范围。选项C错误，从事货物的生产、批发或者零售的单位和个体工商户的混合销售行为，按照销售货物缴纳增值税。上述所称从事货物的生产、批发或零售的单位和个体工商户，包括以从事货物的生产、批发或零售为主，并兼营销售服务的单位和个体工商户在内。

18. A 【解析】本题考查增值税的税率。保险服务属于金融服务,增值税税率为6%。

19. B 【解析】本题考查增值税的税率。小规模纳税人销售自己使用过的固定资产,减按2%的征收率征收增值税。小规模纳税人销售自己使用过的除固定资产以外的物品,按3%的征收率征收增值税。该企业应缴纳的增值税 = 160 000×3% + 36 000/(1+3%)×2% = 5 499.03(元)。

20. B 【解析】本题考查消费税的计税依据。纳税人自产的应税消费品用于换取生产资料和消费资料,投资入股和抵偿债务等方面,应当按纳税人同类应税消费品的最高销售价格作为计税依据。将应税消费品用于偿还债务,按纳税人最近时期同类货物的平均销售价格,或其他纳税人最近时期同类货物的平均销售价格,或组成计税价格为依据计征消费税。

21. A 【解析】本题考查关税的完税价格和应纳税额的计算。运往境外修理的机械器具、运输工具或者其他货物,出境时已向海关报明,并且在海关规定的期限内复运进境的,应当以境外修理费和料件费为基础审查确定完税价格。完税价格 = 4 + 12 = 16(万元),关税 = 16×20% = 3.2(万元)。

22. C 【解析】本题考查企业所得税的税率。自2011年1月1日至2020年12月31日,对设在西部地区的鼓励类产业企业减按15%的税率征收企业所得税。鼓励类产业企业是指以《西部地区鼓励类产业目录》中规定的产业项目为主营业务,且其主营业务收入占企业收入总额的70%以上的企业。

23. B 【解析】本题考查企业所得税特殊收入项目的确认。企业受托加工制造大型机械设备、船舶、飞机以及从事建筑、安装、装配工程业务或者提供其他劳务时,持续时间超过12个月的,按照纳税年度内完工进度或者完成的工作量确认收入的实现。

24. A 【解析】本题考查企业所得税企业重组的税务处理规定。企业重组适用特殊性税务处理规定的,要求重组交易对价中涉及股权支付金额不低于交易支付总额的85%。本题问的是"非股权",所以是15%。

25. B 【解析】本题考查个人所得税的税率。综合所得和经营所得适用超额累进税率,利息、股息、红利所得,财产租赁所得,财产转让所得和偶然所得,适用比例税率,税率为20%。

26. D 【解析】本题考查个人所得的纳税人。居民纳税人,是指在中国境内有住所,或者无住所而一个纳税年度内在中国境内居住累计满183天的个人。纳税年度,自公历1月1日起至12月31日止。

27. C 【解析】本题考查房产税的纳税人。房屋产权所有人、承典人不在房屋所在地的,由房屋代管人或者使用人纳税。题中,产权所有人王某不在房屋所在地北京,由房屋的使用人刘某缴纳。

28. B 【解析】本题考查契税的征税范围。房屋所有权交换,房屋交换价值不相等的,按照超出部分由支付差价方缴纳契税。居民甲需要缴纳契税 = 20×3% = 0.6(万元)。

29. A 【解析】本题考查城镇土地使用税。国家机关自用的土地免征城镇土地使用税。

30. A 【解析】本题考查印花税的减免。自2018年1月1日至2020年12月31日,对金融机构与小型企业、微型企业签订的借款合同免征印花税。

31. D 【解析】本题考查注销税务登记。改变住所或经营地点涉及主管税务机关变动的需要向原主管税务机关申报办理注销税务登记,并在规定的期限内向迁达地税务机关申报办理税务登记。

32. B 【解析】本题考查税务登记的法律责任。纳税人未按规定的期限办理税务登记、变更或者注销登记的，情节严重的，可处2 000元以上1万元以下的罚款。

33. B 【解析】本题考查账簿管理。选项B错误，账簿、收支凭证粘贴簿、进销货登记簿等资料，除另有规定者外，至少要保存10年，未经税务机关批准，不得销毁。

34. B 【解析】本题考查税收保全措施。税务机关可以采取的税收保全措施有：书面通知纳税人的开户银行或者其他金融机构冻结纳税人的金额相当于应纳税款的存款；扣押、查封纳税人的价值相当于应纳税款的商品、货物或者其他财产。

35. A 【解析】本题考查税款追征与退还。因税务机关责任，致使纳税人、扣缴义务人未缴或者少缴纳税款的，税务机关在3年内可要求纳税人、扣缴义务人补缴税款，但是不得加收滞纳金。

36. C 【解析】本题考查纳税检查的概念。选项C错误，纳税检查的客体是纳税人，同时还包括代扣代缴义务人、代收代缴义务人、纳税担保人等。

37. B 【解析】本题考查增值税会计科目的设置。选项B错误，"待抵扣进项税额"明细科目，核算一般纳税人已取得增值税扣税凭证并经税务机关认证，按照现行增值税制度规定准予以后期间从销项税额中抵扣的进项税额。

38. C 【解析】本题考查销售服务的增值税检查。企业提供住宿服务应计算销项税额，适用税率为6%，该宾馆应计提销项税额=212÷（1+6%）×6%=12（万元）。账务调整为：
借：应付账款　　　　　　2 120 000
　　贷：主营业务收入　　　　2 000 000
　　　　应交税费——应交增值税（销项税额）
　　　　　　　　　　　　　120 000

39. C 【解析】本题考查消费税一般销售方式的检查。计提消费税应记入"税金及附加"科目。

40. B 【解析】本题考查企业所得税税前准予扣除项目的检查。"应付工资"账户出现贷方余额，企业多计成本，利润就会减少。

41. C 【解析】本题考查不得税前扣除项目的企业所得税检查。非金融企业向非金融企业借款发生的利息扣除最高限额为向金融企业同期同类贷款利率计算的利息。

42. D 【解析】本题考查公债发行。选项D错误，公募招标方式已成为当今世界各国公债的主导发行方式。

43. A 【解析】本题考查公债的发行管理权限。公债发行管理权限规定的中心问题是是否授予地方政府公债发行权和相应的管理权。

44. B 【解析】本题考查公债流通。选项B错误，专用债券是专门用于从特定金融机构筹集财政资金的债券，一般不向其他单位和个人推销。

45. B 【解析】本题考查政府预算管理中的共同治理。选项A是预算资金需求方的行为特征。选项C、D属于预算资金监督制衡方的行为特征。

46. B 【解析】本题考查社会保障基金预算的编制模式。选项B错误，政府公共预算模式下，政府能够控制社会保障事业的进程，直接参与其具体的管理工作。但是，政府参与过多，在福利支出刚性的影响下，易于给财政造成较大的负担。

47. D 【解析】本题考查政府预算的政策。选项D错误，健全财政政策主张尽量节减政府支出，力求保持年度预算收支的平衡，并以此作为衡量财政是否健全的标志。

48. D 【解析】本题考查部门预算的原则。根据重点性原则，部门预算要先保证基本支出，后安排项目支出；先重点、急需项目，后一般项目。

49. D 【解析】本题考查公债管理。我国全国人大常委会批准2006年开始实行公债余额管理。

50. D 【解析】本题考查财政分权理论。俱乐部理论是指研究非纯公共物品的供给、需求与均衡数量的理论。

51. C 【解析】本题考查政府间收入的划分。税收收入划分的恰当原则以税收负担的分配是否公平作为标准来划分中央与地方收入。

52. A 【解析】本题考查政府间财政管理权的划分。选项A错误，各级人民代表大会是审批预决算的权力机关。

53. C 【解析】本题考查我国政府间转移支付制度。选项C错误，属于共担类的专项转移支付，中央政府和地方政府按各自分担数额安排资金。

54. D 【解析】本题考查国有资产管理体制的含义。国有资产管理体制指的是在中央与地方之间及地方各级政府之间划分国有资产管理权限，建立国有资产经营管理机构与体系的一项根本制度，它是我国经济管理体制的重要组成部分。

55. B 【解析】本题考查经营性国有资产管理。经营性国有资产基础管理是整个经营性国有资产管理的基础，包括国有资产的产权界定、产权登记、清产核资和统计等工作。

56. A 【解析】本题考查行政单位国有资产管理。各级财政部门是政府负责行政单位国有资产管理的职能部门，对行政单位国有资产实行综合管理。

57. C 【解析】本题考查财政赤字的计算口径。所谓硬赤字是指用债务收入弥补收支差额以后仍然存在的赤字。

58. A 【解析】本题考查财政政策的含义。财政政策对国民经济的调节具有强制性，财政政策一般是通过立法形式制定和颁布实施的，具有法律效力，一旦制定，各单位和个人都必须执行，否则就要受到法律的制裁。

59. B 【解析】本题考查财政政策的类型。相机抉择的财政政策是指政府有意识地运用政策手段来调节社会总供求，是政府利用国家财力有意识干预经济运行的行为，也称为"斟酌使用的财政政策"。

60. D 【解析】本题考查财政政策与货币政策的配合运用。松的财政政策的目标是刺激需求，可以有效地克服经济萧条；紧的货币政策可以避免过高的通货膨胀率。这种政策搭配在总供给与总需求大体相适应，为解决投资过旺、消费不足时采用。

二、多项选择题

61. ABCE 【解析】本题考查财政收入分配职能。财政调节居民的个人收入水平，既要合理拉开收入差距，又要防止贫富悬殊，逐步实现共同富裕。这主要有两方面的手段：一是通过税收进行调节，如通过征收个人所得税、社会保障税而缩小个人收入之间的差距，通过征收财产税、遗产税、赠与税而调节个人财产分布等；二是通过转移支付，如社会保障支出、财政补贴支出等，以维持居民最低的生活水平和福利水平。

62. BCDE 【解析】本题考查文教、科学、卫生、事业费支出。选项A错误，科学支出属于社会消费性支出。

63. ABCD 【解析】本题考查社会保障的内容。选项E错误，失业救济金属于失业保险的内容。

64. ACDE 【解析】本题考查税制基本要素。选项B错误，不同的纳税人缴纳不同的税种。

65. ACDE 【解析】本题考查税负转嫁的形式。选项B错误，在前转形式下，名义上的纳税人是货物或劳务的出售者，实际上税收的负担者是货物或劳务的消费者。

66. ABDE 【解析】本题考查增值税的计税

依据。选项 C 错误，纳税人采用折扣的方式销售货物，销售额和折扣额在同一张发票上分别注明的，可按折扣后的销售额征收增值税；如果将折扣额另开发票，无论其财务上如何处理，均不得从销售额中减除折扣额。

67. BCDE　【解析】本题考查消费税的计税依据。纳税人自产的应税消费品用于换取生产资料和消费资料，在投资入股和抵偿债务等方面，应当按照纳税人同类应税消费品的最高销售价格作为计税依据。

68. ABDE　【解析】本题考查企业所得税税前扣除。选项 C 错误，企业发生的职工教育经费支出，不超过工资薪金总额8%的部分，准予扣除；超过部分，准予在以后纳税年度结转扣除。

69. ABCD　【解析】本题考查个人所得税的税率。选项 E，工资、薪金所得适用3%-45%的七级超额累进税率。

70. AC　【解析】本题考查资源税的计税依据。纳税人不能准确提供应税产品销售数量的，以应税产品的产量或主管税务机关确定的折算比换算成的数量为课税数量。

71. BCDE　【解析】本题考查土地增值税。选项 A 错误，纳税人建造普通标准住宅（高级公寓、别墅、度假村不属于普通标准住宅）出售，增值额未超过扣除项目金额20%的，免征土地增值税；增值额超过扣除项目金额20%的，应就其全部增值额按规定计税。

72. BDE　【解析】本题考查税收强制执行措施。选项 A 错误，税收强制执行措施适用范围包括未按照规定期限缴纳或者解缴税款，经责令限期缴纳，逾期仍未缴纳的从事生产、经营的纳税人、扣缴义务人和纳税担保人。选项 C 错误，冻结纳税人的存款属于税收保全措施。

73. ABE　【解析】本题考查原始凭证的检查。领料单和差旅费报销单属于自制原始凭证。

74. ABE　【解析】本题考查企业所得税销售收入的检查。企业所得税中，销售收入确认的条件：(1)销售合同已签订，并将商品所有权相关的主要风险和报酬转移给购货方；(2)企业对已售出的商品既没有保留通常与所有权相联系的继续管理权，也没有实施有效控制；(3)收入的金额能够可靠地计量；(4)已发生或将发生的销售方的成本能够可靠地核算。

75. ACDE　【解析】本题考查政府直接债务和或有债务。选项 B 错误，或有债务是指由某一或有事项引发的债务，是否成为现实，要看或有事项是否发生以及由此引发的债务是否最终由政府来负担。或有债务不是政府能够完全控制的，同时也不一定最终完全转化为财政负担的，而是取决于转化的面和转化的概率。

76. ADE　【解析】本题考查政府预算的决策程序。政府预算决策的对象是公共偏好，体现在：(1)预算决策是对公共偏好的选择；(2)公共偏好以个人为评价基础；(3)公共偏好采取政治程序决策。

77. AE　【解析】本题考查国有资本经营预算与一般公共预算的区别。选项 B 错误，国有资本经营预算的分配主体是作为生产资料所有者代表的政府。选项 C 错误，国有资本经营预算以资产所有权为分配依据。选项 D 错误，一般公共预算从性质上来看是供给型预算，国有资本经营预算属于经营型预算。

78. ABCD　【解析】本题考查分税制财政管理体制的内涵。分税制包括"分事、分税、分权、分管"四层含义。

79. ABCE　【解析】本题考查事业单位国有资产管理。事业单位应当对相关国有资产进行评估的情形，除 ABCE 四项外，还包括：(1)资产拍卖、转让、置换；(2)整体或部分资产租赁给非国有单位；(3)法律、行政法规规定的其他需要进行评估的事项。

80. ABE 【解析】本题考查货币政策概述。选择性货币政策工具包括消费者信用控制、不动产信用控制、证券市场信用控制、优惠利率、预缴进口保证金。

三、案例分析题

(一)

81. AB 【解析】本题考查增值税的计税依据。选项C单独核算的包装物押金在收取时不征增值税。选项D购进原材料发生的运费支出不是销售行为。

82. D 【解析】本题考查增值税的计算。销项税额=［1 000×1 000×50%+100×1 000+10 000÷(1+13%)+10×1 000］×13%=80 450.44(元)。

83. C 【解析】本题考查增值税的计算。进项税额=13 000+225=13 225(元)。

84. D 【解析】本题考查增值税的计算。应纳增值税=80 450.44-13 225=67 225.44(元)。

85. D 【解析】本题考查增值税。选项A错误,小规模纳税人可申请税务机关代开增值税专用发票,此时一般纳税人的进项税额可以抵扣。选项B错误,营改增后,购买货物支付的运费取得增值税专用发票的,按9%的税率计算进项税。选项C错误,二者的界限并未模糊。

(二)

86. B 【解析】本题考查企业所得税的税率。国家需要重点扶持的高新技术企业,减按15%的税率征收企业所得税。

87. B 【解析】本题考查企业所得税的税前扣除。企业发生的职工福利费支出,不超过工资薪金总额14%的部分,准予扣除。扣除限额=300×14%=42(万元)。不得税前扣除额=实际发生额-扣除限额=60-42=18(万元)。

88. D 【解析】本题考查企业所得税的税前扣除。企业发生的职工教育经费支出,不超过职工工资薪金总额8%的部分,准予扣除;超过部分,准予在以后纳税年度结转扣除。扣除限额=300×8%=24(万元),大于实际支出20万元,准予扣除20万元。

89. C 【解析】本题考查企业所得税的税前扣除。为在本企业任职或者受雇的全体员工支付的补充养老保险费、补充医疗保险费,分别在不超过职工工资总额5%标准内的部分,在计算应纳税所得额时准予扣除。扣除限额=300×5%=15(万元),纳税调整额=实际发生额-扣除限额=50-15=35(万元)。

90. D 【解析】本题考查企业所得税的税前扣除。扣除限额=300×5%=15(万元),小于实际发生额20万元,税前准予扣除15万元。

(三)

91. C 【解析】本题考查契税。个人购买家庭唯一住房,面积为90平方米以上的,减按1.5%的税率征收契税。应纳契税=300×1.5%=4.5(万元)。

92. D 【解析】本题考查契税。个人购买家庭第二套改善性住房,面积为90平方米以上的,减按2%的税率征收契税。应纳契税=500×2%=10(万元)。

93. B 【解析】本题考查房产税。个人所有的非营业用房免征房产税。所以,第一套房产不用缴纳房产税。个人出租住房,不区分用途,按4%的税率征收房产税。2019年的租期为2个月,应纳税额=2×1×4%=0.08(万元)。

94. D 【解析】本题考查印花税的计算。应纳印花税=80 000×1‰=80(元)。

95. A 【解析】本题考查印花税的减免。对投资者(包括个人和机构)买卖封闭式证券投资基金免征印花税。

(四)

96. AC 【解析】本题考查增值税的检查。销售普通货物时收取的包装物押金,未逾期的不记入收入,不需要缴纳增值税。

97. B 【解析】本题考查增值税的检查。销售货物收取的包装物租金属于价外费用,并入销售额中计缴增值税。应纳增值税 = $2\,000 \div (1+13\%) \times 13\% = 230.09$(元)。

98. B 【解析】本题考查增值税的检查。购进原材料支付的运费,取得增值税专用发票,可以按照 9% 的税率计算进项税额,进项税额 = $500 \times 9\% = 45$(元)。

99. A 【解析】本题考查增值税的检查。自产货物用于本企业在建工程,不视同销售,不计提增值税销项税额。

100. A 【解析】本题考查增值税的检查。企业原材料被盗要借记"待处理财产损益",同时需要做进项税额转出处理,进项税转出额 = $10\,000 \times 13\% = 1\,300$(元)。

模拟试题（二）

一、单项选择题（共60题，每题1分。每题的备选项中，只有1个最符合题意）

1. 关于公共物品的特征，下列说法错误的是（ ）。
   A. 消费者增加不会降低公共物品的受益程度
   B. 消费者的增加，边际成本为零
   C. 公共物品的效用不能分割为若干部分
   D. 提供者要着眼于经济效益和社会效益最大化

2. 下列措施能起到财政内在稳定器作用的是（ ）。
   A. 对利息、股息、红利征收个人所得税
   B. 对国有企业征收企业所得税
   C. 对私营企业征收增值税
   D. 对弱势群体发放困难补助

3. 下列属于创造性支出的是（ ）。
   A. 司法支出 B. 行政支出
   C. 国防支出 D. 文教支出

4. 将财政支出分为购买性支出和转移性支出的依据是（ ）。
   A. 财政支出的目的性
   B. 财政支出在社会再生产中的地位
   C. 财政支出的受益范围
   D. 财政支出的经济性质

5. 关于购买性支出的说法，正确的是（ ）。
   A. 购买性支出直接影响国民收入分配
   B. 购买性支出直接影响就业
   C. 购买性支出间接影响生产
   D. 购买性支出对微观经济主体的预算约束是软的

6. 政府投资于资本密集型项目，所执行的投资决策标准是（ ）。
   A. 就业创造标准
   B. 资本—产出比率最大化标准
   C. 资本—劳动力最大化标准
   D. 资本—劳动力不平衡标准

7. 财政投融资的管理机构是（ ）。
   A. 财政部门 B. 中央银行
   C. 商业银行 D. 政策性金融机构

8. 普遍津贴型的社会保障制度，其资金来源是（ ）。
   A. 受保人和雇主缴纳的保险费
   B. 以受保人和雇主缴纳的保险费为主，财政补贴为辅
   C. 完全由政府预算拨款
   D. 以财政拨款为主，受保人和雇主缴纳的保险费为辅

9. 准许企业把一些合乎规定的特殊支出，以一定的比例或全部从应税所得中扣除，以减轻其税负，这种方式是（ ）。
   A. 税收豁免 B. 税收抵免
   C. 纳税扣除 D. 盈亏相抵

10. 通过征税获得的收入要能满足一定时期内财政支出的需要，体现了现代税收的（ ）原则。
    A. 弹性 B. 充裕
    C. 便利 D. 节约

11. 关于我国税法渊源的说法，错误的是（ ）。
    A. 《税收征收管理法》属于税收法律
    B. 国务院或其授权主管部门制定的实施细则及有关规范性内容的税收文件不属于税收法规
    C. 经国务院批准的较大的市的人民代表大会可以制定地方性法规
    D. 《税务登记管理办法》由国家税务总局制定

12. 以下属于税基式减免方式的是（ ）。
    A. 项目扣除 B. 减征税额
    C. 减半征收 D. 适用低税率

13. 关于税负转嫁的说法，正确的是（ ）。
    A. 商品需求弹性大小与税负向后转嫁的程度成反比
    B. 商品供给弹性越小，税负前转的程度越大
    C. 竞争性商品的转嫁能力较强
    D. 征税范围广的税种较易转嫁

14. Susan 女士为甲国居民，本期在乙国取得经营所得 100 万元，利息所得 10 万元。甲、乙两国经营所得的税率分别为 30% 和 20%，利息所得的税率分别为 10% 和 20%。假设甲国对本国居民的境外所得实行分项抵免限额法计税，则 Susan 女士应在甲国纳税（ ）万元。
    A. 0 B. 9
    C. 10 D. 30

15. 关于增值税征税范围的说法，错误的是（ ）。
    A. 目前，我国增值税的应税劳务是指有偿提供加工修理修配劳务
    B. 交通运输服务属于增值税的征税范围
    C. 出租车公司向使用本公司自有出租车的出租车司机收取的管理费用，按有形动产租赁服务缴纳增值税
    D. 水路运输的程租、期租业务，属于水路运输服务

16. 下列行为中，不属于增值税征收范围的是（ ）。
    A. 将购买的货物分配给股东
    B. 将购买的货物用于集体福利
    C. 将自产的货物无偿赠送给他人
    D. 将自产的货物用于对外投资

17. 增值税一般纳税人销售自己使用过的 2009 年以前购入的进项税额未抵扣的农机，适用的政策为（ ）。
    A. 按 13% 的税率征收增值税
    B. 按 9% 的税率征收增值税
    C. 依 4% 的征收率减半征收增值税
    D. 依 3% 的征收率减按 2% 征收增值税

18. 某制药厂（增值税一般纳税人）2019 年 12 月销售抗生素药品取得含税收入 113 万元，销售免税药品取得收入 50 万元，当月购进生产用原材料一批，取得增值税专用发票上注明税款 6.8 万元，抗生素药品与免税药品无法划分耗料情况，则该制药厂当月应纳增值税（ ）万元。
    A. 6.20 B. 8.47
    C. 14.73 D. 17.86

19. 增值税纳税人年应税销售额超过规定标准的，且未按规定时限办理一般纳税人资格登记的，主管税务机关应当在规定期限结束后（ ）日内制作《税务事项通知书》，告知纳税人应当在（ ）日内向主管税务机关办理相关手续。
    A. 5，10 B. 10，5
    C. 5，5 D. 20，20

20. 以下不需要缴纳消费税的是（ ）。
    A. 销售啤酒、黄酒收取的包装物押金，已逾期
    B. 白酒生产企业向商业销售单位收取的"品牌使用费"
    C. 销售应税消费品收取的包装物租金
    D. 白酒生产企业销售白酒而收取的包装物押金，未逾期

21. 2020 年 2 月某化妆品厂将一批自产高档化妆品用于集体福利，生产成本为 35 000 元；将新研制的香水用于广告样品，生产成本为 20 000 元。上述产品的成本利润率为 5%，消费税税率为 15%。上述货物已全部发出，均无同类产品售价。2 月该化妆品厂上述业务应纳消费税为（ ）元。
    A. 22 392.60 B. 10 191.18
    C. 35 150.00 D. 50 214.60

22. 某企业将一批货物运往境外加工，出境时已向海关报明，并且在海关规定的期限内复运进境。发生境外加工费 22 万元，料件费 10 万元，该货物复运进境的运费为 8 万元，保险费为 11 万元。进口关税税率为 20%。则该批货物报关进口时应纳进口关税（ ）万元。
    A. 6.4 B. 8
    C. 8.6 D. 10.2

23. 关于外商投资企业和外国企业的企业所得税的说法，不正确的是（ ）。
    A. 外国企业在中国境内未设立机构、场所，但有取得来源于中国境内的利息按

10%的税率征收预提所得税

B. 企业向其关联企业支付的管理费不得税前扣除

C. 在中国境内设立机构、场所的非居民企业从居民企业取得与该机构、场所有实际联系的股息、红利等权益性投资收益，减半征收企业所得税

D. 外国企业在中国境内设立两个营业机构的，可以由其选定其中的一个营业机构合并申报缴纳所得税

24. 适用企业所得税15%税率的高新技术企业，要求最近一年销售收入小于5 000万元(含)的，最近三个会计年度的研究开发费用总额占同期销售收入总额的比例不得低于( )。

　　A. 3%　　　　　　B. 4%
　　C. 5%　　　　　　D. 6%

25. 一家专门从事符合条件的节能节水项目的企业，2016年取得第一笔营业收入，2019年实现应纳税所得额(假设仅是节能节水项目所得)150万元，假设该企业适用25%的企业所得税税率，不考虑其他因素，则该企业2019年应纳企业所得税( )万元。

　　A. 0　　　　　　　B. 18.75
　　C. 37.5　　　　　D. 75

26. 下列各项所得，不属于"综合所得"的是( )。

　　A. 工资、薪金所得
　　B. 劳务报酬所得
　　C. 财产租赁所得
　　D. 稿酬所得

27. 2019年初钱某将自有商铺对外出租，租金8 000元/月。在不考虑其他税费的情况下，钱某每月租金应缴纳个人所得税( )元。

　　A. 528　　　　　　B. 640
　　C. 1 280　　　　　D. 1 440

28. 某企业本年度修建仓库，8月底办理验收手续，工程支出100万元，并按此金额计入固定资产成本，已知当地政府规定房产税计税余值的扣除比例为30%，该企业本年度应缴纳房产税( )元。

　　A. 2 800　　　　　B. 3 500
　　C. 5 600　　　　　D. 8 400

29. 关于房屋附属设施涉及契税政策的说法，错误的是( )。

　　A. 对于承受与房屋有关的附属设施所有权的行为，应征收契税

　　B. 对于承受与房屋有关的附属设施土地使用权的行为，应征收契税

　　C. 采用分期付款方式购买房屋附属设施土地使用权，应按照合同规定的总价款计征契税

　　D. 承受的房屋附属设施权属适用与房屋相同的契税税率

30. 根据规定，应税车船的所有人或管理人未缴纳车船税的，应由( )代缴。

　　A. 运输部门　　　B. 所在单位
　　C. 交通部门　　　D. 使用人

31. 根据资源税条例，不属于资源税纳税人的是( )。

　　A. 开采矿产品的国有企业
　　B. 进口矿产品的单位
　　C. 管辖海域开采矿石的个体户
　　D. 股份制盐厂

32. 关于城镇土地使用税的说法，错误的是( )。

　　A. 企业拥有并运营管理的大型体育场馆，其用于体育活动的土地，减半征收城镇土地使用税

　　B. 对公租房建设期间用地及公租房建成后占地，减半征收城镇土地使用税

　　C. 个人出租住房，不区分用途，免征城镇土地使用税

　　D. 对由于实施天然林二期工程造成森工企业土地闲置1年以上不用的，暂免征收城镇土地使用税

33. 下列情形中，需要注销原有税务登记的是( )。

　　A. 某企业改变经营范围
　　B. 某企业被工商部门吊销营业执照

C. 李某接替张某担任公司法人代表
D. 某企业由国有企业改制为股份制企业

34. 有独立的生产经营权、在财务上独立核算并定期向发包人或者出租人上交承包费或租金的承包承租人，应当自承包承租合同签订之日起（ ）日内，向其承担承租业务发生地税务机关申报办理税务登记，税务机关发放临时税务登记证及副本。
   A. 10　　　　　　 B. 15
   C. 30　　　　　　 D. 60

35. 根据发票管理办法，违法后由税务机关处1万元以上5万元以下的罚款，情节严重的，处5万元以上50万元以下的罚款，并处没收违法所得的行为是（ ）。
   A. 扩大发票使用范围的
   B. 跨规定区域开具发票的
   C. 非法代开发票的
   D. 转借、转让、介绍他人转让发票、发票监制章和发票防伪专用品的

36. 对一些无完整考核依据的纳税人，一般采用的税款征收方式是（ ）。
   A. 代扣代缴　　　 B. 定期定额征收
   C. 查定征收　　　 D. 查账征收

37. 税务机关采取强制执行措施将扣押、查封的商品、货物或者其他财产变价抵缴税款，拍卖或者变卖所得抵缴税款、滞纳金、罚款以及扣押、查封、保管、拍卖、变卖等费用后剩余部分应当在（ ）日内退还被执行人。
   A. 3　　　　　　　B. 7
   C. 10　　　　　　 D. 15

38. 税务机关查询案件涉嫌人员的储蓄存款时，需要履行的程序是（ ）。
   A. 经税务所所长批准
   B. 经县级税务局（分局）局长批准
   C. 经稽查局局长批准
   D. 经设区的市、自治州以上税务局（分局）局长批准

39. 当发现漏计会计科目时，可以采用的账务调整方法为（ ）。

A. 红字冲销法　　　B. 补充登记法
C. 综合账务调整法　D. 反向记账法

40. 甲企业为增值税一般纳税人，适用增值税税率为13%，2019年6月份收取乙企业的预付货款22 600元，甲企业2019年6月应做的账务处理为（ ）。
   A. 借：银行存款　　　　　　22 600
       贷：主营业务收入　　　　20 000
           应交税费——应交增值税（销项税额）　　　　2 600
   B. 借：银行存款　　　　　　22 600
       贷：预收账款　　　　　　22 600
   C. 借：银行存款　　　　　　22 600
       贷：预收账款　　　　　　20 000
           应交税费——应交增值税（销项税额）　　　　2 600
   D. 借：银行存款　　　　　　22 600
       贷：其他应付款——预付款　22 600

41. （ ）适用于产品管理制度比较健全的企业，运用时抓住主要耗用材料核定销售数量。
   A. 以盘挤销倒挤法
   B. 以耗核产，以产核销测定法
   C. 销售成本（或利润）水平的分析比较法
   D. 先进先出法

42. 制造产品所耗用的直接材料费用，应记入的会计账户为（ ）。
   A. 生产成本——基本生产成本
   B. 生产成本——辅助生产成本
   C. 制造费用
   D. 管理费用

43. 公债发行的（ ）原则要求其利息支出及发行费用支出应尽量节约，最大限度地降低筹集资金的成本。
   A. 景气发行　　　 B. 稳定市场秩序
   C. 发行成本最小　 D. 发行有度

44. 公债偿还本金的方式中，政府在发行公债时规定将定期抽签、分期分批予以偿还指的是（ ）。
   A. 市场购销偿还法
   B. 抽签偿还法

C. 比例偿还法
D. 到期一次偿还法

45. 公债的付息方式中，适用于期限较长或在持有期限内不准兑现的债券的是( )。
   A. 按期分次支付法
   B. 到期一次支付法
   C. 比例支付法
   D. 调换支付法

46. 从性质上来看，政府预算是( )。
   A. 年度政府财政收支计划
   B. 政府调控经济和社会发展的重要手段
   C. 具有法律效力的文件
   D. 反映政府职能范围的收支计划

47. 政府预算决策过程的实质是( )。
   A. 决策程序的法定性
   B. 对公共偏好的选择
   C. 优化预算决策路径
   D. 提高决策的透明度

48. 关于政府预算原则的说法，不正确的是( )。
   A. 可靠性原则要求计算收支项目数字指标所用数据必须确实，不得假定、估算
   B. 统一性原则要求各级政府只能编制一个统一的预算
   C. 历年制预算从每年的1月1日起至12月31日止
   D. 跨年制预算从本年的4月1日起至次年3月31日止

49. 我国政府采购法对政府采购主体所做的界定中不包括( )。
   A. 国家机关   B. 事业单位
   C. 社会团体   D. 国有企业

50. 在我国政府预算的绩效管理中，全面实施绩效管理的三个维度不包括( )。
   A. 构建全方位预算绩效管理格局
   B. 建立全过程预算绩效管理链条
   C. 完善全覆盖预算绩效管理体系
   D. 实施全社会预算绩效管理监督

51. 关于政府预算管理体制的说法，错误的是( )。
   A. 政府间的财政关系主要通过政府预算管理体制具体体现
   B. 政府预算管理体制是正确处理各级政府之间的分配关系，确定各级预算收支范围和管理职权的一项根本制度
   C. 预算收支范围主要涉及国家财力在中央与地方如何分配的问题
   D. 政府间的事权划分是财政分权管理体制的基本内容和制度保障

52. 以税基的宽窄为标准划分中央与地方收入，这所体现的原则是( )。
   A. 效率原则   B. 适应原则
   C. 恰当原则   D. 经济利益原则

53. 在税收收入划分方式中，"总额分成"属于( )。
   A. 分割税制   B. 分割税种
   C. 分割税率   D. 分割税额

54. 不考虑地区的支出需求，只考虑地区间财政能力的均等化，依照某种收入指标确定转移支付对象与转移支付额，这种转移支付模式是( )。
   A. 支出均衡模式
   B. 收支均衡模式
   C. 财政收入能力均等化模式
   D. 有限的财政收入能力—支出均衡模式

55. 我国国有资产监督管理委员会代表国务院监管国有资产，履行的是( )。
   A. 债权人职责   B. 债务人职责
   C. 出资人职责   D. 执行人职责

56. 关于国有企业分类改革的说法，错误的是( )。
   A. 应遵照"谁出资谁分类"的原则进行
   B. 对于主业处于充分竞争行业和领域的商业类国有企业，国有资本可以绝对控股、相对控股或参股
   C. 对于主业处于关系国家安全、国民经济命脉的重要行业、领域的商业类国有企业，严禁非国有资本参股
   D. 对于公益类国有企业，应积极引入市场机制

57. 世界各国普遍使用的弥补财政赤字的做

法是( )。
- A. 增收减支
- B. 动用结余
- C. 发行公债
- D. 向中央银行透支或借款

58. 财政在社会经济发展过程中对某些行业采取的低税或免税政策所发挥的政策功能是( )。
- A. 控制功能
- B. 导向功能
- C. 协调功能
- D. 稳定功能

59. 最终能够形成各种类型固定资产的财政政策工具是( )。
- A. 税收
- B. 政府预算
- C. 公债
- D. 政府投资

60. 以下属于"松"的财政货币政策措施的是( )。
- A. 减少政府投资
- B. 减税
- C. 压缩信贷支出
- D. 提高再贴现率

二、多项选择题(共20题,每题2分。每题的备选项中,有2个或2个以上符合题意,至少有1个错项。错选,本题不得分;少选,所选的每个选项得0.5分)

61. 财政收入分配职能的实现途径有( )。
- A. 调节不同地区之间的收入水平
- B. 调节不同产业部门之间的收入水平
- C. 调节企业的利润水平
- D. 调节个人收入水平
- E. 充分利用财政内在稳定器调节

62. 关于购买性支出与转移性支出的经济影响的说法,正确的有( )。
- A. 购买性支出对企业预算约束较强
- B. 购买性支出对政府的效益约束较弱
- C. 转移性支出直接影响社会生产
- D. 转移性支出对政府的效益约束较强
- E. 转移性支出执行收入分配的职能较强

63. 关于社会保障的说法,正确的有( )。
- A. 社会保障制度是由法律规定的
- B. 现代社会保障制度由德国首创
- C. 社会保障支出是社会公共需求的组成部分
- D. 我国养老保险筹资模式基本上属于完全基金式
- E. 社会保障制度的实施主体是国家

64. 关于税收的说法,正确的有( )。
- A. 税收权利归国家所有
- B. 税收的职能具有客观性
- C. 监督职能是税收的首要职能
- D. 税收可以调节居民消费结构
- E. 税收的监督职能涉及宏观和微观两个层次

65. 以下属于宏观税收负担衡量指标的有( )。
- A. 企业(个人)综合税收负担率
- B. 直接税收负担率
- C. 间接税收负担率
- D. 国民生产总值负担率
- E. 国民收入负担率

66. 下列行为中,既缴纳增值税又缴纳消费税的有( )。
- A. 酒厂将自产的白酒赠送给协作单位
- B. 卷烟厂将自产的烟丝生产卷烟
- C. 日化厂将自产的香水精生产高档护肤品
- D. 汽车厂将自产的应税小汽车赞助给某艺术节组委会
- E. 地板厂将自产的新型实木地板奖励给有突出贡献的职工

67. 根据关税的有关规定,进口货物中可享受法定免税的有( )。
- A. 有商业价值的进口货样
- B. 外国政府无偿赠送的物资
- C. 科贸公司进口的科教用品
- D. 贸易公司进口的残疾人专用品
- E. 关税税额在人民币50元以下的一票货物

68. 根据企业所得税法,符合条件的非营利组织的收入为免税收入,这些收入包括( )。
- A. 接受个人捐赠的收入
- B. 税法规定的财政拨款
- C. 向政府提供服务取得的收入
- D. 不征税收入孳生的银行存款利息收入
- E. 按照省级以上民政、财政部门规定收取的会费

69. 个人的下列所得中,按规定可以减免个人所得税的有( )。

A. 科技部颁发的科技创新奖金
B. 救济金
C. 福利彩票中奖所得
D. 国债利息
E. 信托投资收益

70. 下列凭证中，应缴纳印花税的有（　　）。
    A. 财产所有人将财产赠给学校所立的书据
    B. 合同的正本
    C. 房地产管理部门与个人订立的租房合同
    D. 青藏铁路公司及其所属单位的营业账簿
    E. 外国政府或国际金融组织向我国企业提供优惠贷款所书立的合同

71. 某企业因法人资格被依法终止，现委托税务师事务所办理注销税务登记，则注册税务师应当向主管税务机关提供（　　）等凭证资料后，方可依法办理注销税务登记。
    A. 缴销发票
    B. 缴销企业所得税纳税申报表
    C. 缴销原税务登记证件
    D. 缴销发票领购簿
    E. 缴销账簿

72. 关于税收保全与税收强制执行的说法，正确的有（　　）。
    A. 二者都需要经县级以上税务局（分局）局长的批准后才能实施
    B. 采取税收保全时，税务机关应当面通知纳税人开户银行冻结纳税人的金额相当于应纳税款的存款
    C. 采取税收强制执行时，税务机关应书面通知纳税人开户银行从其存款中扣缴税款
    D. 只有在事实全部查清，取得充分证据的前提下才能实施税收保全措施
    E. 对扣缴义务人、纳税担保人不能实施税收保全措施，但可以实施税收强制执行措施

73. 以下属于增值税一般纳税人应在"应交增值税"明细账内设置的专栏的有（　　）。
    A. "出口抵减内销产品应纳税额"
    B. "转出未交增值税"
    C. "销项税额"
    D. "未交增值税"
    E. "进项税额转出"

74. 2020年4月，某服装厂（增值税一般纳税人）购入一栋办公楼，价税合计金额1 090万元，当月用银行存款支付了款项，办妥了相关产权转移手续，取得了增值税专用发票并认证相符。下列说法正确的有（　　）。
    A. 购入办公楼的进项税额不得抵扣
    B. 购入办公楼的进项税额可以抵扣
    C. 2020年4月应借记"应交税费—应交增值税（进项税额）"900 000元
    D. 2020年4月应借记"应交税费—待抵扣进项税额"360 000元
    E. 2020年4月应借记"固定资产—办公楼"10 000 000元

75. 从我国目前的情况来看，主要的或有显性债务包括（　　）。
    A. 公共部门的债务
    B. 粮食收购和流通中的亏损挂账
    C. 欠发职工工资而形成的债务
    D. 金融机构不良资产
    E. 公债投资项目的配套资金

76. 关于复式预算的说法，正确的有（　　）。
    A. 复式预算的典型形式是双重预算
    B. 复式预算包括经常预算和资本预算
    C. 复式预算便于立法机构的审议和监督
    D. 复式预算有利于反映预算的整体性
    E. 复式预算的产生是政府职责范围扩大的结果

77. 以下属于税收收入划分原则的有（　　）。
    A. 效率原则
    B. 恰当原则
    C. 适应原则
    D. 集权与分权相结合的原则
    E. 经济利益原则

78. 关于我国政府间转移支付制度改革和完善的说法，正确的有（　　）。

A. 我国中央对地方转移支付的类型包括一般性转移支付和专项转移支付
B. 在中央对地方转移支付制度的改革中，要清理整合专项转移支付
C. 根据十八大的精神，改革政府间转移支付制度要从严控制专项转移支付
D. 中央对地方转移支付预算安排及执行情况在全国人大批准后30日内由财政部向社会公开，并对重要事项做出说明
E. 根据规定，要增加一般性转移支付的规模和比例，逐步将其占比提高到60%以上

79. 行政单位应当对下列( )等资产进行评估。
A. 行政单位取得的没有原始价格凭证的资产
B. 拍卖国有资产
C. 无偿转让国有资产
D. 置换国有资产
E. 国有资产发生非正常损失

80. 关于财政政策与货币政策统一性的说法，正确的有( )。
A. 二者的调控目标都是宏观经济调控目标
B. 二者都是供给管理政策
C. 从经济运行的统一性来看，财政、信贷与货币发行之间有着不可分割的内在联系，任何一方的变化，都会引起其他方面的变化
D. 二者的政策主体都是中央政府
E. 如果两个政策目标不统一协调，必然会造成政策效应的相悖

三、案例分析题(共20题，每题2分。由单选和多选组成。错选，本题不得分；少选，所选的每个选项得0.5分)

(一)
某白酒生产企业为增值税一般纳税人，2019年6月的业务如下：
(1)向某烟酒专卖店销售粮食白酒30吨，开具普通发票，取得收入350万元。
(2)将外购价值6万元的贡酒委托乙企业加工散装药酒1 000千克，收回时向乙企业支付不含增值税的加工费1万元，乙企业无同类产品售价，但已代收代缴消费税。
(3)委托加工收回后将其中700千克散装药酒继续加工成瓶装药酒1 500瓶，与自产粮食白酒组成成套礼品盒对外销售，每套礼盒中含药酒2瓶，500克白酒2瓶，共出售750套礼盒，每套含税销售价248.6元；将200千克散装药酒馈赠给相关单位；剩余100千克散装药酒作为福利分给职工。同类药酒的含税销售价为每千克150元。

已知：药酒的消费税率为10%；白酒的消费税税率为20%，0.5元/500克。

81. 白酒生产企业向专卖店销售白酒应缴纳消费税( )万元。
A. 73.00 B. 70.00
C. 62.83 D. 64.95

82. 乙企业已代收代缴的消费税为( )万元。
A. 0 B. 0.778
C. 0.800 D. 1.282

83. 白酒生产企业本月销售成套礼盒应纳消费税税额为( )万元。
A. 3.375 0 B. 3.300 0
C. 2.240 26 D. 1.650 0

84. 白酒生产企业本月馈赠散装药酒给关联单位应纳增值税税额为( )万元。
A. 0 B. 0.384 6
C. 0.345 1 D. 0.900 0

85. 关于白酒生产企业的涉税处理，正确的有( )。
A. 若白酒生产企业额外收取品牌使用费，不缴纳增值税、消费税
B. 若白酒生产企业额外收取品牌使用费，应计算纳税增值税
C. 若白酒生产企业额外收取品牌使用费，应计算缴纳消费税
D. 白酒生产企业本月分给职工散装药酒，应视同销售计算缴纳增值税

(二)
我国公民李某2019年的收入情况如下：
(1)1月与一家培训机构签订了半年的劳

务合同,合同规定,从1月起每周六为该培训中心授课一次,每次报酬300元,当月为培训中心授课4次。

(2)2月出租闲置住房取得租金收入5 000元。

(3)3月取得国债利息收入50 000元。

(4)4月购买福利彩票,获得彩票奖金收入20 000元。

(5)5月转让2013年购买的三居室精装修房屋一套(非唯一住房),不含增值税售价230万元,转让过程中支付的相关税费13.8万元。该套房屋的购进价为100万元,购房过程中支付的相关税费为3万元。所有税费支出均取得合法凭证。

86. 李某1月授课收入应预扣预缴个人所得税( )元。

A. 0 B. 56
C. 80 D. 240

87. 李某2月取得的租金收入应缴纳个人所得税( )元。

A. 0 B. 560
C. 800 D. 840

88. 李某取得的国债利息所得应缴纳个人所得税( )元。

A. 0 B. 8 500
C. 9 000 D. 10 000

89. 李某购买彩票的中奖收入应缴纳个人所得税( )元。

A. 2 240 B. 3 200
C. 3 840 D. 4 000

90. 李某转让房屋所得应缴纳的个人所得税为( )万元。

A. 22.64 B. 26
C. 42.64 D. 46

(三)

王某长年经营个体运输业务,相关业务如下:

(1)2019年12月王某签订了20份运输合同,合计金额为200万元,又将2辆货车出租给某运输队,双方签订了租赁合同,租金为每辆每月1 000元,租期一年。

(2)2020年1月王某将其自用的两处房产分别出租,其中一处为库房,租给某公司,每月取得租金收入2 500元,由于特殊情况,于5月初收回进行大修理,大修理时间为8个月;另一处为住房,王某将一层出租给某餐馆,每月租金3 000元,二层租给邻居李某居住,每月租金500元。

已知:运输合同的印花税税率为0.5‰,租赁合同的印花税税率为1‰。

91. 王某年初签订的运输合同应缴纳印花税( )元。

A. 1 000 B. 1 012
C. 1 024 D. 12 500

92. 王某签订的货车租赁合同应缴纳印花税( )元。

A. 2 B. 6
C. 12 D. 24

93. 王某2019年12月应缴纳印花税( )元。

A. 1 000 B. 1 012
C. 1 024 D. 12 500

94. 王某2020年出租库房应缴纳房产税( )元。

A. 300 B. 1 200
C. 1 500 D. 3 600

95. 王某2020年应缴纳房产税( )元。

A. 1 580 B. 2 880
C. 5 760 D. 6 240

(四)

某市一家电生产企业为增值税一般纳税人,2019年度企业全年的销售收入为9 000万元,会计利润总额为70万元。为降低税收风险,在本年度汇算清缴前,企业聘请某会计师事务所进行审计,发现有关问题如下:

(1)该公司新研发小家电30台,发给优秀职工,每台成本价5万元,不含税售价每台10万元。企业未确认收入,未转销成本。

(2)12月转让一项自行开发专用技术的所

有权,取得收入700万元,未作收入处理,该项无形资产的账面成本100万元也未转销。

(3)本年度向企业A支付管理费50万元,已全额计入管理费用中扣除。

(4)年初向企业B借款1 000万元,期限2年,本年度支付利息70万元,已全额计入财务费用中扣除。已知金融机构同期同类贷款利率为6%。

(5)"营业外支出"账户中列支税收滞纳金3万元,合同违约金6万元,环境保护支出8万元,关联企业赞助支出10万元,全都如实扣除。

暂不考虑城市维护建设税和教育费附加。

96. 该企业将新研发的30台小家电发给职工的税务处理正确的是( )。
　　A. 贷记"主营业务收入"300万元
　　B. 贷记"应交税费—应交增值税(销项税额)"39万元
　　C. 结转成本
　　　借:主营业务成本　　　　1 500 000
　　　　贷:库存商品　　　　　1 500 000
　　D. 不确认收入,不结转成本

97. 关于该企业转让自行开发专用技术所得的税务处理正确的是( )。
　　A. 调增应纳税所得额700万元
　　B. 调增应纳税所得额200万元
　　C. 调增应纳税所得额100万元
　　D. 调增应纳税所得额25万元

98. 关于该企业向企业A支付管理费用的企业所得税处理,正确的是( )。
　　A. 税前不得扣除
　　B. 应全额调增应纳税所得额
　　C. 准予税前全额扣除
　　D. 不超过销售收入15%的部分,准予税前扣除

99. 该企业向企业B的利息支出,允许税前扣除( )万元。
　　A. 10　　　　　　　B. 60
　　C. 70　　　　　　　D. 130

100. 该企业营业外支出项目应调整应纳税所得额( )万元。
　　A. 0　　　　　　　B. 13
　　C. 31　　　　　　　D. 39

模拟试题(二)参考答案及解析

一、单项选择题

1. D 【解析】本题考查公共物品的特征。选项D错误,公共物品的特征之一是提供目的的非营利性,提供公共物品不以营利为目的,而是追求社会效益和社会福利的最大化。

2. D 【解析】本题考查财政的经济稳定职能。财政的内在稳定器作用主要表现在财政收入和财政支出两方面的制度。在财政收入方面,主要是实行累进所得税制;在支出方面,主要体现在转移性支出(社会保障支出、财政补贴支出、税收支出)的安排上。

3. D 【解析】本题考查财政支出的分类。创造性支出是指用于改善人民生活,使社会秩序更为良好,经济更为发达的支出。主要包括基本建设投资、文教、卫生和社会福利等支出。

4. D 【解析】本题考查财政支出的分类。按经济性质的不同,财政支出分为购买性支出和转移性支出。

5. B 【解析】本题考查财政支出的经济影响。购买性支出直接影响社会的生产和就业,对国民收入分配的影响是间接的。购买性支出对微观经济主体的预算约束是硬的。

6. C 【解析】本题考查政府财政投资的决策标准。资本—劳动力最大化标准是指政府投资应选择使边际人均投资额最大化的投资项目,强调政府应投资于资本密集型项目。

7. D 【解析】本题考查财政投融资制度。财政投融资的管理由国家设立的专门机构——政策性金融机构负责统筹管理和经营。

8. C 【解析】本题考查社会保障制度的类型。普遍津贴型社会保障是政府按照"人人有份"的福利原则举办的一种社会保障计划，其资金完全由政府预算拨款。

9. C 【解析】本题考查税收支出的形式。纳税扣除是指允许企业把一些合乎规定的特殊支出，以一定的比例或全部从应税所得中扣除，以减轻其税负。

10. B 【解析】本题考查现代税收原则。充裕原则是指通过征税获得的收入要充分，能满足一定时期内财政支出的需要。

11. B 【解析】本题考查税法的渊源。选项B错误，我国税收法规的形式主要有国务院发布的有关税收的规范性决定和命令，如税收条例，由国务院或其授权主管部门制定的实施细则以及其他具有规范性内容的税收文件。

12. A 【解析】本题考查税制其他要素。税基式减免方式包括：起征点、免征额、项目扣除以及跨期结转。

13. D 【解析】本题考查税负转嫁的一般规律。商品需求弹性大小与税负向前转嫁的程度成反比，与税负向后转嫁的程度成正比。商品供给弹性大小与税负向前转嫁的程度成正比，与税负向后转嫁的程度成反比。对垄断性商品课征的税较易转嫁；竞争性商品根据市场供求状况决定价格，其转嫁能力较弱。

14. C 【解析】本题考查国际重复征税的免除。经营所得的抵免限额 = 100×30% = 30（万元），经营所得乙国已纳税额 = 100×20% = 20（万元），经营所得在甲国应补税 10 万元。利息所得抵免限额 = 10×10% = 1（万元），利息所得乙国已纳税额 = 10×20% = 2（万元），利息所得在甲国不用补缴所得税。因此，Susan 女士应在甲国应补缴 10 万元税额。

15. C 【解析】本题考查增值税的征税范围。选项C错误，出租车公司向使用本公司自有出租车的出租车司机收取的管理费用，按陆路运输服务缴纳增值税。

16. B 【解析】本题考查增值税的征税范围。选项B不是增值税视同销售行为，不属于增值税征收范围。

17. D 【解析】本题考查增值税的税率。一般纳税人销售自己使用过的属于规定的不得抵扣且未抵扣进项税额的固定资产，依3%的征收率减按2%征收增值税。

18. B 【解析】本题考查增值税的计算。一般纳税人兼营免税项目或非增值税应税劳务而无法划分不得抵扣的进项税额的，按下列公式计算不得抵扣的进项税额：不得抵扣的进项税额 = 当月无法划分的全部进项税额×[（当期简易计税方法计税项目销售额+免征增值税项目销售额）÷当期全部销售额]。抗生素药品的销售额 = 113÷1.13 = 100（万元）；不得抵扣的进项税额 = 6.8×[50÷(100+50)] = 2.27（万元）；应纳增值税 = 销项税额 −（进项税额 − 进项税转出额）= 100×13% −（6.8 − 2.27）= 8.47（万元）。

19. C 【解析】本题考查增值税的征收管理。增值税纳税人年应税销售额超过规定标准的，在申报期结束后15日内按照税法规定办理相关手续；未按规定时限办理的，主管税务机关应当在规定期限结束后5日内制作《税务事项通知书》，告知纳税人应当在5日内向主管税务机关办理相关手续。

20. A 【解析】本题考查销项税额的检查。选项A，销售啤酒、黄酒而收取的包装物押金，无论是否逾期，均不缴纳消费税。

21. B 【解析】本题考查消费税的计算。纳税人没有同类消费品销售价格的，其组成计税价格的计算公式为：组成计税价格 =（成本+利润）/（1−消费税税率）。应纳税额 = 组成计税价格×适用税率。应纳消费税 =

$35\,000\times(1+5\%)\div(1-15\%)\times15\%+20\,000\times(1+5\%)\div(1-15\%)\times15\%=10\,191.18(元)$。

22. D 【解析】本题考查进口货物的关税完税价格。运往境外加工的货物,出境时已向海关报明,并且在海关规定的期限内复运进境的,应当以境外加工费和料件费以及该货物复运进境的运输及相关费用、保险费为基础审查确定完税价格。关税 = (22+10+8+11)×20% = 10.2(万元)。

23. C 【解析】本题考查企业所得税的纳税人。选项C错误,在中国境内设立机构、场所的非居民企业从居民企业取得与该机构、场所有实际联系的股息、红利等权益性投资收益,免征收企业所得税。

24. C 【解析】本题考查企业所得税的税率。国家需要重点扶持的高新技术企业要求最近一年销售收入小于5 000万元(含)时,最近三个会计年度的研究开发费用总额占同期销售收入总额的比例不低于5%。

25. B 【解析】本题考查企业所得税的税收优惠。企业从事符合条件的环境保护、节能节水项目的所得,自项目取得第一笔生产经营收入所属纳税年度起,第1年至第3年免征企业所得税,第4年至第6年减半征收企业所得税。2019年是第4年,应该减半征收企业所得税。应纳税额 = 150×25%÷2 = 18.75(万元)。

26. C 【解析】本题考查个人所得税的征税对象。综合所得包括工资、薪金所得、劳务报酬所得、稿酬所得和特许权使用费所得。

27. C 【解析】本题考查个人所得税应纳税额的计算。应缴纳个人所得税 = 8 000×(1-20%)×20% = 1 280(元)。

28. A 【解析】本题考查房产税应纳税额的计算。依据房产计税余值计征房产税的,税率为1.2%。该企业8月底办理验收手续,所以本年度只有4个月需缴纳房产税。
房产计税余值 = 房产原值×(1-原值减除

率) = 1 000 000×(1-30%) = 700 000(元)。该企业应缴纳房产税 = 700 000×1.2%÷12×4 = 2 800(元)。

29. D 【解析】本题考查契税的征税范围。选项D错误,承受的房屋附属设施权属单独计价的,按照当地确定的适用税率征收契税。与房屋统一计价的,适用与房屋相同的契税税率。

30. D 【解析】本题考查车船税。应税车船的所有人或管理人未缴纳车船税的,应由使用人代缴。

31. B 【解析】本题考查资源税的纳税人。进口矿产品或盐,以及经营已税矿产品或盐的单位和个人均不属于资源税的纳税人。

32. B 【解析】本题考查城镇土地使用税。自2019年1月1日至2020年12月31日,对公租房建设期间用地及公租房建成后占地,免征城镇土地使用税。

33. B 【解析】本题考查注销税务登记。选项B需要办理注销税务登记。选项A、C、D需要办理变更税务登记。

34. C 【解析】本题考查税务登记制度。有独立的生产经营权、在财务上独立核算并定期向发包人或者出租人上交承包费或租金的承包承租人,应当自承包承租合同签订之日起30日内,向其承担承租业务发生地税务机关申报办理税务登记,税务机关发放临时税务登记证及副本。

35. D 【解析】本题考查发票检查。有下列情形之一的,由税务机关处1万元以上5万元以下的罚款;情节严重的,处5万元以上50万元以下的罚款;有违法所得的予以没收:(1)转借、转让、介绍他人转让发票、发票监制章和发票防伪专用品的;(2)知道或者应当知道是私自印制、伪造、变造、非法取得或者废止的发票而受让、开具、存放、携带、邮寄、运输的。

36. B 【解析】本题考查税款征收的方式。对一些无完整考核依据的纳税人,一般采用定期定额方式征收税款。

37. A 【解析】本题考查税收强制执行。税务机关采取强制执行措施将扣押、查封的商品、货物或者其他财产变价抵缴税款，拍卖或者变卖所得抵缴税款、滞纳金、罚款以及扣押、查封、保管、拍卖、变卖等费用后剩余部分应当在3日内退还被执行人。

38. D 【解析】本题考查纳税检查的范围。税务机关在调查税收违法案件时，经设区的市、自治州以上税务局（分局）局长批准，可以查询案件涉嫌人员的储蓄存款。

39. B 【解析】本题考查账务调整的基本方法。补充登记法适用于漏计或错账所涉及的会计科目正确，但核算金额小于应计金额的情况。

40. B 【解析】本题考查增值税一般销售方式的检查。采用预收货款方式销售产品，增值税纳税义务发生时间为企业发出商品的当天。收到预收款时，应该借记"银行存款"，贷记"预收账款"。

41. B 【解析】本题考查销售数量的检查。以耗核产、以产核销测定法适用于产品管理制度比较健全的企业，运用时，抓住主要耗用材料进行核定。

42. A 【解析】本题考查企业所得税税前准予扣除项目的检查。凡属于制造产品耗用的直接材料费用，应直接计入"生产成本—基本生产成本"。

43. C 【解析】本题考查公债的发行原则。所谓发行成本最小原则是指证券的利息支出及其发行费用支出应尽量节约，最大限度地降低其筹集资金的成本。

44. B 【解析】本题考查公债偿还本金的方式。抽签偿还法指政府在发行公债时规定将定期抽签，分期分批予以偿还。

45. A 【解析】本题考查公债的付息方式。按期分次支付法往往适用于期限较长或在持有期限内不准兑现的公债。

46. C 【解析】本题考查政府预算的含义。从性质上来看，政府预算是具有法律效力的文件。

47. B 【解析】本题考查政府预算的决策程序。政府预算决策过程的实质是对公共偏好的选择，表现为：政府预算决策的对象是公共偏好；政府预算的政治决策程序具有强制性。

48. D 【解析】本题考查政府预算的原则。选项D错误，跨年制预算是一个预算年度跨越两个日历年度，如英国、日本、印度等国家将预算年度定为本年的4月1日至次年的3月31日，美国则将预算年度定为本年的10月1日至次年的9月30日。

49. D 【解析】本题考查政府采购制度。政府采购是指国家机关、事业单位和团体组织，使用财政性资金采购依法制定的集中采购目录以内的或者采购限额标准以上的货物、工程和服务的行为。

50. D 【解析】本题考查我国政府的绩效管理。在我国政府预算的绩效管理中，全面实施绩效管理的三个维度包括：（1）构建全方位预算绩效管理格局；（2）建立全过程预算绩效管理链条；（3）完善全覆盖预算绩效管理体系。

51. C 【解析】本题考查财政预算管理体制。选项C错误，预算收支范围涉及国家财力在中央与地方及地方各级政府间如何分配的问题。

52. B 【解析】本题考查政府间收入的划分。适应原则是以税基的宽窄为标准来划分中央与地方收入。

53. D 【解析】本题考查政府间收入的划分。分割税额是指先统一征税，然后再将税收收入的总额按照一定比例在中央与地方政府之间加以分割，我国以前实行的"总额分成"，属于这种方式。

54. C 【解析】本题考查政府间转移支付的一般方法。财政收入能力均等化模式不考虑地区的支出需求，只考虑地区间财政能力的均等化，依照某种收入指标确定转移支付对象与转移支付额。

55. C 【解析】本题考查国有资产管理体制。2003年国务院国有资产监督管理委员会正式挂牌成立，其职责和任务是：由国务院授权代表国家履行出资人职责，监管国有资产，确保国有资产保值增值，进一步搞好国有企业。

56. C 【解析】本题考查深化我国国有企业改革。选项C错误，主业处于关系国家安全、国民经济命脉的重要行业和关键领域、主要承担重大专项任务的商业类国有企业，要保持国有资本控股地位，支持非国有资本参股。

57. C 【解析】本题考查财政赤字的弥补方式。发行公债来弥补赤字通常只是购买力的转移，不会凭空增加购买力，所以一般认为是最为理想的弥补财政赤字的方法，是世界各国弥补财政赤字的普遍做法。

58. B 【解析】本题考查财政政策的功能。财政政策的导向功能是指通过对物质利益的调整，发挥对个人和企业的经济行为以及国民经济发展方向的引导作用。其作用形式包括直接导向和间接导向。间接导向是财政政策对非直接调节对象的影响。例如，对某些行业实行低税政策，能够促进这一行业的生产发展，同时还会影响其他行业的投资选择，并进一步影响消费者的消费选择。

59. D 【解析】本题考查财政政策工具。政府投资，是指财政用于资本项目的建设支出，最终形成各种类型的固定资产。

60. B 【解析】本题考查财政政策与货币政策的配合运用。减税属于"松"的财政政策措施。

二、多项选择题

61. CD 【解析】本题考查财政的收入分配职能。财政收入分配职能主要是通过调节企业的利润水平和居民的个人收入水平来实现的。

62. AE 【解析】本题考查财政支出的经济影响。购买性支出对政府形成较强的效益约束。转移性支出间接影响生产和就业，对政府的效益约束是较弱的。

63. ABCE 【解析】本题考查社会保障的内容。选项D错误，目前，我国养老保险筹备模式为社会统筹和个人账户相结合的筹资模式，基本属于现收现付式。

64. ABDE 【解析】本题考查税收的本质和职能。选项C错误，财政职能或称收入职能是税收首要的和基本的职能。

65. DE 【解析】本题考查税收负担的衡量指标。宏观税收负担的衡量指标包括国民生产总值（或国内生产总值）负担率和国民收入负担率。

66. ADE 【解析】本题考查增值税和消费税的征税范围。选项B、C，纳税人将自产自用应税消费品用于连续生产应税消费品的，不缴纳增值税、消费税。

67. BE 【解析】本题考查关税的税收优惠。关税的法定减免税：（1）关税税额在人民币50元以下的一票货物；（2）无商业价值的广告品和货样；（3）外国政府、国际组织无偿赠送的物资；（4）在海关放行前损失的货物；（5）进出境运输工具装载的途中必需的燃料、物料和饮食用品。

68. ADE 【解析】本题考查企业所得税的免税收入。符合下列条件的非营利组织的收入为免税收入：接受其他单位或者个人捐赠的收入；除税法规定的财政拨款以外的其他政府补助收入，但不包括因政府购买服务取得的收入；按照省级以上民政、财政部门规定收取的会费；不征税收入和免税收入孳生的银行存款利息收入；财政部、国家税务总局规定的其他收入。

69. ABD 【解析】本题考查个人所得税的税收优惠。选项C属于偶然所得，不属于减免的范围。选项E照章征收个人所得税。

70. BE 【解析】本题考查印花税的征税范围。选项B、E属于印花税征税范围。选项A、C、D免征印花税。只有外国政府或国际金融组织向我国政府及国家金融机构提供优惠贷款所书立的合同免征印花税，而向我国企业提供的优惠贷款所书立的合同要征收印花税。

71. AC 【解析】本题考查注销税务登记。纳税人办理注销税务登记前，应当向税务机关提交相关证明文件和资料，结清应纳税款、多退（免）税款、滞纳金和罚款，缴销发票、税务登记证件和其他税务证件，经税务机关核准后，办理注销税务登记手续。

72. ACE 【解析】本题考查税收保全与税收强制执行。选项B错误，采取税收保全时，税务机关应书面通知纳税人开户银行或者其他金融机构冻结纳税人的金额相当于应纳税款的存款，而不是当面。选项D错误，税务机关采取税收保全措施的前提是有根据认为从事生产、经营的纳税人有逃避纳税义务的行为。

73. ABCE 【解析】本题考查增值税会计科目的设置。增值税一般纳税人应在"应交增值税"明细账内设置"进项税额""销项税额抵减""已交税金""转出未交增值税""转出多交增值税""减免税款""出口抵减内销产品应纳税额""销项税额""出口退税""进项税额转出"等专栏。

74. BCE 【解析】本题考查增值税进项税额的检查。购入办公楼的进项税额可以抵扣。不含税价款 = 1 090÷（1+9%） = 1 000（万元）。当月可抵扣的进项税额 = 1 000×9% = 90（万元）。

2020年4月的会计分录为：

借：固定资产——办公楼　　10 000 000

　　应交税费——应交增值税（进项税额）

　　　　　　　　　　　　　　 900 000

　　贷：银行存款　　　　　　10 900 000

75. AE 【解析】本题考查我国政府的或有显性债务。从我国目前的情况来看，主要包括两种或有显性债务：一是公共部门的债务；二是公债投资项目的配套资金。

76. ABE 【解析】本题考查复式预算的内容。选项C、D错误，单式预算便于立法机构的审议和监督，有利于反映预算的整体性。

77. ABCE 【解析】本题考查政府间收入的划分。税收收入划分的原则包括：效率原则；适应原则；恰当原则；经济利益原则。

78. ACE 【解析】本题考查我国政府间转移支付制度。选项B错误，在中央对地方转移支付制度的改革中，要清理整合一般性转移支付。选项D错误，中央对地方转移支付预算安排及执行情况在全国人大批准后20日内由财政部向社会公开，并对重要事项做出说明。

79. ABD 【解析】本题考查行政单位国有资产管理。行政单位有下列情形之一的，应当对相关资产进行评估：（1）行政单位取得的没有原始价格凭证的资产；（2）拍卖、有偿转让、置换国有资产；（3）依照国家有关规定需要进行资产评估的其他情形。

80. ACE 【解析】本题考查财政政策与货币政策配合的必要性。选项B错误，财政政策与货币政策都是需求管理政策。选项D错误，财政政策的主体是各级政府，主要是中央政府；货币政策的主体是中央银行。

三、案例分析题

（一）

81. D 【解析】本题考查消费税的计算。应纳的消费税 = [350÷（1+13%）]×20% +（30×1 000×0.5×2）÷10 000 = 64.95（万元）。

82. B 【解析】本题考查消费税的计算。委托加工应税消费品的消费税组成计税价格 = （材料成本+加工费）/（1-消费税税率）。应纳税额 = （6+1）÷（1-10%）×10% = 0.778（万元）。

83. A 【解析】本题考查消费税的计算。将适用不同税率的应税消费品组成成套消费品销售的，应根据组合产制品的销售金额按应税消费品中适用最高税率的消费品税率征税，即使用20%的税率。白酒是复合征收消费税,税率为20%加0.5元/500克(或500毫升)。应纳消费税=750×(248.6÷1.13)×20%+0.5×2×750=33 750(元)=3.375 0(万元)。

84. C 【解析】本题考查增值税的计算。应纳增值税=[(150×200)÷(1+13%)]×13%=3 451(元)=0.345 1(万元)。

85. BCD 【解析】本题考查增值税、消费税的计税依据。白酒生产企业向商业销售单位收取的"品牌使用费"是随着应税白酒的销售而向购货方收取的,属于应税白酒销售价款的组成部分,因此,不论企业采取何种方式或以何种名义收取价款,均应并入白酒的销售额中缴纳增值税、消费税。将委托加工收回的产品用于职工福利属于增值税的视同销售行为,缴纳增值税。

(二)

86. C 【解析】本题考查个人所得税的计算。对于劳务报酬所得,凡属于同一项目连续性收入的,以一个月内取得的收入为一次。李某1月份授课收入应缴纳个人所得税=(300×4-800)×20%=80(元)。

87. C 【解析】本题考查个人所得税的计算。李某2月取得的租金收入共应缴纳个人所得税=50 000×(1-20%)×20%=800(元)。

88. A 【解析】本题考查个人所得税的计算。国债和国家发行的金融债券利息免征个人所得税。

89. D 【解析】本题考查个人所得税的计算。中奖所得为偶然所得,全额计入应纳税所得额。应纳税额=20 000×20%=4 000(元)。

90. A 【解析】本题考查个人所得税应纳税额的计算。转让房屋所得应缴纳的个人所得税=(230-100-13.8-3)×20%=22.64(万元)。

(三)

91. A 【解析】本题考查印花税的计算。运输合同印花税税率为0.5‰,以合同所记载的金额为计税依据。应纳印花税=2 000 000×0.5‰=1 000(元)。

92. D 【解析】本题考查印花税的计算。财产租赁合同印花税税率为1‰,以合同所记载的金额为计税依据。应缴纳印花税=1 000×2×12×1‰=24(元)。

93. C 【解析】本题考查印花税的计算。合计应缴纳印花税=1 000+24=1 024(元)。

94. B 【解析】本题考查房产税的计算。以房产租金收入计征房产税的,税率为12%。纳税人因房屋大修导致连续停用半年以上的,在房屋大修期间免征房产税。该库房实际上只需要缴纳4个月的房产税,所以应纳房产税=2 500×12%×4=1 200(元)。

95. B 【解析】本题考查房产税的计算。对个人出租住房,不区分用途,按4%的税率征收房产税。应缴纳房产税=1 200+3 000×12×4%+500×12×4%=2 880(元)。

(四)

96. ABC 【解析】本题考查增值税的检查。将30台自产产品发给本厂职工视同销售,按市场销售价格确认收入300万元,按成本价结转成本150万元,按市场销售价格计算增值税销项税额,增值税销项税额=30×10×13%=39(万元)。应调增应纳税所得额=30×(10-5)=150(万元)。

97. C 【解析】本题考查企业所得税的检查。一个纳税年度内,居民企业技术转让所得不超过500万元的部分,免征企业所得税;超过500万元的部分,减半征收企业所得税。该技术的账面成本未转销。因此,转让技术的应纳税所得额=700-500-100=100(万元),调增应纳税所得额100万元。

98. AB 【解析】本题考查企业所得税的检查。企业之间支付的管理费,禁止税前扣除,应全额调增应纳税所得额。

99. B 【解析】本题考查企业所得税的检查。非金融企业向非金融企业借款的利息支出,不超过按照金融企业同期同类贷款利率计算的数额的部分，准予扣除。借款利息支出准予税前扣除额=1 000×6%=60(万元)。应调增应纳税所得额10万元。

100. B 【解析】本题考查企业所得税的检查。税收滞纳金、关联企业赞助支出不得扣除，合同违约金和环境保护支出可以扣除。该企业营业外支出项目应调增应纳税所得额=3+10=13(万元)。

致亲爱的读者

"梦想成真"系列辅导丛书自出版以来,以严谨细致的专业内容和清晰简洁的编撰风格受到了广大读者的一致好评,但因水平和时间有限,书中难免会存在一些疏漏和错误。读者如有发现本书不足,可扫描"欢迎来找茬"二维码上传纠错信息,审核后每处错误奖励10元购课代金券。(多人反馈同一错误,只奖励首位反馈者。请关注"中华会计网校"微信公众号接收奖励通知。)

在此,诚恳地希望各位学员不吝批评指正,帮助我们不断提高完善。

邮箱:mxcc@cdeledu.com
微博:@ 正保文化

欢迎来找茬

中华会计网校
微信公众号